全国高等教育自学考试指定教材

# 小学教育管理

（含：小学教育管理自学考试大纲）
（2024 年版）

**课程代码　14445**

全国高等教育自学考试指导委员会　组编
主编　葛新斌

中国教育出版传媒集团
高等教育出版社·北京

**图书在版编目（CIP）数据**

小学教育管理：2024年版／全国高等教育自学考试指导委员会组编；葛新斌主编. --北京：高等教育出版社，2024.8. --ISBN 978-7-04-062524-0

Ⅰ. G627

中国国家版本馆 CIP 数据核字第 2024R0K056 号

小学教育管理
Xiaoxue Jiaoyu Guanli

策划编辑 雷旭波　　责任编辑 雷旭波　　封面设计 李小璐　　版式设计 杜微言
责任绘图 李沛蓉　　责任校对 吕红颖　　责任印制 赵义民

---

出版发行 高等教育出版社
社　　址 北京市西城区德外大街4号
邮政编码 100120
印　　刷 北京市白帆印务有限公司
开　　本 787mm×1092mm 1/16
印　　张 21.5
字　　数 480千字
购书热线 010-58581118
咨询电话 400-810-0598

网　　址 http://www.hep.edu.cn
http://www.hep.com.cn
网上订购 http://www.hepmall.com.cn
http://www.hepmall.com
http://www.hepmall.cn

版　　次 2024年8月第1版
印　　次 2024年8月第1次印刷
定　　价 65.00元

---



物 料 号 62524-00

# 组编前言

21世纪是一个变幻莫测的世纪，是一个催人奋进的时代。科学技术飞速发展，知识更替日新月异。希望、困惑、机遇、挑战，随时都有可能出现在每一个社会成员的生活之中。抓住机遇、寻求发展、迎接挑战、适应变化的制胜法宝就是学习——依靠自己学习、终身学习。

作为我国高等教育组成部分的自学考试，其职责就是在高等教育这个水平上倡导自学、鼓励自学、帮助自学、推动自学，为每一个自学者铺就成才之路。组织编写供读者学习的教材就是履行这个职责的重要环节。毫无疑问，这种教材应当适合自学，应当有利于学习者掌握和了解新知识、新信息，有利于学习者增强创新意识，培养实践能力，形成自学能力，也有利于学习者学以致用，解决实际工作中所遇到的问题。具有如此特点的书，我们虽然沿用了“教材”这个概念，但它与那种仅供教师讲、学生听，教师不讲、学生不懂，以“教”为中心的教科书相比，已经在内容安排、编写体例、行文风格等方面都大不相同了。希望读者对此有所了解，以便从一开始就树立起依靠自己学习的坚定信念，不断探索适合自己的学习方法，充分利用自己已有的知识基础和实际工作经验，最大限度地发挥自己的潜能，达到学习的目标。

欢迎读者提出意见和建议。

祝每一位读者自学成功。

全国高等教育自学考试指导委员会

2022年12月

# 目　录

全国高等教育自学考试

# 小学教育管理自学考试大纲

全国高等教育自学考试指导委员会　制定

# 大纲前言

为了适应社会主义现代化建设事业的需要，鼓励自学成才，我国在 20 世纪 80 年代初建立了高等教育自学考试制度。高等教育自学考试是个人自学、社会助学和国家考试相结合的一种高等教育形式。应考者通过规定的专业课程考试并经思想品德鉴定达到毕业要求的，可获得毕业证书；国家承认学历并按照规定享有与普通高等学校毕业生同等的有关待遇。经过 40 多年的发展，高等教育自学考试为国家培养造就了大批专门人才。

课程自学考试大纲是规范自学者学习范围、要求和考试标准的文件。它是按照专业考试计划的要求，具体指导个人自学、社会助学、国家考试及编写教材的依据。

为更新教育观念，深化教学内容方式、考试制度、质量评价制度改革，更好地提高自学考试人才培养的质量，全国考委各专业委员会按照专业考试计划的要求，组织编写了课程自学考试大纲。

新编写的大纲，在层次上，本科参照一般普通高校本科水平，专科参照一般普通高校专科或高职院校的水平；在内容上，及时反映学科的发展变化以及自然科学和社会科学近年来的研究成果，以更好地指导应考者学习使用。

全国高等教育自学考试指导委员会

2023 年 12 月

# Ⅰ 课程性质与课程目标

## 一、课程性质和特点

“小学教育管理”课程是小学教育专业(专升本)必修课程,也是小学教育专业的重要基础理论课程之一。本课程是以小学教育管理现象及其规律为研究对象,论述小学教育管理的基本理论,阐述小学教育行政和小学学校管理等领域的知识与技能。

## 二、课程目标

本课程应达到的总体目标是:培养学习者从教育管理的视角理解小学教育活动及其相关要素,能在学习过程中理解并应用所学知识,理解小学教育管理的基本原理,掌握小学教育行政和小学学校管理的基本方法与技能,为在本职工作中开展小学教育管理工作和小学教育管理研究奠定知识与能力基础。

## 三、本课程与相关课程的关系

小学教育专业的考生学习本课程应具备一定的教育学和管理学方面的知识,本课程的先修课程是教育学和管理学。这些课程从内容上奠定了小学教育管理的知识基础。

## 四、课程的重点与难点

本课程的重点内容为:小学教育管理,小学教育管理体制,小学德育工作管理,小学课程与教学管理,小学教研科研管理,小学公共关系管理。

本课程的难点内容为:小学教育政策与法治,小学人力资源管理,小学财务与后勤管理,小学组织变革与领导。

# Ⅱ 考核目标

为使考试内容具体化和考试要求标准化，本大纲在列出考试内容的基础上，对各章规定了考核目标，包括考核知识点和考核要求。明确考核目标，能够使考生进一步明确考试内容和要求，更有目的地系统学习教材；能够使考试命题范围更加明确，更准确地安排试题的考核层次和难易度。

本大纲在考核目标中，按照识记、领会、简单应用、综合应用四个层次规定考生应达到的能力层次要求。四个能力层次是递进等级关系。各能力层次的含义是：

识记（Ⅰ）：要求能知道本课程中有关的名词、概念、原理、知识的含义，并能正确认识和表述，是初级层次的要求。

领会（Ⅱ）：要求在识记的基础上，能全面把握本课程中的基本概念、基本原理、基本方法，能掌握有关概念、原理、方法的区别与联系，是较高层次的要求。

简单应用（Ⅲ）：要求在领会的基础上，能运用本课程中的基本概念、基本原理、基本方法中的少量知识点分析和解决有关的理论问题和实际问题。

综合应用（Ⅳ）：要求在简单应用的基础上，能用学过的本课程的多个知识点，综合分析和解决比较复杂的问题，是最高层次的要求。

# Ⅲ 课程内容与考核要求

## 第一章 小学教育管理概述

### 一、学习目的与要求

通过对本章的学习，了解小学教育管理的基本概念、小学教育管理的历史变迁、中外教育管理学的发展演变以及小学教育管理的研究对象和学科属性等问题，形成关于小学教育管理问题的一般概念和认识。

### 二、课程内容

### 第一节 小学教育管理的基本概念

**（一）小学教育的概念**

教育的概念；教育概念的内涵和外延；小学教育的概念。

**（二）管理及其相关概念**

管理；经营；行政；领导。

**（三）教育管理及其相关概念**

教育管理；教育行政；学校管理；班级管理。

**（四）小学教育管理的概念**

### 第二节 小学教育管理实践的演变

**（一）西方小学教育管理活动的产生与演变**

萌芽阶段；发展阶段；完善阶段。

**（二）我国小学教育管理活动的起源与嬗替**

萌芽阶段；发展阶段；完善阶段；变革阶段。

### 第三节 教育管理学的产生与演进

**（一）西方教育管理理论的历史演变**

西方教育管理学的历史分期；西方教育管理理论演进概览；西方教育管理学的演进特征。

**（二）我国教育管理学的传入与发展**

发轫期：输入东学；发展期：初具规模；中辍期：学科消失；新生期：迅速崛起；我国教育管理学的展望。

### 第四节 小学教育管理学的对象与属性

**（一）小学教育管理学的研究对象**

**（二）小学教育管理学的学科属性**

### 三、考核知识点和考核要求

**（一）小学教育管理的基本概念**

1. 识记：(1) 教育的概念；(2) 教育概念的内涵和外延；(3) 小学教育的概念；(4) 管理、经营、行政、领导的概念；(5) 教育管理；(6) 教育行政；(7) 学校管理；

(8) 班级管理。

2. 领会:(1) 教育的内涵;(2) 教育管理的不同层面;(3) 小学教育管理实践的划分。

3. 简单应用:能根据小学教育管理实践的划分处理简单的小学教育管理问题。

**(二) 小学教育管理实践的演变**

1. 识记:(1) 西方小学教育管理活动产生与演变各阶段的特点;(2) 我国小学教育管理活动起源与嬗替各阶段的特点。

2. 领会:小学教育管理实践的演变过程与特征。

**(三) 教育管理学的产生与演进**

1. 识记:(1) 西方教育管理理论诞生的判断标准;(2) 西方教育管理理论演进的历史分期;(3) 西方教育管理学的演进特征;(4) 我国教育管理学的传入与发展时期。

2. 领会:(1) 古典管理理论对教育管理理论的发展带来的深远影响;(2) 行为科学理论对教育管理理论的发展带来的深远影响;(3) 理论化运动时期教育管理理论的发展;(4) 理论多元化时期教育管理理论的发展特征;(5) 尝试整合时期的教育管理理论;(6) 我国教育管理学传入与发展各时期的特点;(7) 我国教育管理学的展望。

**(四) 小学教育管理学的对象与属性**

1. 识记:(1) 小学教育管理学的研究对象;(2) 小学教育管理学的学科属性。

2. 领会:学界对教育管理学研究对象的三种观点。

### 四、 本章的重点和难点

本章的重点是教育管理及小学教育管理的基本概念,难点是中西方教育管理学的演进。

## 第二章　小学教育政策与法治

### 一、 学习目的与要求

通过对本章的学习,掌握小学教育政策与法治的概念及内涵,了解小学教育政策与法治的主要功能,正确理解小学教育政策的类型、主体与过程,了解小学教育法治规范体系的构成及特征,懂得基于小学教育法律规范体系分析小学教育主体的法律地位,并能以此解决小学管理的现实问题。

### 二、 课程内容

### 第一节　小学教育政策与法治概述

**(一) 小学教育政策与法治的概念**

小学教育政策的含义;小学教育法治的含义。

**(二) 小学教育政策与法治的产生**

现代教育行政及教育政策的出现;小学教育法治的演进。

**(三) 小学教育政策与法治的功能**

规范功能;指引功能;调节功能;管理功能。

### 第二节　小学教育政策

**（一）小学教育政策的类型**

党的政策文件；全国人民代表大会制定和批准的教育政策性文件；党的领导机关和国家政府机关联合发布的有关教育的政策性文件；国家行政机关制定和下发的教育政策。

**（二）小学教育政策的主体**

官方主体；非官方主体；主体职能发挥的制约因素。

**（三）小学教育政策过程**

小学教育政策的制定；小学教育政策的执行；小学教育政策的监测与评估。

### 第三节　小学教育法治

**（一）教育管理法治化与依法治校**

教育管理法治化的要求；依法治校的内涵。

**（二）小学教育法治规范体系**

小学教育法治纵向规范体系的构成；小学教育法治横向规范体系的构成。

**（三）小学教育法治体系的特征**

鲜明的中国特色；法治对象的整体性；法治内容的针对性。

**（四）小学教育主体的法律地位**

小学学校的法律地位；小学学生的法律地位；小学教师的法律地位。

## 三、考核知识点和考核要求

**（一）小学教育政策与法治概述**

1. 识记：（1）小学教育政策的含义；（2）小学教育法治的含义。

2. 领会：（1）小学教育政策与法治的产生及流变；（2）小学教育政策与法治的功能。

**（二）小学教育政策**

1. 识记：（1）小学教育政策的类型；（2）小学教育政策的主体；（3）小学教育政策过程。

2. 领会：小学教育政策监测与评估的异同。

3. 简单应用：辨别小学教育政策的具体类型。

4. 综合应用：正确理解小学教育政策，能以此解决小学管理的现实问题。

**（三）小学教育法治**

1. 识记：（1）依法治校的内容；（2）小学教育法治规范体系的构成；（3）小学教育主体的法律地位。

2. 领会：（1）法治对于小学教育管理的意义；（2）教育管理法治化的要求。

3. 简单应用：小学教育法治规范体系的特征。

4. 综合应用：结合具体案例，厘清小学教育不同主体的法律地位。

## 四、本章的重点和难点

本章的重点是小学教育政策与法治的产生与流变、小学教育政策的类型以及小学教育法治规范体系的构成，本章的难点是小学教育不同主体的法律地位。

# 第三章　小学教育管理体制

## 一、学习目的与要求

通过对本章的学习，掌握小学教育管理体制的内涵、作用和影响因素，了解教育管理体制在不同国家的呈现方式，熟悉我国小学教育行政体制和小学内部管理体制的演进历程与基本特点，掌握科学分析我国当代小学教育管理体制改革实践的思路与方法。

## 二、课程内容

### 第一节　小学教育管理体制概述

**（一）小学教育管理体制的内涵**

小学教育管理体制的含义；小学教育管理体制的构成。

**（二）小学教育管理体制的功能**

领导指挥功能；权力分配功能；分工协作功能；提高效率功能。

**（三）小学教育管理体制的影响因素**

国际教育改革潮流的影响；国家政治体制的影响；社会经济状况的影响；历史文化传统的影响；管理主体观念的影响。

**（四）小学教育管理体制的意义**

小学教育管理体制的理论意义；小学教育管理体制的实践意义。

### 第二节　西方小学教育管理体制

**（一）法国的小学教育管理体制**

法国的小学教育行政体制；法国的小学内部管理体制。

**（二）美国的小学教育管理体制**

美国的小学教育行政体制；美国的小学内部管理体制。

**（三）日本的小学教育管理体制**

日本的小学教育行政体制；日本的小学内部管理体制。

**（四）法国、美国、日本三国小学教育管理体制的比较**

法国、美国、日本三国小学教育行政体制的比较；法国、美国、日本三国小学内部管理体制的比较。

### 第三节　我国小学教育行政体制

**（一）我国小学教育行政体制的历史沿革**

新建与徘徊阶段（1949—1977年）；恢复与重建阶段（1978—1999年）；改革与调整阶段（2000—2009年）；深化与完善阶段（2010年至今）。

**（二）我国小学教育行政体制的演变特点**

以调整政府管理权责为改革主线；以分化教育管理职能为改革方向；以提高小学教育质量为最终目的。

**（三）我国小学教育行政体制的改革趋向**

教育行政科学化；教育行政民主化；教育行政法治化。

## 第四节　我国小学内部管理体制

**（一）我国小学内部管理体制的历史沿革**

探索与曲折发展时期（1949—1984 年）；校长负责制时期（1985—2015 年）；党组织领导下的校长负责制时期（2016 年至今）。

**（二）我国小学内部管理体制的演变特点**

以党组织的职权范围调整为改革核心；以校长权力的监督制衡为改革关键；以社会整体的发展进程为改革依据。

**（三）我国小学内部管理体制的改革趋向**

领导主体专业化；领导职能科学化；领导体制民主化。

## 第五节　我国小学教育管理体制改革

**（一）小学教育管办评分离改革**

小学教育管办评分离改革的意义；小学教育管办评分离改革的困境；小学教育管办评分离改革的路径。

**（二）小学现代学校制度建设**

小学现代学校制度的内涵；小学现代学校制度建设的主要困难；小学现代学校制度建设的推进策略。

**（三）小学教育中介组织建构**

小学教育中介组织的内涵；小学教育中介组织的推进困境；小学教育中介组织的完善策略。

## 三、 考核知识点和考核要求

**（一）小学教育管理体制概述**

1. 识记：（1）小学教育管理体制的概念；（2）小学教育管理体制的构成；（3）小学教育管理体制的功能；（4）小学教育管理体制的影响因素。

2. 领会：（1）小学教育管理体制的作用；（2）小学教育管理体制的意义。

**（二）西方小学教育管理体制**

1. 领会：（1）法国、美国和日本三国的小学教育行政体制；（2）法国、美国和日本三国的小学内部管理体制。

2. 简单应用：（1）法国、美国和日本三国小学教育行政体制的比较；（2）法国、美国和日本三国小学内部管理体制的比较。

**（三）我国小学教育行政体制**

1. 识记：我国小学教育行政体制的演变特点。

2. 领会：我国小学教育行政体制的历史沿革。

3. 简单应用：我国小学教育行政体制的改革趋向。

**（四）我国小学内部管理体制**

1. 识记：我国小学内部管理体制的演变特点。

2. 领会：我国小学内部管理体制的历史沿革。

3. 简单应用：我国小学内部管理体制的改革趋向。

**（五）我国小学教育管理体制改革**

1. 识记：（1）小学教育管办评分离改革的现实意义；（2）小学现代学校制度的含

义与特征;(3) 小学教育中介组织的含义与作用。

2. 领会:(1) 小学教育管办评分离改革、小学现代学校制度建设、小学教育中介组织建构的背景与意义;(2) 小学教育管办评分离改革、小学现代学校制度建设、小学教育中介组织建构的主要困难与推进举措。

3. 综合应用:能够科学分析我国小学教育管理的改革实践。

### 四、 本章的重点和难点

本章的重点是理解小学教育管理体制的基本内涵和影响因素,难点是对各国小学教育管理体制改革实践的分析与评价。

## 第四章　小学德育工作管理

### 一、 学习目的与要求

通过对本章的学习,理解小学德育管理的定义和意义、小学德育管理面临的时代挑战,掌握小学德育管理的基本环节和运行方式、班级的德育功能及小学现代班级管理的发展趋向,领会小学班主任德育工作的内容和方法以及小学班主任队伍的管理与建设路径。

### 二、 课程内容

### 第一节　小学德育管理概述

**(一) 小学德育管理的概念及意义**

小学德育管理的概念;小学德育管理的意义。

**(二) 小学德育管理的内容**

德育目标管理;德育组织管理;德育制度管理;德育环境管理;学生品行管理。

**(三) 小学德育管理的时代挑战**

物质时代与市场经济的挑战;科学技术与网络媒体的挑战;价值多元与并喻文化的挑战。

### 第二节　小学德育管理体系

**(一) 小学德育管理体制**

小学德育管理体制的基本模式。

**(二) 小学德育管理的基本环节**

设置德育管理目标;制订德育工作计划;实施德育工作检查;开展德育工作总结。

**(三) 小学德育管理的运行方式**

校级德育管理的运行;学校中层德育管理的运行;班级德育管理的运行。

**(四) 小学德育管理原则**

教育性原则;主体性原则;整合性原则;动态性原则;实效性原则。

**(五) 小学德育管理方法**

行为控制法;动机激励法;环境陶冶法。

### 第三节　小学班级德育管理

**(一) 班级德育管理概述**

班级及其德育功能;班级德育管理的特点。

**（二）小学现代班级管理的发展趋向**

“新基础教育”下的班级管理；师生共治的合作型管理；全员参与的民主型管理。

**（三）小学班级德育管理的运作**

健全班级管理组织和制度；培养班级管理骨干；加强班级个别指导；优化班级道德环境；形成班级教育合力。

## 第四节　小学班主任工作管理

**（一）小学班主任与德育管理**

小学班主任德育工作的内容；小学班主任德育工作的方法。

**（二）小学班主任队伍的管理与建设**

小学班主任队伍管理与建设的路径：规范班主任的选聘配备，优化队伍结构；建立多元化的激励制度，拓宽发展空间；形成多层次的督导机制，促进专业成长；完善班主任的培训体系，提高素质能力。

**（三）小学班主任的自我管理**

小学班主任自我管理的内涵；小学班主任自我管理的影响因素；小学班主任自我管理的方式。

## 三、考核知识点和考核要求

**（一）小学德育管理概述**

1. 识记：(1) 小学德育管理的概念；(2) 小学德育管理的意义。

2. 领会：小学德育管理的五个内容。

3. 简单应用：小学德育管理的时代挑战。

**（二）小学德育管理体系**

1. 识记：(1) 小学德育管理的五个原则；(2) 小学德育管理过程中贯彻五个原则的方法。

2. 领会：(1) 小学德育管理的四个环节；(2) 小学德育管理的三级管理体制。

3. 简单应用：(1) 制订小学德育工作计划的基本要求；(2) 德育管理工作总结的注意事项；(3) 小学德育管理的三种方法。

**（三）小学班级德育管理**

1. 识记：(1) 班级的含义；(2) 班级德育管理的定义；(3) 非正式群体的定义。

2. 领会：(1) 班级群体发展的五个时期；(2) 班级的德育功能；(3) 班级德育管理的特点；(4) 小学现代班级管理的发展趋向。

3. 综合应用：(1) 班级德育管理的运作；(2) 小学非正式群体的管理策略。

**（四）小学班主任工作管理**

1. 识记：(1) 班主任的素质；(2) 小学班主任自我管理的内涵。

2. 领会：(1) 小学班主任德育工作的内容、方法；(2) 班主任自我管理与德育管理的关联；(3) 小学班主任自我管理的三种影响因素。

3. 简单应用：小学班主任的激励方法。

4. 综合应用：(1) 小学班主任队伍管理与建设的方法；(2) 小学班主任自我管理的方法。

## 四、 本章的重点和难点

本章的重点是小学德育管理的基本环节、原则、方法，难点是小学班级德育管理的运作、小学班主任队伍的管理与建设。

# 第五章　小学课程与教学管理

## 一、 学习目的与要求

通过对本章的学习，了解课程与教学管理的概念，理解课程与教学管理的层次与过程，了解国家课程规划管理的主要内容，理解地方课程功能定位与供给方式管理的内容、校本课程功能定位与申报管理的内容，掌握教师培训管理方式，理解教学活动管理的范围及其内容，熟悉小学课程与教学评价对象和主体管理的内容，理解小学课程与教学评价目的管理的内容，掌握不同的小学课程与教学评价方法，能够设计校本课程规划方案，运用多样化评价方法对学生的学习进行评价。

## 二、 课程内容

### 第一节　课程与教学管理概述

**（一）课程与教学管理的概念**

课程管理和教学管理；课程与教学管理的含义。

**（二）课程与教学管理的层次**

国家层次课程与教学管理的职能部门与管理机构的职责；地方层次课程与教学管理的职能部门与管理机构的职责；学校层次课程与教学管理的职能部门与管理机构的职责。

**（三）课程与教学管理的过程**

课程与教学规划管理；课程与教学实施管理；课程与教学评价管理。

### 第二节　小学课程与教学规划管理

**（一）国家课程的规划管理**

小学阶段国家课程的设置；综合实践活动的规划管理。

**（二）地方课程的规划管理**

地方课程的功能定位；地方课程的供给方式管理。

**（三）校本课程的规划管理**

校本课程的功能定位；校本课程的申报管理。

### 第三节　小学课程与教学实施管理

**（一）教师培训管理**

专业报告式、课题引领式、微格训练式、案例剖析式、校际交流式、教育叙事式、网络共享式与虚实融合式教师培训。

**（二）教学活动管理**

备课管理；上课管理；听课管理；作业管理。

### 第四节　小学课程与教学评价管理

**（一）评价目的管理**

我国小学课程与教学评价功能和目的的发展；课程与教学评价目的管理的三个方面。

(二) 评价对象管理

学生学习评价;教师课程开发与教学实施评价;课程产品评价;学校课程与教学管理成效评价。

(三) 评价主体管理

学生;教师;专家学者;学校领导;教育行政部门;家长和社会人士。

(四) 评价方法管理

树立评价管理意识;运用多样化的评价方法。

## 三、 考核知识点和考核要求

(一) 课程与教学管理概述

识记:(1) 课程与教学管理的含义;(2) 国家层次课程与教学管理的管理机构与职责;(3) 地方层次课程与教学管理的管理机构与职责;(4) 学校层次课程与教学管理的管理机构与职责;(5) 课程与教学管理的过程。

(二) 小学课程与教学规划管理

1. 领会:(1) 小学阶段的国家课程设置;(2) 地方课程的功能定位;(3) 地方课程的供给方式;(4) 校本课程的功能定位;(5) 校本课程的申报管理。

2. 简单应用:综合实践活动的规划管理。

3. 综合应用:设计校本课程规划方案。

(三) 小学课程与教学实施管理

1. 领会:(1) 教师培训方式;(2) 集体备课的含义;(3) 好课的基本要求;(4) 听课的类型。

2. 简单应用:(1) 集体备课的步骤;(2) 听课的过程;(3) 作业管理的主要措施。

(四) 小学课程与教学评价管理

1. 领会:(1) 评价目的管理;(2) 评价对象管理;(3) 评价主体管理;(4) 评价方法管理。

2. 综合应用:采用多样化评价方法对学生的学习进行评价。

## 四、 本章的重点和难点

本章的重点是小学课程与教学实施管理,难点是小学课程与教学规划管理、小学课程与教学评价管理。

# 第六章　小学教研科研管理

## 一、 学习目的与要求

通过对本章的学习,理解小学教研科研管理的概念与特征,了解小学教研科研管理的内容、目标以及困境,掌握小学教研科研管理的原则与方法,学会应用小学教研科研的计划管理、实施管理以及评价管理。

## 二、 课程内容

### 第一节　小学教研科研管理概述

(一) 概念与特征

概念的界定;小学教研科研管理的产生和发展;小学教研科研管理的必要性;小学

教研科研管理的意义;小学教研科研管理的主要特征。

**(二)目标与内容**

小学教研科研管理的目标;小学教研科研管理的内容;小学教研科研管理的困境。

**(三)原则与方法**

小学教研科研管理的原则;小学教研科研管理的方法。

## 第二节　小学教研科研计划管理

**(一)学校机构与人员设置**

决策层;管理层;执行层。

**(二)计划管理的制度保障**

完善教师在职培训制度;健全教研人员资格制度;改进教师评价制度。

**(三)计划管理的组织体系**

小学层面的组织体系;教师参与的组织体系。

**(四)计划管理的制定过程**

需求分析与目标设定;计划制定与活动安排;计划执行与成效评估。

## 第三节　小学教研科研实施管理

**(一)项目立项管理**

项目申报与审批;项目组织与管理;项目执行与评估。

**(二)项目开题管理**

项目选题与背景;研究设计与方法;项目计划与资源调配。

**(三)中期检查管理**

检查项目进展与目标达成情况;检查研究方法与数据质量;检查团队协作与资源利用情况。

**(四)项目结题管理**

结果总结与分析;可行性建议与推广价值;结题报告与评审。

## 第四节　小学教研科研评价管理

**(一)评价管理的理论基础**

教育评价理论;科学研究方法论。

**(二)成果的评价管理**

自我评价;同行评议;行政评议。

**(三)推广应用的管理**

策划与规划;手段与方法;监督与评估。

## 三、考核知识点和考核要求

**(一)小学教研科研管理概述**

1. 识记:(1)小学教研科研管理的概念与特征;(2)小学教研科研管理的目标、内容与困境;(3)小学教研科研管理的原则与方法。

2. 领会:(1)小学教研科研管理的产生、发展及意义;(2)小学教研科研管理的必要性。

**(二)小学教研科研计划管理**

1. 识记:(1)学校机构与人员设置;(2)计划管理的组织体系。

2. 领会:计划管理的制度保障。

3. 简单应用:计划管理的制定过程。

**(三) 小学教研科研实施管理**

综合应用:(1) 项目立项管理;(2) 项目开题管理;(3) 中期检查管理;(4) 项目结题管理。

**(四) 小学教研科研评价管理**

1. 识记:评价管理的理论基础。

2. 领会:成果的评价管理。

3. 简单应用:推广应用的管理。

### 四、 本章的重点和难点

本章的重点是小学教研科研的管理概述,难点是进行小学教研科研的计划管理、小学教研科研的实施管理、小学教研科研的评价管理。

## 第七章　小学人力资源管理

### 一、 学习目的与要求

通过对本章的学习,认识小学人力资源的规划、招募与配置程序,把握小学人力资源的开发模式与激励措施,掌握教师培训、教师职业生涯管理、教师评价及教师薪酬的相关知识,了解小学人力资源管理的再配置过程和退出管理机制的建立。

### 二、 课程内容

### 第一节　小学人力资源的规划与招募

**(一) 小学人力资源的规划**

明确学校发展目标;学校职位分析;小学人力资源规划的内容;小学人力资源规划的程序。

**(二) 教师招募**

教师招募的作用与程序;教师招募的过程;应聘人员的选拔;人员的录用。

### 第二节　小学人力资源的开发与激励

**(一) 教师培训**

教师培训概述;教师培训的模式;教师培训的效果。

**(二) 教师职业生涯管理**

教师职业生涯发展;教师职业生涯管理。

**(三) 教师评价**

教师工作的特殊性;教师评价的原则;教师评价的类型。

**(四) 教师薪酬**

教师薪酬概述;教师绩效工资的内涵及制度改革。

### 第三节　小学人力资源的再配置与退出管理

**(一) 教师再配置与退出管理概述**

教师再配置与教师退出管理的内涵;理论基础。

**（二）教师再配置管理**

教师再配置的意义；教师再配置的途径。

**（三）教师退出管理**

教师退出管理的必要性；退出教师的类型；教师退出管理机制的建立。

## 三、考核知识点和考核要求

**（一）小学人力资源的规划与招募**

1. 识记：（1）职位分析的含义；（2）职位分析的基本原则；（3）小学人力资源规划的内容。

2. 领会：（1）学校发展目标；（2）职位分析的作用；（3）教师招募的作用。

3. 简单应用：（1）职位分析的流程；（2）小学人力资源规划的程序；（3）教师招募的程序；（4）教师招募的过程；（5）应聘人员的选拔；（6）人员的录用。

4. 综合应用：结合实际，应用小学人力资源规划与招募的内容，辨析相关问题，就问题成因与对策展开分析。

**（二）小学人力资源的开发与激励**

1. 识记：（1）教师培训的模式；（2）教师职业生涯发展的内涵与特征；（3）教师职业生涯发展的阶段与任务；（4）教师职业生涯管理；（5）教师工作的特殊性；（6）教师评价的原则；（7）教师评价的类型；（8）教师薪酬的内涵与形式、影响因素；（9）教师绩效工资的内涵。

2. 领会：（1）教师培训的内涵；（2）教师培训的意义；（3）教师培训成果的转化；（4）教师专业发展与教师职业生涯发展；（5）教师薪酬管理的流程；（6）我国教师工资制度改革的历史。

3. 简单应用：（1）教师培训效果评估；（2）我国绩效工资制度改革的特征、问题与优化路径。

4. 综合应用：结合实际，应用小学人力资源开发与激励的内容，辨析相关问题，就问题成因与对策展开分析。

**（三）小学人力资源的再配置与退出管理**

1. 识记：（1）教师再配置的内涵；（2）教师退出管理的内涵；（3）退出教师的类型。

2. 领会：（1）勒温的场论；（2）库克曲线；（3）彼得原理；（4）组织生态学的流动理论；（5）教师再配置的意义；（6）教师退出管理的必要性。

3. 简单应用：（1）教师再配置的途径；（2）教师退出的流程；（3）教师退出的途径。

## 四、本章的重点和难点

本章的重点是小学人力资源的规划与招募、小学人力资源的开发与激励，难点是小学人力资源的再配置与退出管理。

# 第八章　小学财务与后勤管理

## 一、学习目的与要求

通过对本章的学习，掌握教育经费的来源和构成，了解基础教育财政管理体制的变迁,理解小学财务管理的大致流程,掌握小学资产管理和后勤管理的一般方法。

## 二、课程内容

### 第一节　教育经费构成与财政管理体制

**(一) 我国教育经费构成**

国家财政性教育经费;非财政性教育投入。

**(二) 基础教育财政管理体制**

从以县为主的分级管理体制、义务教育投入新机制、城乡统一新机制到新改革方案的变迁;小学经费拨款方式。

### 第二节　小学财务管理

**(一) 小学财务管理概述**

小学财务管理的概念、特点、机构、原则与任务。

**(二) 小学综合财务管理**

小学综合财务管理的内容包括预算管理、收入管理、支出管理、结转与结余管理、专用基金管理以及财务监督等;小学综合财务管理计划的编制与执行。

### 第三节　小学资产与后勤管理

**(一) 小学资产管理**

学校资产及学校资产管理的含义;小学资产管理的意义、任务、要求和方法。

**(二) 小学后勤管理**

学校后勤及学校后勤管理的含义;学校后勤管理的特点;学校后勤管理的内容。

## 三、考核知识点和考核要求

**(一) 教育经费构成与财政管理体制**

1. 识记:(1) 我国教育经费构成;(2) 小学经费拨款方式。

2. 领会:基础教育财政管理体制的变迁。

**(二) 小学财务管理**

1. 识记:(1) 小学财务管理的概念;(2) 小学财务管理的机构;(3) 小学综合财务管理的内容。

2. 领会:(1) 小学财务管理的特点;(2) 小学财务管理的原则;(3) 小学财务管理的任务。

3. 简单应用:综合财务计划的编制与执行。

**(三) 小学资产与后勤管理**

1. 识记:(1) 学校资产及学校资产管理的含义;(2) 学校后勤及学校后勤管理的含义。

2. 领会:(1) 小学资产管理的意义;(2) 小学资产管理的任务;(3) 小学资产管理的要求。

3. 简单应用:(1) 小学资产管理的方法;(2) 学校后勤管理的特点。

4. 综合应用:学校食品管理和安全管理。

## 四、本章的重点和难点

本章的重点是小学财务管理，本章的难点是财政管理体制和小学后勤管理。

# 第九章　小学公共关系管理

## 一、学习目的与要求

通过对本章的学习，了解不同理论流派视角下的公共关系定义，理解学校公共关系的内涵、基本要素以及基本职能，认识学校公共关系的工作程序，学会处理小学内、外部的公共关系，掌握小学形象管理与危机公关的方法策略。

## 二、课程内容

### 第一节　小学公共关系概述

**（一）小学公共关系的界定**

公共关系的定义；小学公共关系的定义。

**（二）小学公共关系的基本要素**

主体要素——小学；客体要素——公众；中介要素——信息传播。

**（三）小学公共关系的基本职能**

信息采集职能；咨询决策职能；关系协调职能；形象树立职能。

### 第二节　小学公共关系的工作程序

**（一）小学公共关系调查**

小学公共关系调查内容；小学公共关系调查程序；小学公共关系调查方法。

**（二）小学公共关系策划**

制定目标；拟定主题；界定公众；选择传播方式；编制预算；拟订方案。

**（三）小学公共关系实施**

小学公共关系实施方法；小学公共关系实施障碍。

**（四）小学公共关系评估**

小学公共关系评估程序；小学公共关系评估方法。

### 第三节　小学内、外部公共关系管理

**（一）小学内部公共关系管理**

小学与教职员工关系管理；小学与学生关系管理；小学与校董会关系管理。

**（二）小学外部公共关系管理**

小学与政府教育部门关系管理；小学与社区关系管理；小学与家长关系管理；小学与媒体关系管理。

### 第四节　小学形象管理与危机公关

**（一）小学形象管理**

学校形象定位系统；小学形象调查研究；小学形象系统设计。

**（二）小学危机公关**

小学危机事件分类；小学公关危机的预防策略；小学公关危机的处理策略。

## 三、考核知识点和考核要求

**（一）小学公共关系概述**

1. 识记：(1) 管理职能说；(2) 社会关系说；(3) 传播沟通说；(4) 经营艺术说；(5) 公共关系的定义；(6) 小学公共关系的定义；(7) 小学公共关系的三个基本要素；(8) 小学公共关系的四个基本职能。

2. 领会：公共关系定义的三层含义。

**（二）小学公共关系的工作程序**

1. 识记：(1) 小学公共关系调查的含义；(2) 小学公共关系调查的四方面内容。

2. 领会：小学公共关系实施过程中可能遇到的目标障碍和沟通障碍。

3. 简单应用：(1) 小学公共关系的四个工作程序；(2) 小学公共关系调查的四个程序；(3) 小学公共关系调查常见的四种方法；(4) 小学公共关系策划的六个程序；(5) 拟订小学公共关系计划方案；(6) 小学公共关系实施常见的两种方法；(7) 小学公共关系评估的五个程序；(8) 小学公共关系评估常见的三种方法。

**（三）小学内、外部公共关系管理**

1. 识记：(1) 小学内部公共关系管理的定义；(2) 小学外部公共关系管理的定义。

2. 领会：(1) 小学内部公共关系管理与外部公共关系管理的联系与区别；(2) 小学与教职员工之间的关系及其重要性；(3) 小学与学生之间的关系及其重要性；(4) 小学与校董会之间的关系及其重要性；(5) 小学与政府教育部门之间的关系及其重要性；(6) 小学与社区之间的关系及其重要性；(7) 小学与家长之间的关系及其重要性。

3. 综合应用：(1) 处理小学与教职员工的关系；(2) 处理小学与学生的关系；(3) 处理小学与校董会的关系；(4) 处理小学与政府教育部门的关系；(5) 处理小学与社区的关系；(6) 处理小学与家长的关系。

**（四）小学形象管理与危机公关**

1. 识记：(1) 小学形象管理的定义；(2) 学校形象定位系统的定义；(3) 学校理念形象的含义；(4) 学校行为形象的含义；(5) 学校视觉形象的含义；(6) 小学社会实际形象衡量的两个指标；(7) 小学危机公关的定义；(8) 三类小学危机事件。

2. 领会：小学形象管理与危机公关的联系与区别。

3. 简单应用：进行学校形象差距分析。

4. 综合应用：(1) 进行小学形象调查研究；(2) 进行小学形象设计；(3) 预防小学公关危机；(4) 处理小学公关危机。

## 四、本章的重点和难点

本章的重点是小学公共关系的工作程序，难点是进行小学公共关系管理、小学形象管理与危机公关。

# 第十章　小学组织变革与领导

## 一、学习目的与要求

通过对本章的学习，能够领会组织基本原理在小学管理中的应用，掌握小学组织的基本问题，包括：学校组织的概念、特征、相关理论演进、结构模式与变革；学校组织文化的内涵、特征、类型、层次与变革策略；学校领导的含义、主流领导理论及领导变革实践。在应用方面，能够在学校组织结构的发展趋向考虑下，设计和更新小学组织结构；能够对学校组织文化的变革进行因素评析并提出改进方案；能够理解学校规划对组织变革的统领意义，掌握编制学校规划文本的结构要素，并创新运用学校领导变革的实践策略。

## 二、课程内容

### 第一节　学校组织理论概述

**（一）一般组织理论简介**

对组织概念理解的三种取向；组织的相关概念；组织理论的研究。

**（二）学校组织理论简述**

学校组织的内涵；学校组织的特征；学习型组织基本理论及其启示。

### 第二节　小学组织变革与创新

**（一）一般组织变革理论**

组织变革的内涵、类型、机制、模式与趋势。

**（二）小学组织变革理论**

学校组织变革的相关理论；小学组织变革的影响因素。

**（三）小学组织结构创新**

学校组织结构的四种基本模式；传统小学组织结构模式的弊端；组织结构创新的四种模式。

### 第三节　小学组织文化变革

**（一）学校组织文化的内涵及特征**

组织文化的概念；学校组织文化的内涵；学习型学校组织文化的五个特征。

**（二）学校组织文化的类型与层次**

西方学校组织的文化；我国学校组织的文化；学校组织文化的三个层次。

**（三）小学组织文化的变革与策略**

小学组织文化变革的要义；小学组织文化变革的影响因素；小学组织文化变革的策略。

### 第四节　小学领导变革与规划

**（一）小学领导理论演进**

领导与领导力概念的辨析；领导价值聚焦的三个方面；西方领导理论的诞生和发展。

**（二）小学发展规划研制**

小学发展规划的含义；小学发展规划编制的着眼点；小学发展规划文本的结构要素；小学发展规划编制的基本策略。

**（三）小学领导变革实践**

小学领导变革的含义；小学领导变革的实践。

## 三、考核知识点和考核要求

### （一）学校组织理论概述

1. 识记:(1) 组织的含义;(2) 学校组织的含义。

2. 领会:(1) 组织理论及其演进;(2) 学校组织的基本特征;(3) 学习型组织基本理论。

### （二）小学组织变革与创新

1. 识记:(1) 组织变革的内涵;(2) 组织变革的类型;(3) 组织变革的模式。

2. 领会:(1) 组织变革的机制与趋势;(2) 小学组织变革理论基础;(3) 小学组织结构的基本模式与特征分析。

3. 应用:(1) 分析小学组织变革的影响因素;(2) 创新小学组织结构设计。

### （三）小学组织文化变革

1. 识记:(1) 组织文化的概念;(2) 学校组织文化的内涵及特征;(3) 学校组织文化的类型。

2. 领会:(1) 学校组织文化的层次;(2) 小学组织文化变革的要义;(3) 小学组织文化变革的影响因素。

3. 应用:小学组织文化变革策略的运用。

### （四）小学领导变革与规划

1. 识记:(1) 领导的概念;(2) 领导力的概念;(3) 小学领导变革的含义。

2. 领会:(1) 领导的价值;(2) 领导理论的演进及基本观点。

3. 应用:(1) 小学发展规划文本的编制;(2) 小学领导变革实践问题的分析与解决。

## 四、本章的重点和难点

本章的重点:小学组织结构形式、特点分析;学校组织变革的理论基础、动力机制分析;小学领导理论的演进与变革取向;小学发展规划的研制。

本章的难点:小学组织结构变革的创新;小学组织文化的内容结构、建设与变革策略;小学领导变革的实践问题解决。

# Ⅳ 关于大纲的说明与考核实施要求

## 一、课程自学考试大纲的目的和作用

《小学教育管理自学考试大纲》是根据小学教育专业(专升本)考试计划的要求,结合自学考试的特点而确定的,其目的是对个人自学、社会助学和课程考试命题进行指导和规定。

本课程自学考试大纲明确了考生学习本课程的内容及其深度和广度,规定了课程自学考试的范围和标准。因此,它是编写自学考试教材和辅导书的依据,是社会助学组织进行自学辅导的依据,是自学者学习教材、掌握课程内容知识范围和程度的依据,也是进行自学考试命题的依据。

## 二、课程自学考试大纲与教材的关系

课程自学考试大纲是进行学习和考核的依据,教材包含考生应掌握的课程知识的基本内容与范围,教材的内容是大纲所规定的课程知识和内容的扩展与发挥。课程内容在教材中可以体现一定的深度或难度,但在大纲中对考核的要求一定要适当。

大纲与教材所体现的课程内容应基本一致,大纲里面的课程内容和考核知识点,教材里一般都有。反过来,教材里有的内容,大纲里就不一定体现。如果教材是推荐选用的,其中有的内容与大纲要求不一致的地方,应以大纲规定为准。

## 三、关于自学教材

《小学教育管理》,全国高等教育自学考试指导委员会组编,葛新斌主编,高等教育出版社,2024 年版。

## 四、关于自学要求和自学方法的指导

1. 本课程由导论(第一章)、宏观小学教育管理理论(第二、三、七章)和微观小学学校管理理论(第四、五、六、八、九、十章)三部分组成。这三部分有着严密的逻辑关系,每部分各章、每章中的各节之间也有着紧密的联系。考生在学习本门课程时,首先要从总体上把握其框架,弄清楚各部分之间的逻辑关系,然后去掌握基本概念和基本理论,记忆应当识记的基本概念、名词,弄懂其基本内涵,深入领会基本理论,切忌在没有弄清本门课程知识框架的情况下去学习一些具体的概念和理论。

2. “小学教育管理”是小学教育本科专业的必修课程。对于小学教育专业的考生来说,应全面学习总论、宏观小学教育管理理论和微观小学学校管理理论的内容,重点掌握宏观小学教育管理理论和微观小学学校管理理论两部分内容。

3. 重视理论联系实际,结合小学教育管理的实践进行学习。本课程阐述的内容来源于小学教育管理实践,与国家宏观教育法律法规政策体制的改革发展密切相关。考生应将课程的内容与小学教育管理实践以及本职工作联系起来加以学习体会,以增加感性认识,更深刻地理解教材内容,提高自己提出问题和解决问题的能力。

本课程共 7 学分,其中包含 1 学分实践性环节考核。实践性环节考核由省级高等教育自学考试委员会组织主考学校编制大纲并实施。

## 五、 对考核内容的说明

1. 本课程要求考生学习和掌握的知识点内容都作为考核的内容。“小学教育管理”课程中各章的内容均由若干知识点组成,在自学考试中成为考核知识点。因此,课程自学考试大纲所规定的考试内容是以分解为考核知识点的方式给出的。由于各知识点在课程中的地位、作用以及知识自身的特点不同,自学考试将对知识点分别按照识记、领会、简单应用和综合应用四个认知层次确定其考核要求。

2. 在考试之日起6个月前,由全国人民代表大会和国务院颁布或修订的法律、法规都将列入“小学教育管理”课程的考试范围。凡大纲、教材内容与现行法律、法规不符的,应以现行法律、法规为准。

## 六、 关于考试方式和试卷结构的说明

1. 本课程的考试方式为闭卷、笔试,满分100分,60分及格。考试时间为150分钟。

2. 本课程在试卷中对不同能力层次要求的分数比例大致为:识记占15%;领会占30%;简单应用占35%;综合应用占20%。

3. 要合理安排试题的难易程度,试题的难度可分为:易、较易、较难和难四个等级。必须注意试题的难易程度与能力层次有一定的联系,但二者不是等同的概念。在各个能力层次中对于不同的考生都存在着不同的难度。在大纲中要特别强调这个问题,应告诫考生切勿混淆。

4. 课程考试命题的主要题型一般有:单项选择题、名词解释题、简答题、论述题。

在命题工作中必须按照本课程大纲中所规定的题型命制,考试试卷使用的题型可以略少,但不能超出本课程对题型的规定。

# 附录　题型举例

**一、单项选择题**:在每小题列出的备选项中只有一项是最符合题目要求的,请将其选出。

1. 小学教育政策问题的确认属于小学教育政策过程中的(　　)。

A. 小学教育政策制定环节　　B. 小学教育政策执行环节

C. 小学教育政策监督环节　　D. 小学教育政策评价环节

2. 目前,我国小学学校内部实行的教育管理体制是(　　)。

A. 校长负责制　　B. 校长责任制

C. 党组织领导下的校长负责制　　D. 教代会负责制

**二、名词解释题**

1. 小学教育管理
2. 小学教育法治

**三、简答题**

1. 简述西方教育管理学的发展阶段。
2. 简述小学德育管理的方法。

**四、论述题**

1. 试述科层组织理论的主要观点。
2. 试述小学学生的行政法律地位。

# 大纲后记

《小学教育管理自学考试大纲》是根据《高等教育自学考试专业基本规范(2021年)》的要求,由全国高等教育自学考试指导委员会教育类专业委员会组织制定的。

全国考委教育类专业委员会对本大纲组织审稿,根据审稿会意见由编者做了修改,最后由教育类专业委员会定稿。

本大纲由华南师范大学葛新斌教授负责编写。参加审稿并提出修改意见的有北京师范大学楚江亭教授、东北师范大学赵岚教授、华东师范大学李伟胜教授。

对参与本大纲编写和审稿的各位专家表示感谢。

全国高等教育自学考试指导委员会

教育类专业委员会

2023 年 12 月

全国高等教育自学考试指定教材

# 小学教育管理

全国高等教育自学考试指导委员会　组编

# 编者的话

《小学教育管理》是为了适应全国高等教育自学考试小学教育本科专业的教学需求，按照课程考试大纲规定的考试内容和考核要求编写而成的一本自学考试教材。

“小学教育管理”属于小学教育本科专业课程体系中的专业基础课程。本书立足教育管理的一般原理，结合我国小学教育管理实际，在呈现教育管理学基本理论与基础知识的同时，旨在引导学习者学会运用相关理论分析、解决小学教育管理过程中的实际问题。在本书编写过程中，编者希望做出如下尝试：首先，希望打破“教育行政学”与“学校管理学”分科设置的传统，力图在融贯小学教育行政与小学学校管理两大知识领域方面做些探索。其次，作为小学教育专业开设的唯一管理类课程，尽力满足该专业学生对教育管理类知识的基本需求。最后，面向鲜活的小学教育管理实践，围绕小学教育管理过程中的具体问题展开各章内容，努力为学习者从事小学教育管理工作提供理论指导。

为适应自考学生自主学习的特点和需求，本书各章在进入主体内容之前均设有“知识导图”“学习目标”“建议学时”和“教师导学”，章后设有“小结”“思考题”“延伸阅读材料”。同时，编者还为各章编配了相应的案例和 PPT 讲义等延伸性学习材料。

本书内容共分十章，并按照小学教育管理概论、小学教育行政和小学学校管理三大模块展开相关内容。全书各章作者如下：第一章华南师范大学葛新斌教授，第二章华南师范大学吴会会特聘副研究员，第三章广东交通职业技术学院程丹丹博士，第四章华南师范大学秦楠特聘副研究员，第五章华南师范大学曾文婕教授，第六章韶关学院张成林副教授，第七章山东师范大学杜文静副教授，第八章华南师范大学吴宏超教授，第九章华南师范大学方征教授，第十章惠州学院尹姣容博士。华南师范大学教育科学学院硕士研究生张东平承担了本书编写的前期秘书工作，博士研究生娄雨璠承接了后期的秘书和文字校订任务。全书由葛新斌教授担任主编，负责统筹策划和审统定稿。

在书稿和配套材料审定过程中，北京师范大学楚江亭教授、华东师范大学李伟胜教授和东北师范大学赵岚教授提出了十分宝贵的意见和建议。全国高等教育自学考试指导委员会教育类专业委员会秘书长赵宏教授亦对本书提出诸多建设性意见。在此，一并表示诚挚谢意！

由于编者水平有限，本书难免存在各种舛误，敬请大家批评指正。

编者

2023 年 12 月

# 第一章　小学教育管理概述

## 知识导图

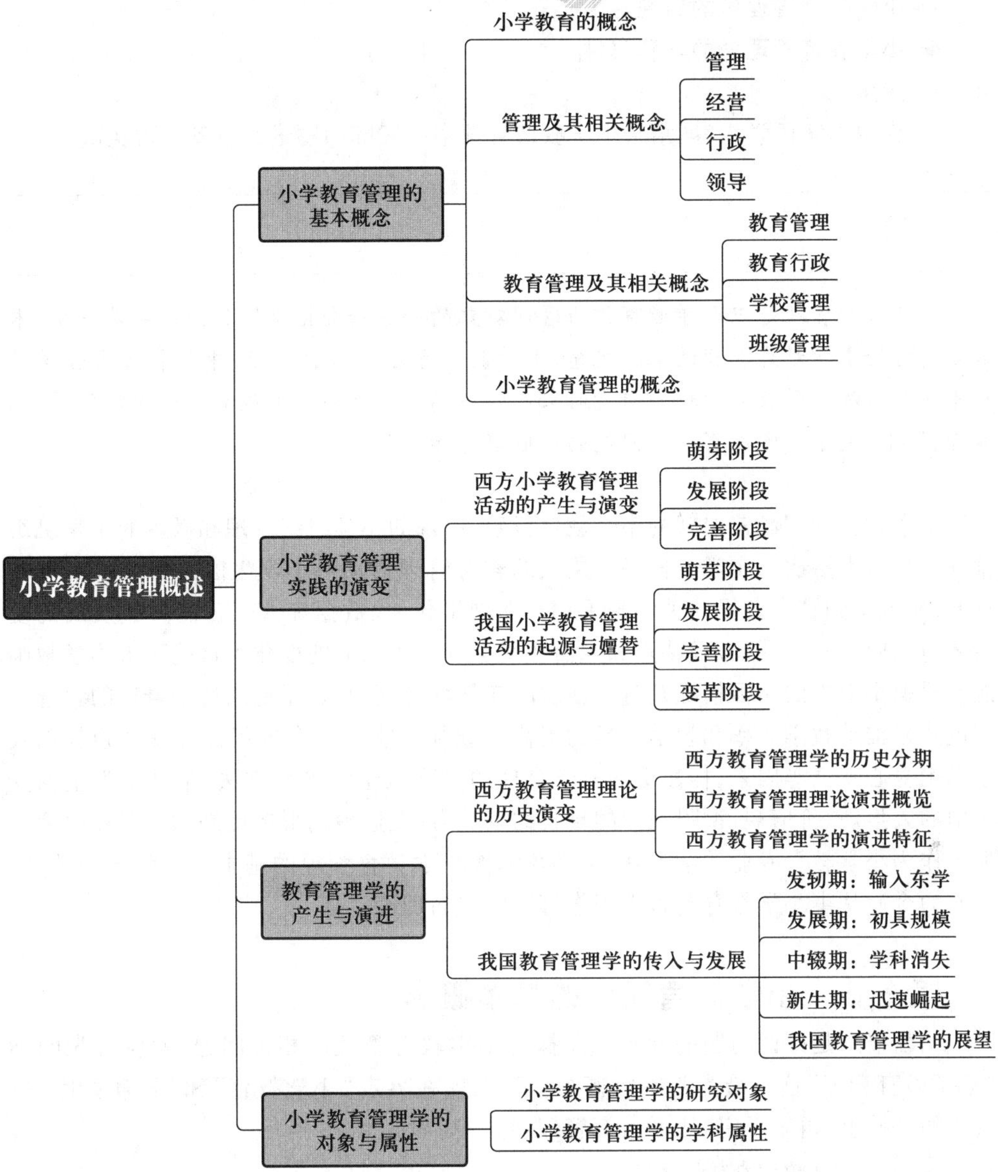


## 学习目标

1. 识记

◆ 小学教育的概念

◆ 教育管理的相关概念

◆ 小学教育管理的概念

2. 领会

◆ 西方小学教育管理活动的产生与演变

- ◆ 我国小学教育管理活动的起源与嬗替
- ◆ 西方教育管理理论的历史演变
- ◆ 我国教育管理学的传入与发展
- ◆ 小学教育管理学的研究对象
- ◆ 小学教育管理学的学科属性

3. 应用

- ◆ 应用本章所学内容，结合小学教育管理中的实际问题进行教育管理实践

**建议学时**

6 学时

**教师导学**

小学教育管理是以小学教育作为管理对象的一种社会活动。作为全书第一章，本章主要讨论小学教育管理的基本概念、小学教育管理的历史变迁、中外教育管理学的发展演变以及小学教育管理的研究对象和学科属性等问题。通过对上述内容的学习，读者将形成关于小学教育管理问题的一般概念和认识。

小学教育管理涵盖宏观的小学教育行政、中观的小学组织管理和微观的小学班级管理三个基本层次。小学阶段各个层次的教育管理活动对小学生的正常成长都至关重要，应该得到社会各界的关注与重视。在网络化、大数据和人工智能日益发展的复杂环境当中，小学生的心理特点和生活环境也发生了巨大的变化。这就要求小学教师能够根据小学生的实际情况及时更新和改变教育管理理念，用更加科学合理的教育管理模式来推动教学效率和教学质量的提高。教师要能够结合现代社会发展趋势以及小学生身心特征等因素，构建更加科学合理的教育教学与管理方法，帮助小学生树立正确的人生观、价值观，增强他们的自我约束能力，促进他们形成良好的学习和生活习惯。作为小学教育专业的学习者，也必须掌握小学教育管理的基本理论和知识技能，从而为今后从事小学教育与管理工作打下坚实的理论基础。

## 第一节 小学教育管理的基本概念

明晰概念是探讨问题的起点。要探讨小学教育管理的相关问题，就应首先明确“小学教育管理”这一最为基本的概念。下面就在界定“小学教育”和“教育管理”等概念的基础上，再来界定“小学教育管理”这一基本概念。

### 一、小学教育的概念

#### （一）教育的概念

美国分析教育哲学家谢弗勒(I. Scheffler)提出了三种定义方式，即“规定性定义”“描述性定义”和“纲领性定义”。规定性定义即作者自己创制的定义，它的内涵在作者的某种话语情境中始终是同一的；换而言之，不管他人如何定义某个词，作者始终在自己的定义下使用这个词。描述性定义是指对定义对象的适当描述或对如何使用定

义对象的适当说明。纲领性定义是一种有关定义对象应该是什么的界定。① 上述观点为我们探讨教育的定义提供了一个可供参考的理论视角。事实上,任何一个关于“教育”的定义往往同时具有“规定性”“描述性”和“纲领性”,凸显了教育定义的多样性、复杂性以及歧义性。这就造成了从古至今,人们对教育的定义始终无法达成一个统一的结果。下面略举一些具有代表性的教育定义。

1. 我国关于“教育”的定义

在《中国大百科全书·教育》中,把广义的教育定义为能够增进人们知识和技能、影响人们思想品德的活动;而狭义的教育则是指学校教育,即教育者根据一定的社会或阶级的要求,有目的、有计划、有组织地对受教育者身心施加影响,借此把他们培养为一定社会或阶级需要的人的活动。顾明远教授主编的《教育大辞典》则认为:广义的教育泛指影响人们知识、技能、身体健康、思想品德的形成与发展的各种活动。项贤明教授在《泛教育论》中,把教育定义为:作为主体的人,在共同的社会生活过程中开发、占有和消化人的发展资源,从而生成特定的、完整的、社会的个人之过程。②

2. 西方对于“教育”的界定

古希腊哲学家柏拉图(Plato)以隐喻的方式定义教育。他认为,教育是心灵的转向,是为了以后的生活所进行的训练,它能够使人变善,从而高尚地行动。捷克教育学家夸美纽斯(I. A. Comenius)以“生长说”来阐释教育。他主张,人人具有知识、德行和虔信的种子,但这些种子不能自发生长,需要凭借教育的力量,只有受到恰当的教育之后,人才能成为一个真正的人。英国思想家斯宾塞(H. Spencer)则从生物学的角度来界定教育。他认为,从这方面来看,教育可看作是一个使有机体的结构臻于完善并使它适应生活事物的过程,教育的目的即在为未来人的完满生活做好准备。法国社会学家涂尔干(E. Durkheim)把教育划归为活动。他认为,从社会学的角度出发,教育是一种成年人作用于后代的活动,这些后代还没有为参加社会生活做好准备。美国现代思想家杜威(J. Dewey)则直接把教育定义为人的生活、生长、经验的改组或改造。

### (二) 教育概念的内涵和外延

披览中外教育史,虽然对教育的解说多种多样,各有不同,但各种定义中存在着共同的特点,即都是把教育看作一种有意识、有组织、有目的地培养人的活动。这就是教育区别于其他社会现象的根本特征,也是教育概念的基本内涵和最为根本的特殊规定性。从教育概念的外延看,我们还可以根据不同的标准对其进行分类。例如,按照层级的高低,可以把教育分为初等教育、中等教育和高等教育;按照教育场所的不同,可以把教育分为学校教育、家庭教育及社会(社区)教育;根据组织化程度的高低,可以把教育分成正规教育和非正规教育;按照教育对象的不同,可以把教育分为普通教育、职业技术教育和特殊教育;等等。

### (三) 小学教育的概念

所谓“小学教育”,一般是指初等教育。在现代社会中,初等教育是为公民奠定科学文化知识基础的教育,它对提高一个国家的民族文化水平和国民素质具有重要意

---

① 陈桂生著:《学校教育原理》,华东师范大学出版社,2012 版,第 69-85 页。

② 项贤明著:《泛教育论——广义教育学的初步探索》,山西教育出版社,2002 年版,第 6 页。

义。作为初等教育机构,小学(小学校)是实施义务教育和普及教育的重要场所。具体而言,全日制小学教育主要是对适龄儿童实施的初等教育,旨在培养儿童基本的读、写、算技能和公民的基础道德素养以及一定的基本生活能力。在世界各地,一般年满5~6周岁的儿童即可进入小学接受初等教育,小学学制多为5~6年。

## 二、管理及其相关概念

### (一)管理

若从字面上理解,"管理"一词即是管辖和处理的意思。《现代汉语词典》把管理的一个义项解释为"负责某项工作使顺利进行"。在管理学界,许多学者也对管理概念进行了不同的界说。现把其有代表性的观点简介如下。

1. 特殊职能说

这一观点的提出者是古典管理理论的三大代表人物之一、法国管理学家法约尔(H. Fayol)。在他看来,管理是一种具有特殊职能的活动。他把当时的大企业作为一个整体研究对象,认为企业的经营包括技术、商业、财务、安全、会计和管理六种基本活动,而管理活动本身又包括计划、组织、指挥、协调和控制五种基本职能。

2. 达标活动说

行为科学理论把管理理解为协调人际关系,激发人的动机,以达成共同目标的一种组织行为。在行为科学家看来,人的行为是由动机决定的,动机又是由需要引起的。所以,管理就是要解决行为、动机和需要这三者之间的相互关系问题。

3. 决策活动说

管理决策学派的代表人物、诺贝尔经济学奖获得者西蒙(H. A. Simon)把管理看作是一种围绕着组织决策而展开的一系列活动。他提出,一般管理过程中的计划就是决策,组织是落实决策,检查是监控决策的执行情况,总结则是对决策执行结果的评估,并为下一轮的决策打下基础。因此,西蒙明确主张:某种意义上,可以说"管理就是决策"。①

4. 行动艺术说

作为经验主义学派的代表人物,美国管理学家德鲁克(P. F. Drucker)认为,管理是一种工作,有其技能、工具和技术;管理是一门科学,具有可运用的系统化知识;管理是一种文化,包含在价值、风格、信仰和传统之中;管理是一种任务,有知也有行。因此,从总体上看,管理是一门如何行动的艺术。

5. 协作技能说

孔茨(H. Koontz)是美国当代最著名的管理学家之一,也是西方管理思想发展史上管理过程学派重要的代表人物。他认为,管理是通过他人并同他人一起完成工作的技能,是使集体成员相互协作完成工作的技能,也是清除障碍、有效实现组织目标的技能。

6. 系统过程说

从系统论的角度出发,苏联学者阿法纳西耶夫认为,管理是对一个具有客观规律的系统施加影响,从而使其呈现一种新状态的过程。从这种观点看,管理即是一种促

---

① 齐振海主编:《管理哲学》,中国社会科学出版社,1988年版,第23页。

使组织系统不断自我更新的过程。①

总之,若从事实层面看:第一,管理是一种组织行为;第二,管理是一种目标行为;第三,管理是一种协调行为;第四,管理是一种效能行为;最后,管理是一种依附于主体性活动之上的行为。综上所述,所谓“管理”,即指通过协调组织内部资源及其与外部环境之间的关系,以有效地达成组织目标的活动。

**(二)经营**

在《现代汉语词典》中,“经营”被定义为“筹划、组织并管理”。在学术界,对于“经营”主要有以下几种不同的理解。

1. 包含说

如上所述,在《工业管理与一般管理》中,法国管理学家法约尔提出:企业经营包括技术、商业、财务、安全、会计、管理六种活动,而管理本身又包括计划、组织、指挥、协调、控制五种职能。所以,在法约尔看来,企业经营包括管理活动。

2. 层位说

在《领导哲学》中,加拿大学者霍金森(C. Hodgkinson)指出:经营属政策执行层面的活动,包括动员、实施、监督三个过程;而管理乃政策制定的过程,涵盖哲学、规划、政治三个环节。这样一来,经营即成为一种从属于管理的下位概念。

3. 对象说

在《学校管理》中,日本学者安藤尧雄指出:经营乃充分利用设施设备进行的有组织的活动;而管理则属于一种间接性的活动,它以经营为自身的对象。在这种理解中,经营与管理的区别不仅在于其对象不同,而且管理也成了经营的上位概念。

综上所述,我们认为:首先,对“经营”和“管理”两个概念的使用,中文里的确有习惯上的不同。一般而言,使用“经营”一词时,更重物质性和营利性;使用“管理”时,更重精神性和专业性。其次,在一般语境下,对两者的使用并无纵向层位上的差异。最后,中文的“经营”和“管理”概念,在外延上更多是交叉而非包含的关系。

**(三)行政**

1. 政治学的角度

在政治学领域里,中外学者都习惯把行政看作是国家政治运作的一个领域。譬如,在西方政治学中占据主流地位的“三权分立说”,即把“行政”看作是与立法和司法分立而又相互制衡的一个领域。西方行政学的创立者、美国第 28 任总统威尔逊(T. W. Wilson)及其追随者古德诺(F. J. Goodnow)倡导“二分法”,他们把国家的运作划分为政治与行政两个基本领域。古德诺在其代表作《政治与行政》一书中,率先阐述了政治与行政分离理论。他认为,政治是国家意志的表达,行政是实现国家意志的方法和技术,行政不应受到政治权宜措施及政党因素的影响。我国的孙中山先生则提出了“五分法”的观点。他借鉴西方政治学说,结合中国传统政治的特点,把国家的治理划分为立法、行政、司法、考试、监察五个不同领域,这就是孙中山先生的“五权宪法”思想。

---

① 齐振海主编:《管理哲学》,中国社会科学出版社,1988 年版,第 24 页。

2. 管理学的角度

也有一些学者,尤其是英语国家的学者,更倾向于从管理学的视角理解“行政”概念,认为对“管理”和“行政”两个概念不必加以区分。受此影响,自20世纪90年代中期以来,我国也有一些学者,开始不加区别地使用“行政”和“管理”概念。譬如,在王连昌主编的《行政法学》中,就把“行政”界定为:“在一般意义上,行政是指社会组织对一定范围内的事务进行组织与管理的活动。”①吴志宏教授认为:“行政既可指国家事务的管理,也可指一般企业、机构和学校的管理活动。”②

上述观点皆有其一定的道理。然而,无论是从我国的学术传统来看,还是就给概念下定义的目的而言,都有必要区分“行政”与“管理”这两个概念。有鉴于此,可把“行政”界定为:国家为实现自身所代表的统治集团的意志和利益,而对公共事务的组织或执行活动。这种活动与国家的出现相关联,乃国家公共管理活动的一个重要领域。就行政与管理的关系而言,行政是一种特殊的管理活动,它被包含在管理活动之中。行政的特殊性就在于,它是国家的一种组织或执行性的活动,行政活动的主体是政府,行政活动的性质乃组织或执行。

**(四)领导**

对于“领导”这一概念,古今中外不少学者都对此展开了广泛而又深入的探讨。目前,根据相关文献,对于“领导”概念的理解,主要包括如下几个方面:首先,领导是一种解决问题的初始行为;其次,领导是对制定和完成组织目标的各种活动施加影响的过程;第三,领导是指挥下属的过程;第四,领导是在机械地服从组织常规指令以外所施加的额外影响力;第五,领导是一个动态的过程,该过程是领导者个人品质、追随者个人品质和某种特定环境的函数。③ 概括而言,领导是一种指挥、带领、引导和鼓励下属为实现目标而努力的管理活动。就领导与管理的关系来看,领导乃管理的一种重要职能,它在管理中居于十分重要的位置;或者说,领导即是一种高层次的管理活动。

## 三、教育管理及其相关概念

“教育管理”的层面十分复杂。我们要准确把握这个概念,必须把它按一定标准划分成不同层面,然后逐层进行阐释。

**(一)教育管理**

从微观到宏观,教育管理可以分成以下三个层面:第一个层面是班级管理,即班级组织层面上的教育管理;第二个层面是学校管理,即学校组织层面上的教育管理;第三个层面是教育行政,即教育制度(系统)层面上的教育管理。“教育管理”是对上述三个不同层面的教育管理活动的概括和统称。

**(二)教育行政**

若从管理学的角度理解“行政”概念,“教育行政”可以等同于“教育管理”;而从政治学的角度看,“教育行政”则专指政府对本国教育系统所进行的领导与管理。这种管理活动又因对象的差异而划分出不同的层次:政府对某所学校的管理可称为政府

① 王连昌主编:《行政法学》,中国政法大学出版社,1994年版,第1页。

② 吴志宏著:《教育行政学》,人民教育出版社,2019年版,第6页。

③ 周三多等著:《管理学——原理与方法》,复旦大学出版社,2018年版,第283页。

与学校(政校)关系;政府对某一地区学校的管理可称为区域(地方)教育行政;政府对本国学校教育系统的管理可称为宏观教育行政。“教育行政”即是对上述三个不同层次的教育管理活动的概括和统称。

**(三) 学校管理**

学校管理是对作为一个教育组织的学校所进行的管理。在这种情况下,学校管理等同于学校组织管理。学校管理是学校通过一定的机构和人,沿着一定的方向维持学校按教育规律正常运转,使其获得不断发展和提高的手段。它是达成学校教育目标,提高总体效果的一种总体作用,其功能是对学校教育总过程的一切活动和资源进行计划、组织、指挥、监督和调节,以便实现全面提高教育质量的目的。①

**(四) 班级管理**

班级管理是对作为一个学校基层教育教学组织的班级所进行的管理。班级管理虽然也是教育管理的一个重要领域,但在我国教育学的学科体系建构之中,它被当作“教育学”之下“课程与教学论”下面的“课堂(教学)管理”以及“德育论”之下的“年级组管理”“班集体建设”和“班主任工作”加以探讨与研究,从而未被纳入“教育管理学”的学科体系之中。因此,我国的教育管理学著作,一般只涵盖“教育行政学”和“学校管理学”两大分支领域,而不包括“班级管理学”的内容。

### 四、 小学教育管理的概念

小学教育管理是指对一个国家或地区全部的小学教育活动所进行的管理。根据上述对“教育管理”概念的定义,人们不难发现,小学教育管理至少涵盖如下两个方面的基本内容:其一,小学教育行政,即一个国家的各级政府对本国小学教育系统的管理活动;其二,小学学校管理,即小学管理者对作为初等教育组织的小学学校所进行的管理活动。所谓“小学教育管理”,就是上述两方面管理活动的总称。

针对小学教育管理实践,我们也可从不同角度对小学教育管理加以划分。譬如,从小学教育管理的层次出发,可以把它划分为小学教育行政、小学学校管理和小学班级管理三个不同层次;从小学教育管理要素入手,可把它划分成小学师资建设、小学经费投入和小学装备条件等领域;根据小学教育管理的不同职能,可以把它分成小学教育立法、小学教育规划、小学教育政策和小学教育督导等过程;依据小学教育管理的对象,亦可把它分为小学课程与教学管理、小学德育管理、小学总务后勤管理和小学体育卫生管理等方面。上述对小学教育管理实践领域的划分,皆可成为我们探讨小学教育管理问题的划分维度和切入点。

## 第二节 小学教育管理实践的演变

### 一、 西方小学教育管理活动的产生与演变

**(一) 萌芽阶段**

从奴隶社会开始,西方各文明古国都先后出现了学校。为了实际需要,这些国家对教育阶段和学校进行了初步划分,从而形成了具有各自特色的学校管理制度,继而

---

① 赵敏、江月孙主编:《学校管理学新编》,广东高等教育出版社,2008 年版,第 5 页。

出现了早期专职的学校管理人员，建立了一些学校管理的法规和制度。就小学管理而言，这一时期为其萌芽阶段。在较为成型的教育制度之下，教育管理往往与政治密切相关，国家也借此控制教育活动。这一时期的小学教育管理活动，以古希腊的城邦国家斯巴达和雅典最为典型。

斯巴达是古希腊最大的农业城邦，经济相对落后，奴隶主贵族专政，国内外战争频繁。该国的政治经济形势决定了教育管理活动，尤其是初等教育管理活动必须运用军队管理的方式，采用体育集训的方法，并由国家控制。这种小学教育管理方式，主要强调学生对教师的绝对服从。斯巴达男孩在 7 岁以后，就要进入城邦举办的军营式体育竞技场接受单调的军事体育训练、强制的道德灌输和严酷的身心磨练，以求形成勇敢、坚毅、顺从以及爱国的品质。

雅典多为山区，不宜耕作，但有良好的港湾，工商业十分发达，城邦以奴隶主民主政治著称，国内外战争频繁。雅典特殊的政治和经济环境，促使其国内对人的培养模式与斯巴达不同。雅典的初等教育管理活动初步倾注了人的和谐发展的理念，但依然与城邦需求、贵族利益紧密相关。雅典男孩在 7 岁后进入私立文法学校和音乐学校学习，以读、写、算等初步知识为主要学习内容，还有一些音乐方面的学习。他们在 12~13 岁进入体操学校，进行体育的学习和体能训练。在对学生的管理方面，雅典出现了职业为“教仆”的人员。在学生成年之前，“教仆”负责训练其举止行为和德行，并督促检查其学业。学校每周 7 天均为授课日，学生极少有假期。

总之，在古希腊时期，初等教育的管理活动主要根据当时城邦的需要进行，不太考虑和关注教师、学生等人的因素。教育管理活动主要依据经验和法律法规，具有很强的强制性。教育管理思想和理论较为贫乏，并且也很少被运用到实际的管理活动之中。

**（二）发展阶段**

进入中世纪之后，由于社会、政治和经济发展以及人口的增长，欧洲各国对学校教育尤其是对初等教育的需求迅速增加。伴随着初等教育机构的数量增多以及其结构的变化，社会上对初等教育管理的要求也越来越高。这一时期，欧洲各国的学校管理在体制、人员、规章制度和方法技术上，都有了较为明显的进步；与此同时，教育管理理论也在逐步形成之中。在中世纪的欧洲，小学教育管理的变化也表现得较为突出，这些变化主要体现在：

中世纪初期，欧洲的教育领导权掌握在教会手中。基督教会创办学校，将传教和教育融为一体。教会学校是当时唯一的正规教育机构，神职人员充当学校的管理者和教师。初等教育完全在教会的控制之下，其管理采取教堂管理的方式。学校对学生的管教极为严格，经常使用体罚等不人道的管理措施。

中世纪中期，世俗教育开始兴起，初等教育逐渐脱离教会组织的控制。世俗学校出现并取得一定程度上的自治权和自主权，小学教育管理有了较为稳固的基础。当时的宫廷学校就是一个典型的例子，它是贵族子弟接受世俗教育的机构。譬如，著名学者阿尔琴（Alcuin）就曾协助法兰克查理曼大帝兴办宫廷学校，以供其子女及其他显贵的后代接受教育。

到了中世纪后期，随着商业发展和人口快速增长，欧洲开始形成以手工业和商业为中心的城市。这些以商人和手工业者为主的城市居民构成了一个新的特殊阶层，即市民阶层。为了满足自身经济利益和政治斗争的需要，新兴的市民阶层对教育尤其是初等教育产生了强烈的需求。相对教会学校，城市学校作为一种新型的世俗教育机构应运而生。由于城市学校针对的是培养职业人才的需要，因而它具备一定的职业训练性质。城市学校肩负着提供初等教育的任务，从而使小学教育管理得到了较大的发展。这类学校逐渐由市政当局接管，并由其决定收费标准、教师聘任及儿童入学资格等。这一时期，班级授课制被广泛应用到教学管理之中。一些新的教育和管理理论，如夸美纽斯的"大教学论"等，对学校教育管理产生了重要影响。特别是当世俗统治者兴办的国民学校体系形成以后，中世纪晚期的小学教育管理理论和实践便有了进一步的发展。

**（三）完善阶段**

近代是西方小学教育管理由发展趋向完善的黄金时期。这一时期，许多相关的教育管理体制逐步成型，相关的教育管理机构日益成熟，教育管理理论也被广泛应用于小学教育管理之中。下面简要介绍西方主要国家初等教育管理的进展情况。

1870 年，英国教育署长福斯特（W. E. Forster）提出《福斯特法案》，该法案确立了国家资助初等教育经费的基本模式，也称《初等教育法》。该法案还明确规定了教育管理的权责划分，即全国划分不同学区，由选举产生的学区委员会负责监管本学区的学校教育；各学区有权实施 5～12 岁儿童的强制性初等教育；把教会学校纳为国家教育机构加以监督；普通教育与宗教教育分离。这一法案的颁布，不仅确立了英国初等教育管理体制，而且大大提升了初等教育管理的规范化程度。

在法国，工业革命改变了初等教育管理发展缓慢的局面。1833 年法国颁布了《基佐法案》。该法案确立了法国的初等教育格局，即每个乡设立一所初等小学，每个城市设立一所高等小学；地方有权征收特别教育税作为教育经费，学校照常收费，不足则由国库拨款补贴；教师教育和培训应遵循严格的流程和标准，法案保障小学教师的最低薪酬。1881 年法国颁布了《费里法案》。该法案规定取消初等教育学费和书杂费，取消公立小学的宗教课。上述两大法案共同奠定了法国初等教育义务、免费和世俗化三大基本原则，促使法国初等教育管理得以迅速发展。

19 世纪初，出于政治和经济考虑，普鲁士政府十分重视发展和管理初等教育。由于普鲁士的对外扩张政策，该国在教育管理中体现出较强的军国主义色彩。这一时期，初等学校教师的培训工作也得到政府的重视。19 世纪后期，在普鲁士统一德国后，德国在教育管理上实行中央集权制，1887 年帝国政府颁布了《普通学校法》。该法规定 6～14 岁的 8 年初等教育为强迫教育阶段。在此阶段，德国基本上实现了对 6～14 岁儿童的普遍的义务教育。德国政府的上述措施，有效地推动了该国初等教育管理不断走向完善。

综上所述，近代以来西方的小学教育管理不断发展并逐渐完善。这一时期的基本特点是：小学教育管理的相关法律法规逐步建立健全，教育管理理论和思想被更为广泛地运用到日常的教育管理活动之中。各国都十分注重依法治教，小学教育管理已经步入法治化、民主化和科学化的崭新阶段。

## 二、我国小学教育管理活动的起源与嬗替

### （一）萌芽阶段

我国小学教育管理最早可以追溯至商代，那时就有所谓“小学”的出现。由于学段的划分也是教育管理的一种手段，以便对不同年龄受教育者开展教育与管理，所以，“小学”作为一个阶段从教育整体中分化出来，即标志着我国小学教育管理活动的最早萌芽。西周时期，学校教育开始形成体系，对小学教育的划分更为明确，小学教育管理活动表现为对小学教育的各种标准的建立和具体化。例如，相关文献就曾记载了当时适龄儿童的入学年龄、修业年限和教学内容等要求。

### （二）发展阶段

进入秦汉以后，我国教育体制不断得以完善，这促使小学教育管理得到进一步的发展。到了隋代，隋文帝沿袭北齐“国子寺”之设，使之管辖国子学、太学和四门学等教育机构。再到公元 607 年，隋文帝把“国子寺”改为“国子监”，同时置祭酒 1 人，专掌全国教育。这是我国历史上中央政府设立专门教育行政机关和专门教育长官的开端。

到了唐代，从中央到地方形成了相当完备的官学教育体系，堪称我国传统社会学校教育的典范。相对于汉代，唐代中央官学制度更加完备与规范，管理标准也有所提高。唐代地方官学也有了较为完备的制度。例如，当时州、府、县皆设立规模相当的州学、府学、县学等地方学府，并由专职的官员长吏管理，地方官学制度在唐代得到了充分发展。

在上述教育管理体制不断完备的背景下，“小学”教育管理虽然尚未自成体系，但也得到不断发展和完善。隋唐时期，私学比较发达。作为一种对专门学术的传授机构，私学在社会上越来越受到人们的重视。唐朝政府鼓励私学和家学作为早期教育的形式，以补充官学体系对初等教育重视的不足。在整个传统社会中，官学系统中的蒙学即“小学”教育都是较为薄弱的，那时只有极少数面向官绅贵族的官办“小学”。

及至宋代，官学得到了空前的发展。中央和地方管理规模宏大，学生众多，其管理制度也颇具特色。以当时官学的经费管理为例，经费来源渠道多样，具体包括政府拨款、学田收入、专项捐税、官府建房、宗教费用移用以及刻印书籍盈利等。到了元代，蒙学发展迅速，这对发展初等教育管理提出了新的要求。明清时期，初等教育机构和教育管理体制则更加完善了。

### （三）完善阶段

一般认为，我国教育现代化的历史轨迹始自洋务教育。教育管理活动一直与教育活动相伴而行，所以，可以认为，我国教育管理的现代化也随之而来。洋务运动时期，洋务派先后创办 30 多所新式学堂，并采用当时西方较为先进的教育管理模式。在教学组织形式上，洋务学堂普遍制订了分年课程计划，确定了学制年限，并采用班级授课制度，部分学堂还建立了实习制度。虽然洋务教育管理已经基本具备现代教育管理的某些特点，但也存在着较大的缺陷。当时的洋务学校分布零散，缺乏全国性的整体规划和完善的学制系统。

维新运动时期，维新派创办了近百所新式学堂。其中，1898 年创立的京师大学堂既是全国最高学府，又是国家最高的教育行政机关，各省学堂均归其统辖。1901 年清

政府部分恢复“新政”，如科举考试中废除八股文，改试策论，将各地书院改为大、中、小学堂。1904 年清政府正式颁布《奏定学堂章程》，即“癸卯学制”，成为我国第一个比较完整、正式公布并于全国范围内实施的新型学制。作为近代以来学习西方教育及其管理的系统性成果，该学制在我国教育管理近代化过程中具有标志性的意义。1905 年，晚清政府废除科举制度，鼓励各地兴办新式学校。当时，小学主要利用旧有的义学和私塾改建，分级为简易小学、初等和高等小学堂。京师则把原来的八旗学校改为八旗高等小学，同时配套初等小学堂，保证八旗子弟率先普及初等教育。同年，中央政府建立学部，作为统辖全国教育的中央教育行政机构。1906 年各省建立提学使司，府、厅、州、县设立劝学所，专管地方教育事务。这就形成了从中央到地方统一的教育行政系统。1922 年，我国颁布美国式“六三三”分段的“壬戌学制”，成为我国近代史上实施最长、影响力最大的新型学制，其分段标准一直沿用至今。

南京国民政府时期，教育发展更为符合国情，从而促进了我国小学教育管理的进一步发展与完善。1928 年 5 月，南京政府大学院召开会议对“壬戌学制”略加调整，其中提出的原则就反映了上述倾向性。为了加强对初等教育的控制，南京政府颁布了《小学法》《小学规程》和《小学课程标准》等法律法规，使小学教育管理步入法制化轨道，民国初等教育管理体制至此已基本定型。为了保证对全国教育的有力控制，南京政府还采取了一系列的管理措施。例如，通过“整饬学风”，在学校建立训育制度；普遍推行童子军训练制度；颁布课程标准，实行教科书审查制度和毕业会考制度等。

与此相对应，小学教育管理在中国共产党领导下的革命根据地表现出明显不同的特色。在苏维埃根据地，实施的正规学校教育主要是小学教育。所以，苏维埃政府对小学教育管理十分重视，并规定“要对一切儿童不分性别和成分差别，施以免费的义务教育”。根据地学制最初规定为 6 年，1933 年后学制改为 5 年。学校根据入学对象的差异，分为半日制和全日制两种形式，管理方式灵活多样。在解放战争时期，解放区的小学教育逐步实现正规化，这也意味着小学教育管理活动逐渐步入正规化阶段。正规化的一些主要要求体现在为教育制定长期发展规划、普及小学教育以及学制系统化等方面。所有上述尝试，都为新中国成立以后我国的小学教育管理积累了有益经验。

**（四）变革阶段**

1949 年 10 月新中国成立以后，中央政府首先颁布了一批与教育管理相关的政策与法令。譬如，1951 年政务院颁布了《关于改革学制的决定》，初步体现了我国学制由学校教育机构系统向现代教育机构系统的转变。1958 年中共中央和国务院联合颁发《关于教育工作的指示》，其中明确指出：“各省、市、自治区的党委和政府有权对新的学制积极进行典型试验。”与小学教育管理相关的学制改革内容主要包括：小学入学年龄提早至 6 岁，中小学学制缩短为十年一贯制，等等。

改革开放以来，我国小学教育管理体制屡经调整。1985 年 5 月，《中共中央关于教育体制改革的决定》明确规定：中央把发展和管理基础教育的责任和权力交给地方，地方各级政府的管理职责划分则由省级政府决定，由此形成“分级办学、分级管理”体制。1995 年通过的《中华人民共和国教育法》第十四条规定：“国务院和地方各级人民政府根据分级管理、分工负责的原则，领导和管理教育工作。中等及中等以下教育在国务院领导下，由地方人民政府管理。”2001 年 5 月，《国务院关于基础教育改革与发展的决定》明确提出,要进一步完善农村义务教育管理体制,确保农村中小学教师工资发放,控制学校收费标准,规范义务教育学制等,由此引发了初等教育管理体制的连续调整过程。

2006年修订的《中华人民共和国义务教育法》第七条规定:“义务教育实行国务院领导,省、自治区、直辖市人民政府统筹规划实施,县级人民政府为主管理的体制。县级以上人民政府教育行政部门具体负责义务教育实施工作;县级以上人民政府其他有关部门在各自的职责范围内负责义务教育实施工作。”到此为止,我国的小学教育管理终于形成“中央统一领导、地方分级管理、以县为主”的体制。

## 第三节　教育管理学的产生与演进

### 一、西方教育管理理论的历史演变

关于西方现代教育管理学的发端时间,目前,国内外学术界主要有三种不同的观点:第一种观点认为,西方教育管理理论最早产生于19世纪后半期的德国,代表人物是行政法学家施泰因(L. V. Stein)。1865—1868年,施泰因发表了7卷本巨著《行政学》,在其中第5卷和第6卷中,他详尽阐述了自己的教育行政学理论。[①] 第二种观点认为,教育管理学最早产生于20世纪之初的美国,代表人物是教育管理学者达顿(S. T. Dutton)和斯奈登(D. Snedden)。这两位学者于1908年出版了《美国公共教育管理》一书,被后人视作世界上第一本教育管理学的专门著作。[②] 第三种观点认为,西方教育管理学虽然发轫于19世纪末至20世纪初,但其获得独立的学科地位和学术声誉,则是在20世纪50年代。持此观点者,在美国和我国学者当中都不乏其人。[③] 我们认为,之所以会产生上述分歧,其原因就在于不同学者对于“理论是什么”存在着认知差异。这就要求,我们在对西方教育管理理论演变进行分期之前,必须首先确立一种可以用作分期标准的“理论观”。

#### (一)西方教育管理学的历史分期

1. 西方教育管理理论诞生的判断标准

如上所述,第三种观点之所以把教育管理理论诞生的时间推延至20世纪50年代以后,主要原因在于这些学者坚持一种十分严格的“理论观”,从而不把20世纪50年代之前教育管理方面的著述视作合乎他们严格标准的“理论”。这是因为,在20世纪50年代西方尤其是美国的行为主义科学方法论兴起之前,教育管理学的研究成果几乎都是采取一种事实与价值不加区分的方式,乐于为教育管理工作者提供一些规范性的行为准则,即注重告诉他们“应该怎样”从事教育管理活动。直到行为主义科学方法论兴起之后,教育管理学的研究者才开始注意“实际如何”的问题。从此开始,一些学者热衷于使用实证方法,通过对教育管理过程的实地观察,描述、分析和解释相关事

① [日]久下荣志郎等著,李兆田等译:《现代教育行政学》,教育科学出版社,1981年版,第22页。

② 吴志宏、冯大鸣、魏志春主编:《新编教育管理学》,华东师范大学出版社,2008年版,第16页。

③ 外国教育丛书编辑组编:《教育行政与学校管理》,人民教育出版社,1982年版,第180页;[美]D. E. 奥洛斯基等著,张彦杰等译:《今日教育管理》,春秋出版社,1989年版,第9页;王如哲著:《教育行政学》,台湾五南图书出版公司,1998年版,第29页。

件的原貌，并预测事件的发展趋向，然后再建立相关的理论体系。由此，就发生了影响深远的教育管理“理论化运动”。

在“理论化运动”的倡导者看来，当时教育管理界对“理论”含义的认识上存在着混乱。譬如，有些人把理论看作是“个人的事情”，是“一种思考或猜想”；有些人把理论看作是一种哲学或一种分类学。而在管理学界，一个普遍的错误观念，则是把管理理论看作是一套“应该怎样”的准则，一套告诉人们怎样管理的原则。“理论化运动”的旗手之一格里菲斯(D. E. Griffiths)就明确指出：必须弄清理论与哲学的关系，它们之间的根本区别为“是”与“应该”的区分，也即事实与价值之间的区别。理论只是“是—应该”中的“是”，它的功能就是描述和解释。那么，究竟理论是什么呢？哈尔品(A. W. Halpin)和格里菲斯等人明确主张，为了使术语不陷入混乱，可以引入逻辑实证主义关于“理论”的定义，即把理论看作一系列假设，从这些假设中，通过纯逻辑和数学程序能够推导出更大的经验原理的系统。实际上，这里的“理论”概念就等同于“科学”。也正是在这种意义上，“理论化运动”区分了“社会科学”与“社会哲学”的差异，认为只有依靠实证主义理论和经验性的探索，教育管理学才能成为一门真正意义上的“科学”。显然，这种观点出现在教育管理领域，正好反映了当时美国整个社会科学都在趋于实证化的潮流。所以，从这种“理论观”出发，“理论化运动”的倡导者认为，当时教育管理界根本就无理论可言，倡导“理论化运动”就是对此种状况的一种补救。①

然而，上述“理论观”早已受到来自理论与实践两方面的严重质疑，而不再显得那么“天经地义”。来自教育管理实践领域的主要批评是，按照上述“理论观”构建出来的所谓“教育管理理论”充斥着精深难解的术语和概念体系，远远脱离教育管理实际。来自理论界的批评则认为，上述“理论观”对理论的定义无疑过于武断和狭隘。主观主义教育管理学者格林菲尔德(T. Greenfield)就认为，我们看到的组织并不是客观事实，而是社会的构造物。在这样的组织中，管理者绝不是仅仅合乎工具理性、只承认客观事实的人，而是积极的、有兴趣的和有意志的行动者。组织中时时处处充满着价值，而价值就在我们内心深处，是最终的主观现实性。对组织理论的探讨不能与人类的目的相分离，这就要求对价值问题进行探讨。而价值处于内心深处，对它的探讨必须允许个人进入组织理论之中，因为价值不可能存在于周围的自然世界当中，它只存在于“人造的”非自然秩序中，在形成这种秩序构造的自我及他人的信念、态度和评价中。格林菲尔德认为，真正的至理名言所具有的模糊性和不确定性，比根本上错误的科学中精细的谬误要更好一些。总之，格林菲尔德运用现象学方法，把教育管理看作是主观构造的、充满价值的、极其神秘的过程。因此，他主张，不应该勉为其难地接受一种显然不足以了解其研究对象的基本事实的所谓“科学的”理论。②

西方批判理论也对教育管理“理论化运动”的“理论观”展开了严厉批评。批判理论的重要代表人物之一霍克海默(M. Horkheimer)曾把理论分为“传统的理论”和“批

① 杜育红：《西蒙管理思想及其对教育管理的影响》，北京师范大学教育管理学院硕士学位论文，1996 年 5 月，第 22-23 页。

② 张新平著：《教育组织范式论》，江苏教育出版社，2001 年版，第 268-276 页。

判的理论”两类。他认为,传统的理论是由基本命题及其推出的命题组成的有逻辑联系的推理系统。这样的理论只是一种描述事实的工具,它所起的是肯定和维护社会现实的作用。而批判理论却认为,理论的本质不在于它是事实与价值分离的科学命题体系,而在于它是把握社会现实的辩证的思维方式。批判理论关注的是人的存在本质,它关注人的自由、幸福和潜能以及这些理想的实现,而这一点必须通过改变社会现实、建立合理的社会结构才可能达到。因此,批判理论认为,理论的本质不是对支离破碎的事实的描述,而是对现实的超越、对现实的批判和否定。理论不完全派生于逻辑和数学的智力源泉,它更重要的是社会活动的组成部分,对理论的理解也只能放到社会过程的脉络中才能实现。从这种观点出发,教育管理批判理论家福斯特(W. P. Foster)就曾批判教育管理研究中的“背景淡化主义”。在他看来,“理论化运动”把教育管理行动从其发生的广泛背景中剥离出来,追求一种所谓纯客观的、独立于文化和历史偏见的命题和解释,这样一来,教育管理理论就不用再去处理性别问题、人际冲突、反文化团体、对核威胁的恐惧和吸毒等现实问题。而福斯特主张,教育管理理论必须植根于教育管理活动过程中,并对教育管理活动中的不平等、不人道等问题严加批判,从而实现人的平等、公正、自由和解放。

从上可见,对于究竟什么才能称得上是“理论”,实在是一个“见仁见智”的话题。不过,经过上文分析容易看出:教育管理“理论化运动”的理论观,显然是一种基于逻辑实证主义哲学观之上“科学化”的理论观。而教育管理活动,从来都不是一个纯粹“客观性”的领域。所以,对于何谓“教育管理理论”的判定标准,更宜采取一种较为开放和宽松的态度。有鉴于此,我们愿意接受如下观点:“理论就是用系统方法解释某些现象的陈述(归纳)。理论的包容面很广,可能是一个简单的归纳,也可能是一套复杂的规则,可能是哲学性的,也可能是科学性的。”①从此出发,我们倾向于把一切言之有理、合乎逻辑和能够自圆其说的一套教育管理知识(体系),都看作教育管理理论。这样,我们就可以把西方教育管理学产生的时间,追溯到 19 世纪 60 年代德国学者施泰因发表 7 卷本《行政学》之时。

2. 西方教育管理理论演进的历史分期

根据对“教育管理理论”的宽松定义,我们把西方教育管理学的发展进程划分为以下五个历史阶段,即古典管理理论时期的教育管理理论、行为科学理论时期的教育管理理论、理论化运动时期的教育管理理论、理论多元化时期的教育管理理论以及尝试整合时期的教育管理理论。下面就对它们分别加以描述与评析。

### (二)西方教育管理理论演进概览

1. 古典管理理论时期的教育管理理论

这一时期,上起自 1865—1868 年德国学者发表 7 卷本《行政学》论及教育行政学问题,下止于 1954—1957 年,美国教育管理教授全国委员会和大学教育管理委员会分别举办两次关于教育管理的学术研讨会。前者开启了以德国为代表的从公法学和行政学角度研究教育行政问题的教育管理学派,后者形成了以美国为代表的从管理学和

---

① [美]弗瑞德·伦恩伯格、阿兰·奥斯坦著,孙志军等译:《教育管理学——理论与实践》,中国轻工业出版社,2003 年版,第 2 页。

其他社会科学角度研究教育管理问题的教育管理学派。前者主要影响到欧洲大陆国家、日本和中国,后者则影响到一些英语国家和地区。下面仅对古典管理理论时期美国教育管理理论的发展情况略做评述。

(1) 古典管理理论简介。一般认为,西方的古典管理理论主要包括美国泰勒(F. W. Taylor)的“科学管理理论”、法国法约尔的“一般管理理论”和德国韦伯(Max Weber)的“科层组织理论”,它们共同构成了现代管理理论发展的第一个历史阶段。

泰勒是一位从事技术工作的工程师,曾任美国机械工程师协会主席。1911 年泰勒出版《科学管理原理》一书,被认为是现代管理学创立的标志,他也因此被后人誉为“科学管理之父”。科学管理理论的主要观点包括以下内容:第一,科学管理的中心问题,是提高劳动生产率;第二,为了提高劳动生产率,就必须为各项工作挑选和培训“第一流的工人”;第三,要使工人掌握标准化的操作方法,使用标准化的工具、机器和材料,并使作业环境标准化;第四,为鼓励工人努力工作,实行具有激励性的工资报酬制度;第五,把计划与执行职能分开,把传统的经验型工作方法转变为科学工作法;第六,为提高工作效率,实行分工负责的“职能工长制”;第七,在组织机构的管理控制上,实行“例外原则”;第八,为解决劳资纠纷问题,需要在劳资双方中间开展一场“精神革命”。①

法约尔长期从事矿业方面的经营与管理工作,曾任一家大型矿业公司的总经理。1916 年法约尔发表《工业管理与一般管理》,从而创立了后来影响极其深远的“一般管理理论”。他的主要观点包括以下几个方面:第一,区分了“经营”与“管理”这两个不同的概念,认为经营包括技术、商业、财务、安全、会计、管理六种基本活动;第二,管理活动本身,又包含计划、组织、指挥、协调和控制五种基本职能;第三,法约尔根据自己长期的管理经验,创造性地提出了十四项管理原则,即劳动分工、权力与责任、纪律、统一指挥、统一领导、个别利益服从集体利益、合理的人员报酬、集权与分权、等级系列、秩序、公平、保持人员的稳定、首创精神和团结精神;第四,阐述了进行管理教育以及建立管理理论的必要性。②

韦伯是一位百科全书式的学者,他曾经担任过德国多所著名大学的教授。韦伯的管理学思想主要散见于《经济与社会》和《社会与经济组织理论》等著作之中。他从“理想型”方法论出发,建构起一种作为规范典型的理想的“科层组织理论”。这种理论在中国也被译为“官僚组织理论”“行政组织理论”或“层峰组织理论”。科层组织理论的主要观点包括:第一,任何组织都要建立在一定的权威基础之上。从权威的存在形态看,主要有传统权威、超凡魅力权威和法理型权威三种基本类型。在这三种类型的权威中,只有法理型权威适合作为科层组织的合法性基础。第二,法理型权威具有以下特征:一个按规则行使正式职能的持续性组织;有明确的职权范围;组织机构按等级系列的原则被组织起来;由经过专门训练的人员,按明确的规则指导组织的运行;管理权必须与生产资料的所有权相分离;组织成员完全不能滥用其正式职权;管理行

① 孙耀君著:《西方管理思想史》,山西人民出版社,1987 年版,第 75-88 页。

② 孙耀君著:《西方管理思想史》,山西人民出版社,1987 年版,第 142-166 页。

为和决定必须以书面形式加以规定和记载；合法性权力能够以不同方式行使。第三，建立在法理型权威基础上的理想的科层组织中，每一位管理人员都应按下列原则被任命和行使职权：他们在人身上是自由的，只是在与人身无关的管理职责方面才服从上级权力；他们按照确定的职务等级组织起来；每一职务都有明确规定的法律意义上的职权范围；职务是通过自由契约关系来承当的；绝大多数的管理人员，系具有专业技能者通过考试选拔胜出后担任；他们享有固定的薪金作为报酬，很少受到解职威胁；这一职务是任职者几乎唯一的工作；存在着一种按年资或成就或二者兼而有之的升迁制度；管理者同管理资料所有权相分离，并且不能滥用其职权；管理者在行使职权时，受到严格而又系统的纪律约束和控制。第四，科层组织内部可以区分为三个基本层次，即最高领导层、中间管理人员层和一般工作人员层。他们各司其职，分别担负决策、贯彻上级决策和从事具体工作等职能，从而维持科层组织的良好运行。①

通过上述简要介绍容易看出，古典管理理论关注的焦点是：通过改进管理方法和技术、遵循相应的管理原则、建构理性化的组织制度等途径，最大限度地达成提高组织效率这一管理的最高目的。

（2）古典管理理论时期的教育管理理论。在古典管理理论的影响下，最早引入科学管理理论探讨教育管理问题的，是美国新泽西州牛顿学区督学斯伯尔丁（F. Spaulding）。他把泰勒理论运用到学校财务、经济计划以及对教育成本的测量和控制等方面，主张运用数据记录、分析和比较教育产出与成本的重要性。在他看来，对教育成本的控制是提高教育效率的关键所在。学校组织的总体效率直接与学校工作人员的工作效率相关；通过对教师工作任务的分配和教学支出的调整与控制，就可以控制学校工作人员乃至学校的总体效率。在此时期，更全面地把科学管理理论运用到教育管理中去的人物，则是芝加哥大学教育管理学者博比特（F. Bobbitt），他主要阐述了如何运用泰勒的理论方法来解决城市学校所面临的管理落后问题。博比特引入泰勒的标准化方法，确信只要对教育产品或结果实行标准化，管理人员就能对学校成本进行有效控制，并发现完成学校各项任务的良好方法。另外，他也要求教师们要按照管理人员的指令开展教学工作，这样有助于实现教育效率的最大化。博比特还根据泰勒培训“第一流的工人”的观点，阐发了挑选和培训教师的重要性。他认为，教育和工业生产一样，也需要选择合适的人员担任特定的工作。只不过挑选和培训好的教师，要远远难于工人的选择和培训。其原因在于，对于教师而言，要远比工人更重视文化知识和个性品质方面的要求。② 受到美国科学管理理论的影响，欧洲一些资本主义国家也开始关注教育管理的效率问题。在这些国家，往往通过财政控制和定期观察以确保学校能够有效地开展工作。例如，塞尔比格曾经主管英国教育，他在《教育局》一书中提出：国家教育官员的主要职责是促使投入教育的资金能够产生最大的效能和价值；达到这一目标的方法，则是制定和实施合适的条例，并在督学人员的配合下，对学校进行认真的检查和监督。因此，教育主管部门的主要任务就是要保证学校供应、学习资源

---

① 孙耀君著：《西方管理思想史》，山西人民出版社，1987 年版，第 177-183 页。

② 黄崴著：《教育管理学：概念与原理》，广东高等教育出版社，2002 年版，第 111-113 页。

的有效利用、最低限度的效能、投资获得相应的价值,以及教育组织的系统化运行。①

应该说,除上述直接把科学管理理论引入教育管理过程之外,目前还未能看到,同一时期人们直接运用一般管理理论和科层组织理论讨论教育管理问题的相关文献。但从总体上看,整个古典管理理论对于组织效率的追求,无疑对后来教育管理理论的发展产生了重大而又深远的影响。具体而言,泰勒的科学管理理论对美国的教育管理发展起到了重要的推动作用,它激发人们以科学的观点看待教育管理问题,而不再把管理看作教学工作的附属物。为此,教育界付出了巨大努力,并取得了下面一些重要成就。

其一,通过传播科学管理理论培养了一批教育管理专家和学者。这些人为后来的教育管理理论建设做出了很大的贡献。例如,1905 年卡伯莱(E. P. Carberly)和斯特尔(J. D. Star)同获哥伦比亚大学师范学院博士学位。他们虽然攻读教育类的课程,但却侧重于教育管理方面的研究。随后,斯特尔留校任教,卡伯莱则到斯坦福大学任教,并在后来担任该校教育学院院长。他们作为两所大学教育管理专业的创始者,共同为美国东西两岸的教育管理研究奠定了最初的学术基础。②

其二,推动了科学管理理论在教育管理中的运用与研究。在 1916 年和 1920 年,美国全国教育协会成立了中学校长分会和小学校长分会,以鼓励中小学校长开展科学管理方面的研究。1936 年美国全国学校事务人员协会创办《学校事务管理》杂志;从 1913 年到 1915 年,俄克拉荷马大学、印第安纳大学、爱荷华州立大学和堪萨斯州立师范大学等高校,都成立了管理效率研究所,到 1926 年全美共成立了 26 个效率研究所。这就表明,在 20 世纪的前 20 年间,泰勒的科学管理理论已经深入地影响着教育管理实践。像工业界一样,教育界的关注焦点已经放在教育效率的提高上面。③

其三,科学管理理论推动了人们对教育管理经济效益的关注。当时,很多教育管理专家和学者热衷于引入评价和测量技术,希望通过对教育经费核算、预算编制、档案管理和年度报告等具体事务的改进,来控制学校成本,提高教育效率。另外,法约尔一般管理理论对于管理原则的探讨,也引发后来者对教育管理原则及其在提高教育管理效率方面的兴趣。韦伯科层组织理论对理想型组织制度及其特征的阐述,在 20 世纪 50 年代被译成英文后,开始引起教育管理学者关于学校组织特性的相关讨论,并直接引发了关于学校组织是一种"松散结构"或"模糊性组织"的新观点。

(3) 理论评价。古典管理理论充溢着理性精神,十分关注组织效率问题。作为现代管理理论初创阶段的代表人物,古典管理理论家们或强调改进管理技术方法的重要性,或注重探寻普遍适用的一般管理原则,或探讨建构理想类型的科层组织体制,他们无疑更多地关注到了组织与管理中的"制度—技术"因素,而尚未触及组织中"社会—心理"问题。加上古典管理理论尤其是对教育管理影响最大的科学管理思潮,主要是在工业管理的基础上发展起来的,这在当时很容易受到一些显而易见的批评。例如,与泰勒同时代的达顿和斯奈登,就在 1908 年出版的《美国公共教育管理》一书中,明

---

① [澳]W. F. 康内尔著,张法琨等译:《二十世纪世界教育史》,人民教育出版社,1990 年版,第 56 页。

② [美]R. F. 坎贝尔等著,袁锐锷译:《现代美国教育管理》,广东高等教育出版社,1989 年版,第 239 页。

③ 陈孝彬主编:《外国教育管理史》,人民教育出版社,1996 年版,第 286 页。

确提出教育管理应该讲求社会效益的观点。他们认为,学校是社会控制的一种重要机构,所以,要制订有效的教育计划,就应从社会的需求出发,利用工作分析的方法,正确分析工作成功的因素。显然,这一看法与强调以金钱来衡量教育管理效率的观点是大相径庭的。又如,当时正在美国蓬勃开展的“进步主义教育运动”,也明确反对泰勒的管理职能专业化立场。进步主义教育协会主张,学校管理者首先是一位教师,管理职务仅是其一项附加的工作。进步主义教育家贝克(F. Baker)认为,在美国的公立学校中,一种灾难性的发展趋势就是把教学职能和管理职能分开。如果教育能够提供更大的自我表现机会,学校管理人员就不会以雇佣的态度对待管理工作。① 后来,美国学者卡拉汉(R. E. Callahan)在评价这一时期的教育管理问题时也曾指出:教育界屈从于工商业和科学管理运动的影响,导致学校领导者在处理学校事务时,将经济效益放在教育目标之上,这种运动发展的最终后果造成了“美国在教育方面的一个悲剧”。在他看来,这场悲剧的主要表现就在于当时美国的学校管理人员不再把自己看作是知识的捍卫者和教育的领导者,而仅把自己当作反文化的企业经理那样,对掌握知识的深远意义漠然处之,却对生产率和效率的浅薄标准趋之若鹜。②

当然,后来更有一些学者从更高的理论层面上,严厉批评古典管理理论尤其是科学管理思想,是一种忽视人的因素、忽略非正式组织的存在、坚持封闭的组织观的理论。其实,我们认为,这种批评是非常有失公允的。作为现代管理理论最初形态的古典管理理论,所要解决的正是开发管理方法与技术、探索一般性的管理原则,以及创设合理化的组织架构之类的“制度—技术系统”内的“硬问题”,很难期望一种理论在其初创之际,就能面面俱到地顾及该学科领域的全部重要课题。所以,对于上述批评者而言,也许重温列宁的下面一段话是极为有益的:“判断历史的功绩,不是根据历史活动家没有提供现代所要求的东西,而是根据他们比他们的前辈提供了新的东西。”③据此评判古典管理理论对教育管理的影响,容易发现,在当今教育管理实践与理论中起到重要作用的管理框架及其“底色”中的理性精神和效能目标,乃是由古典管理理论所贡献的前无古人、遗惠来者的理论遗产。

2. 行为科学理论时期的教育管理理论

(1) 行为科学简介。行为科学是一门研究人类行为规律的科学。到了20世纪,随着科学的发展,学科越分越细,而它们之间的联系也越为广泛,由此许多边缘学科相继产生。1949年,一次跨学科的科学会议在美国芝加哥大学召开。在这次会议中,各学科的专家集中讨论了应用现代科学知识来研究人类行为的一般理论。与会者给这门综合性的学科命名为“行为科学”。1953年美国芝加哥大学专门成立了行为科学研究所。跟泰勒的科学管理把人看作“活的机器”不同,行为科学认为,影响工人生产效率的因素除了物质条件外,还有工人的社会和本人心理因素。管理学家试图通过对员工行为的研究,以掌握其行为规律,找出提高工作效率的新途径。

行为科学最早起源于人际关系理论。梅奥(G. E. Mayo)是人际关系理论的代表

---

① 陈孝彬主编:《外国教育管理史》,人民教育出版社,1996年版,第287页。

② [美]R. F. 坎贝尔等著,袁锐锷译:《现代美国教育管理》,广东高等教育出版社,1989年版,第48页。

③ 中共中央马恩列斯著作编译局:《列宁全集(第二卷)》,人民出版社,2013年版,第154页。

人物。从1924年起，美国西方电气公司在芝加哥附近的霍桑工厂进行了一系列试验，后被统称为“霍桑实验”。霍桑实验是心理学和管理学史上最著名的事件之一。该实验的最初目的是根据科学管理原理，探讨工作环境对劳动生产率的影响。后来，该试验转由哈佛大学心理学教授梅奥参与并主持，以研究人的心理和社会因素对工人劳动过程的影响。霍桑实验共分成如下四个大的阶段：

其一，早期实验（照明实验）（1924—1927年）。当时，在生产效率理论中占统治地位的是“劳动医学”的观点，它认为，影响工人生产效率的可能是工人的疲劳和生产环境的单调感。于是，当时的实验假设便是“提高照明度有助于减少疲劳，从而有助于提高生产效率”。可是经过两年多的实验发现，照明度的改变对生产效率并无直接影响。这一结果使得研究者感到十分茫然。从1927年起，梅奥开始加入该项实验并把实验工作接管下来。

其二，实验室实验（福利实验）（1927—1932年）。实验目的主要是考察工人福利待遇的变化和生产效率之间的关系。可是经过两年多的实验却发现，不论福利待遇如何改变，都不会影响产量的持续上升，而工人自身对生产效率提高的原因也不清楚。后来，经过分析发现，导致生产效率上升的主要原因，是参加实验的光荣感以及成员之间良好的相互关系。

其三，访谈实验（面谈计划）（1928—1930年）。这一阶段，研究者在工厂中开始了广泛的访谈活动。该计划的最初设想，是要工人回答管理当局的规划和政策、监工的态度和工作条件等问题，但这种访谈计划在进行过程中却获得了意想不到的结果。工人们谈到了许多访谈提纲以外的事情。于是，访谈者把访谈计划改为事先不规定内容，延长访谈时间，并且做详细记录。访谈过后，研究者发现工人的产量得以大幅提高。研究者经过分析认为，这是由于工人们借此访谈契机发泄了不满，从而提高了士气，使产量得到了提高。

其四，群体实验（观察室实验）（1930—1932年）。在此阶段，研究者选择14名男工在单独的房间里从事工作，并对这个班组实行特殊的工人计件工资制度。原来的研究设想是，实行这套奖励办法，会使工人为得到更多的报酬而更加努力工作。但观察结果显示，工人的产量一直保持在中等水平上，每个工人的日产量相差不多，而且工人不会如实地报告自己的产量。后续研究发现，这个班组的工人为了维护他们群体的利益，自发地形成了一些非正式的规范。这一实验表明，为了维护内部团结，工人可以放弃物质利益的引诱。由此出发，梅奥提出了“非正式群体”的概念。他认为，在正式组织中存在着自发形成的非正式群体，这种群体有着自己的特殊行为规范，能够对人的行为起到调控作用。

在上述研究基础上，梅奥于1933年出版了《工业文明的人类问题》一书，提出了著名的“人际关系学说”。他的主要观点包括：其一，员工不是经济动物，而是“社会人”；其二，正式组织中存在着非正式群体，它对正式组织可能起到积极或消极的作用；其三，对生产率起主要作用的因素是员工对人际关系的满意度，而非物质刺激和外部监控；其四，管理者的主要任务是做一个人际关系的探访者和协调人，而非监工和指挥者。应该说，梅奥的上述观点，为行为科学的后续研究奠定了扎实的理论基础。

在行为科学早期理论发展过程中，做出过重要贡献的学者还包括巴纳德（C. I.

Barnard)等人。巴纳德是美国著名管理学家,近代管理理论奠基者之一,其代表作为1938出版的《经理人员的职能》。他开创了组织管理理论研究的先河,揭示了管理过程的基本原理,再经后人进一步发展,形成了管理学领域的组织管理流派,对当代管理学体系产生了重要影响。作为社会系统学派的代表人物,巴纳德最早提出了"协作系统"的概念,并指出管理的基本职能,就在于保持组织同外部环境之间的平衡状态。

美国心理学家马斯洛(A. Maslow)提出的需要层次理论,为行为科学的后续发展奠定了又一块重要的理论基石。马斯洛认为,个体成长发展的内在力量是动机,而动机则是由各种不同性质的需要组成的。各种需要之间有着顺序层次之分,每一层次需要的满足,决定了个体人格发展的程度与水平。人的需求层次由低到高分别是生理需要、安全需要、社交需要、尊重需要和自我实现需要。每个人都具有这五种不同层次的需要,但在不同时期表现出来的各种需要的迫切程度是不一样的。人的最迫切的需要,则构成激励人的当下行动的主要驱动力量。人的需要是从外部获得的满足逐渐向内在得到的满足转化,在自我实现的创造性过程中,人才能获得最高层次的满足感。

美国行为科学家赫茨伯格(F. Herzberg)提出了双因素理论。他认为,有两种因素对员工的工作心理起作用,即保健因素和激励因素。保健因素的满足对职工产生的效果类似于卫生保健对身体健康所起的作用,这些因素包括公司的政策、管理措施、人际关系、物质工作条件和工资福利等。当保健因素得不到满足时,员工就会对工作产生不满;当其被满足时,也只是暂时消除了不满,而不能使员工产生积极的工作态度。相对而言,那些能够带来满意和激励作用的因素就是激励因素,它包括成就、赏识、挑战性的工作、工作责任以及成长和发展的机会等。若是具备了激励因素,就能对人们产生更大的激励作用。赫茨伯格指出,一方面,保健因素是必需的;但另一方面,只有激励因素才能使人们获得更好的工作绩效。赫茨伯格的上述观点,在很大程度上颠覆了传统理论对激励问题的看法。

在美国《管理评论》1957年11月号上,美国行为科学家麦格雷戈(D. McGregor)发表了《企业的人性方面》一文,提出了"X-Y理论"。麦格雷戈把传统的管理观点称为"X理论",其要点概括为如下内容:一是大多数人是懒惰的,尽可能地逃避工作;二是大多数人都没有雄心壮志,不喜欢负责任,而宁可让别人领导;三是大多数人的个人目标与组织目标都是互相矛盾的;四是大多数人都是缺乏理智的,不能克制自己,都是为了满足基本需要选择那些在经济上获利最大的事去做;五是只有少数人能克制自己,这部分人应当负起管理的责任。按照这种人性假设,管理者只能依靠金钱收买与刺激、严密的监控和惩罚,迫使员工为组织目标而努力。

相对于"X理论",麦格雷戈提出了自己的"Y理论",其主要内容包括:首先,一般人并不是天性就不喜欢工作,工作正如游戏和休息一样自然。当工作被当成一种满足时,执行就是自愿的;而当成处罚时,员工才会选择逃避工作。其次,外来的控制和惩罚阻碍了人的成熟。人们愿意自我管理和自我控制来完成目标,只要提供适当的机会,个人目标和组织目标会统一起来。其三,人不仅可以学会接受职责,而且还能学会谋求职责。逃避责任、缺乏抱负并非人的本性。其四,大多数人在解决困难和问题时,都能发挥出较高的想象力、聪明才智和创造性。但在现有条件下,一般人的智慧潜能只能发挥小部分。根据Y理论,麦格雷戈认为,管理者需要创造一个使人得以发挥才能的工作环境,并作为辅助者给职工以支持和帮助。管理者应让员工接受更具有挑战性的工作,担负起更多的责任,在管理制度上给予员工更多的自主权,并让其参与管理和决策,共同分享权力。

美国组织心理学家利克特(R. Likert)提出了领导风格理论。该理论把领导者分为“以工作为中心”和“以员工为中心”两种基本类型。前者的特点是注重任务分配的结构化,对员工进行严密监督和工作激励,依照详尽的规定行事;后者则重视人员的行为反应和问题解决,以及利用群体实现目标,并给予组织成员较大的自由选择范围。从此出发,利克特提出了自己的“管理风格理论”。根据决策权的配置、监控方式、信息流通渠道等因素,他把领导风格分成专制权威式、温和专制式、协商式和参与式四种类型,并分别讨论了各种领导风格的特点及其有效性。

(2) 本阶段的教育管理理论及所受影响。在行为科学理论的影响下,教育管理学在此方面也有所建树。譬如,1949 年,美国教育管理学者约奇(W. Yauch)出版了《改善学校管理中的人际关系》,主张在教育管理中融入行为科学的人本管理思想。1956 年,格里菲斯发表了《教育管理中的人际关系》,探讨了教育管理中的人际关系问题。这一时期,教育管理理论受人本管理思想的影响,主要表现在以下几个方面:

其一,引发了教育管理中人性假设的变化。行为科学管理理论在相当程度上克服了古典管理理论忽视人的因素的弊端。这一时期的教育管理学者认为,教育人员的工作动机和行为并不仅仅为金钱收入等物质利益所驱使,他们不是“经济人”,而是“社会人”,他们的工作更多的是受社会性需要的推动。

其二,教育管理研究开始关注非正式组织问题。这一时期的教育管理学者认为,教育中的非正式组织对教育工作者起到两种作用:一是保护其免受内部成员疏忽所造成的损失;二是保护其免受非正式组织以外的管理人员干涉所形成的损失。非正式组织通过影响教育人员的工作态度来影响教育机构的教学效率和目标达成,因此,教育管理者应该正视非正式组织的存在,并利用非正式组织为正式组织的活动和目标服务。

其三,逐渐形成了教育民主与参与管理的思想。这一时期,由于受到行为科学的影响,教育管理方式开始发生微妙的变化。高层单独决策、主管下达指令强制下属机械执行的管理模式开始转变为全部教育人员参与决策制定、对决策主动提建议并为高层参考和采纳的民主管理方式。

其四,形成了关于“教育领导新作用”的思想。这一时期,教育管理界普遍认为,教育领导的主要作用,就是创造一个使人可以发挥才能的工作环境,从而发挥出教职工的潜力,并使教职工在为实现学校组织的目标贡献力量时也能达到自己的目标。此时的领导者,已不再是指挥者、调节者或监督者,而是发挥着一种辅助者的作用。

(3) 理论评价。行为科学理论的基本特征是注重人本(非理性)精神与满意度目标。在研究方法上,行为科学理论吸收了心理学、社会学和人类学等相关学科的养分,应用社会调查、观察测验、典型试验和案例研究等方法研究人的行为,提出了一些调动人的积极性的学说和方法,从行为特点、环境、过程和原因等角度开展对人的行为的研究,形成了一系列的相关理论,从而使行为科学成为现代西方管理理论的一个重要流派。行为科学现已被广泛应用在教育管理实践之中,成功改变了管理者在科学管理时期惯有的思想观念和行为方式。行为科学理论把以“事”为中心的管理改变成以“人”为中心的管理,由本来对“规章制度”的研究发展到对人的行为的研究,推动了监督型管理向民主参与型管理的过渡。行为科学理论重视对人力资源的开发和利用,提倡以人道主义的态度对待员工,注重调动人的积极性,进而提高劳动生产率。然而,行为科学理论也存在着一些不足之处。譬如,它过于强调人的情感等非理性因素的重要性,忽视制度规范对组织正常运行的重要性和必要性;行为科学把组织作为一个独立封闭的单元单独加以研究,忽视了周边环境对组织内部的影响;行为科学把管理重点放在人的行为上,而忽略了对组织目标的探讨。

3. 理论化运动时期的教育管理理论

(1) 理论化运动简介。1954 年,全美大学教育管理教授委员会在丹佛城举办了一次教育管理学术研讨会。研讨会邀请了不属于该委员会的三位心理学教授哈尔品、盖茨尔斯(J. W. Getzels)和科拉达西(Coladarci)作为主要发言人。这三位发言人竞相批评教育管理研究缺乏科学方法论,并建议开发一套新的理论方法解释当时的教育管理现实问题,主张借鉴相关学科的方法建立一套概念框架指导教育管理研究与实践。这次研讨会拉开了教育管理理论化运动的序幕,到了 1957 年,全美大学教育管理委员会又在芝加哥大学举办了一次学术研讨会。参加这次研讨会的人员包括了几乎所有后来被公认的将学校作为组织来进行科学研究的理论先驱者,如帕森斯(T. Parsons)、海姆费尔(J. K. Hemphill)、格里菲斯、盖茨尔斯、坎贝尔(R. F. Campbell)和哈尔品等人。这次会议的目的是研讨“教育管理理论的作用”,会后出版了坎贝尔主编的《教育管理理论》论文集,由此掀起了教育管理理论化运动的热潮。

(2) 主要代表人物及其观点。心理学家哈尔品可谓教育管理理论化运动的开山鼻祖。盖茨尔斯、古巴(E. G. Cuba)提出了开放的“社会系统观”。在教育管理理论多元化时期,格里菲斯坚定地捍卫了理论化运动的理论遗产,并在与主观主义学者格林菲尔德展开“双 G 之争”的过程中,对理论运动的局限性进行了反省和调整。这一流派的当代传人包括霍伊(W. K. Hoy)和米斯克尔(C. G. Miskel)等人,他们合著的《教育管理学:理论 · 研究 · 实践》一书,代表了这一学派的最新成就。具体而言,理论化运动以实证主义作为方法论基础,强调在教育管理研究中必须坚持事实与价值相分离,教育管理学应该研究事实而非价值问题。理论化运动的倡导者和追随者认为,教育管理理论应该建成为一系列客观、可靠、可供检验的假设系统,并且形成可操作性的定义。从理论发展范式看,教育管理理论的建构,应该遵循从系统概括到广泛概括的路线,经由提出敏感性概念、整合性概念最终到科学性理论的发展过程。他们在组织观方面,秉持着开放的“社会系统观”,强调要把教育组织当作一种开放的社会系统来对待,以探讨该系统与环境之间的输入、转换和输出关系。理论化运动所建构的教育管理学理论,主要涉及对组织与效率、决策、领导、冲突与变革等范畴的理论探讨。

(3) 理论简评。为了使教育管理学成为一个规范的学术领域,并改变教育管理学的“无理论”状况,教育管理理论化运动以严格的科学理论观看待教育管理学的理论建构问题,以期形成一套科学系统的理论体系。这套理论体系至今仍在教育管理领域内占据着主导地位。[1] 然而,理论化运动也存在着不足之处。譬如,它竭力排斥价值观等非事实因素,导致难以说明教育组织的复杂性;而且,它并没有完全实现自身的目的,即通过对教育组织行为的客观描述,进而解决教育组织的问题,以提高学校效能;尤其是它从根本上忽视教育组织中迫切需要解决的问题,如教育不平等、性别歧视、性与吸毒等。针对这种局限性,从 20 世纪 70 年代中期开始,理论化运动便遭到了越来越多的批判。正是在这种批判声中,教育管理学发展进入了一个多彩纷呈的新阶段。

4. 理论多元化时期的教育管理理论

(1) 背景分析。理论多元化时期的来临绝不是偶然现象,它有着特殊的社会历史文化背景。这一时期,西方哲学思潮主要流行后现代主义,其思想主旨就是一个鲜明的口号:"怎么都行!"在形式上,后现代主义是源自现代主义但又反对现代主义的一种广泛的社会思潮,它与现代主义之间是一种既继承又批判的关系;从内容上看,后现代主义是一种源于工业文明、对其负面效应的批判性反思。这种思潮注重批判西方现代化过程中出现的剥夺人的主体性、压制人的感觉丰富性的死板僵化以及机械划一的整体性等现象。在精神实质上,后现代主义"反中心主义""反本质主义"和"反基础主义",主张理论多元化和"去中心化"。再从西方管理理论的发展来看,管理学也进入了一种多元纷呈的局面。美国当代管理学家孔茨曾把这种现象描述为"管理理论丛林",并分析了管理学流派林立的复杂原因。上述西方社会思潮和管理理论的发展状况,为西方教育管理学进入理论多元化局面打开了"思想闸门"。

(2) 理论多元化时期的教育管理理论简介。在此阶段,除实证主义的理论运动继续得以发展和自我修正外,最值得注意的现象,乃是站在人文主义立场的教育管理价值理论的异军突起及其对理论运动的勇敢挑战。此理论流派的先驱者为著名教育管理学者格林菲尔德,集大成者则是加拿大教育管理学家霍金森。在 1978 年至 1996 年间,霍金森陆续发表了《走向管理哲学》(1978)、《领导哲学》(1983)、《教育领导:道德艺术》(1991)和《管理哲学:管理生活中的价值与动机》(1996),系统阐发了自己的教育管理价值理论,并据此确立了他在当代国际教育管理学界的重要地位。霍金森的教育管理价值理论,是在其追随格林菲尔德发起的对实证主义教育管理理论的批判过程中逐渐成形和不断完善起来的。也正因此,他的理论才能在吸纳格林菲尔德合理性的基础上,又尽可能弥补其不足,从而把教育管理学对价值问题的探索向前推进了一大步。此外,这一时期的社会批判理论对学校建制内权力、压迫和解放等社会结构问题的关注,文化模式理论对教育管理过程中文化资本问题的解析,以及女权主义理论对教育管理之中性别平等的追求等,虽然难免偏颇,但皆有发人深省、予人启迪之处。

(3) 理论简评。在教育管理学理论多元化时期,教育管理学发展的基本特征是流派众多,异彩纷呈。多种不同的理论立场和观点同时呈现在同一个教育管理学术殿堂上,各种教育管理理论相互辩难,显然有助于推动不同流派的教育管理学理论博采他家之长,以丰富和完善自身。虽然各家各派的理论体系会有不够完善之处,各种立场

---

① 杜育红:《美国教育管理研究理论化运动的方法论及其批判》,《国家教育行政学院学报》,1999 年第 2 期,第 76 页。

观点也会有失偏颇，然而，这种百家争鸣的局面，无疑有助于从整体上推动教育管理学的进一步发展。

5. 尝试整合时期的教育管理理论

（1）自然融贯主义的教育管理学。在1991年到2000年，澳大利亚学者埃弗斯（C. W. Evers）和拉科姆斯基（G. Lakomski）连续出版了《理解教育管理学》《探索教育管理学》和《建构教育管理学》“三部曲”。他们在美国当代哲学家奎因（W. V. Quine）“整体主义认识论”的基础上，提出了“自然融贯主义”的教育管理学理论。他们希望建立一门新型的、“整体合法”的“教育管理科学”，这门科学必须同时具备经验的充足性和理解性等超经验的特征。他们认为，这样一种“后实证主义”的教育管理科学，既能够包含价值论题，又可以涵盖主观性的伦理道德命题。他们十分注重引入认知神经科学的“压缩规则”等新概念和新方法，用以探讨教育管理过程中人的主观性和知识属性问题。他们倡导教育理论与管理理论之间的整合与统一，主张摆脱从管理角度看学校教育的固有流弊。从这种立场出发，他们系统探讨了教育管理实践中的组织、决策、领导和培训等问题，并且得出了很有启发意义的新颖结论。应该看到，上述整合的尝试虽然尚不成熟，并受到来自各方的批评和责难，但却反映出西方教育管理学者为发展教育管理理论的不懈努力。①

（2）莫尔根的综合模式。为把纷繁复杂的教育管理理论用于教育管理实践之中，莫尔根（G. Morgan）等人提出了一种整合性的教育管理实践框架。在莫尔根看来，在教育管理实践过程中，政策的形成一般要经过四个不同阶段，每个阶段都需要一定的时间加以保障。跨越相关阶段，就会导致政策失败。政策形成的第一阶段是“模糊阶段”，此时政策问题、政策参与者以及各种机会之间发生相互作用，政策议题呈现很强的模糊性；到了第二阶段即“政治阶段”，通过谈判和协商，政策参与者达成初步解决问题的方案；第三阶段即“社团阶段”，政策参与者通过说服其他成员接受前一阶段达成的方案，从而使方案获得合法性；最后是第四阶段即“正规阶段”，要求从管理的角度对上述方案加以修正和规范化，从而形成可供操作的政策实施办法。在上述政策形成过程的不同阶段，可以分别借助教育管理理论中的“模糊模式”“社团模式”“政治模式”和“正规模式”，用以指导相应阶段政策问题的解决。② 这样一来，莫尔根通过“综合模式”，不仅把教育管理理论整合在一起，而且还把教育管理理论与教育管理实践活动整合了起来。

（3）理论简评。在尝试整合时期，教育管理学理论的整合努力，反映了人类固有本性中追求理论统一性的坚定信念。教育管理学的整合虽然最终难以完满地得以实现，但它毕竟有助于教育管理学知识的整理和创新。同时，这种理论上的梳理与整合，也非常有助于教育管理实践工作者对教育管理学知识的理解、鉴别、选择和应用。

**（三）西方教育管理学的演进特征**

通过上述梳理，我们发现，西方教育管理理论的历史演进，不外乎沿着以下基本线

① 孙绵涛、罗建河著：《西方当代教育管理理论流派》，重庆大学出版社，2008年版，第150-198页。

② ［英］托尼·布什著，强海燕主译：《当代西方教育管理模式》，南京师范大学出版社，1998年版，第229-233页。

索展开：首先，从研究内容看，在不同历史时期，西方教育管理理论或重视对人的社会心理问题之研究，或注重对组织制度、物质和技术问题之探索；或强调管理过程中的理性因素之重要，或强调人的情感意志因素之关键；或把管理系统当作整体来探讨，或把它作为要素来解析。其次，从研究取向看，西方教育管理理论或注重对教育组织内部问题之研究，或重视对教育组织与环境关系之探讨；或重视对教育组织实体性要素之分析，或注重对教育组织中关系性因素之分析；或从静态角度去观察，或取动态立场去思考。最后，从研究方法看，西方教育管理理论对教育管理问题之研究，或从单一变量入手，或注重复杂的多变量分析；或以定量方法为主，或以质性阐释为重。回望西方教育管理理论经历的一个多世纪的风风雨雨，不难发现，它一直走着一条畸轻畸重、矫枉而常过正，终究蹒跚前行的发展道路。

## 二、我国教育管理学的传入与发展

### （一）发轫期（1900—1919 年）：输入东学

从 1901 年开始，各种西方教育管理学说陆续传入我国。当时，我国主要是从日本学习西方各国相关的教育和社会理论学说，这些学说在当时被称作“东学”。这一时期，我国从日本输入的教育管理类著作主要包括田中敬一的《学校管理法》（1901）、寺田永吉的《各国学校制度》（1901）、木村贞长的《教育行政》（1902）、吉林寅太郎的《视学纲要》（1903）以及清水直义的《简明国民教育法》（1903）等。尤其是 1905 年晚清“废科举、兴学校”之后，随着新式学校的大规模创建及其管理需要，我国输入了更多的东西方教育管理类著作。上述著作的输入，无疑从客观上刺激了我国教育管理学的理论萌生。

### （二）发展期（1920—1949 年）：初具规模

随着对外国输入的教育管理学说的学习，我国教育管理界不断有人结合中国国情，开始撰写本土化的教育管理著作。这一时期，国内研究教育管理理论的学者纷纷崛起，并出版了一批学术水平较高的理论著作。其中，比较有代表性的论著包括：张季信的《教育行政学》（1928）、夏承枫的《现代教育行政》（1932）、杜佐周的《教育与学校行政原理》（1935）、杨鸿烈的《教育之行政学的新研究》（1939），以及罗廷光的《教育行政（上、下册）》（1943）等。尤其是杨鸿烈和罗廷光的相关著述，对教育管理理论与实际问题的研究已经到达了十分深入的程度。

### （三）中辍期（1950—1979 年）：学科消失

1949 年 10 月 1 日新中国诞生之后，由于国内学术环境的变化，教育管理学的发展遭受挫折。囿于当时特定的社会历史条件，我国实行对苏联“一边倒”的政策。在教育学术领域内，通过聘请苏联专家和派遣留学生等措施，掀起了全面学习苏联的热潮。而在苏联的“凯洛夫教育学”体系中，并没有“教育管理学”的独立学科位置，而仅有“学校的领导与管理”这部分内容。因此，从新中国成立开始到改革开放的约 30 年间，教育管理学在我国丧失了独立的学科地位，从而不复存在。

### （四）新生期（1980 年至今）：迅速崛起

1978 年 12 月党的十一届三中全会之后，我国确立了全面改革开放的路线、方针和政策。随着教育领域内治理整顿措施的推行，我国开始以教育学院为基地开展校长培训工作。由此出发，以编写《学校管理》等教材为起点，教育管理学作为独立学科启动了恢复和重建工作。这一时期教育管理学的快速发展,又可分为以下两个阶段。

1. 学科归属调整之前(1980—1996 年)

在此阶段,一些教育管理人员的培训和教育机构陆续建立。譬如,各地省级和地市级的教育学院最早从 1978 年开始,就开展了校长培训活动。一些师范院校,以北京师范大学为首,早在 1985 年就开始招收全日制的教育管理本科生。这一时期,一些相关论著也陆续出版。其中,教材类包括:北京教育行政学院编辑出版的《学校管理》(1981)、萧宗六撰写的《学校管理学》(1988)、陈孝彬主编的《教育管理学》(1990)、张济正主编的《教育行政学通论》(1990)、孙绵涛撰写的《教育行政学》(1989)、萧宗六和贺乐凡主编的《中国教育行政学》(1996)等。著作类则有:陈孝彬的《学校教育管理科学》(1987)、安文铸的《现代教育管理学引论》(1995)和张斌贤主编的《现代国家教育管理体制》(1996)等。另外,这一时期翻译出版的几本教育管理学译著,如久下荣志郎等的《现代教育行政学》(1981)、R. 欧文斯的《教育组织行为学》(1987)和 E. M. 汉森的《教育管理与组织行为》(1993)等,则为那个信息闭塞的时代打开了几扇管窥国外教育管理学面目的"小窗"。

2. 学科归属调整之后(1997 年至今)

1997 年国务院学位委员会发布新的学科和专业目录,原属教育学一级学科的教育管理学与教育经济学被整合为"教育经济与管理"(二级)学科(专业),而归入"公共管理"一级学科之下。自此以后,全国各地教育管理学术机构如雨后春笋般地建立了起来。这一时期,从事教育管理学研究与教学的专业人员,主要包括教育学院和全日制高校相关系科的专业人士。从学缘结构看,他们分别是国内大学培养的高学历毕业生和少量的留学归国人员。在此阶段,教育管理学的研究成果也较为丰富。同时,还有一批学者致力于国外教育管理学著作的翻译工作。所有这些努力,一起促进了我国新时期教育管理学科的进步与繁荣。

**(五) 我国教育管理学的展望**

展望未来,我国教育管理学必将迎来一个十分光明的前景。随着时间推移,我国教育管理学的学科归属和定位必将得到适当调整,教育管理学专业人员的整体素养也将不断提升。目前,国内教育管理学的研究已经呈现出国外相关成果继续输入、研究方法融会贯通、研究题材不断拓展、成果表达方式日趋多元等诸多的喜人景象。所有这些变化,最终都将形成一个结果——我国教育管理学研究水平的实质性提高。

## 第四节 小学教育管理学的对象与属性

### 一、 小学教育管理学的研究对象

从教育管理实践的范围看,教育管理学无疑应该研究教育行政、学校管理和班级管理等活动。此外,关于教育管理学科建构本身的一些教育管理学"元理论"问题,如教育管理学的学科性质、知识体系、历史演变等内容,亦应成为教育管理学的研究对象。

具体来看,目前学界对于教育管理学研究对象的讨论,主要有以下三种基本观点:其一,认为教育管理学的研究对象是教育管理规律。这是一种较为传统的看法,其主要根据是毛泽东在《实践论》中提出的划分科学研究领域的论断。其二,主张教育管理学的研究对象是教育管理活动或教育管理现象。这种观点指出,由于规律是事物“内在的、本质的和必然的联系”,所以,教育管理规律是教育管理学研究过程终结之后研究者才能获取的成果,它不可能在研究之初就呈现在研究者面前,故教育管理学的研究对象只能是具体可感的教育管理现象或活动。其三,提出教育管理学的研究对象是教育管理问题。这种观点较为后起,主要源自科学哲学家波普尔(K. Popper)和劳丹(L. Laudan)关于科学研究起于猜想或问题的观点。我国最早由教育基本理论学者接受了这种看法,从而提出教育学的研究对象不是教育规律、教育现象或教育活动,而是教育问题的新说。教育管理学界有人受此启发,转而提出教育管理学的研究对象应该是“教育管理问题”的“新观点”。①

对于上述争议,我们的看法是:第一种观点把作为教育管理学的“研究任务”的教育管理规律误为研究对象,显然不太合适;第二种观点无法解释为何教育管理学没有研究所有教育管理活动或现象这一问题;第三种观点虽然强调了教育管理问题在“引发”教育管理现象使其进入教育管理研究者视野之中的“中介作用”,却把这种中介本身当作教育管理学的研究对象,显然也是很不妥当的。

那么,教育管理学的研究对象究竟应该是什么呢?我们认为,可以把教育管理学的研究对象划分为“显在对象”和“潜在对象”两大类:前者是指那些经由教育管理问题引发,从而进入教育管理学者研究视野之中的教育管理现象;后者则是指那些尚未引起教育管理学者注意、未被教育管理问题“触发”的教育管理现象。教育管理学的全部研究对象,则是所有的教育管理活动或现象。由是观之,教育管理问题就成了教育管理学的逻辑起点,教育管理规律则是教育管理学的逻辑结果,教育管理现象即是教育管理学的研究对象。

从上可见,小学教育管理学的显在对象,是经由小学教育管理问题所引发的小学教育管理现象;其潜在对象则是尚未引起小学教育管理学者注意、未被小学教育管理问题“触发”的小学教育管理现象。小学教育管理学的全部研究对象,则是所有的小学教育管理现象。

## 二、 小学教育管理学的学科属性

所谓“学科”,在此可以被理解成围绕着某个领域所形成的某类知识的有机系统。目前,关于教育管理学的学科属性问题,主要有以下四种观点:其一,认为教育管理学属于教育学的分支学科。这种观点是一种较为传统的看法,改革开放以后教育管理学恢复重建时期的教育管理学者大多持此看法。这种观点也与1997年学科专业目录调整之前的教育管理学归属相一致。其二,主张教育管理学属于管理学的一个分支领域。这种观点与1997年国务院学位委员会调整学科(专业)目录直接相关。在此背景下,有些学者随即提出了教育管理学应该属于管理学科的新看法。其三,认为教育管理学其实是一门介于教育学、管理学等多学科交叉的边缘或综合学科。在此基础上,有人明确提出了“教育管理学是一门社会科学”的新观点。② 其

① 黄崴著:《教育管理学:概念与原理》,广东高等教育出版社,2002年版,第13-17页。

② 张新平著:《教育管理学导论》,上海教育出版社,2006年版,第89页。

四,主张教育管理学是一门应用型学科。① 在上述观点中,前面三种都是从横向来划定教育管理学的学科归属,最后一种则是从人类知识体系的纵向角度划分教育管理学知识属性的尝试。

综上所述,考虑到小学教育管理类知识的性质及其与小学教育管理实践之间的关系,可以断定:小学教育管理学是一门横跨教育学和管理学等多个学科领域的应用型社会学科。

## 本章小结

本章从小学教育管理的基本概念、小学教育管理的历史变迁、中外教育管理学的发展演变以及小学教育管理的研究对象和学科属性四个方面探讨小学教育管理发展的概况。

第一,对小学教育管理进行了界定。美国分析教育哲学家谢弗勒提出了三种定义方式,即“规定性定义”“描述性定义”和“纲领性定义”,为我们探讨教育的定义提供了一个可供参考的理论视角。所谓“小学教育”,一般是指初等教育。从“管理”一词入手,本章将其意义延伸扩展到教育管理以及学校管理领域,围绕管理及教育管理的相关概念进行综合辨析。

第二,关注小学教育管理实践的演变。中西方学校对教育阶段都进行了初步划分,从而形成了具有各自特色的学校管理制度,继而出现了早期专职的学校管理人员,建立了一些管理学校的法规和制度。就小学管理而言,古代学校中管理活动与教育活动的分化不明显,管理职能也不完善。这种情况一直延续到分班上课制的出现,学校管理才变得日益重要,设置了专职管理者。到了近代,学校管理体制逐渐趋于成熟,现代学校体系逐渐完备,小学教育管理体制也随之趋于完善。

第三,关注中西方教育管理学的演进。在西方教育管理理论的历史演变过程中,把西方教育管理理论的发展进程划分为古典管理理论时期的教育管理理论、行为科学理论时期的教育管理理论、理论化运动时期的教育管理理论、理论多元化时期的教育管理理论以及尝试整合时期的教育管理理论五个历史阶段。中国教育管理学的传入与发展共分为发轫期、发展期、中辍期、新生期四个时期。

第四,小学教育管理学的对象与属性。将教育管理学的研究对象划分为“显在对象”和“潜在对象”两大类:前者是指那些经由教育管理问题引发,从而进入教育管理学者研究视野之中的教育管理现象;后者则是指那些尚未引起教育管理学者注意、未被教育管理问题“触发”的教育管理现象。教育管理学的全部研究对象,则是所有的教育管理活动或现象。总的来说,小学教育管理学是一门横跨教育学和管理学等多学科领域的应用型社会学科。

本章拓展案例

## 思考题

### 一、单项选择题

1. 确定我国小学教育实行“中央统一领导、地方分级管理、以县为主”的管理体制的法律是(　　)。

A.《中华人民共和国教育法》　　B.《中华人民共和国义务教育法》

C.《中华人民共和国教师法》　　D.《中华人民共和国职业教育法》

① 安文铸著:《现代教育管理学引论》,北京师范大学出版社,1995 年版,第 13 页。

2. 1870 年,确立国家资助初等教育经费的基本模式,明确规定教育管理权责划分的英国法案是(　　)。

A.《基佐法案》　　B.《费里法案》

C.《普通学校法》　　D.《福斯特法案》

3. 确定我国近代首个较为完整、正式公布并于全国范围内实施的新型学制的是(　　)。

A.《奏定学堂章程》　　B.《钦定学堂章程》

C.《大学堂章程》　　D. 壬戌学制

4. 官学得到空前的发展,中央和地方管理规模宏大,学生众多,管理制度也颇具特色的朝代是(　　)。

A. 秦汉　　B. 唐代

C. 宋代　　D. 元代

5. 明确规定中央把发展和管理基础教育的责任和权力交给地方,由此形成"分级办学、分级管理"体制的是(　　)。

A.《中共中央关于教育体制改革的决定》

B.《国务院关于基础教育改革与发展的决定》

C.《中华人民共和国义务教育法》

D.《中华人民共和国教育法》

**二、名词解释题**

1. 教育

2. 小学教育

3. 教育管理

**三、简答题**

1. 简述教育管理学的研究对象。

2. 简述西方教育管理学的发展进程。

3. 简述小学教育管理学的学科属性。

4. 简述教育概念的内涵和外延。

**四、论述题**

1. 试述科学管理理论的主要观点。

2. 试述科层组织理论的主要观点。

第一章思考题参考答案

**延伸阅读材料**

1. 陈孝彬、高洪源主编:《教育管理学(第四版)》,北京师范大学出版社,2019 年版。

2. 吴志宏著:《教育行政学》,人民教育出版社,2019 年版。

3. 周三多等编著:《管理学——原理与方法(第七版)》,复旦大学出版社,2018 年版。

4. 孙绵涛、许航:《从管理到治理:新时代教育管理学发展面临的新选择》,《现代教育管理》,2023 年第 7 期。

5. 李旭、侯怀银:《教育管理学的学科体系、学术体系和话语体系建设》,《教育学报》,2022 年第 4 期。

6. 冯大鸣:《中国教育管理实证研究:长足进展下的问题》,《教育发展研究》,2018 年第 12 期。

# 第二章　小学教育政策与法治

## 知识导图

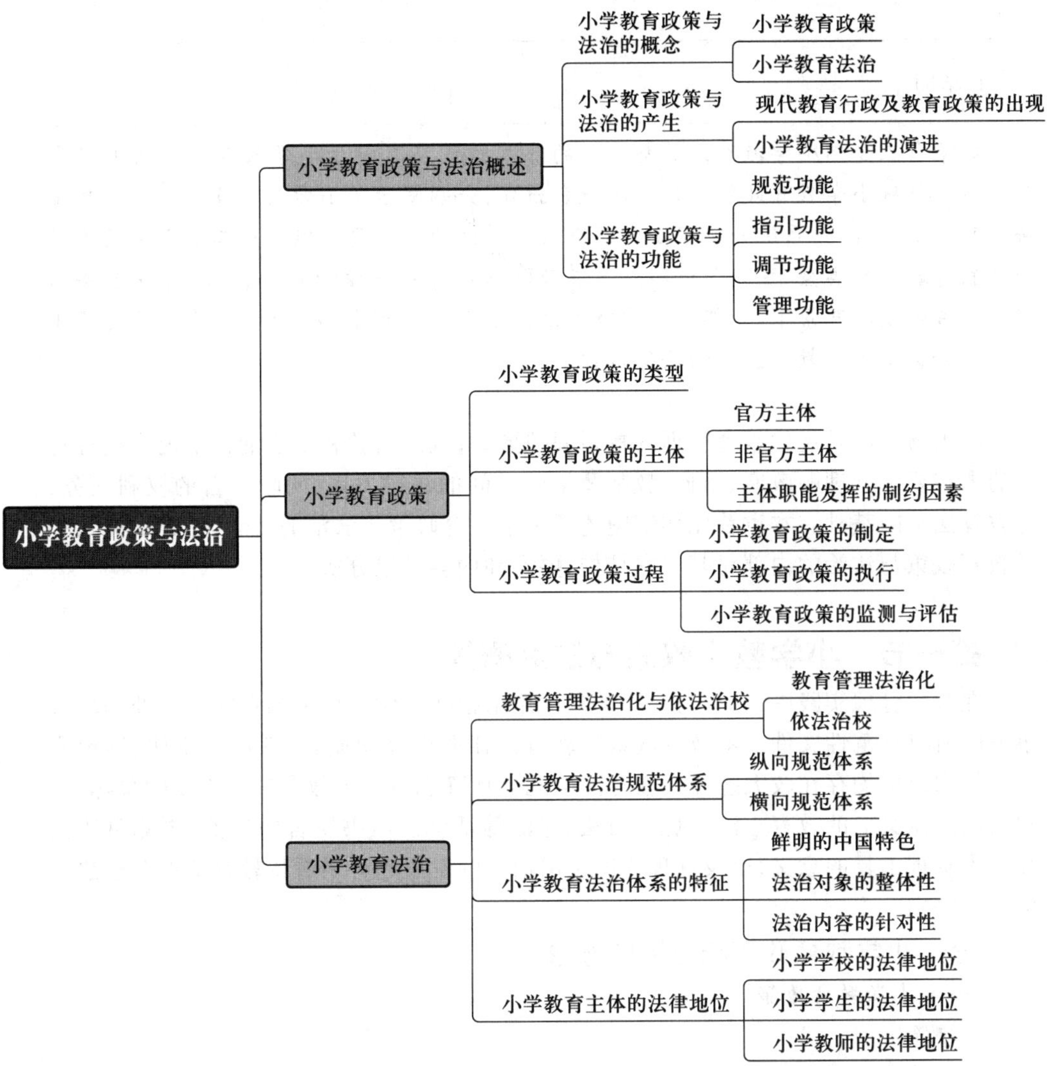


## 学习目标

1. 识记

◆ 小学教育政策的定义

◆ 小学教育法治的定义

◆ 小学教育主体的法律地位

2. 领会

◆ 教育政策与法治的产生

◆ 小学教育管理法治化

◆ 小学教育政策与法治的功能

3. 应用

◆ 小学教育政策的执行

◆ 小学教育政策的监测与评估

◆ 小学教育法治体系的特征

**建议学时**

6 学时

**教师导学**

本章重点介绍小学教育政策与法治的基本构成及其对于小学教育管理的现实意义。第一节从小学教育政策与法治的概念出发,分别揭示了小学教育政策与小学教育法治的基本要素,并系统介绍了小学教育政策与法治的主要功能。第二节主要阐述了小学教育政策的类型、主体与过程。第三节深入小学教育法治内部,在教育管理法治化与依法治校的背景下,介绍了小学教育法治规范体系的构成及特征,并基于规范体系详细分析了小学教育主体的法律地位。

政策与法律是现代教育管理的重要调控形式,依法治教和依法治校是现代教育管理的内在要求。理顺政府、学校、教师及学生之间的法律关系,明晰各自的权利义务,是教育法治的基础。本章首先详细阐述了小学教育政策与法治的概念,并分别深入小学教育政策与法治的内部对其基本结构、要素和内容予以分析。

## 第一节 小学教育政策与法治概述

在教育管理实践中,政策与法律常常被用来指代由党政机关制定的关于处理教育事务的所有规范性文件。就教育政策与教育法律两个概念而言,其制定主体、制定程序和效力范围均存在较大差异。教育法治既包括静态意义上教育法律制度的总称,还包括动态意义上的教育立法、执法、司法、守法等活动。本书所言的法治,更侧重于法律作为管理工具的意义,以及从现代国家法治化的发展趋势来看待教育管理对于法治的迫切需求。

### 一、小学教育政策与法治的概念

#### (一) 小学教育政策

1. 政策

教育政策是国家政策总系统中的一个子系统,了解教育政策,首先要对“政策”的含义有一个整体的把握。政策,在汉语中是“政”和“策”组成的复合名词。根据《说文解字》,“政,正也”,主要与国家的权力、制度和法令等相关。现代汉语中的“政策”一词,也沿袭古汉语之意,与权力、路线、策略相关。《辞海》对“政策”的定义为:“国家、政党为实现一定历史时期的路线和任务而规定的行动准则和具体措施。”《简明政治学辞典》对“政策”的定义为:“国家、政党在一定历史时期为实现一定任务而规定的行动依据和准则。”英语中普遍认为“策”(policy)一词是随着近代西方政党政治的发展,由“政治”(politics)一词演变而来,包含“政治”“策略”“谋略”“权谋”等含义,一般指政府或政党组织为某一特定目的所采取的行动。①

2. 教育政策

对于教育政策的理解,综合目前一些教育政策专家的观点,主要从以下六个方面来界定。

从方针、准则、计划的角度界定,将教育政策概括为价值准则与行为规范。譬如:① 教育政策是国家或政党为了实现教育目标而制定的行动准则,它是根据教育所面临的形势和任务决定的。② ② 教育政策是指由执政党和政府制定与颁布的用以指导、规范教育事业发展的一切价值准则与行为规范的总称。广义上教育政策不仅包括教育行政法规、教育行政规章,还包括教育法律。③ 政策通常被描述为指导决策和实现合理结果的原则或规则,其作为一种语义和本体力量,在建构"一个由意义、问题、原因和结果、关系、命令和必然性组成的社会世界"中发挥作用,而通过关注教育政策的语言和修辞结构,可以研究政策的历史以及政策领域内部的联系。④ 政策表达了政策行为体从权威地位做出的决策,旨在引导人们的行动和行为。⑤

从政治的角度界定,教育政策由涉及权威或权力的社会关系组成,是指一个政治单位内的事务管理以及用于制定和实施政策的方法和策略。政治视角关注教育政策决定"谁得到什么、何时以及如何得到"的过程。⑥

从权利的角度界定,将教育政策作为权利分配的工具。譬如:教育政策是有关教育的政治措施,是有关教育的权利的具体体现。⑦

从过程的角度界定,教育政策不仅包括教育政策的制定,还包括教育政策的执行、教育政策的评估与教育政策的终结等多方面。譬如:① 教育政策是指问题认定、政策形成与评估等多阶段的过程,也是一个政策循环的过程,这个循环与政策文本生产、执行和影响的背景密切相关。⑧ ② 教育政策是一种有目的、有组织的动态发展过程,是政党、政府等政治实体在一定历史时期,为实现一定的教育目标和任务而协调教育的内外关系所规定的行动依据和准则。⑨

从话语的角度界定,将话语当作"生产"真理和知识的通路,通过真理与知识的力量来获取权力的分配与使用。譬如:政策的话语提供了解释的路径,在话语的帮助下真正理解教育政策。但每个主体对话语的解释不同,因此必须做出话语分析,政策也对"话语权力"进行分配,只有特定的声音能被听到并被采纳。⑩

从利益的角度界定,教育政策实质上是一种利益的分配,随着教育政策主体的范

---

① 劳凯声、蒋建华主编:《教育政策与法律概论》,北京师范大学出版社,2015 年版,第 3-8 页。

② 萧宗六:《教育方针、教育政策和教育法规》,《人民教育》,1997 年第 11 期,第 35-36 页。

③ 褚宏启主编:《教育政策学》,北京师范大学出版社,2011 年版,第 4 页。

④ S. J. Ball. The Education Debate. Policy Press,2021,pp. 19.

⑤ F. Rizvi, B. Lingard. Globalizing Education Policy. Routledge,2009,pp. 4.

⑥ P. Aasen. Knowledge Regimes and Contradictions in Education Reforms. Educational Policy,2014,(5):718-738.

⑦ 张新平:《简论教育政策的本质、特点及功能》,《江西教育科研》,1999 年第 1 期,第 37-42 页。

⑧ S. Taylor, F. Rizvi, B. Lingard, M. Henry:Educational Policy and the Politics of Change. Routledge,1997, pp. 24-25.

⑨ 孙绵涛主编:《教育政策学》,武汉工业大学出版社,1997 年版,第 10 页。

⑩ 刘复兴主编:《国外教育政策研究基本文献讲读》,北京大学出版社,2013 年版,第 46-56 页。

围不断扩大，教育政策所包含的内容愈加完善，能够逐渐保护更多人的利益。譬如：教育政策主体有其特定的利益矛盾，需要政府制定和实施教育政策来引导和协调。这种诉诸教育政策的利益期待，表现出来就是教育政策的主观价值。①

教育政策作为国家政策细分领域的政策内容，其本质与"国家政策"的本质既有异又有同。一方面，教育政策的本质具有国家政策本质的一般特点；另一方面，在当下的政治文化环境下，又具有教育领域特殊的政策本质特点。

第一，教育政策体现了国家教育意志。制定和执行教育政策是政府的正当行为，属于公共政策范畴。教育政策是有关教育的政治行为和政治措施，它是国家对于教育领域如何领导与管理的意志的重要体现，"是统治阶级或集团教育意志的表达"②。国家教育意志的体现形式多种多样，教育政策和法律是较为典型的两种形式，是在教育层面上的国家意志的体现。不论是在联邦制国家还是单一制国家，教育政策都具有一定的强制性和公共性。教育政策是国家制定和颁布的，是权威性的教育价值分配，分配的方式体现了意识形态的渗透，分配的行为则是基于政策的和实践的逻辑。

第二，教育政策关注的是公共教育利益的分配。教育政策是以公共性为基本导向的。国家需要保护大部分人的教育权益不受侵害，需要关注多数利益主体的诉求。如义务教育作为国家统一实施的所有适龄儿童、少年必须接受的教育，是国家必须予以保障的公益性事业，具有强制性、免费性、普及性和世俗性，义务教育政策保护了少年儿童的受教育权利，关注了公众对于孩子接受教育的利益诉求。

第三，教育政策具有教育规律性，周期长，不宜频繁更换。教育政策的效果具有滞后性，这是源于教育具有滞后性。教育落后于同时期社会政治、经济的发展，教育的实施效果需要一定时间、一定过程才能显现。在《联合国教科文组织四十年》一书中，教育的滞后性被归结为四个方面：① 教育计划和内容往往严重落后于知识的发展，尤其是科学知识的发展；② 教育与职业社会之间脱节，普通教育中缺乏甚至根本没有实用性质的培训，将生产劳动或社会公益劳动纳入普通教育又往往遇到阻力，将学校与职业培训计划完全割裂开来的做法仍然持续存在；③ 教育面向早已过时的社会；④ 终身教育进程缓慢。其结果可能导致教育功能不全，与社会冲突，甚至产生教育危机。教育政策从制定、执行到效果的体现需要一定的过程，效果的体现较为缓慢，周期长，不宜频繁更换。③

第四，教育政策注重以人为本。拉斯韦尔（H. Lasswell）认为政策肯定了人的尊严，政策重点应"放在与人类尊严充分实现相关的知识发展上"④。教育政策的制定需要考虑公民的利益诉求，需要以人为核心，不过分追求量化效率，而是兼顾质量与公平。

3. 小学教育政策

小学教育政策是教育政策在小学这一教育学段的细分内容，是政党、政府等政治实体在一定历史时期，为实现小学阶段的教育目标和任务而协调教育的内外关系所规

---

① 祁型雨著：《利益表达与整合——教育政策的决策模式研究》，人民出版社，2006 年版，第 83 页。

② 祁型雨著：《利益表达与整合——教育政策的决策模式研究》，人民出版社，2006 年版，第 83 页。

③ 郭春林等译：《联合国教科文组织四十年》，中国对外翻译出版公司，1985 年版，第 33-73 页。

④ 刘复兴主编：《国外教育政策研究基本文献讲读》，北京大学出版社，2013 年版，第 5-19 页。

定的行动依据和准则。小学教育政策是在管理小学教育事业过程中制定和执行的，用以确定和调整教育利益关系的行为准则。

**（二）小学教育法治**

1. 法治

亚里士多德在《政治学》中提出了法治的经典定义："法治应包含两重意义：已成立的法律获得普遍的服从，而大家所服从的法律本身又应该是制定得良好的法律。"[①]至于何为良法，尽管亚里士多德给出了自己的价值倾向，但他并没有提出明确限制，可见良法本身是一个价值多元而开放的概念。这是理解法治概念的基础。围绕"法制"与"法治"两个概念的论争构成了当代中国理论法学演进的基本脉络，即"刀制"与"水治"之辩。

（1）形式区别说：静态的"法制"与动态的"法治"

有学者认为法治与法制本质上存在三点区别：第一，法制是法律制度的简称，与政治、经济等制度相对应，而法治与人治相对应。第二，法制是指有一套法律规则以及法律的制定与实施等各种制度，更强调有法可依；法治则是与人治相对立的一种治国理论、原则和制度。法制是法治的应有之义，但一个国家法律再多，如果不实行若干法治原则，那就不能说是实行法治。第三，历史上任何国家都有法律制度，但不一定实行法治。法治严格说来是从资本主义社会才出现的。[②] 有学者认为"法治"对应英文"rule of law"，"法制"对应英文"rule by law"。前者是动态概念，强调根据和依照法律来管理国家各项工作，管理社会事务；后者则是静态概念，强调法律制度与体系的完善。[③]

（2）实质区别说：法治追求权利、自由、民主、程序等基本价值[④]

实质区别说是在形式区别说的基础上，着眼于探讨法治与法制在法的价值层面上的区别，特别是从法治的标准出发建构起了一套评价体系。实质区别说其实是法学界对法治理念研究深入的表征，与以往单纯的形式比较，开始进一步挖掘法治的内在价值与规定性。具体而言，又有以下几种说法：

① 十标准说[⑤]。李步云先生在总结英国戴雪法治三原则、美国富勒法治八原则和 1959 年《德里宣言》法治四原则的基础上，以亚里士多德法治概念为标准，提出我国建设法治国家的五项原则，后发展为以下十项：法制完备、主权在民、人权保障、权力制约、法律平等、法律至上、依法行政、司法独立、程序正当与政党守法。其中，前五项是强调有完备而良好的法律，后五项是强调法律得到切实有效的执行与遵守。

② 民主标准说[⑥]。这一观点强调社会主义法治民主集中制的特征，认为法治应建立在民主的基础上，民主也是评价法治建设最根本的标准。

③ 六标准说[⑦]。该观点提出社会主义法治的六项标准：立法上，必须有完备的、

---

① 亚里士多德著，吴寿彭译：《政治学》，商务印书馆，1981 年版，第 168 页。

② 赵明：《从"法制"到"法治"的中国语境》，《思想战线》，2005 年第 2 期，第 118-122 页。

③ 杨绍华：《"法治"与"法制"》，《理论月刊》，1999 年第 Z1 期，第 21-23 页。

④ 申素平等著：《从法制到法治——教育法治建设之路》，华东师范大学出版社，2018 年版，第 8-10 页。

⑤ 李步云：《法治中国的十条标准》，《光明日报》，2016 年 8 月 1 日，社会周刊 · 法治版。

⑥ 同舟共进资料室：《民主是检验法治的根本标准》，《同舟共进》，1999 年第 9 期，第 48 页。

⑦ 郭润生、杨建华：《论社会主义法治国家的标准》，《山西大学学报（哲学社会科学版）》，1996 年第 2 期，第 1-8 页。

良好的法律体系,做到社会生活的各个方面均有法可依;行政上,行政机关必须依法行政,切实体现我国政府的人民性;司法方面,保证人民法院独立审判,以实现社会公正;执政党必须在宪法和法律范围内活动;国家的民主程度;公民良好的法律意识。

④ 组织结构与价值追求说①。该观点认为法治概念是一个充满价值判断的理想概念,在不同阶级、阶层,不同的法律实践中对法治的具体理解都不同,因此具体地给法治下定义并给出标准是不可取的。相反,应立足于法治与人治相对立的特征来揭示法治的组织结构。第一,约束权力;第二,将个人视为社会生活的主体,体现权利本位。这种观点成为目前认识法治与法制实质区别的重要学说。

2. 教育法治

本书的“教育法治”不同于“教育法制”。教育法制是教育法律制度的简称,关注的是教育法律制度的完备与完善,属于静态范畴;教育法治既包括静态意义上教育法律制度的总称,还包括动态意义上的教育立法、执法、司法、守法等活动。② 因此,教育法治主要涵盖教育立法、教育行政执法、教育司法和法治教育四个方面。根据“法治国家”的基本精神,健全的教育法治应是以一套完备的教育法律法规为核心的,包括相应的法律实践和法律文化在内的法律系统,这是一个以行政法为主体,民法相配合,辅之以必要的刑法手段,并以其他法律手段为适当保障手段的完整的法律调控机制。③

3. 小学教育法治

小学教育法治是教育法治的概念在小学教育阶段的内容细分,体现为对小学教育法律法规的遵循与制定完备的小学教育法律体系的统一,即小学教育领域的法治化。这就要求摒弃和改变非法治思维和非法治方式,通过科学立法、严格执法、公正司法和全民守法,以法治思维和法治方式推进小学教育的创新和发展,在小学教育阶段实现教育治理体系和治理能力的现代化。

## 二、 小学教育政策与法治的产生

### (一) 现代教育行政及教育政策的出现

1. 现代教育行政的产生

在现代社会以前的很长一段历史时期,教育主要是一种家庭的职能和权利。父母对子女的教育,最初是通过家庭生活进行的。在出现专门的教育机关——学校和专门的教育职业——教师后,教育又部分地委托给学校和教师进行,但父母对其子女的教育仍负有主要责任,教育在很长的历史时期并没有成为国家管理的对象。从 19 世纪开始,欧美各国进入工业化进程,以产业革命为中心的社会生产力迅猛发展,教育在社会进步中举足轻重的作用日益显现出来。为了适应社会经济的发展,必须普及教育。这就要求国家扩大直接干预和调整文化教育发展的职能,更有效地发挥国家管理教育事业的作用。教育随之从教师、学生、父母或监护人等主体之间的私事提升为一项需要国家干预与管理的社会化事业。因此,随着 19 世纪以来教育的迅速普及与发展,欧

---

① 王人博、程燎原著:《法治论》,广西师范大学出版社,2014 年版,第 93-112 页。

② 秦惠民:《以法治思维、法治方式推进教育创新与发展》,《人民教育》,2014 年第 24 期,第 1 页。

③ 劳凯声:《“依法治教”是推动教育改革与发展的重要力量》,《人民教育》,2014 年第 21 期,第 1 页。

美各资本主义国家纷纷对原有的国家行政体制做出相应的变革，把教育管理纳入国家活动之中，用行政手段发展公立学校体制，确立义务性的国民教育制度，这就是近代史上教育国家化趋势。① 尤其是进入20世纪以来，随着教育规模的不断扩大、教育制度的日益完善以及教育财政开支的迅速增加，教育管理的组织作用和强制作用也越来越突出，国家教育行政的职能正向扩大化的趋势发展。

当教育权从家庭的职能和权力转变为国家的职能和权力后，国家必然要用行政手段来干预和管理教育。在教育国家化之前，国家行政主要是指警察行政、外交行政、财务税收行政、军事行政等方面，一般并不涉及教育。当国家试图扩大其直接干预和调整文化教育发展的行政职能时，就产生了现代教育行政。这样，国家便可以通过行政手段，建立公立免费学校，确立义务性的国民教育制度，并全面组织和发展教育事业。

2. 小学教育政策的出现

教育政策因教育政策问题的出现而出现，而对教育政策问题的认识来源于对社会公共问题的关注。美国社会问题研究者赫伯特·布鲁默（H. Blumer）将政策问题的形成分为五个阶段，即社会问题的出现、社会问题取得合法性、动员种种活动研讨该问题、形成官方行动、将官方计划付诸实施。有学者认为，“教育政策问题是教育决策部门认为有责任、有必要加以解决的一种教育问题”②。也有学者认为，教育政策问题是指：“基于特定的教育客观情境，为了协调现存的教育利益、价值冲突以及满足未来教育价值的公益性诉求，由政府及教育行政部门予以确认和试图解决的公共教育问题及公益性教育价值诉求。”③教育政策问题的构成要素主要有：第一，教育政策问题是被察觉、被体认的教育问题；第二，教育政策问题是牵涉到社会大多数人利益的教育问题；第三，教育政策问题所涉及的一定是利益、价值观、规范之间相互冲突的一些教育问题；第四，教育政策问题是政策机构认为有必要加以解决的问题。这些因素是我们判断一个教育问题是否应该成为教育政策问题的标准和尺度，为我们判断一个问题能否成为教育政策问题提供了某种程度上的依据。对小学教育管理而言，学生择校问题、教师待遇问题、学校办学体制和经费问题等都属于教育政策问题。这些问题往往会牵涉到多方面的利益，解决这些问题需要多方面的协调，需要教育主管部门通过“政策”的形式，将问题进一步明确化、系统化，通过对多方面利益的综合协调考虑，运用行政手段来加以解决。

**（二）小学教育法治的演进**

教育立法起步甚早，甚至早于大多数其他法律部门立法，而且起点颇高，直接就是全国人大常委会颁布法律。1980年，第五届全国人大常委会第十三次会议通过《中华人民共和国学位条例》，在时间上还略早于《中华人民共和国婚姻法》，而作为民事基本法的《中华人民共和国民法通则》更是到1986年才颁布。继《中华人民共和国学位条例》后，《中华人民共和国义务教育法》（1986）、《中华人民共和国教师法》（1993）、《中华人民共和国教育法》（1995）、《中华人民共和国职业教育法》（1996）、《中华人民

① 劳凯声主编：《高等教育法规概论》，北京师范大学出版社，2000年版，第45页。

② ［英］戴雪著，雷宾南译：《英宪精义》，中国法制出版社，2009年版，译者导言。

③ ［美］富勒著，郑戈译：《法律的道德性》，商务印书馆，2005年版，第2页。

共和国高等教育法》(1998)、《中华人民共和国国家通用语言文字法》(2000)与《中华人民共和国民办教育促进法》(2002)等也相继通过,社会主义教育法律体系基本建立。在教育法治理论上,也适时提出了依法治教、依法治校等重要概念,完成了从教育法制到教育法治的话语转变。①

党的十九大报告提出开启全面建设社会主义现代化国家新征程,而十九届二中全会作为新时代法治建设的落脚点之一,更明确指出坚持依法治国首先要坚持依宪治国,将实施宪法摆在依法治国的突出地位。十九届二中全会公报提出,要深入推进科学立法、严格执法、公正司法、全民守法,坚持有法可依、有法必依、执法必严、违法必究,把依法治国、依宪治国工作提高到一个新水平。根据教育法治的内涵,从应然的角度看,新时代中国教育法治建设应遵循以下四个基本方向:① 立法上应注重法律规范本身的体系性、逻辑性与合宪性,更加注重程序性权利保障。目前的教育法律法规侧重实体法,对程序性权利缺乏足够的规定。要坚持权利思维,而不是管理思维、义务思维,以保障受教育者、教师、学校等教育法权利主体的合法权益为中心,改变以往从便利教育行政部门管理出发而立法的做法。② 执法上应坚持依法行政,完善程序、职能设置,建立权力清单和负面清单制度,保障依法治教和依法治校。③ 司法上应加强司法救济,畅通司法救济渠道,保障司法权的独立行使;应更加注重保障权利人的实体性与程序性权利,更好地协调各方利益。④ 守法上应贯彻依法治教的法治理念,引导教育主体自觉守法、遇事找法、解决问题靠法。②

## 三、小学教育政策与法治的功能

### (一) 规范功能:提供规范意义上的行为模式

规范功能是指教育政策与法治为教育事业的发展提供了相关的规范和标准,起着规范和约束的作用。在教育事业的改革与发展过程中,必须制定一系列相关的政策与法规来规范相关教育行为,从而做到有政策可依、有法律可依。小学教育政策与法治的规范功能是由政策与法律作为规则本身的属性决定的,规范指向的是对小学教育相关主体行为的规范。通过完善教育政策和教育法治,能更好地保证依法治教。

小学教育政策与法律带有鲜明的规定性,规定应该做什么或是应该怎样做,它具有约束和规范的作用,从而为人们的教育行为提供了一个模式、规则和标准,可以使人们在小学教育方面的行为更加具体明确,以利于国家对小学教育的管理。如《中华人民共和国义务教育法》第十一条就规定,“凡年满六周岁的儿童,其父母或者其他法定监护人应当送其入学接受并完成义务教育”。这便是由法律明确规定父母或者其他监护人的义务性行为,属于义务性规范。

同时,教育政策和教育法律中也包含了对阻碍、干扰小学教育发展行为的限制与制约性规范,如对适用范围的限定、对法律责任的追究等,从而规范教育行为。譬如,《中华人民共和国教师法》第三十五条规定:“侮辱、殴打教师的,根据不同情况,分别给予行政处分或者行政处罚;造成损害的,责令赔偿损失;情节严重,构成犯罪的,依法追究刑事责任。”这就规定了对违法者的惩罚措施,从而通过上述义务性规范和限制

---

① 申素平等著:《从法制到法治——教育法治建设之路》,华东师范大学出版社,2018 年版,第 21 页。

② 申素平等著:《从法制到法治——教育法治建设之路》,华东师范大学出版社,2018 年版,第 21-22 页。

与制约性规范两个方面来指引父母或者其他监护人的正确行为。

**（二）指引功能：确定的指引和有选择的指引**

指引功能是指教育政策与法治对教育行为具有的引导作用。教育政策与法律为社会的发展和教育行为规定了发展和行动的目标，确定了方向，使教育行为由复杂的、冲突的、无目的的轨道转向清晰的、统一的、明确的轨道上来，有利于引导教育行为有序地进行。小学教育政策与法治的指引功能分为确定的指引和有选择的指引两种，前者是义务性规范所具有的作用，后者是授权性规范所具有的作用。

小学教育政策与法治的指引功能之所以能存在和发挥作用，很重要的原因在于它能够使人们按照政策、法律规定的原则与要求行动，从而达到最大限度地保障小学教育目标顺利实现的目的。指引功能的形式表现为直接指引和间接指引两种。前者是指教育政策、法律对其调整对象的直接作用。例如，2014 年教育部印发的《完善中华优秀传统文化教育指导纲要》提出要“落实立德树人根本任务，进一步加强新形势下中华优秀传统文化教育”，这体现了当前教育中更加重视中华优秀传统文化的导向，而在小学教育教学中不断地加重和渗透中华传统文化也即将成为下一步的重点。可以说，这是对小学教育活动的直接指引作用。间接指引方面，典型的如，提高教师地位和生活待遇的政策会间接影响人们就业的选择，引导青年学生积极报考师范院校，从而出现“师范专业报考热”。

**（三）调节功能：遵循教育基本规律**

教育政策与法治的调节功能是指教育政策和教育法治在社会发展过程中能起到协调和平衡各种教育关系的作用。教育政策与法律是调整各级各类教育内部关系、调整教育与外部关系的重要杠杆。教育政策与法律对社会的干预作用在本质上是对各种利益关系的协调。

小学教育政策及教育法律是调整政府与学校、校长与教职工、教师与学生以及学校之间、教师之间关系的重要杠杆，是小学教育有序有效运转的重要保障。教育政策和教育法律调节的对象是多方面的，调节的过程是在教育活动发展中不断变化的。例如，2006 年 6 月，第十届全国人民代表大会常务委员会对《中华人民共和国义务教育法》进行了修订，修订的原因就是要协调当时公共教育资源分配不均衡的现象。义务教育相关政策法律的规定和调整使得各方面的利益有章可循，从而构筑教育管理体制、教育运行机制的基本框架和规则，使教育行政管理活动和学校教育教学活动得以正常进行。协调小学教育管理过程中的矛盾和冲突要依据合理性、合法性和有效性的标准，要以相关的教育政策、法律为依据，遵循教育发展的基本规律，同时还要考虑“以学生为本”，考虑学生的成长与发展需求。①

**（四）管理功能：最可靠、最稳定的治理**

管理功能是指教育政策与法治对教育行为所具有的管理作用。小学教育工作离不开管理，教育政策和法律是教育行政管理和小学管理的基本依据。小学教育政策是由政府主导制定和执行的，教育法治依托国家公权力来发挥调节和管理作用。因此，它们除了服务教育发展之外，还要传递某种政治价值观，协调和管理教育与其他社会

---

① 劳凯声、蒋建华主编：《教育政策与法律概论》，北京师范大学出版社，2015 年版，第 26–27 页。

活动的关系等。同时,教育政策与法律的贯彻执行离不开及时有效的管理。作为小学教育管理的基础性制度支撑,小学教育政策与法治对小学治理体系和治理能力现代化起着保障性作用。

## 第二节　小学教育政策

### 一、小学教育政策的类型

根据决策主体的不同,我国的小学教育政策主要包括以下类型:

**(一) 党的政策文件**

我国实行中国共产党领导下的多党合作制,党的方针、政策和路线是各种政策制定和执行的最高依据和纲领。党的政策文件一般包括:

1. 中国共产党章程

党章规定了我们党最基本的政治纲领、组织纲领。党章的许多规定尽管不是直接和专门针对小学教育的,却是我们制定和执行小学教育政策的根本依据。

2. 中国共产党全国代表大会的决议

中国共产党全国代表大会及其选出的中央委员会一直关心和关注教育问题。在历次党的全国代表大会的决议和报告中,都对教育提出了一些重要的政策主张。尤其是改革开放以来,每一次党的全国代表大会都对教育的地位、任务、方针、发展等根本问题提出了科学的论断,指导各个时期我国小学教育的改革和发展。

3. 党中央制定和批准的文件

在党的全国代表大会闭会期间,由中央委员会执行全国代表大会的决议。党的中央委员会为贯彻执行党的全国代表大会决议所制定的有关教育方面的文件,是党的重要的教育政策。此外,党的地方各级领导机关、党中央的各部门也会根据不同情况和需要,制定和批准有关的小学教育政策性文件。

**(二) 党的领导机关和国家政府机关联合发布的有关小学教育的政策性文件**

党中央、国务院联合发布的文件具有法规性和政策性的双重属性。例如,中共中央、国务院 2018 年颁发的《关于全面深化新时代教师队伍建设改革的意见》,是党中央出台的第一个面向教师队伍建设的里程碑式文件。此外,党中央的各部门与国务院所属部门,也往往根据工作的需要联合制定和下发有关教育的政策性文件。

**(三) 国家行政机关制定和下发的小学教育政策**

1. 国务院及其所属部委制定和批准下发的有关小学教育的政策性文件

国务院所属部委出台的有关小学教育的政策性文件主要是由教育部作为教育的行政主管部门制定和批准的。如《关于基础教育改革与发展的决定》,就是国务院为解决新时期基础教育面临的新情况、新问题而制定的一个有关基础教育改革和发展的纲领性文件。同时,国务院相关部委也经常联合制定和批准有关教育方面的政策文件,如教育部、中宣部等十八部门联合制定的《关于加强新时代中小学科学教育工作的意见》。由国务院所属部委制定、经国务院批准下发或由国务院转发的教育政策文件,其效力高于国务院所属部委自身制定和下发的文件。如国务院批转教育部《面向 21 世纪教育振兴行动计划》、国务院批准由教育部下发的《基础教育课程改革纲要》以及国务院转发教育部等部门的《关于建立中小学校舍安全保障长效机制的意见》。

2. 地方政府及教育主管等相关部门制定的有关小学教育的政策性文件

各级地方政府及其教育主管部门也会根据具体情况制定教育政策，这些教育政策属于具体教育政策。具体教育政策的表现形式多为各种规定、办法、通知、意见等。

以上两种类型的小学教育政策，以及不同政策主体所制定批准的教育政策性文件，其作用和效力是不同的。教育的基本政策指导和制约具体政策的制定与执行，上一级制定和批准的教育政策性文件指导和制约下一级教育政策的制定与执行。

## 二、 小学教育政策的主体

主体主要解决教育政策的所属问题，即解决是谁的政策、是谁制定的政策问题。[①]小学教育政策的主体是直接或间接参与小学教育政策制定过程的个人或团体，主要包括行政机关(决策和执行)、社会利益群体、智库、政党、大众传媒等。

### （一）官方主体

1. 执政党

我国的执政党是中国共产党。中国共产党是我国的领导核心，国家政策的制定首先是以党的名义发布，具有政策导向作用。党的教育方针就是党的路线方针政策、理论政策在教育领域的集中体现，在教育事业发展中具有根本性地位和作用。

2. 行政机关

行政机关是政策决策与执行的重要主体，掌握着国家的行政权力，维护着统治阶级的利益。根据《中华人民共和国宪法》第八十五条的规定，中央人民政府是我国最高权力机关的执行机关，是最高国家行政机关；第一百零五条规定，地方各级人民政府是地方各级权力机关的执行机关。作为国家最高行政机关，国务院制定的行政法规的法律效力仅次于法律，如2018年中共中央、国务院制定的《关于全面深化新时代教师队伍建设改革的意见》。

### （二）非官方主体

1. 利益群体

利益群体是拥有共同利益诉求的正式或非正式群体。不同的政策，其利益群体不同。这主要是因为不同政策所涉及的领域不同，牵扯的利益不同，相关利益群体也就不同。政策的出台实质上是利益群体与其他群体博弈的结果。以“双减”政策为例，学校、教师、学生、家长都是政策的非官方主体，形成了“双减”政策的利益相关者网络。

2. 政党

中国共产党领导下的多党合作和政治协商制度，是中国的一项基本政治制度。中国是一个多党派的国家，除了执政的中国共产党外，还有八个民主党派，分别是：中国国民党革命委员会、中国民主同盟、中国民主建国会、中国民主促进会、中国农工民主党、中国致公党、九三学社、台湾民主自治同盟。除执政党外，其余党派均为非官方主体，他们可以参与国家大政方针和国家领导人人选的协商，参与国家事务的管理，参与

---

① 孙绵涛等著：《教育政策论——具有中国特色的社会主义教育政策研究》，华中师范大学出版社，2002年版，第8页。

包括小学教育领域在内的国家方针、政策、法律、法规的制定与执行，自然也是小学教育政策主体。

3. 大众传媒

大众传媒既是一种传递信息的渠道，也是能够代表民意的教育政策主体。大众传媒是反映社会舆论的风向标和导向舵，有效利用大众传媒的力量能够在政策议程设置、政策议程创建以及正式政策出台之后，对政策资源进行合理的分配。

4. 智库

智库作为专门提供开发研究和咨询服务的机构，汇集学科行业专家，能够针对咨询问题提出较为专业的对策和解决方案，也可以针对社会中引起广泛关注、影响深远的问题向上提出建议。

5. 专业评价机构和社会组织

随着教育综合改革的逐步深入，"第三方教育评价"作为小学教育领域的重要改革措施，愈发受到国家、省市教育主管部门的重视。《国家中长期教育改革和发展规划纲要（2010—2020年）》明确提出"改进教育教学评价。根据培养目标和人才理念，建立科学、多样的评价标准。开展由政府、学校、家长及社会各方面参与的教育质量评价活动"。2013年，教育部发布的《关于推进中小学教育质量综合评价改革的意见》进一步要求，"整合和利用好相关评价力量和评价资源，充分发挥各方面优势"，"逐步建立政府主导、社会组织和专业机构等共同参与的外部评价机制"。2015年，教育部颁发《关于深入推进教育管办评分离 促进政府职能改变的若干意见》，部署构建"政府依法管理、学校依法自主办学、社会各界依法参与和监督"的格局。在教育"管办评分离并联动"的背景下，第三方教育评价机构和参与小学教育评价的其他社会组织日益成为小学教育的非官方政策主体。

**（三）主体职能发挥的制约因素**

1. 教育政策主体的价值取向

小学教育政策主体的价值取向是一定时期内小学教育政策价值选择的稳定倾向，体现的是小学教育政策的特殊性质与功能。不同的价值取向会使教育政策主体发挥出不同程度的效能。例如以"人民至上的教育主体观"为自身价值取向，小学教育政策主体就会将"立德"与"树人"贯穿小学教育政策过程的始终。

2. 教育政策主体的能力限度

一是自身的能力限度。教育政策从制定到终结的全过程对参与其中的教育政策主体的组织能力、信息筛选与提炼能力、判断能力、沟通能力、评估能力、专业领域把控能力、预测能力等各方面能力有着较高的要求。但小学教育政策主体受自身客观因素的影响，往往难以将这些能力发挥到极致，因而其所承担的职能的作用也难以发挥到极致。二是外部制约因素。限制政策主体职能发挥的外部制约因素多种多样。如利益因素，教育政策的制定、实施、终结全过程涉及多个系统的利益，教育政策的制定需要协调多方利益关系，其中包括经济利益关系、权力分配等方面，约束着教育政策主体职能的发挥；又如法律、道德规范等具有规范性、约束力的社会控制手段，一定程度上约束了政策主体职能的发挥；再如社会环境影响，不同地域的社会文化、风土人情、风俗习惯间接影响当地教育政策主体的行为和思想，对其职能的发挥也具有影响力。

## 三、 小学教育政策过程

### （一）小学教育政策的制定

本书所探讨的教育政策制定过程是从狭义上来理解教育政策的制定，即从教育政策问题被识别和确认开始，历经教育政策议程启动、教育政策目标确立、教育政策方案设计和选择等一系列功能性活动，一直持续到教育政策方案合法化为止。① 小学教育政策的制定主要包括四个阶段：小学教育政策问题的确认、小学教育政策议程的设立、小学教育政策方案的形成和小学教育政策的合法化。

1. 小学教育政策问题的确认

小学教育政策问题的确认是整个教育政策制定过程的首要环节，确定哪些问题成为教育政策问题也是制定教育政策的逻辑起点。对于政府来说，不是所有的问题都需要上升为教育政策问题，而提出了小学教育政策问题之后，如果不能明确地界定问题，同样也不可能设计出具体政策。因此，能否正确提出并准确界定小学教育政策问题是整个政策过程成败的关键。②

2. 小学教育政策议程的设立

在确定了哪些问题是小学教育政策问题之后，还不意味着这些问题就必然会得到政府的解决。从小学教育政策问题确认到正式开始设计小学教育政策方案，中间还有一个必经阶段，即设立小学教育政策议程。被确认的小学教育政策问题只有进入了政策议程后，才有可能得到解决和处理。在这一过程中，不同的政策主体之间的相互作用将决定政府对小学教育政策问题的作为或不作为。因此，在这个意义上，小学教育政策议程的设立对整个政策制定过程及政策结果具有决定性的影响，发挥着“看门人”的作用。③

3. 小学教育政策方案的形成

小学教育政策问题进入政策议程之后，政府或教育行政部门就要为解决该问题提出具有可行性的政策方案。小学教育政策方案是教育政策制定者用于解决小学教育政策问题、达成教育政策目标的行动准则和内容，它包括预期的目标、采取的策略以及可供利用的手段、措施和方法。小学教育政策方案的设计和形成是整个教育政策制定过程中最为关键的一环，它呈现出一种程序化的步骤，主要包括：教育政策目标的确立、教育政策方案的设计、教育政策方案的评估以及教育政策方案的选择四个环节，并且每一个环节之间始终是开放的，整个过程也是动态发展的。④

4. 小学教育政策的合法化

经过了小学教育政策方案的选择之后，并非意味着小学教育政策制定过程的终结。为了保证所选择的小学教育政策方案获得承认或授权，并被大众接受、认可、遵从，还须经过一定的行政或法律程序取得合法地位，只有合法的教育政策方案才能付

---

① D. Nachmias, C. Felbinger: Utilization in the Policy Cycle: Directions for Research. Review of Policy Research, 1982, (2), pp. 300.

② 劳凯声、蒋建华主编：《教育政策与法律概论》，北京师范大学出版社，2015 年版，第 37 页。

③ 劳凯声、蒋建华主编：《教育政策与法律概论》，北京师范大学出版社，2015 年版，第 43 页。

④ 范国睿等著：《教育政策的理论与实践》，上海教育出版社，2011 年版，第 105 页。

诸实施，才是真正具有约束效力的小学教育政策。①

### （二）小学教育政策的执行

教育政策的执行是指执行者根据政策的要求，在认识自身、环境、目标群体等各种影响因素的基础上，不断采取各种积极措施，同各种因素发生相互作用，以实现政策目标的动态过程。广义而言，教育政策执行包括教育问题认定、教育问题建构、教育政策分析、教育政策执行、教育政策监测、教育政策评估与教育政策检讨等；狭义而言，教育政策执行专指教育主管机关制定完成的教育政策、教育方案、教育预算及教育计划，在教育组织、教育人力及教育资源的限定下，某段时间所进行的教育政策。教育政策一旦制定并以法律形式或其他合法形式公布后，即进入执行阶段。② 小学教育政策执行与一般的教育政策执行并无二致。

### （三）小学教育政策的监测与评估

1. 小学教育政策监测

小学教育政策监测强调对政策实施过程进行客观描述，属于事实判断。教育政策监测是对教育政策实施过程的监管，是监测主体借助系统反馈的控制过程，依照法定的权限和程序，通过科学的方法对教育政策实施过程进行观察和检测。③ 小学教育政策监测与一般的教育政策监测并无二致。

2. 小学教育政策评估

教育政策评估就是评估主体依据政策所要达到的目标，按照一定的标准和程序，对教育政策的问题确认、制定过程、执行过程、变更过程及政策实施的效率、效益和价值进行判断。政策评估中既有事实判断，又有价值判断。依据政策评估活动的组织方式划分，可分为正式评估与非正式评估；依据政策评估实施的阶段划分，可分为事前评估、事中评估与事后评估；依据政策评估主体来源划分，可分为外部评估与内部评估。④ 小学教育政策评估是教育政策评估的类型之一。

## 第三节　小学教育法治

我国针对小学教育阶段的重要立法是《中华人民共和国义务教育法》（以下简称《义务教育法》）。就“义务教育”“义务教育法”的基本概念而言，教育学范畴的义务教育是指国家对适龄儿童实施一定年限的普及的、强制的、免费的学校教育。⑤ 从法学角度分析，义务教育是指依照法律规定，适龄儿童和少年必须接受的，国家、社会、学校、家庭必须予以保证的国民教育。此处的“义务”是指以法律形式规定的国家、社会、学校、家庭、适龄儿童和少年必须遵守并履行的义务。这既是国家对人民的义务，也是家长对国家和社会的义务。“教育”则专指学校教育。⑥ 义务教育法是指由国家制定并由国家强制力保障实施的，调整义务教育阶段法律关系的法律规范总和，具有

① 劳凯声、蒋建华主编：《教育政策与法律概论》，北京师范大学出版社，2015 年版，第 59 页。

② 劳凯声、蒋建华主编：《教育政策与法律概论》，北京师范大学出版社，2015 年版，第 64 页。

③ 劳凯声、蒋建华主编：《教育政策与法律概论》，北京师范大学出版社，2015 年版，第 75 页。

④ 劳凯声、蒋建华主编：《教育政策与法律概论》，北京师范大学出版社，2015 年版，第 78-79 页。

⑤ 顾明远主编：《教育大辞典（简编本）》，上海教育出版社，1999 年版，第 574 页。

⑥ 袁兆春、宋超群著：《教育法学（修订版）》，山东人民出版社，2014 年版，第 178 页。

强制性、公共性、普及性、基础性、免费性等特点。①

从《义务教育法》的颁布、修订历程来看,早在教育基本法颁布之前,我国于1986年依据《中华人民共和国宪法》(以下简称《宪法》)制定了《义务教育法》。该法的颁布标志着我国义务教育事业进入在法律保障下规范发展的阶段。在此之前,我国基础教育处于较为落后的状态。直到1980年发布《中共中央、国务院关于普及小学教育若干问题的决定》,将普及小学教育、搞好教育立法作为一项重要的国家任务,并进行具体规划。1982年《宪法》不仅沿袭了1954年《宪法》将受教育规定为公民权利的做法,还在第十九条特别规定"国家举办各种学校,普及初等义务教育",把普及义务教育作为国家保障公民受教育权的手段。在此背景下,《义务教育法》于1986年出台,在义务教育的地位、方针、强制性、入学年龄和学制、管理体制、财务经费、师资培养等方面做出规定,并明确义务教育阶段免收学费。然而,囿于时代局限,1986年《义务教育法》存在工具导向、过于简略等问题。② 针对这些问题,2006年第十届全国人大常委会第二十二次会议对《义务教育法》进行了全面修订。新法在立法目的上由工具本位转向权利本位。在义务教育的免费性问题上,1992年通过的《义务教育法实施细则》(已于2008年废止)第十七条规定"实施义务教育的学校可收取杂费",2006年《义务教育法》第二条就明确规定"实施义务教育,不收学费、杂费",实现了真正免费的义务教育。同时,2006年《义务教育法》还提出了义务教育均衡发展原则,并设专章规定了法律责任。其后,《义务教育法》于2015年、2018年再次修订。

时至今日,我国已形成以《宪法》的"受教育权"和"教育"条款为指导,以《中华人民共和国教育法》(以下简称《教育法》)为基础,以《义务教育法》为核心,以《中华人民共和国民办教育促进法》《中华人民共和国未成年人保护法》等法律的相关条款为补充的小学教育法律规范体系。③

## 一、 教育管理法治化与依法治校

教育法治是法治进程中的重要内容,也是小学教育管理的必然路径。教育管理如果没有法治的伴随,就可能带来无序与无常、侵权与失衡。然而,我国的教育管理理论和实践未能在与世界管理理论和实践发展同步的状态下,完全体现出法治社会的基本样态,部分教育管理者对权力来源的认识偏差不仅强化了他们经验试误和权力私有的常态性,而且忽略了教育管理行为的前瞻性、教育管理职能的服务性以及教育管理相对人利益分配的公平性。因此,在法治视角下审视教育管理行为必然成为现代学校制度发展的迫切要求。④

### (一) 教育管理法治化

通过法律管理教育事业的内涵已经在"依法治教"命题中得到呈现,而"依法治校"的亮点也聚集到了学校的内部治理层面,其核心在于厘清学校内部治理的权力结构,平衡好行政权力与学术权力的关系,尤其是要适当分散学校行政权力结构并予以

① 潘世钦等主编:《教育法学》,武汉大学出版社,2003年版,第250页。

② 湛中乐:《公民受教育权的制度保障——兼析〈义务教育法〉的制定与实施》,《华南师范大学学报(社会科学版)》,2016年第3期,第59页。

③ 任海涛等著:《教育法学分论》,上海人民出版社,2024年版,第13-15页。

④ 杨颖秀:《法治视角下的教育管理行为审视》,《社会科学战线》,2016年第2期,第234-240页。

弹性控制,尊重学术权威与师生权益。这就决定了依法治校之“法”应当是多元的,毕竟国家法律、法规或规章难以事无巨细地渗透到学校运行内部,学校治理还需要一定程度上的自我合法化,即需要制定学校章程和以章程为依据的各项规约性制度。依法治校与现代学校制度的建构往往相伴而行,以学校章程为核心的学校治理规范体系成为全面推进依法治校的重要依托,这也体现在《国家中长期教育改革和发展规划纲要(2010—2020年)》的总体部署中。[①] 相较于依法治教而言,依法治校虽然仍以权益保护为核心,但对象更为集中,其保护主体主要包括教师、学生以及作为组织体的学校。学校作为一种社会组织,其设立与运行必须遵循法治原则,符合宪法和法律的规定,因为“任何组织或者个人都不得有超越宪法和法律的特权”。为保障学校的自主办学权利,教育行政部门必须依法履行职能,推进机构、职能、权限、程序、责任法定化,推行政府权力清单制度,不得法外设定权力。

我国将要在更大的程度上步入法治社会。而国家管理的法治化,必然要求教育也要依法而治,包括小学教育管理在内的教育管理的法治化已成为不以人的意志为转移的客观趋势。只有具备相应的主客观条件,教育管理的法治化才能得以实现。这些条件的形成和具备,就需要在教育管理的实践中自然生成具有现代法治精神的规范、力量和意识。

**(二)依法治校**

依法治教是解决教育治理问题的必由之路,教育法治对教育改革发展和实现教育现代化具有统领和保障作用。[②] 依法治教是依法治国方略在教育领域中的具体体现,依法治校则是学校管理实现依法治教的内在要求。实行依法治校,就是要在理顺政府与学校的关系、落实学校办学自主权的基础上,依据法律的原则与要求,建立合法公正、系统完善的制度与程序,健全民主管理的体制机制,形成政府依法管理学校,学校依法自主办学,学校、教师、学生合法权益得到有效保护的管理格局。具体而言,依法治校要求学校落实以下几方面内容:

1. 依法建章立制,完善学校制度建设

制定学校章程制度,是落实学校自主权,促使学校建立和完善自主办学、自我发展和自我约束机制的重要保证,是建立现代学校制度的必然要求,也有利于政府及其有关行政部门加强对学校的管理和监督。学校还应当在学校章程的统领下,建立和完善各项规章制度,如教学常规管理制度、教育教学评估制度、教职工岗位职责、教师奖惩制度、财务制度、安全卫生制度等。

2. 落实民主管理,完善学校民主监督机制

学校要通过教职工代表大会等组织形式,切实保障教职工参与学校的民主管理和监督,保证教职工对学校重大事项决策的知情权和民主参与权。学校的招生规定、收费项目与标准等事项,要向学生、家长和社会公开。学校要积极推动社区参与学校管理与监督,推进家长委员会的建立,明确家长委员会的职责。学校决策涉及学生权益

---

① 靳澜涛:《依法治教与依法治校的逻辑审视与现实观照》,《现代教育管理》,2021年第1期,第107-112页。

② 申素平等著:《从法制到法治——教育法治建设之路》,华东师范大学出版社,2018年版,第1-2页。

的重要事项，要充分听取家长委员会的意见，接受家长委员会的监督，为家长、社区支持和参与学校管理提供制度保障。

3. 依法维权，建立维护教师、学生权益的运行机制

学校要依照教育法律法规和学校依法制定的各项规章制度，明确学校与教师、学生之间的权利、义务与责任，尊重教师、学生的合法权利，废除侵犯教师、学生合法权益的规章制度。学校要建立师生维权运行机制，开设教师、学生的申诉渠道，明确受理申诉的部门和相关程序，依法公正、公平地解决学校、教师、学生之间的争议。学校要建立校园法律服务机构，为学校、教师、学生提供法律咨询和法律服务，切实维护学校师生的合法权益。

## 二、 小学教育法治规范体系

### （一）纵向规范体系

按教育法规不同的适用范围和效力等级，将小学教育法治的规范体系分为以下层级。

1. 教育基本法

《教育法》是与国家《宪法》相配套，对整个教育起宏观调控作用的教育基本法。《教育法》依据宪法对我国教育目的、任务、基本制度及教育主体的权利和义务做了规定，是我国教育事业改革与发展的根本大法，也是制定小学相关教育法规和在小学开展各种教育活动的基本法律依据。

2. 义务教育法

我国并没有像一些国家那样制定专门的初等教育法，而是将小学教育和初级中等教育合在一起纳入义务教育的范畴，并通过《义务教育法》予以调整。《义务教育法》是小学教育法规体系的核心内容。此外，其他与教育相关法律中的条款以及全国人大或全国人大常委会制定的有关教育方面的决定、决议等有法律效力的规范性文件，如《中华人民共和国教师法》《中华人民共和国残疾人保障法》《中华人民共和国未成年人保护法》《中华人民共和国劳动法》《中华人民共和国消防法》等法律中也有涉及小学教育的条款，属于教育单行法这一层次。

3. 关于小学教育的教育行政法规

这是国务院根据《教育法》和《义务教育法》制定的有关小学教育的规范性文件，其地位和效力低于教育法律，是在全国范围内具体实施教育法律的重要依据。其一般可分为三类：一是对某一方面教育行政工作做较为全面、系统的规定，通常称为“条例”，如《教师资格条例》；二是对某一项教育行政工作做部分规定，称为“规定”，如《禁止使用童工规定》；三是对某一项教育行政工作做比较具体的规定，通常称为“办法”或“细则”，如《义务教育法实施细则》。

4. 关于小学教育的教育规章

这是指教育部根据教育法律和教育行政法规，在本部门权限内单独或与其他部委联合发布的有关小学教育的工作命令、指示等规范性文件，其效力虽低于国务院制定的教育行政法规，但在全国范围内有效。教育规章一般由教育部部长以部长令的形式签发，常用名称有规定、办法、规程、条例、标准、细则、通知等，如《小学班主任工作暂行规定》《学生伤害事故处理办法》《中小学德育工作指南》《小学教师职

务试行条例》等。

5. 关于小学教育的地方性教育法规和政府规章

地方性的教育法规是各省、自治区、直辖市及国务院批准的较大城市的人民代表大会或其常委会在不与国家法律法规相抵触的前提下，根据各地小学教育的实际情况，为贯彻国家小学教育的相关法律法规而制定的地方性法规。地方性教育法规只在各行政区域内有效，效力低于国家的教育法律法规，一般称为条例、规定、实施办法、补充规定等，如《广东省学校安全条例》《上海市实施〈中华人民共和国教师法〉的若干规定》。

**（二）横向规范体系**

尽管小学教育处于我国整个教育体系的基础阶段，但所涉及的内容却十分广泛，小学教育的管理过程也十分复杂。为促进小学教育管理的规范化与法治化，针对小学教育的各方面内容，以《教育法》为基础、以《义务教育法》为核心，国家、省、市的立法机关和行政机关先后制定了一系列的规范性文件，使小学教育法治的规范体系更加完善和协调。当然，由于人们对小学教育内部和外部各种教育关系构成要素的认识不同，判别小学教育法规横向构成类别所采用的标准不同，因而对小学教育法规横向结构做出的划分也不同。有时一种教育法规的内容会作用于几个领域，从而导致教育法规横向结构的分类出现交叉的情况。从目前情况看，按教育法规所规范的内容，可将我国小学教育法治的横向规范体系分为以下几类。

1. 关于小学教育性质、目的的基本法律法规

《教育法》《义务教育法》《中国教育改革和发展纲要》《民办教育促进法》《残疾人教育条例》等一系列法律法规，对我国小学教育的社会主义性质和为社会主义现代化建设服务的根本目的做了明确规定。

2. 关于小学教育管理的法律规范

《教育法》《义务教育法》《中国教育改革和发展纲要》《民办教育促进法》《小学管理规程》《特殊教育学校暂行规程》《中小学卫生保健机构工作规程》《学生伤害事故处理办法》等法律法规对小学教育管理的机构设置、管理权限、监督检查、评估奖惩等问题做了明确规定，保证了小学教育管理活动的规范运行。

3. 关于小学教育活动的法律规范

关于小学教育活动的法规，涉及多个方面。有从总体上进行宏观规范的，主要是《国家通用语言文字法》《教学成果奖励条例》《教育督导暂行规定》《流动儿童少年就学暂行办法》等；有就小学教育教学某一方面进行具体规范的，包括《中小学德育工作指南》《学校体育工作条例》《学校艺术教育工作规程》《中小学校电化教育规程》《中小学教材编写审定管理暂行办法》《中小学教材价格管理办法》《中小学教辅材料管理办法》《学校卫生工作条例》《学校食堂与学生集体用餐卫生管理规定》等。

4. 关于实施小学教育所需经费设备的法律规范

举办教育事业需要各种物质资源，需要足够的教育投入做保障，特别是小学阶段的教育一般是以免费为原则的，这就更需要大量的教育经费。随着科学技术的发展、教育教学技术手段的不断进步，小学教育所需的经费、设备也在不断增加。为此，我国通过《教育法》《义务教育法》《义务教育学校收费管理暂行办法》《中小学财务制度》

《教育系统内部审计工作规定》等法律法规，对小学教育经费的来源与分担、分配与使用等问题做了明确规定，从而保证小学教育教学活动的顺利开展。

5. 关于小学教师及其他教育工作者的教职员法律规范

在小学教育法规体系中，关于教师和其他教育工作者的内容较多，概括起来可分为两个方面：一是关于教师任职资格的规定，主要有《教师法》《教师资格条例》《小学教师职务试行条例》《教师资格证书管理规定》《中小学教师继续教育规定》《教师和教育工作者奖励规定》《教学成果奖励条例》，这些法律法规对师资的培养机构、师范教育的内容与考核、教师资格的获取与丧失、教师的权利与义务、教师的工作环境与待遇、教师的继续教育、教师的奖励与惩罚等诸多问题做了明确规定，对于提高小学教师的素质具有重要的现实意义。二是关于小学教师职务行为的规定，主要有《教师法》《小学班主任工作暂行规定》《中小学教师职业道德规范》《中小学教育惩戒规则（试行）》等。这些法律法规对于规范小学教师行为、引导小学教师依法执教、不断提高小学教育教学质量具有指导性意义。

6. 关于学生及其行为的法律规范

学生一方面是教育的对象，在学校活动中应遵守学校相关的规定，履行其法定的义务，另一方面又是教育的主体，其合法权利应得到有效保障。为此，《教育法》《义务教育法》《小学生守则》《小学生日常行为规范》《未成年人保护法》《预防未成年人犯罪法》等法律法规对小学生在各种教育环境中的权利和义务做了明确的法律规定，以保证小学生身心健康发展。

7. 关于小学教育法律责任的教育法律规范

为保证小学教育教学活动的顺利进行，《教育法》《义务教育法》《未成年人保护法》《预防未成年人犯罪法》《学生伤害事故处理办法》《禁止使用童工规定》等法律法规对侵害教育法律关系主体权利的国家机关、社会团体和个人依照法律规定给予相应惩处。

## 三、 小学教育法治体系的特征

### （一）鲜明的中国特色

与其他国家的小学教育法规相比，我国小学教育坚持社会主义方向和社会主义法治原则，遵循教育自身的发展规律，及时总结市场经济条件下教育改革的成功经验，针对社会主义初级阶段的国情和小学教育现实不断发展、充实、完善，着力引导和促进市场经济条件下的小学教育改革，解决现实中的突出问题，规范小学教育的各种活动，逐步形成了具有鲜明中国特色的小学教育法治体系。

### （二）法治对象的整体性

在教育法律的层次上，我国没有针对小学教育进行专门立法，而是从整体上对义务教育阶段进行立法，制定颁布了《义务教育法》，这与许多国家专门制定的《初等教育法》是不同的。从广义上看，有关小学教育的法规也多是针对整个基础教育的，既包括小学教育，又包括中等教育，如《中小学校财务制度》《中小学德育工作指南》《中小学教师继续教育规定》等，它有利于保持整个基础教育阶段法律要求的一致性和连贯性，便于中小学各个法律关系主体理解、掌握、遵守法律法规的要求。

### （三）法治内容的针对性

鉴于小学教育还有其自身的、不同于中等教育的特点，小学生的身心发展有其特殊性，各地小学教育存在着较大的差距，我国制定了许多专门针对小学教育教学活动的教育行政法规，如《小学管理规程》《小学教师职务试行条例》《小学班主任工作暂行规定》《小学生守则》等，用以调整小学阶段教育中的各种法律关系，而且法律条文的规定明确而具体，在教育管理实践中具有很强的可操作性。

## 四、小学教育主体的法律地位

### （一）小学学校的法律地位

1. 民事法律地位

我国的公办小学不具备法人资格，仅具有非法人组织的地位。民办小学具备法人资格，且根据性质不同可以分为营利性法人与非营利性法人。小学的特殊民事权利义务主要体现在财产处分的制约和学校事故的民事责任两个方面。

（1）公办小学的民事法律地位

《教育法》第三十二条虽规定“学校及其他教育机构具备法人条件的，自批准设立或者登记注册之日起取得法人资格”，但该条文并未规定所有的学校都具有法人资格，而是“具备法人条件的”才具有法人资格。《中华人民共和国民法典》（以下简称《民法典》）规定：“法人是具有民事权利能力和民事行为能力，依法独立享有民事权利和承担民事义务的组织”，“法人以其全部财产独立承担民事责任”。

我国公办小学不是民法上的法人，而是一种为社会提供公共教育服务的非法人组织，受到国家财政的保障并接受相关行政部门的管理。理由有三：其一，我国的公办小学并不享有自己的独立财产。根据《教育法》《义务教育法》之规定，小学阶段的义务教育经费由国务院和地方各级人民政府纳入财政预算，公办小学的财产由国家划拨。学校对学校财产并不享有所有权，在处分上也受到极大限制。其二，我国的公办小学并不能够独立承担民事责任。公办小学的财产属于国家所有，仅从产权关系来看，其就不应独立于政府享有完全的责任能力。同时，公办小学承担着教育这一重要的公共服务职能，倘若允许其独立承担民事责任，则可能出现学校破产的情形，这会给社会带来巨大的不利影响。① 从实践中来看，公办小学属于国家财政保障的公益事业，政府会对学校进行财政上的支持以补足学校的财务赤字。② 其三，我国的公办小学也不享有独立的行为能力。公办小学具有较强的社会公益性质，在办学招生、教师招聘管理等方面并不享有较高自主权，很大程度上仍受有关行政部门的管理与规制，并不享有独立的行为能力。

（2）民办小学的民事法律地位

《民办教育促进法》第十条明确规定“民办学校应当具备法人条件”，这意味着民办学校只有拥有自己的独立财产并能够独立承担责任，即具备法人条件后方可设立，故民办小学必然符合我国《教育法》第三十二条“学校及其他教育机构具备法人条件

---

① 胡劲松、葛新斌：《关于我国学校“法人地位”的法理分析》，《教育理论与实践》，2001 年第 6 期，第 19-24 页。

② 任海涛等著：《教育法学导论》，法律出版社，2022 年版，第 173-174 页。

的，自批准设立或者登记注册之日起取得法人资格”的规定，具有法人资格。《民法典》将法人分为“营利法人”“非营利法人”和“特别法人”三种类型。民办小学根据其性质差异，法人类型亦有所不同。就义务教育阶段的民办小学而言，《民办教育促进法》第十九条规定“不得设立实施义务教育的营利性民办学校”，故而义务教育阶段的民办小学属于非营利性法人①。

（3）小学的特殊民事权利义务

一是财产处分的制约。小学中存在大量国家所有资产，其对于校内财产的处分必然受到一定的制约。首先，不论是公办小学还是民办小学，其财产从事营利活动以及对外投资都会受到限制。义务教育阶段的小学不得以其资产从事任何营利性活动，也不得以其资产兴办校办产业，所有经费都必须用于办学活动；而营利性的高级中学虽然可以从事一定的营利性活动，但也主要局限在办学收入以及校办产业，不能以其资产对外投资。其次，公办小学对其资产的管理和使用严格受到编制预算制度的限制。最后，为预防小学资产被个人利用或过度流失，法律地位为非法人组织和非营利法人的小学的对外担保能力亦受到严格制约。②

二是学校事故的民事责任。《民法典》第一千一百九十九条至一千二百零一条规定了校园人身损害事故中学校的法律责任：无民事行为能力人在学校受到的人身损害，对学校采取过错推定原则，由学校举证自己无过错方可免责；限制民事行为能力人在学校受到人身损害，则采取过错责任原则，由受害方举证学校具有过错，学校方承担民事责任；若学生在学校受到的人身损害是由校外的第三人造成的，则由第三人承担侵权责任，学校根据其过错承担相应的补充责任，并可向第三人追偿。但由于校园事故的复杂性，学校在校园事故中往往都会给予一定的赔偿或帮助。

《学生伤害事故处理办法》第二十六条规定“学校无责任的，如果有条件，可以根据实际情况，本着自愿和可能的原则，对受伤害学生给予适当的帮助”。就责任的承担而言，具备法人资格的民办小学以其资产独立承担民事责任，公办小学则较为特殊。《学生伤害事故处理办法》第二十九条规定“应当由学校负担的赔偿金，学校应当负责筹措；学校无力完全筹措的，由学校的主管部门或者举办者协助筹措”。

2. 行政法律地位

小学在与行政机关的关系中既可能是行政相对人，也可能是内部下属机构，在对教师的职务评定时可能具有行政主体的法律地位。

（1）面对行政机关时的行政法律地位

民办小学在与行政机关之间的行政法律关系中，处于行政相对人的法律地位。当公办小学与教育行政部门以外的非主管行政机关发生行政法律关系时，享有行政相对人的法律地位，可对行政机关做出的行政行为提起行政诉讼。当其与直属教育行政部门发生行政法律关系时，其法律地位偏向于政府的下属机构，而非独立的行政相对人。③

---

① 任海涛等著：《教育法学导论》，法律出版社，2022年版，第176-177页。

② 任海涛等著：《教育法学导论》，法律出版社，2022年版，第177页。

③ 笔者在进行检索后也未查找到公办小学作为行政相对人起诉教育行政部门的行政案件，可见就目前而言，公办小学的行政法律地位不能简单地认定为行政相对人，需要之后出台相应的法律规范予以进一步明确。

(2) 管理教师、学生时的行政法律地位

一是小学与教师的行政法律关系。就小学而言,在对教师的聘任与管理上,民办小学更多是一种市场关系,故而不具有行政主体的法律地位。公办小学对教师的管理中是否具有行政主体资格尚不明确。根据《教师法》第二十二条至二十四条的规定,学校应当对教师的政治思想、业务水平、工作态度和工作成绩进行考核,且考核结果将作为教师受聘任教、晋升工资、实施奖惩的依据。对此,有学者认为,小学对教师的管理是一种单位内部的人事管理,并不存在行政职权的行使,故而小学在对教师的管理中并无行政主体地位。① 然而在教师职务制度中,公办小学也有成为行政主体的可能性。从现有规范来看,公办小学中已经有部分学校获得了部门规章的授权,具有评定本校教师职务的行政权力。当教师认为学校的职务评定行为侵犯其合法权益时,存在将学校视为行政主体提起行政诉讼的可能性。

二是小学与学生的行政法律关系。就义务教育阶段的小学而言,《义务教育法》第二十七条规定,"对违反学校管理制度的学生,学校应当予以批评教育,不得开除",这表明义务教育阶段的小学虽然可以对学生做出处分,但这只是一种内部管理行为,不能像高校一样做出开除学籍的决定,不具有行政主体的地位。② 如果学生对相关处分不服,可以对相关行政行为提起行政诉讼。

**(二) 小学学生的法律地位**

法学范畴中的"学生"是指根据教育法律法规的相关规定,在法定学龄期间,满足学校等正规教育机构设定的入学资格,并取得相应学籍的受教育对象。"学生的法律地位"是指学生以其权利能力和行为能力在具体法律关系中取得的一种法律主体资格。③

在宪法层面,小学学生的法律地位是公民。我国《宪法》第三十三条规定:"凡具有中华人民共和国国籍的人都是中华人民共和国公民。"根据《宪法》第三十三条之规定,每一个学生在法律面前一律平等,均平等地享有宪法和法律规定的权利,同时也必须履行宪法和法律规定的义务。《宪法》第二章"公民的基本权利和义务"共二十四个条文,对于学生而言,均有相应的适用空间。④

小学学生的另一个基础性法律地位是受教育者。我国《宪法》第四十六条以及《教育法》第九条均明确规定:"中华人民共和国公民有受教育的权利和义务。"《义务教育法》第四条规定了公民依法接受义务教育的权利。此外,《教育法》第五章还专门以"受教育者"为题,用九个条文系统规定受教育者所享有的权利与义务。以上规范一方面反映出学生所享有的"受教育者"的主体地位,另一方面,法律规范的表述也凸显出"受教育者"与"受教育权"相互统一、不可分割的特性。⑤

虽然在理论上不宜将"未成年人"视为"学生法律地位"的一种独立类型,但毋庸置疑,"未成年学生"这一身份具有特殊性。一方面,法律规范涉及"未成年人"的一系

---

① 褚宏启主编:《中小学法律问题分析(理论篇)》,红旗出版社,2003 年版,第 149 页。

② 申素平著:《教育法学:原理、规范与应用》,教育科学出版社,2009 年版,第 271 页。

③ 余雅风著:《学生权利与义务》,江苏教育出版社,2012 年版,第 30 页。

④ 任海涛:《论学生的法律地位》,《东方法学》,2020 年第 1 期,第 123-133 页。

⑤ 任海涛等著:《教育法学导论》,法律出版社,2022 年版,第 186-187 页。

列特殊规定,均可无条件地适用于不满十八周岁的学生;另一方面,有一些更加特殊的法律规范,则只能专门适用于"未成年学生",而并不适用于非学生的其他未成年群体。譬如,我国《预防未成年人犯罪法》第四十七条即明确使用了"未成年学生"的表述,限定了这一规范的特定适用主体——"专门学校的未成年学生的学籍保留在原学校,符合毕业条件的,原学校应当颁发毕业证书"。《未成年人保护法》第三章则以"学校保护"为专题,全面系统地规定了学校为促进"未成年学生"全面发展所应承担的一系列法律义务。①

1. 民事法律地位

学生的民事法律地位,是指由民事法律规范所确认的学生的民事主体资格。根据我国《民法典》的相关规定,民事主体具体包括自然人、法人和非法人组织,而学生当然只能为"自然人"。在不同的民事法律关系下,不同学生所享有的民事法律地位亦有所差异。

(1) 限制、无民事行为能力人

一方面,根据《民法典》第十三条和第十四条之规定,所有学生从出生时起至死亡为止,均享有完全平等的民事权利能力;另一方面,根据《民法典》第十八条至第二十二条之规定,不同学生因其年龄与辨认能力的差异,则可能分为完全、限制和无民事行为能力人。《民法典》以八周岁、十八周岁作为划分无民事行为能力人、限制民事行为能力人、完全民事行为能力人的年龄基准。低年级小学生为无民事行为能力人,其实施的民事法律行为无效,须由其法定代理人代理实施。八周岁以上、不满十八周岁的学生则为限制民事行为能力人,父母就是他们的法定监护人,此时学生本人即处于被监护人的法律地位。监护人不仅要代理被监护人实施民事法律行为,而且还承担着保护被监护人人身权利、财产权利以及其他合法权益的重要职责。②

(2) 合同当事人

学生作为民事主体,一旦涉足于合同法律关系之中,便享有"合同当事人"的法律地位,《民法典》第三编"合同"的一系列原则及规则对其皆有适用之空间。尤其是具有完全民事行为能力的学生,更是拥有自由订立合同的充分权利,同时要受到依法成立合同之约束。③

学生与学校之间的法律关系较为复杂。一方面,就入学关系而言,私立学校的入学关系,可以被看作学生与学校之间订立的以教育为内容的民事合同。④ 另一方面,就在学关系而言,学校向学生收取书费、住宿费、自愿组团出行的春游费等,并向其提供相应的产品与服务,这也反映了二者之间形成的合同法律关系。⑤ 司法实践中,因教育合同法律关系而产生的民事纠纷屡见不鲜,此时,作为"合同当事人"的学生便可

---

① 任海涛等著:《教育法学导论》,法律出版社,2022 年版,第 189 页。

② 任海涛等著:《教育法学导论》,法律出版社,2022 年版,第 189-190 页。

③ 依法成立的合同,对当事人具有法律约束力。这在理论上也被称为"合同神圣和合同严守原则"。参见韩世远著:《合同法总论》,法律出版社,2018 年版,第 58-59 页。

④ 张弛、韩强著:《学校法律治理研究》,上海交通大学出版社,2005 年版,第 69-73 页。

⑤ 余雅风主编:《学生权利概论》,北京师范大学出版社,2009 年版,第 172-190 页。

以依法行使自己的民事权利及诉讼权利。[①]

(3) 侵权人或被侵权人

① 小学生为"侵权人"的情形:监护人责任。《民法典》第一千一百八十八条的规定确立了我国的监护人责任制度:"无民事行为能力人、限制民事行为能力人造成他人损害的,由监护人承担侵权责任。监护人尽到监护职责的,可以减轻其侵权责任。"据此,小学生若侵害他人民事权益,则应由监护人承担替代责任,且适用无过错责任的归责原则。[②] 在实际的损害赔偿中,《民法典》第一千一百八十八条则又进一步分两种情形加以考量,即如果未成年学生有自己的财产,那么便从其本人财产中支付赔偿费用;不足部分,则由监护人赔偿。就现行程序法的相关规定来看,在未成年学生侵权的案件中,应由学生本人与其监护人担任共同被告。[③]

② 小学生为"被侵权人"的情形:教育机构责任。教育机构须负担起对小学生的保护和看管义务。如因其未尽教育或管理职责,而致小学生在学习、生活期间受到人身损害,便应承担相应的民事责任。[④] 教育机构责任可分为两类:校内侵害责任和校外侵害责任。校内侵害责任有两种情形:无民事行为能力的学生在教育机构学习、生活期间,因教育机构内部人或物的因素遭受损害,适用过错推定原则;限制民事行为能力的学生遭受损害,则适用过错责任原则。校外侵害是指小学生在教育机构学习、生活期间,受到教育机构以外的人员人身损害的情形。如果教育机构未尽到管理职责,也须承担相应的补充责任。[⑤]

2. 行政法律地位

在行政法律关系中,学生的法律地位为"行政相对人"。在不同的行政救济法律关系中,学生具有"申诉人""行政复议申请人"等不同法律地位。

(1) 行政相对人

学生如果违反相关行政法律法规,需要依法承担相应的行政法律责任,但法律对未成年学生通常给予特殊的优待。譬如,《行政处罚法》第三十条规定,不满十四周岁的未成年人有违法行为的,不予行政处罚,责令监护人加以管教。在此种行政处罚法律关系中,被处罚学生为"行政相对人"。

(2) 行政相对人的行政救济途径

申诉人。我国《教育法》第四十三条第(四)项规定,受教育者对学校给予的处分不服,有权向有关部门提出申诉。实践中,一些地方规范性文件进一步细化了小学学生的申诉权。如《北京市中小学学生奖励和处分办法》第二十五至二十八条专门规定了学生处分申诉制度的设置、申诉方式及程序等。

---

① 任海涛等著:《教育法学导论》,法律出版社,2022 年版,第 191 页。

② 另有学者认为,监护人责任的归责原则是过错推定原则,并以公平责任作补充。参见杨立新主编:《侵权责任法》,复旦大学出版社,2016 年版,第 248 页。

③ 参见《最高人民法院关于适用〈中华人民共和国民事诉讼法〉的解释》第六十七条:"无民事行为能力人、限制民事行为能力人造成他人损害的,无民事行为能力人、限制民事行为能力人和其监护人为共同被告。"

④ 2002 年教育部发布的《学生伤害事故处理办法》第九条明确指出,因十二种情形造成的学生伤害事故,学校应当依法承担相应责任。2020 年通过的《民法典》则利用第一千一百九十九、一千二百、一千二百零一条这三个条文,将教育机构的侵权责任进一步分类细化。

⑤ 任海涛等著:《教育法学导论》,法律出版社,2022 年版,第 193 页。

行政复议申请人。我国相关教育法律法规并未规定行政复议制度，但该制度对于学生而言，在特定情形下仍有适用之空间。根据《行政复议法》第十一条第（十一）项之规定，如果学生申请行政机关履行保护其受教育权利的法定职责，但行政机关拒绝履行、未依法履行或者不予答复的，学生便有权申请行政复议。

3. 刑事法律地位

小学生可能因被犯罪行为侵害而成为刑事诉讼中的"被害人"，也可能由于其实施犯罪行为而成为刑事诉讼中的"被告人"或"犯罪嫌疑人"。①

（1）被害人

在刑事诉讼中，遭受犯罪行为侵害的小学生的法律地位为"被害人"。《刑事诉讼法》赋予刑事"被害人"以独立的诉讼当事人地位，其享有广泛的诉讼权利，同时也须承担某些法定的特殊义务。考虑到未成年学生的脆弱性及犯罪之恶性，我国的相关法律法规格外注意加强对未成年被害人的特殊保护。例如，《未成年人保护法》第一百一十条规定："人民法院开庭审理涉及未成年人案件，未成年被害人、证人一般不出庭作证；必须出庭的，应当采取保护其隐私的技术手段和心理干预等保护措施。"自 2013 年以来，我国连续发布多个政策文件或司法解释，如《教育部 公安部 共青团中央 全国妇联关于做好预防少年儿童遭受性侵工作的意见》《最高人民法院 最高人民检察院 公安部 司法部关于依法惩治性侵害未成年人犯罪的意见》《国务院办公厅关于加强中小学幼儿园安全风险防控体系建设的意见》等，均要求严厉打击涉及侵害未成年学生的违法犯罪行为，依法保护未成年学生的合法权益。

（2）被告人

根据刑法修正案（十一），将《刑法》第十七条做了修改，已满十六周岁的人犯罪，应当负刑事责任；已满十四周岁不满十六周岁的人，犯故意杀人、故意伤害致人重伤或者死亡、强奸、抢劫、贩卖毒品、放火、爆炸、投放危险物质罪的，应当负刑事责任；已满十二周岁不满十四周岁的人，犯故意杀人、故意伤害罪，致人死亡或者以特别残忍手段致人重伤造成严重残疾，情节恶劣，经最高人民检察院核准追诉的，应当负刑事责任。

从刑事诉讼法的角度来看，学生如果因涉嫌犯罪而被追诉，其在检察机关向法院提起公诉以前被称为"犯罪嫌疑人"；在提起公诉以后，则被称为"被告人"。② 基于未成年人身心发展的不成熟性和较强可塑性，我国《刑事诉讼法》第五编以专章的形式规定了"未成年人刑事案件诉讼程序"。此外，《未成年人保护法》《预防未成年人犯罪法》及相关司法解释亦对此做出专门规定，共同构建了一套不同于成年人刑事案件的诉讼程序。③

**（三）小学教师的法律地位**

教师的法律地位是教师立法乃至教育立法的核心领域，其法律地位的明确将直接决定教师的权利、义务范畴，决定教师与学校、学生等教育主体的法律关系及权利救济

① 任海涛：《论学生的法律地位》，《东方法学》，2020 年第 1 期，第 123-133 页。

② 关于犯罪嫌疑人与被告人的区分，以及他们的诉讼地位和权利义务，可具体参见陈光中主编：《刑事诉讼法》，北京大学出版社，2016 年版，第 74-77 页。

③ 任海涛：《论学生的法律地位》，《东方法学》，2020 年第 1 期，第 123-133 页。

形式，更决定着国家及学校针对教师的管理范式。① 教师的法律地位即指教师以其权利能力和行为能力在法律关系中所具有的一种法律主体资格。小学教师法律地位主要涉及小学教师法律地位的法律身份、教师与相关主体的法律关系，以及法律中的教师权利义务等问题。② 值得注意的是，教师的法律地位不同于教师的社会地位、人格地位。社会地位表明社会成员的社会分层状况，社会分层状况常常表明社会成员社会地位的高低，通过经济地位、政治地位、职业地位和社会声望等综合体现。③

在计划经济时代，小学教师具有国家干部身份，与政府之间是内部行政法律关系。改革开放后，中央进行人事制度改革，教育领域开始引入教师聘任制。1994 年施行的《教师法》第三条规定“教师是履行教育教学职责的专业人员”，通过专业人员、聘任制、工资待遇等规定，将教师与公务员剥离，确立了教师事业单位专业人员的身份和权利、义务。2018 年 1 月，《中共中央 国务院关于全面深化新时代教师队伍建设改革的意见》（以下简称《教师改革意见》），确立了教师在承担国家使命和公共教育服务中的重要作用，提出“确立公办中小学教师作为国家公职人员特殊的法律地位”。

1. 公办小学教师的法律地位

公办小学教师显著的公务要素决定其与国家公职人员身份属性的契合。公办小学教师不同于普通的国家公职人员，相较之下，前者具备一般公职人员不具备的自由性、道德性等特质。

（1）国家公职人员

2018 年发布的《教师改革意见》明确了公办小学教师“国家公职人员”的法律地位；2021 年 11 月，教育部发布的《中华人民共和国教师法（修订草案）（征求意见稿）》第十三条规定：“公办中小学教师是国家公职人员，依据规范公职人员的相关法律规定，享有相应权利，履行相应义务。各级人民政府及其有关部门应当依法加强对公办中小学教师的保障和管理。”再次明确了公办小学教师国家公职人员的身份定位。我国公办小学教师作为国家公职人员具备合理性，因为其身份获得具备公务要素。公办小学教师的资格准入、编制核定、工资发放等方面，均体现出浓郁的公务性质。

（2）公办小学教师法律地位的特殊性

首先，公办小学教师的职业自由度较强。《教师法》规定教师是履行教育教学职责的专业人员，意味着公办小学教师具备公务性与专业性的双重属性，二者相互交融、不可分割。这在逻辑上要求教师的专业性与专业发展应当获得充分的尊重，并由立法来严格保护。④ 同时，公办小学教师的教学活动具有较大的自由度，很多情况下教师需要自主地展开价值判断。⑤ 这与国家公职人员自由裁量权较少的事实形成了鲜明对比。

---

① 陈鹏、李莹：《国家特殊公职人员：公办小学教师法律地位的新定位》，《教育研究》，2020 年第 12 期，第 141－149 页。

② 余雅风、王祈然：《教师的法律地位研究》，《华东师范大学学报（教育科学版）》，2021 年第 1 期，第 49－58 页。

③ 劳凯声、郑新蓉等著：《规矩方圆——教育管理与法律》，中国铁道出版社，1997 年版，第 244 页。

④ 任海涛等著：《教育法学导论》，法律出版社，2022 年版，第 202 页。

⑤ 劳凯声、蒋建华主编：《教育政策与法律概论》，北京师范大学出版社，2015 年版，第 323 页。

其次,公办小学教师须承担道德性责任义务。公办小学教师面对的对象是心智尚未成熟的未成年人,教师的一举一动都对学生具有强烈的影响力和示范性,这就要求教师必须发挥好示范效应,用正确的思想与言行来引导学生,以高度的道德自觉性启发学生。①

最后,公办小学教师纠纷具备行政可诉性。公办小学教师与学校之间的关系并不是纯粹的行政隶属法律关系。我国事业单位人事制度改革遵循了“政事分开、政企分开”的原则,公办小学教师所在的学校是事业单位而非政府部门,所以公办小学教师是事业单位员工而非行政机关的公职人员。《行政诉讼法》并未将事业单位的内部管理行为排除在行政诉讼的受案范围之外。因此,公办小学教师国家公职人员的身份定位并不影响其可以作为行政诉讼原告的资格。②

2. 民办小学教师的法律地位

民办小学教师的法律地位较为复杂,其法律表达与实践之间存在差距。从立法上看,其法律地位应与公办小学教师相同,但学界对其有所质疑。

(1) 法律表达与学界讨论

《民办教育促进法》第二十七条规定:“民办学校的教师、受教育者与公办学校的教师、受教育者具有同等的法律地位。”第三十一条规定:“民办学校教职工在业务培训、职务聘任、教龄和工龄计算、表彰奖励、社会活动等方面依法享有与公办学校教职工同等权利。”

有学者认为,民办小学教师的工资主要由民办学校自己支出,更偏向于市场化的管理,因而其教师的法律地位为“民办非企业职员”。③ 也有学者持相似意见,认为民办小学教师属于“学校雇员”。因为民办学校是利用非国家财政性经费,面向社会举办的学校,具有民事法人的性质。虽然营利与非营利民办学校存有公共性差异,但其教师都与民办学校形成了事实上的劳动关系,故而民办学校的教师为学校雇员。④

(2) 民办与公办小学教师同等法律地位之思

有学者认为,《民办教育促进法》所规定的民办与公办学校教师同等法律地位的表述,有将法律地位用作人格地位之嫌。无论是在法律身份、法定权益还是与相关主体的法律关系上,民办学校教师都具有特殊性。⑤ 此外,法律地位的等同仅仅是一种由立法保障的形式公正,但结果上两类教师的地位能否真正等同,则不仅取决于立法的规定,还取决于社会的认同。实践中,民办小学教师的法律地位相比较于公办小学教师的法律地位往往处于弱势,相关立法的规定往往难以落实,民办小学教师的权益

---

① 任海涛等著:《教育法学导论》,法律出版社,2022 年版,第 203 页。

② 杨挺、李伟:《公办中小学教师作为国家公职人员的特殊法律地位》,《中南民族大学学报(人文社会科学版)》,2021 年第 7 期,第 106-116 页。

③ 李廷洲等:《我国公办、民办中小学教师流动的主要特征、趋势与政策分析》,《教育发展研究》,2020 年第 12 期,第 74-79 页。

④ 余雅风、王祈然:《教师的法律地位研究》,《华东师范大学学报(教育科学版)》,2021 年第 1 期,第 49-58 页。

⑤ 余雅风、王祈然:《教师的法律地位研究》,《华东师范大学学报(教育科学版)》,2021 年第 1 期,第 49-58 页。

因此而得不到保障。甚至在很多人眼中,民办小学教师就是比公办小学教师“地位低”“水平差”,这是亟须扭转的不良看法。①

从法理上看,民办小学与公办小学教师的法律地位不可能完全相同,法律规定之“同等”实际上代表的是价值上的等质。现行民办教育法律规范显然缺乏区别于公办小学教师的特殊性权利规定。要形成完整的权利保障规范综合体,民办教育法制、教师法制中的相关内容仍有较大的完善空间。

## 本章小结

本章着重介绍了我国小学教育政策体系和现行教育法的体系结构、主要内容和基本特点。教育的纲领性政策指导整个教育事业,在宏观上调控整个教育事业及其在国民经济建设和社会发展中总的利益关系,是一个时期党和国家教育的总方针、总政策。教育纲领性政策既是党和国家总的政策在教育方面的体现和具体化,又是制定教育基本政策和具体政策的纲领和依据。教育基本政策是对教育工作具有普遍指导意义、为解决教育改革和发展的基本问题而制定的教育政策。

本章拓展案例

我国小学教育法规在调整对象上多以整个义务教育阶段的教育为主,并针对小学教育特殊性做了具体规定,具有中国特色。我国已形成以《宪法》的“受教育权”和“教育”条款为指导,以《教育法》为基础,以《义务教育法》为核心,以《民办教育促进法》《未成年人保护法》等法律的相关条款为补充的小学教育法律规范体系。

## 思考题

**一、单项选择题**

1. 小学教育政策与法治的功能不包括(　　)。

A. 指引功能　　B. 调节功能

C. 纠错功能　　D. 规范功能

2. 小学教育政策问题的确认属于小学教育政策过程的(　　)。

A. 政策制定环节　　B. 政策执行环节

C. 政策监测环节　　D. 政策评估环节

3. 标志着我国义务教育事业进入在法律保障下规范发展阶段的法律是(　　)。

A.《义务教育法》　　B.《教师法》

C.《民办教育促进法》　　D.《家庭教育促进法》

4.《教学成果奖励条例》属于(　　)。

A. 关于小学教育性质、目的的基本法规

B. 关于小学教育管理的法律规范

C. 关于小学教育活动的法律规范

D. 关于实施小学教育所需经费设备的法律规范

5. 小学教育法律规范体系的内容不包括(　　)。

A.《教育法》　　B.《义务教育法》

C.《教师法》　　D.《职业教育法》

---

① 陈黎明:《我国中小学教师的法律地位——兼论民办中小学教师的社会地位》,《中国教师》,2006 年第 5 期,第 45 页。

**二、名词解释题**

1. 小学教育政策
2. 小学教育法治
3. 教育政策的执行

**三、简答题**

1. 简述小学教育政策与法治的功能。
2. 简述小学教育法治的规范体系。
3. 简述小学教育政策的主体。
4. 简述小学教育政策主体职能发挥的制约因素。

**四、论述题**

1. 试述公办小学的法律地位。
2. 试述小学学生的行政法律地位。

第二章思考题参考答案

---

**延伸阅读材料**

1. 劳凯声著:《教育法学》,中国人民大学出版社,2023 年版。

2. 任海涛等著:《教育法学导论》,法律出版社,2022 年版。

3. Mark Butlin, Noeleen McNamara, Kerrie Anglin: Law and Ethics for Australian Teachers, Cambridge University Press, 2021.

4. 薛二勇、李健、田士旭:《循证教育政策研究:一个应然命题的实然问题》,《教育研究》,2022 年第 12 期。

5. 袁晖光、杨克瑞:《教育政策内容、过程、环境与价值趋势研究》,《现代教育管理》,2020 年第 2 期。

6. 申素平、周航、郝盼盼:《改革开放 40 年我国教育法治建设的回顾与展望》,《教育研究》,2018 年第 8 期。

# 第三章　小学教育管理体制

## 知识导图

- 小学教育管理体制
  - 小学教育管理体制概述
    - 小学教育管理体制的内涵
    - 小学教育管理体制的功能
    - 小学教育管理体制的影响因素
    - 小学教育管理体制的意义
  - 西方小学教育管理体制
    - 法国的小学教育管理体制
    - 美国的小学教育管理体制
    - 日本的小学教育管理体制
    - 法国、美国、日本三国小学教育管理体制的比较
  - 我国小学教育行政体制
    - 我国小学教育行政体制的历史沿革
    - 我国小学教育行政体制的演变特点
    - 我国小学教育行政体制的改革趋向
  - 我国小学内部管理体制
    - 我国小学内部管理体制的历史沿革
    - 我国小学内部管理体制的演变特点
    - 我国小学内部管理体制的改革趋向
  - 我国小学教育管理体制改革
    - 小学教育管办评分离改革
    - 小学现代学校制度建设
    - 小学教育中介组织建构

## 学习目标

1. 识记

◆ 小学教育管理体制的内涵

◆ 小学教育管理体制的功能

◆ 小学教育管理体制的影响因素

2. 领会

◆ 法国、美国、日本三国小学教育管理体制的基本特点

◆ 我国小学教育管理体制的演变历程及其基本特点

3. 应用

◆ 小学教育管办评分离改革

◆ 小学现代学校制度建设

◆ 小学教育中介组织建构

## 建议学时

6 学时

教师导学

小学教育管理体制是学习和掌握小学教育课程管理、人事管理、财务管理等有关内容的重要基础。作为一名小学教育工作者，对所在学校和整体小学教育体系的管理体制有所了解，是顺利开展教育教学活动的重要保证。对小学教育管理体制进行全面而深入的介绍也是小学教育管理这门课程的重要内容之一。

本章讲述了四方面内容：一是从小学教育管理体制的内涵出发，系统揭示了小学教育管理体制的功能和影响因素，并科学分析了学习小学教育管理体制的重要意义；二是根据国外小学教育管理体制的不同类型，分别选取法国、美国、日本三个具有典型代表性的国家，深入剖析其小学教育管理体制的基本特点；三是从宏观小学教育行政体制和微观小学内部管理体制两个方面，概述了我国小学教育管理体制的发展历程，并分析了其演变特点与改革趋向；四是聚焦当前我国小学教育管理体制改革的热点问题，对小学教育管办评分离改革、小学现代学校制度建设和小学教育中介组织建构等进行了模块化阐述。

学习者在自学时，首先应理解小学教育管理体制的内涵，以及其主要功能和影响因素；其次，应具体地把握不同国家小学教育管理体制的实际情况；最后，要重点领会我国当前小学教育管理体制改革的意义与作用。

教育管理体制是教育领域中关于机构设置、隶属关系和权责划分等方面的制度，它是整个教育体系得以构成和运行的基本保障，同时也是整个国家宏观教育管理体制的一个重要组成部分。本章主要阐述小学教育管理体制的内涵、功能、影响因素，法国、美国、日本和我国的小学教育管理体制，以及我国小学教育管理体制改革等方面的内容。

## 第一节　小学教育管理体制概述

要探讨小学教育管理体制的相关问题，首先应对小学教育管理体制有一个整体性了解。下面将从小学教育管理体制的内涵、功能、影响因素和意义等方面，对其进行简要介绍。

### 一、 小学教育管理体制的内涵

#### （一）小学教育管理体制的概念

1. 体制

从词源学上看，“体制”原是生物学的一个概念，意指生物器官的配置形式。在近代社会，“体制”逐渐发展成为一个政治学术语，一般指国家机构、企事业单位的管理权限划分制度和运行机制。对于“体制”概念的界定因主体不同而有细微差别，但对其核心构成要素已基本达成共识。概括地说，体制是指为实施某项工作而建立的组织体系及其相关制度的统称，主要包括组织机构设置、职责权限划分，以及相应的法规制度等。

2. 教育管理体制

教育管理体制则是指一个国家在一定的政治、经济和文化制度基础上建立起来的对教育事业进行组织管理的组织结构形式与工作制度的总和。教育管理体制主要涉及教育系统的管理机构设置、职责范围、隶属关系、权力划分和运行机制等方面，其核心问题是中央政府与地方政府、教育管理部门与学校围绕教育事权方面的权限划分。

3. 小学教育管理体制

结合小学教育与教育管理体制的定义，可以将小学教育管理体制界定为协调国家或地区小学教育事业内部资源及其与外部环境之间关系的组织结构形式与工作制度的总和。依据从宏观到微观的教育管理层次划分，小学教育管理体制又可细分为小学教育行政管理体制和小学内部管理体制两部分。

**（二）小学教育管理体制的构成**

一般而言，小学教育管理体制主要包含宏观层面的教育行政管理体制和微观层面的学校内部管理体制两方面。

1. 小学教育行政管理体制

小学教育行政管理体制解决的是国家如何管理小学教育的问题。教育行政管理体制要适应社会市场经济和教育事业发展的需要，要处理好中央办学与地方办学、社会其他力量办学的关系，还要处理好政府与教育行政部门的关系、教育行政部门之间的关系以及政府与学校的关系。①

教育行政管理体制可以从不同角度进行划分，其中最基本的划分方式是根据中央和地方分配教育事权程度的不同，将其区分为中央集权制、地方分权制和中央地方合作制三种不同类型。在中央集权制下，教育事业管理权高度集中于中央政府，中央教育部门统一领导并监督全国的教育事业，中央教育部门和地方教育行政机构之间有明确的命令与服从关系，从中央到地方各级共同构成一个自上而下的垂直的教育行政组织体系。地方分权制是一种与中央集权制明显不同的体制。在地方分权制下，中央教育部门和地方教育行政机构之间不存在上下级隶属关系，教育事业管理权由各地方政府掌握，各地自行实施教育立法和教育决策。中央地方合作制是一种介于中央集权制和地方分权制两者之间的体制，它的基本特点是中央和地方教育机构依据有关的法规分享教育事业管理的权力并分担教育经费投入等方面的义务。在后文中，将结合不同国家的具体情况对这三种教育行政管理体制进行分别介绍。

2. 小学内部管理体制

小学内部管理体制解决的是小学内部的教育管理问题。萧宗六先生指出，学校管理体制包括学校内部的领导体制、管理机构、管理制度、人事制度和劳动分配制度等。②其中学校内部的领导体制是最为关键的部分。

若以掌握学校最终决策权的主体为划分标准，学校内部领导体制大致可以分为委员会决策制和首长决策制两种类型。两种教育领导体制各有优缺点。委员会决策制的优点是比较能够代表广大教职员工的意志，有利于集思广益，也有利于避免独裁式领导的出现；其缺点是意见不易统一，决策程序比较复杂，决策耗时较长，工作效率不高。此外，若委员会是由圈内外人士共同组成的话，决策的专业性也会受到一定影响。首长决策制的优点是，因决策程序简单而提高了决策的效率，降低了不同利益团体对

---

① 孙绵涛著：《教育管理学》，人民教育出版社，2007 年版，第 273-275 页。

② 萧宗六著：《学校管理学》，人民教育出版社，2001 年版，第 62 页。

决策过程的影响，决策也能够保持较高的专业性；其缺点是教职员工民主参与管理的机会减少，过于依赖校长个人素质，且容易产生家长作风或独裁式领导。

## 二、小学教育管理体制的功能

在静态层面上，教育管理体制是一种教育系统内部的组织体系；在动态层面上，教育管理体制又是一种有关教育管理事权分配和管理的运行机制。概括而言，教育管理体制主要具有以下四种功能。

### （一）领导指挥功能

领导指挥功能主要是指实现国家对教育的统一领导，体现国家对教育的意识形态安排。相对于其他教育制度来说，教育管理体制是牵一发而动全身的，它将诸多有关教育的制度一一串联起来。如只有在管理体制上强调地方参与、学校自主，招生制度和分配制度的改革才有可能进行。

### （二）权力分配功能

教育管理体制所要解决的问题之一，就是处理中央与地方的关系、教育行政部门与学校的关系以及学校内部组织之间的关系，这些关系既是一种权利与职责的关系，又是一种权限与利益的关系，实质上就是划分教育管理的权力。在教育管理体制下，参与教育活动的各方按一定的规则办事，明确各自的权利与义务关系，以此保证教育活动的顺利进行。

### （三）分工协作功能

教育管理体制不仅是各种教育主体力量在教育系统中发挥作用的外在表现形式，同时也是教育管理系统内部各个组成部门之间分工协作的一种表现。教育管理体制可以通过规制各方教育主体权利的行使、职责的履行、义务的承担、利益的享有，实现有效分工与协调合作。

### （四）提高效率功能

教育管理体制明确各级教育行政组织机构的权利和义务、职责与权限，其根本目的就是要在确保教育活动正常运转的基础上，尽可能地提高教育行政管理的效率。“效率原则是衡量任何组织结构的基础”①，“离开了效率原则，教育管理体制的存在和改革就变得毫无意义”②。但是，值得注意的是，提高效率不能以牺牲公平为代价。

## 三、小学教育管理体制的影响因素

教育管理体制不是一成不变的，其形成与演变受到多种因素的综合影响。整体而言，一个国家教育管理体制发展演变的影响因素主要包含以下几方面。

### （一）国际教育改革潮流的影响

当代世界的教育正日益走向开放，各国教育改革均受到国际教育改革潮流的重要影响。很多国家借鉴他国教育管理体制改革的观念、措施与模式，效仿他国的经验做法，以调整或变革自身的教育管理体制。比如，一些国家正在进行着由教育集权式管理向分权式管理的改变，或是由分权式管理向集权式管理的变革。究其缘由，除了自身教育发展的需要外，往往与受到他国经验的鼓舞有关，以为其他国家的成功经验也

---

① 哈罗德·孔茨等著，黄砥石等译：《管理学》，中国社会科学出版社，1987 年版，第 379 页。

② 吴志宏等主编：《新编教育管理学（第 2 版）》，华东师范大学出版社，2008 年版，第 54 页。

一定会对自己国家有所帮助。但从实际情况来看,这种源自外来改革动力之下所进行的教育管理体制革新,有成功的,也有失败的。

### (二) 国家政治体制的影响

教育始终受制于国家政治制度、体制以及具体的行政机制。一般来说,教育管理体制与政治体制如影随形,在政治体制上实行中央集权的国家,其教育管理体制也不大可能采用完全的地方分权。例如在我国,国家整体属于统一和集中领导的形式,尽管改革开放以来,教育管理体制推行了不少权责下放的举措,但教育事业的发展与改革的进程及步骤由中央统一领导的性质并没有从根本上发生变化,只是在中央领导之下,地方被赋予比以往更多的教育发展权责,拥有了更多的参与具体政策制定的权利和机会。

### (三) 社会经济状况的影响

若一个社会的经济获得长足发展,其教育也会得到发展,国家管理教育的组织形式也会相应地演进。例如在我国,自 1978 年改革开放以来,经济发展水平有了极大的提高,国民收入分配格局发生了巨大的变化,国家的财税体制也经历了较多的变革,这一切都在整体上推动了教育管理体制的改革,同时也促进了教育管理体制不断进行局部的或适应性的调整、变化。

### (四) 历史文化传统的影响

任何国家都有其自身的历史文化传统,在有些国家,这些传统被强有力地保存下来,并对教育管理体制产生决定性影响。以美国的情况为例,作为一个移民国家,其教育的发展具有自下而上的特点。早期的移民初到美洲大陆时,由于村落散居,交通不便,各村镇只得自行办学。到了 19 世纪上半叶,由学校逐步发展到了学区,以后又在学区发展的基础上设立了州教育厅,最终建立了联邦教育部。正因为有了这一传统,所以美国的教育及其管理历来被认为是地方自己的事情,联邦政府基本上不予干预,并由此形成分权式的教育管理体制。

### (五) 管理主体观念的影响

虽然教育管理体制从总体上说受各种客观因素的影响,但也不可否认管理主体在其中所起到的作用。在现实生活中,有什么样的管理者,往往就会有什么样的管理形态。管理主体可以在体制选择、具体制度制定以及管理效能发挥等方面产生重要影响。即使是在同样的社会制度下,面临大致相同的教育管理环境和对象,不同主体对管理体制的设计、评价和偏好也会有所不同。这就说明,教育管理体制的确立和改变,与教育管理者自身的学识、业务、能力、修养等都有一定的内在关系。

## 四、 小学教育管理体制的意义

小学教育管理体制是国家管理体制的重要组成部分,正确认识小学教育管理体制具有重要的理论和实践意义。

### (一) 理论意义

从理论层面来说,正确认识小学教育管理体制有助于我们理解小学教育管理体制与政治体制、经济体制之间的相互关系,同时也能使我们更深刻地理解小学教育管理体制所具有的功能。

### （二）实践意义

从实践层面来说，正确认识小学教育管理体制有助于我们理清小学教育管理体制改革的思路，促使我们认真反思近年来在小学教育管理体制改革方面所取得的经验以及应汲取的教训，使今后的体制改革思路更加清晰，工作目标更加明确，措施更加可行。

## 第二节 西方小学教育管理体制

总览世界各国教育管理体制的发展与演变历史可以发现，受到不同历史文化传统、经济发展水平、社会政治体制等多种因素的影响，各国的小学教育管理体制不尽相同。在此，选取法国、美国和日本三个具有典型代表性的西方国家，对其小学教育管理体制加以系统介绍。

### 一、法国的小学教育管理体制

传统意义上，法国是一个以农业经济为主的封建君主制国家。法国政府认为，教育事业是国家的事业，国家应直接干预教育，这就构成了法国教育行政的指导原则。①其后，经过多次改革，法国地方教育行政和学校自主权不断扩大，但是中央集权制的学校教育管理原则一直沿袭至今。

#### （一）法国的小学教育行政体制

1. 机构设置

法国的教育行政体制由中央、大学区、省和地方四级构成。中央教育行政部门统揽决定全国的教育目标、课程设置、课程标准、考试设置、教育预算、教育人事等各个方面的教育大权，通过“大学区—省—市—镇—村”这样一条垂直行政路径统一指挥全国教育系统的运作，并建立严密的教育督导制度，以保障教育政令的贯彻落实。

法国国民教育和青年部（简称“国民教育部”）是国家层面上管理基础教育的主要机构，其作为教育行政部门的根本任务是确定方针和政策，并进行统一的领导和管理。国民教育部设一名部长和若干名国务秘书。国民教育部在部长之下，设立大学区总长和大学区督学，代表中央教育行政机构直接管理地方各级教育。

为了便于管理，法国中央将本土 96 个行政省划分为 13 个大学区。大学区是法国中央以下的第二级教育行政单位，其最高行政负责人是大学区总长，由教育部长提名、总统任命。大学区总长必须具备国家博士学位并担任过大学校长或教授，负责执行教育部长的决定和有关教育立法及规章的实施，并有义务向教育部长汇报所辖学区的情况。

大学区以下的教育行政单位是省，省级教育行政的最高负责人是大学区督学，主要负责教师的管理和培训。为协助大学区督学工作，还设有教育督学若干名，分担学区的视察工作，并就小学教员人事向大学区督学提出建议。

省以下设市镇村委员会，由一名省教育督学负责，其对学前及小学教育学校的建立、规划和管理负有特殊责任，同样被视为独立的教育行政等级。

---

① 李帅军：《法国教育行政管理体制的考察与启示》，《外国中小学教育》，2003 年第 1 期，第 18-21，26 页。

2. 主要特征

从教育行政的权利分配上看，法国的教育行政管理体制是中央集权型的体制。法国政府认为，教育事业是国家的事业，因而国家应直接干预教育，这就构成了法国教育行政的指导原则。在中央集权制下，教育事业管理权由中央政府高度集中，国民教育部统一领导并监督全国的教育事业，国民教育部和地方教育行政部门之间有明确的命令与服从的关系，从中央到地方各级共同构成一个自上而下的垂直的教育行政组织体系。

从教育行政和一般行政的关系方面来看，法国教育行政管理体制是独立型体制。教育行政机关不受同级地方政府的直接指挥，脱离一般行政而独立存在，地方教育行政机关自成体系，不受地方同级行政长官的领导和控制。

### （二）法国的小学内部管理体制

1. 法国小学学校领导体制

法国小学内部管理由地方教育行政的大学区总长负责，小学的开设和关闭或教师的任命与惩罚的执行等都由大学区总长决定。大学区下辖的省督学处的督学则代表大学区总长负责主管本省的初等学校，并对私立学校进行监督。

2. 法国的小学内部管理结构

校长在省督学的领导下负责学校的行政管理和教学组织工作。在法国，小学没有行政和财政自主权，其规模通常较小，一般情况下都是由校长直接管理所有行政、财务、教学、联络等事宜。校长的日常工作主要有：安排每个教师的教学任务；确定每个教学年级的学生人数；协助教师做好教学工作；监督学校纪律的执行；定期向学区总长提交有关学校管理与教学情况的报告；负责协调学校和所在市镇的关系。除校长之外，法国小学一般还设有教师委员会、家长委员会和学校理事会三个委员会。

教师委员会由全体教师组成，校长负责领导。教师委员会可对校长日常工作及校内生活管理提出批评建议，校长记录在案，并将意见转交给所在辖区的省督学。

家长委员会由家长代表组成，其有权向学校反映学生家长对学校工作的意见和建议。

学校理事会由教师委员会和家长委员会的成员联合组成，校长任主席。理事会的职责主要是：讨论研究学校内部的规章制度；教师和家长互通情况；讨论班级的定额；学生上学的交通管理；学校食堂管理；课外活动管理；学校的清洁卫生管理等。每次会议记录要分送镇、乡长和省督学。

## 二、美国的小学教育管理体制

1791 年通过的美国宪法修正案第十条规定：“本宪法未授予联邦而又未禁止各州行使的权力，均由各州或各州人民保留之。”①以地方分权制为特征的美国小学教育管理体制因此形成。

### （一）美国的小学教育行政体制

1. 机构设置

美国联邦教育部的机构设置主要由智囊机构和职能机构两部分组成。智囊机构

① 参见美国联邦教育部网站的联邦教育部介绍专栏。

包括政府间关系教育顾问委员会和联邦各部、署际教育事务联席委员会。职能机构主要包括初、中等教育司，双语教育和少数民族语言事务司，中学后教育司，职业教育与成人教育司，特殊教育与恢复就业资格服务司，教育研究与改进司，公民权利司，立法与公共教育司，私立教育司等。

美国各州都有州宪法，由州议会在联邦宪法和联邦最高法院裁决的范围内立法。州议会制定州宪法内有关教育的基本政策，确立本州教育的基本原则、目标、责任、基本要求和基本技术要求，衡量教育进展的标准等。至于具体的方针政策，则通常由州教育委员会制定，州教育委员会可制定带有法律性质的规章制度。

美国各州对教育事业的行政管理体制大体相同，主要包含州教育委员会和州教育厅两大机构。具体来看，各州均有一个由选举产生的或由指定人选组成的州教育委员会，州教育委员会是管理初等和中等教育的决策机关，在州的法律范围内制定教育政策大纲。州教育厅是州教育委员会的办事机构，也是管理本州公共教育的最高行政机关。州教育厅对州内教育事业全权负责。州教育厅一方面要根据现行法规和专业标准不断完善本州的教育政策，使其具有效力；另一方面还要确定新的政策、秩序和实践，进行教育改革。

美国地方教育行政单位大致分为基层学区和中间学区两种。基层学区作为直接管理学校的地方公共团体，由各州设置。基层学区一般设有民选或委派而成立的学区教育委员会，其职责主要包括制订教育计划、编制教育预算、征收教育税、管理教职员人事、维修校舍、购买教材教具、提供校车等。学区教育委员会的执行机构是学区教育局，教育局局长和设在学区中心的办公室直接对学校实施行政领导。在州与基层学区之间，还设有中间学区。中间学区是在州的监督下对所辖地区的基层学区进行监督指导的行政机关，通常被认为是州教育厅的派出单位。在行政关系上，中间学区是州教育厅的一个分支，但其本身又是一个独立的服务机构。

2. 主要特征

在教育行政的权力分配方面，美国的教育行政管理体制是典型的、彻底的地方分权制。① 教育事业由各州独立自主地经营和管理，联邦政府处于援助、指导的地位，只在必要范围内参与管理。联邦教育部和地方教育行政机构之间不存在上下级隶属关系，教育事业管理权由各地方政府掌握，各地自行进行教育立法和教育决策。

在教育行政与一般行政的关系方面，美国的教育行政管理是独立型的。美国的各州教育委员会是州教育的决策机关，它既不是州议会的下属委员会，也不直接向州政府负责，具有相对独立性。州教育厅是州教育委员会的办事机构，向州教育委员会负责。地方教育行政的情况与州类似，但独立性更大。基层学区由州议会依法设置，负责设立及维持公立学校。

### （二）美国的小学内部管理体制

1. 美国小学学校领导体制

美国学校实行的是学区教育委员会领导下的校长负责制。学区教育局局长既是校长的行政领导，又是学区教务的督导长，同时还是联系学校与学区教育委员会的中

---

① 李帅军：《美国教育行政管理体制的考察与分析》，《外国中小学教育》，2003 年第 6 期，第 12-15 页。

间人。

地方学区的教育行政官员称为学监,具有设立学校、推荐校长人选、审核和评估学校等权力。美国初等学校的设立要经学监批准。

2. 美国的小学内部管理结构

校长是学校的行政首脑,向教育局局长负责,执行学区教育委员会的有关决议并处理学校日常行政事务。

美国小学的规模一般不大,学校只设一位校长,下设秘书或管理助教,各人职责明确。学校比较重视聘用和发挥专家、研究人员的作用,为校长工作提供咨询并完成大量日常工作,使校长集中精力抓主要业务工作。

美国小学校长在人事、教学、财务、后勤等方面享有较大的自主权,主要包括推荐教师、选择教材、教学管理、教学改革、经费使用和发展规划等权力。

## 三、日本的小学教育管理体制

日本自明治维新至第二次世界大战结束之前,一直实行中央集权制的教育管理体制。第二次世界大战之后,日本在美国教育使节团的建议下,仿照美国建立了地方分权制。20 世纪 50 年代中后期,日本通过修改相关教育法令,对这种仿照美国的地方分权制进行了改造,形成了中央与地方合作的小学教育管理体制。

### (一)日本的小学教育行政体制

1. 机构设置

日本的小学教育管理是由中央、都道府县和市町村等政府各级行政单位来实施的。

文部省是根据《国家行政组织法》的规定而设立的国家教育行政机关,总体负责完成国家关于各项教育事务及宗教事务的行政管理,其主要任务是谋求振兴与普及学校教育、社会教育、学术及文化等。作为国家最高教育行政机关,文部省的内部机构主要由职能机构、审议机构和直属机构三部分组成。

都道府县的教育行政工作由都道府县议会、都道府县知事、都道府县教育委员会及其事务局共同办理。都道府县议会是都道府县的议事决策机关,都道府县知事为都道府县的行政首长。都道府县教育委员会是地方政府的教育行政机关,由都道府县知事任命的五名委员组成。为使都道府县教育委员会的决策得到贯彻执行,还专门设立事务局。事务局设教育长一人,下设指导主事、事务职员、技术职员及其他所需职员。教育长在教育委员会的监督之下,处理属于教育委员会权限范围内的一切事务。

市町村的教育行政工作由市町村议会、市町村长、市町村教育委员会及其事务局分工合作管理。市町村议会、市町村教育委员会及其事务局在教育行政方面的职权与都道府县议会、都道府县知事、都道府县教育委员会及其事务局相同或相近,只是工作范围相对缩小。

2. 主要特征

从教育行政的权责划分上看,日本的教育行政管理体制是中央地方合作制。第二次世界大战以前,日本是一个典型的中央集权制国家,教育行政也不例外,所有教育管理权均控制在中央手里。第二次世界大战以后,日本曾效仿美国实行地方分权制的教育行政管理体制,但因与国情不相适应而进行调整,最终形成中央地方合作制的教育行政管理体制。

从教育行政与一般行政的关系看，日本的教育行政管理体制是从属制。[①]在第二次世界大战后的一段时间，日本曾实行地方分权制，都道府县和市町村教育委员会一度独立于地方政府之外。但由于日本政教合一的文化传统，教育行政独立制并不符合日本国情，破坏了地方行政的统一性和综合性。其后，经过一系列改革，地方各级行政首长控制了教育的人事权和财政权，使都道府县和市町村的教育委员会重新成为地方政府的一个附属部门，并延续至今。

### （二）日本的小学内部管理体制

1. 日本小学学校领导体制

日本的学校管理由校长全权负责。日本中小学校长在学校内拥有高度权威，具有统摄学校经营事务的职权。

2. 日本的小学内部管理结构

校长是学校的最高负责人，掌管学校事务，监督所属职员。校长的基本职责包括：制定学校经营规划和教育计划；组织领导全校人员及全校活动；处理全校校务；掌管校内人事工作；管理校内经费与财务；对全校教职员进行监督和指导；协调本校与校外单位以及人员之间的关系。

教头是校长的助手，起到校长助理的作用。教头在学校内处于次于校长的地位，协助校长开展工作。当校长缺席时，教头可代理校长管理学校事务。

教职员会议是由全校教职员共同参加的、最重要的学校教育管理权力机构。教职员会议具有审议学校运行大政方针的权限，可以起到辅助校长管理学校事务工作的作用，但它不是最终的决议机构。有些规模较大的学校则设立“教职员代表会议”，从基层选拔代表参加会议，会后向基层传达会议内容并组织实施。

计划委员会也称作“计划调整委员会”或“工作协调委员会”，其主要任务是制订校内教育计划；编制教职员会议的议案；对学校进行管理，即对各部委、各处和各室之间进行统筹、联络及协调，使全校教育活动有效地进行。计划委员会是一个执行机构，向校长和教职员会议负责，同时与教职员会议平列，起到辅助校长工作和顾问机构的作用。

## 四、 法国、美国、日本三国小学教育管理体制的比较

教育管理体制是一个国家实施教育管理的重要抓手，其目的是有效达成国家的教育目标。各国的小学教育管理体制均有其特点，在教育行政管理体制和学校内部管理体制方面也有不同表现。

### （一）法国、美国、日本三国小学教育行政体制的比较

从教育行政管理权责的划分来看，三国的教育行政管理体制具有明显差异。法国的教育行政管理体制是中央集权制，教育各方面的管理权力均由中央教育行政部门总揽。美国实行地方分权制的教育行政管理体制，教育事业的管理权力由地方部门掌握，联邦教育行政部门仅发挥指导和协助作用。日本实行的是中央与地方合作制的教育行政管理体制，教育行政管理权力由中央政府和地方政府共享。

---

① 李帅军：《日本教育行政管理体制述评》，《比较教育研究》，1993年第2期，第14-17页。

从教育行政管理机构的设置来看,三国均实行分级管理。在法国,“中央—大学区—省—市镇村”均设有相应的教育行政机构以实施教育行政管理。美国的教育行政管理由地方负责,而在地方层面也是按照“州—中间学区—基层学区”的层级进行分级管理。日本则是由“中央—都道府县—市町村”等政府各级行政单位按各级各类学校的不同来实施教育行政管理。

从教育行政管理机构的隶属关系来看,三国因国情不同而显现出不同的特点。法国和美国的教育管理体制是独立制的,它们与上级政府之间不存在领导关系,同时也不隶属于同级政府。日本的教育行政管理体制则是从属制的,教育行政机构是政府的一个职能部门,接受政府首长的领导。

**(二)法国、美国、日本三国小学内部管理体制的比较**

在职能发挥上,三国校长发挥学校管理职能的方式不同。法国是在大学区总长的监督领导下由校长管理学校。美国公立中小学实行学区教育委员会领导下的校长负责制,公立中小学由学区设立并负责管理,各项管理职能的发挥是校长在学区教育委员会领导下实现的。日本则是由校长全面负责组织和领导学校。

在权力配置上,三国学校内部权力的配置也不尽相同。法国校长拥有很大权力,负责主持、领导、管理学校各职能机构。美国学区教育局是设立在学校之外的决策机构,直接对学校实施行政领导,美国校长在学校管理中服从并尊重学区当局。日本校长虽需要接受上级主管部门的领导,但其领导学校权力决策机构,拥有很高权威,具有统摄学校经营事务的职权。

在机构设置上,三国具有相同之处,但也存在一定差异。三国学校内部均设有与各自实际情况相适应的学校理事会、校务委员会、计划委员会等管理机构。同时,这些学校还设立了相关的民主管理机构和权力监督机构,以保障学校内部管理的科学与民主。但是,美国的权力决策机构以及监督机构是设在校外的,而法、日两国则是设在校内。

综上所述,法、美、日三国的小学教育管理体制各具特点。各国的小学教育管理体制都是根据本国的文化传统、教育历史、国家发展需求等因素而确立的,同时又服务于本国发展。

## 第三节　我国小学教育行政体制

新中国成立至今,伴随社会政治经济发展形势的变化,我国小学教育行政管理体制围绕“集权—放权”的路线历经调整,不断进行着自身改革。为深化对我国小学教育行政管理体制的整体认识,需首先理清我国小学教育行政管理体制的历史沿革,从中归纳出我国小学教育行政管理体制的演变特点,并进一步明晰我国小学教育行政管理体制的改革趋向。

### 一、我国小学教育行政体制的历史沿革

按照不同时期小学教育行政管理体制的建设任务,大致可以将我国小学教育行政管理体制分为新建与徘徊阶段、恢复与重建阶段、改革与调整阶段和深化与完善阶段四个发展阶段。

**（一）新建与徘徊阶段**（1949—1977 年）

新中国成立初期，社会百废待兴，各方面建设均处于探索和尝试阶段。在此背景下，我国小学教育行政管理体制也经历了一段新建与徘徊的发展时期。

1949 年《中国人民政治协商会议共同纲领》对新中国教育事业的性质和任务做出了明确的规定，我国教育事业据此很快得到整顿、恢复和发展。与新中国成立初期高度集中的计划经济体制相适应，高度集中与统一的基础教育行政管理体制逐步建立。高度集中的管理体制有利于教育的宏观规划和调控，但却难以调动地方的积极性。为解决这一问题，1958 年中共中央、国务院发布《关于教育事业管理权力下放问题的规定》，按照中央集权和地方分权的原则，强化了地方对基础教育的领导管理。但随着"大跃进"的发生，下放到地方的教育管理权力却给基础教育带来了动荡和破坏。1963 年《全日制小学暂行工作条例（草案）》公布，又将原本下放到地方的教育经费筹措、教材编写、学校设置等权力重新收归中央教育行政部门。进入"文革"时期之后，中小学先后由军宣队、工宣队、"革命委员会"领导，我国的教育行政管理体制遭到严重破坏。

这一时期，我国的小学教育行政管理体制经历了从集中管理到地方分权再到集中管理的调整过程。

**（二）恢复与重建阶段**（1978—1999 年）

党的十一届三中全会后，马克思主义的思想路线、政治路线和组织路线得到重新确立。在此影响下，教育战线也相应开始拨乱反正，教育秩序逐渐恢复。

1978 年《全日制小学暂定工作条例（试行草案）》重新颁布，"文革"前实行的统一领导、分级管理的教育行政管理体制基本得到恢复。1985 年，改革开放以来第一次全国教育工作会议召开，《中共中央关于教育体制改革的决定》同时颁布，规定"实行九年制义务教育，实行基础教育由地方负责、分级管理的原则"，我国基础教育行政管理体制改革也相应进入全面探索时期。及至 1986 年，《中华人民共和国义务教育法》明确规定"义务教育事业，在国务院领导下，实行地方负责，分级管理"。至此，小学教育行政管理体制在法律层面得到确认。党的十四大提出要建立社会主义市场经济新体制，为适应这一改革趋向，1993 年中共中央、国务院印发《中国教育改革和发展纲要》，提出要"深化中等以下教育体制改革，继续完善分级办学、分级管理的体制"。

这一时期，地方负责、分级管理的基础教育行政管理体制逐步确立并不断完善，我国基础教育领域中央和地方之间的管理权责划分基本得到确定。

**（三）改革与调整阶段**（2000—2009 年）

2002 年党的十六大提出全面建设小康社会的战略决策，2007 年党的十七大指出教育公平是社会公平的重要基础。在此指引下，如何促进教育公平和社会公平，科学、合理地配置义务教育资源，尤其是农村义务教育事业的公平与发展成为这一阶段的关注重点。

2001 年，国务院颁布《关于基础教育改革与发展的决定》，对农村小学教育管理体制做出了专门调整，提出要"进一步完善农村义务教育管理体制。实行在国务院领导下，由地方政府负责、分级管理、以县为主的体制"。与此同时，城市流动人口子女的入学问题也日益得到重视。2005 年，《关于进一步推进义务教育均衡发展的若干意见》正式出台，规定“以公办学校为主，认真做好进城务工农民子女义务教育工作”。此后，2006年新修订的《义务教育法》对义务教育的管理体制和投入体制做出新的规定，“义务教育实行国务院领导，省、自治区、直辖市人民政府统筹规划实施，县级人民政府为主管理的体制”，在过去强调“以县为主”管理体制的基础上，突出了中央政府和省级政府对义务教育进行领导和统筹规划的责任。

这一阶段，自1985年以来逐步下放的基础教育管理权力和责任开始逐步向县级政府乃至省级政府“回归”。依据小学教育的现实发展情况，省级统筹、以县为主的基础教育管理体制基本形成。

**（四）深化与完善阶段（2010年至今）**

在社会主义现代化和中华民族伟大复兴总目标的指引下，推进教育公平、提高教育质量、办好人民满意的教育成为这一时期基础教育行政管理体制改革的重要指向。

《国家中长期教育改革和发展规划纲要（2010—2020年）》将“提高教育质量、促进教育公平”作为教育改革和发展的重要目标。在基础教育管理体制方面，强调“以转变政府职能和简政放权为重点”，“明确各级政府责任，规范学校办学行为，促进管办评分离，形成政事分开、权责明确、统筹协调、规范有序的教育管理体制”。为响应这一改革要求，2012年先后出台了《教育督导条例》和《关于进一步加强中小学校督导评估工作的意见》，强调通过教育督导手段增强政府的统筹协调和服务职能，弱化长期以来的外控式管制。十八届三中全会对教育行政改革提出明确的纲领性要求，强调要“深入推进管办评分离，扩大省级政府教育统筹权和学校办学自主权，完善学校内部治理结构”。面对这一改革要求，2015年颁布的《关于深入推进教育管办评分离 促进政府职能转变的若干意见》充分体现出建设现代学校制度、促进学校自身发展的价值取向。2020年，《关于深化新时代教育督导体制机制改革的意见》和《深化新时代教育评价改革总体方案》先后颁布，从增强教育督导效能和改革教育评价体系两方面双管齐下，进一步保障了党委和政府科学履行职责。

这一阶段，基础教育行政管理体制改革开始从调整中央与地方之间的关系向改变政府与学校之间的关系转变，重点强调政府简政放权和学校自主管理的进一步完善。

## 二、我国小学教育行政体制的演变特点

当前，我国基础教育实行的是国务院领导，省、自治区、直辖市人民政府统筹规划实施，县级人民政府为主管理的地方负责、分级管理的教育行政管理体制。这一管理原则和基本方向是在总结以往改革经验基础上提出的。整体来看，我国小学教育行政管理体制改革呈现出以下基本特征。

**（一）以调整政府管理权责为改革主线**

在新中国成立至今的改革历程中，中央政府与地方各级政府之间有关基础教育管理权责的调整始终是基础教育行政管理体制改革的主线。改革开放以来，为了进一步激发地方政府、学校和社会的办学积极性与教育活力，在坚持国家对基础教育宏观领导的同时，中央政府不断下放教育管理权力给地方政府，基本形成了国家宏观指导下，地方负责、分级管理、以县为主的基础教育管理体制。与此同时，面对农村基础教育发展缓慢、城镇化进程加快等现实情况，为了办好人民满意的教育，推进教育公平，提高教育质量，基础教育管理体制改革又顺势而为，着重强调扩大省级政府的基础教育统

筹权,进一步明晰中央政府、省级政府、县级政府在发展和管理基础教育方面的责任,着力解决政府在基础教育管理中缺位、错位、越位的问题,不断提高政府的基础教育治理能力。

**(二)以分化教育管理职能为改革方向**

在我国基础教育行政管理体制改革过程中,政府教育管理职能的持续分化是一个重要的改革方向。计划经济体制时期,基础教育所有的管理职能都由政府全面包揽,政府既是中小学校的管理者,也是事实上的办学者。这种全能型政府角色曾有效推动了我国基础教育事业的发展,但同时也衍生出政校不分、办学效率低下、资源浪费等一系列问题。随着市场经济体制的不断健全,《国家中长期教育改革和发展规划纲要(2010—2020年)》提出以政府职能转变和简政放权为重点,促进管办评分离的教育行政体制改革举措,旨在将原本集中于政府一身的办学权力、教育管理权力和教育评价权力进行合理分化,形成政府宏观管理、学校依法办学、社会科学评价的教育管理新格局。

**(三)以提高小学教育质量为最终目的**

概括地说,我国小学教育行政管理体制的改革始终以提高小学教育质量为最终目的。但是,在不同发展时期对小学教育质量的关注侧重点是不同的。在小学教育行政管理体制的新建与徘徊阶段,教育行政管理体制的关键任务是合理确立中央政府与地方政府之间的权责关系,以保障小学教育秩序的重新建立。进入恢复与重建阶段之后,我国地方负责、分级管理的教育行政管理体制逐步得到确认和完善,其重要目标之一便是有效落实1986年颁布实施的《中华人民共和国义务教育法》中有关普及九年义务教育的规定。在改革与调整时期,我国实现了基本普及九年义务教育和基本扫除青壮年文盲的战略发展目标,小学教育行政管理体制改革开始强调省级政府在农村义务教育发展和城市流动人口子女接受义务教育方面的责任,以进一步实现我国小学教育的公平发展。在深化与完善阶段,我国全面完成普及九年义务教育的发展任务,小学教育行政管理体制改革也转向大力推行管办评分离,以构筑政府、学校、社会各利益相关主体间的适宜关系,整体提升小学教育的发展质量。

## 三、我国小学教育行政体制的改革趋向

在推进教育现代化的大背景下,教育行政现代化也相应成为我国小学教育行政管理体制改革的未来趋向。具体来说,主要包含教育行政的科学化、民主化和法治化三方面内容。①

**(一)教育行政科学化**

教育行政科学化是指教育行政要遵循教育规律,树立正确的人才观、质量观、政绩观。为推动实现教育行政的科学化,要根据我国现代化建设的客观要求,基于学生德智体美劳全面发展的培养任务,建立健全教育质量标准体系和保障体系,明确并完善各级各类学校的培养目标、课程标准,健全学生发展评价标准,改革考试招生制度,共同推动教育在科学的方向上发展。与此同时,在教育数字化和教育智能化蓬勃发展的时代背景下,教育行政的科学化转向也需积极寻求相关技术的辅助和支持。

---

① 褚宏启:《我国基础教育行政改革40年回顾与未来展望》,《中小学管理》,2018年第11期,第27-30页。

### （二）教育行政民主化

教育行政民主化是指小学教育行政由单一主体的政府管理走向多元参与的教育治理。除国家机关之外，社会组织、利益群体和公民个体也可以通过一定的制度安排进行合作互动，共同管理小学教育的公共事务。教育行政民主化的典型特征之一是多元主体参与的共同治理，即“共治”。共治意味着简政放权、管办评分离、放管服结合，意味着政府与社会、学校合理分权，把原先由政府独立承担的一些责任转移给社会和学校，变政府对学校的单边管理为政府、社区、家长共同参与的多边管理和共同治理，旨在形成政府宏观管理、学校自主办学、社会广泛参与的小学教育管理格局，以更好地激发每所学校的活力，更好地发挥全社会的作用。教育行政民主化有助于了解民意、集聚民智，是教育行政科学化的重要保障。

### （三）教育行政法治化

教育行政法治化包含四方面内容，即有法可依、有法必依、执法必严、违法必究。改革开放至今，我国小学教育的法治化进程获得长足发展，《义务教育法》《未成年人保护法》《中小学教育惩戒规则（试行）》等一系列法律法规相继出台实施，但是仍不能很好地满足我国小学教育的发展需求。小学教育行政管理体制改革过程中，政府简政放权、学校自主管理、社会民主参与等方面都急需法治保障。法治与人治相对，是通过法律手段和制度手段对教育进行管理。法治化反对教育行政中的随意化和情绪化，能够有效保障教育秩序和教育效率，使教育活动有序、高效地开展。除此之外，教育行政法治化还是教育行政科学化和教育行政民主化的制度保障。

# 第四节　我国小学内部管理体制

学校内部管理体制关系到学校日常运作的方方面面。教育管理体制改革的重要目的之一就是要完善学校内部的管理体制，激发学校的内部活力，使学校教育能真正适应社会发展的需要。学校内部管理体制有其历史发展的延续性和演变过程，有必要对其进行简要回顾，从中把握我国小学内部管理体制改革的演变特点以及未来发展趋向。

## 一、我国小学内部管理体制的历史沿革

新中国成立以来，与基础教育行政管理体制改革相适应，我国小学内部管理体制的发展大致经历了以下几个阶段。

### （一）探索与曲折发展时期（1949—1984 年）

新中国成立初期，中小学校主要通过建立“校务委员会”来管理学校各项工作。“校务委员会”主要是由进步教职员工和学生骨干组成，是管理学校工作的临时性机构。为使学校各项工作正规化、专业化，教育部于 1952 年颁布了《小学暂行规程（草案）》，提出在中小学实行“校长责任制”。随着党的基层组织的逐渐完善，1958 年《关于教育工作的指示》中指出，“中央人民政府各部门所属的学校，在政治上应该受当地党委的领导”，“一切中等学校和初等学校，也应该放在党委的领导之下”。据此，“党支部领导下的校长负责制”正式取代了“校长责任制”。为理清党组织与校长之间的权责关系，中共中央于 1963 年印发的《全日制小学暂行工作条例（草案）》对中小学校

长与党支部的权限划分以及学校与所属地方党委的关系均做出了明确说明。1978年,经过讨论和修订后的《全日制小学暂行工作条例(试行草案)》正式印发,全日制小学开始实行"党支部领导下的校长分工负责制",并规定"学校的一切重大问题必须经过党支部讨论决定。校长是学校行政负责人"。"校长负责制"的学校领导体制基本得到确立,同时学校党组织的保障监督机制也逐步建立起来。

**(二)校长负责制时期(1985—2015年)**

1985年,《中共中央关于教育体制改革的决定》明确提出要"逐步实行校长负责制,有条件的学校要设立由校长主持的、人数不多的、有威信的校务委员会,作为审议机构"。自此,校长负责制开始在学校管理中正式施行。随着教育体制改革的深入与教育民主化进程的推进,有关校长权力的合理制约以及学校管理的民主参与问题在学校内部管理体制改革中越来越受到重视。1993年颁布的《中国教育改革和发展纲要》中提出,要注重加强党组织的政治领导核心作用。《2003—2007年教育振兴行动计划》又再次提出:"中小学要实行校长负责、党组织发挥政治核心作用、教代会参与管理与监督的制度。""积极推动社区、学生及家长对学校管理的参与和监督。"《国家中长期教育改革和发展规划纲要(2010—2020年)》中则进一步明确,将会完善中小学校长负责制,并通过校务会议、教职工代表大会、家长委员会等制度,建立现代学校制度,不断完善学校管理的科学民主决策机制。

这一阶段,党组织对中小学的监督保障和参与决策的职能基本确立,党在学校中的政治领导核心作用不断加强。同时,校长对学校行政、教学、科研事务的领导和管理责任也不断强化,校长在中小学领导工作中的专业性进一步凸显。

**(三)党组织领导的校长负责制时期(2016年至今)**

党的十八大以来,习近平总书记关于教育的重要论述突出强调了党在新时期对教育事业全面领导的重要性,中小学内部管理体制开始发生调整。

2016年印发的《关于加强中小学校党的建设工作的意见》中提出,要保证"党组织在重大事项决策中的地位"。2017年,中共中央办公厅、国务院办公厅颁布《关于深化教育体制机制改革的意见》,进一步强调要全面加强党对教育工作的领导,坚持党管办学方向、党管改革,充分发挥党委总揽全局、协调各方的领导核心作用,健全党委统一领导、党政齐抓共管、部门各负其责的教育领导体制。在2018年全国组织工作会议上,习近平总书记首次明确提出在中小学建立党组织领导的校长负责制的要求。中共中央、国务院于2019年印发的《中国教育现代化2035》中,重申加强党对教育工作的全面领导对于教育现代化目标实现的重要保障作用。2022年,中共中央办公厅正式发布《关于建立中小学校党组织领导的校长负责制的意见(试行)》,标志着中小学领导体制从"校长负责制"向"党组织领导下的校长负责制"的正式变革。

这一时期,小学内部管理体制改革的重心转换到调整和理顺党组织与校长在小学内部管理中的关系上。与此同时,改革的整体关注点也从管理体制的调整逐渐过渡到运行机制的优化,学校内部管理体制改革不断趋于细化。

## 二、我国小学内部管理体制的演变特点

受特定时期政治、经济等社会因素的影响,我国小学内部管理体制经历了一系列调整。透过纷繁复杂的改革细节,可以发现我国小学内部管理体制具有以下演变

特点。

**（一）以党组织的职权范围调整为改革核心**

在我国小学内部管理体制的演进过程中，党组织的学校管理职权范围调整构成了一条鲜明的改革主线。在实行党支部领导下的校长负责制时期，为了加强党的领导，党支部书记一度成为学校的领导核心。之后，党组织在中小学中的定位经历弱化、破坏和恢复。在改革开放之后的很长一段时间内，改革的重心主要集中于完善校长负责制，党组织在学校中居于政治核心地位，主要发挥党组织的监督和保障作用。党的十八大以来，在坚持和加强党的全面领导的总方针指导下，党组织的小学教育管理职权范围开始逐步扩展，增加了党组织"参与决定重大问题"的规定。《关于建立中小学校党组织领导的校长负责制的意见（试行）》中则明确提出，党组织全面领导学校工作。至此，党组织的定位正式从"参与治理"转变为"全面主导学校治理"。①由此可见，党组织的职权范围调整问题始终是学校内部管理体制改革的一项重要议题。

**（二）以校长权力的监督制衡为改革关键**

在我国小学内部管理体制的改革过程中，对校长权力的监督制衡始终是改革的关键问题。伴随着学校内部管理体制改革的不断推进，学校的管理方式逐渐从行政管理转向专业引领。为妥善解决校长负责制在运行过程中可能产生的独断专行问题，国家制定了一系列约束措施。一方面，党组织作为学校内部管理体制的重要组成部分，无论其职权范围如何调整，都始终承担着校务监督这一重要职责。另一方面，根据《中国教育改革和发展纲要》要求建立的作为审议机构的校务委员会和发挥民主管理与民主监督作用的教职工代表大会，都应对校长的学校管理权力进行监督。由此观之，如何在保障学校办学自主权的同时，对校长的学校管理权力进行合理约束，是我国学校内部管理体制改革的一个关键问题。

**（三）以社会整体的发展进程为改革依据**

整体来看，小学内部管理体制的变化是由教育主管部门根据不同时期的政治形式和政治需要决定的。在新中国成立后的过渡时期，学校在权力较为分散的管理体制下运转，学校内部主要实行校务委员会和校长责任制的管理体制。进入社会主义改造时期之后，"培养什么人"的问题成为教育改革的首要大事，党支部领导下的校长负责制与当地党委和主管教育行政部门领导下的校长负责制相继实施。"文化大革命"时期，由工、农、革三种力量结合而成的革命委员会制成为小学内部的重要领导力量。粉碎"四人帮"之后，社会各项秩序基本恢复到"文化大革命"之前，党支部领导下的校长分工负责制也因此建立。改革开放之后，与市场经济建设相适应的校长负责制开始实施。十八大以来，党的建设全面加强，党组织领导下的校长负责制应运而生。据此可见，历次小学内部管理体制改革，大多不是因学校自身发展和改革需要而产生的，而是源于外在政治体制和行政体制的变化。

---

① 强舸、徐正全：《"中小学校党组织领导的校长负责制"的变迁历程、治理结构与新时代的现实关切》，《公共治理研究》，2022 年第 5 期，第 42-49，74 页。

### 三、我国小学内部管理体制的改革趋向

2021年,我国实现了县域义务教育基本均衡发展,“优质均衡”继而成为我国义务教育发展的下一阶段目标,而学校内部管理体制的完善则是实现这一发展目标的关键保障。

**(一)领导主体专业化**

领导主体即学校由谁领导的问题,领导主体走向专业化,对于提高学校管理水平和教育教学质量、走向教育现代化具有重要的意义。自1985年《中共中央关于教育体制改革的决定》提出并逐步实施校长负责制以来,越来越明确“校长负责制”不是单纯针对校长个人的制度,而是对以校长为核心的整个学校行政团队的要求。以校长为核心的学校行政团队,不仅包括校长本人,还包括学校副校长以及相关领导班子成员、学校中层管理干部。领导主体的专业化是指以校长为核心的学校行政团队在由专业知识、专业态度、专业能力所构成的专业素质结构方面不断更新、演变和丰富的过程。领导主体专业化是小学内部管理适应社会变革和教育发展的需要。

**(二)领导职能科学化**

领导职能即领导什么的问题,它规定了不同领导主体的责权。在小学内部管理体制中,主要涉及党组织和校长的领导责权划分问题。领导职能的科学化主要指在小学内部管理过程中,党政定位明确、职权各有侧重、决策效率较高,其目标是在保证领导工作协调、学校正常运转的同时获取最好的效益。新中国成立至今,我国小学内部管理体制改革始终在“放权”与“收权”以及“委员会制”与“一长制”之间不断转换。领导职能的科学化有助于打破这一循环,在党组织和校长之间达成合理分工与协调配合,从而高质量和高效率地推动学校发展。

**(三)领导体制民主化**

领导体制即领导主体间的关系问题或学校治理结构。具体而言,它规定了学校党组织、校长、教师以及家长和社区力量等的领导地位和职权划分。学校教育是一件涉及多方主体利益的事情,因此在学校内部管理过程中,需要建立不同利益主体之间的合作机制,以有效发挥多主体的育人合力,同时保障利益相关各方对学校教育的知情权、参与权和决策权。值得注意的是,领导体制的民主化具有一定的前提条件,即合理的民主参与制度、参与者的民主议事水平以及学校管理者的办学观念等。在缺乏明确理念的基础上提倡民主化,不仅会妨碍正常教育教学活动,也会影响公共教育质量。

## 第五节 我国小学教育管理体制改革

随着我国教育现代化进程的有序推进,实施教育管办评分离改革,进一步科学划分政府、学校、社会的教育管理权责成为实现小学教育高质量发展的必然选择。加强现代学校制度建设,增强中小学自身办学能力是其中的关键一环。而教育中介组织作为突破我国传统教育行政管理体制的一股关键力量,其建构与发展同样具有重要意义。

### 一、小学教育管办评分离改革

教育管办评分离是指处理好政府、学校、社会之间的关系,从而建成政府适度管教

育、学校规范办教育、社会科学评教育的教育发展新环境。

### （一）小学教育管办评分离改革的意义

1. 小学教育管办评分离改革的提出背景

由于新中国成立后长期坚持计划经济体制，随之也衍生出了政府过度干预基础教育改革发展的问题。在基础教育领域，政府既管教育，又办教育，还评教育，管、办、评的权力实际上均掌握在政府手中，这就难免会导致公信力不强、教育管理体制发展僵化、改革推进缓慢等一系列问题。

为解决上述问题，《国家中长期教育改革和发展规划纲要（2010—2020年）》首次提出"以转变政府职能和简政放权为重点，深化教育管理体制改革，提高公共教育服务水平。明确各级政府责任，规范学校办学行为，促进管办评分离，形成政事分开、权责明确、统筹协调、规范有序的教育管理体制"。十八届三中全会通过的《中共中央关于全面深化改革若干重大问题的决定》在部署深化教育领域综合改革的任务时，再次提出要"深入推进管办评分离"。管办评分离是当前基础教育领域教育管理体制改革的重点和难点问题，也是全面推进依法治教的重要方面。

2. 小学教育管办评分离改革的现实意义

科学的教育管办评分离，是指在政府宏观管理和把控的基础上，学校在微观层面自主完成具体的教育办学工作，作为评估者的社会群体或评估机构在中观层面上对学校办学进行评价，进而从整体上推进基础教育改革发展的渐进式教育改革过程。①在此过程中，政府、学校和社会三个主体各司其职，同时又相互合作、相互制约，相辅相成地推动基础教育发展。教育管办评分离的最终目的是实现教育中公共利益的最大化，即提供优质公平的教育公共服务。②教育管办评分离不仅是实现教育治理体系和治理能力现代化的重要路径，还是解决政府既管理教育又干预评价教育弊端的重要措施，同时也是调动政府、市场和社会兴教办学积极性的重要手段。

### （二）小学教育管办评分离改革的困境

管办评分离作为教育公共服务的一种管理模式，其核心基础是责任主体的充分培育、职责担当和服务能力。为此，首先需要建立多主体参与的教育治理结构与服务体系，同时通过相应的配套制度为其提供保障。但从目前的改革实践来看，教育管办评分离改革还存在以下困难和问题。

1. 政府转型面临强大行动惯性

教育管办评分离改革的关键在政府，政府应通过清单管理，简政放权，向学校和社会组织放权和授权，同时加强事中、事后监管，为学校发展提供专业支持与服务。由于我国缺少对教育公共治理主体的权利、职责和义务进行明确规定的相关立法，以致教育治理各主体的权利、责任意识模糊不清，教育治理多元主体之间的互动合作也面临重重困难。地方教育行政部门现代治理意识也未充分树立，行政集权还是目前一些地方行政部门的主要办事方式，管办评的主体依然是教育主管部门。教育行政部门对购

---

① 吴云勇、姚晓林、付静：《基础教育管办评有效分离的理论探究》，《教育研究与实验》，2018年第2期，第72-76页。

② 范国睿：《教育管办评分离改革：理论假设与实践路径》，《教育科学研究》，2017年第5期，第5-21页。

买服务、委托管理、发挥社会中介作用等新生事务缺乏研究，致使社会监督无法介入，社会机构的参与权也无法得到落实。同时，还存在一些地方教育行政官员用权观念滞后，不愿简政放权，害怕因失去权力而影响教育事业的地位，进而导致政府的职能转变始终停滞不前。

2. 学校办学具有较强路径依赖

教育管办评分离改革的着力点在学校，学校在依据章程理清办学权责的情况下，依法自主办学，深化学校内部治理结构改革，建构依法办学、自主管理、民主监督、社会参与的现代学校制度。但是，由于学校办学和管理长期处于行政控制之下，因此在教育管办评分离改革中，学校仍然具有较强的路径依赖。一方面，校长普遍缺乏自觉改进意识，学校自身的文化培育还未得到广泛重视，学校管理中的民主参与意识和能力还未充分培育。另一方面，学校内部管理机制也不健全，自主办学质量很大程度上依赖于教学有效性的提升，因此需逐步提升教师的课程开发能力和研究能力，坚定教师以学生为本的教育教学意识。但多数中小学中促进教师专业发展的制度还未有效建立，基于学生素质培养的课程体系和教学环境也未充分建立。

3. 社会参与教育管理发展滞后

社会组织是参与和支持教育事业发展的重要力量，社会参与有利于教育质量的保障和教育公平的实现。但是，在“大政府、小社会”的格局下，社会力量参与教育管理的进程整体较为滞后。在教育评价领域，一直以来，我国教育评价的主体都比较单一，大多局限在政府自上而下的行政性评价和传统的工作检查。随着简政放权步伐的推进，一部分教育评价权力从教育行政机构中让渡出来，但社会组织的参与度依然较小。在学校办学过程中，家长、社区、学校的管理职能尚未清晰划分，家长、社区、企业等利益相关主体如何参与学校管理、参与哪些方面以及发挥何种作用等问题都需要进一步厘清。社会如何有效参与教育管理仍需理论和实践层面的研究与探索。

### （三）小学教育管办评分离改革的路径

教育管办评分离的目的是要重新构建政府、学校及社会之间的相互关系。这一改革涉及三个层面：政府管理职能的科学化和民主化建设，构建新型的政社关系，形成新型的政校关系。要推动教育管办评分离改革，就需要从以下三个方面入手。

1. 动态调整政府职能范围

教育事业的公益性与公共性特征，决定了政府既要改变以往的“一中心”管理模式，通过简政放权，充分调动学校和社会组织参与办学的积极性，形成“多中心”合作格局，又要在这种“多中心”合作的教育治理体系中发挥“元治理”作用。具体来说，一是在权力配置中做好顶层设计，厘清政府、学校、社会三方的权力边界，落实简政放权，将学校、社会组织纳入多元主体办学范畴。二是要放管结合，明确政府监督职能，加快构建事中、事后监管体系，建立政府部门协同监管的工作机制，避免或减少教育失范和学校违规行为。三是深化依法办学中的“服务者”角色，逐步完善政策体系建设，保证学校依法自主办学。

2. 提升学校自主办学能力

教育管办评改革的最终落脚点是为了促进学校自主办学。学校自主办学是要落实学校的办学主体地位，明确权力责任，自我管理、自我约束、自我发展。在学校外部，需要调整政府、社会、学校之间的权力互动，建立有利于学校组织发展的外部环境；在学校内部，需要通过现代学校法人制度、现代学校产权制度和现代学校自组织制度的建设与完善，形成学校自组织、自生长机制。具体而言，一方面，应依法建立与完善学校法人制度，确立学校的法人地位，从而保障学校依法自主办学；另一方面，要积极推动校本管理，深化学校内部治理结构改革，调动学校内外一切积极力量参与办学，自觉接受社会的监督和评价。

3. 积极推动社会广泛参与

教育管办评分离不仅意味着政府宏观管理与学校自主办学相分离，还意味着社会参与教育评价与政府的“管”和学校的“办”的分离，意味着社会成为教育评价和监督的主体。社会广泛参与，是指教育质量要接受社会评价、教育成果要接受社会检验、教育决策要接受社会监督、教育场域要最大限度地吸引社会资源进入。因此，一方面，应加强相关法律法规制度建设，从法律层面保障社会参与教育的权利和责任，同时也规范和约束社会组织及其个人的参与行为。另一方面，要开展有效的公民教育和培训，提高社会主体参与教育监督和评价的意识与能力。与此同时，还需加强政府对社会参与的监管，实现社会的有序参与。

## 二、小学现代学校制度建设

作为深化学校内部管理体制改革的重要举措，建立现代学校制度在2004年教育部公布的《2003—2007年教育振兴行动计划》中被首次提出。《国家中长期教育改革和发展规划纲要（2010—2020年）》颁布实施之后，现代学校制度建设进入大规模探索实践阶段。及至今日，现代学校制度仍在不断发展完善之中。

### （一）小学现代学校制度的内涵

1. 小学现代学校制度的含义

有关“学校制度”的定义有广义和狭义之分。广义的学校制度包括为了指导学校的行为和与学校有关的组织、机构、人员等的行为而制定的教育法律法规等成文的规则体系，以及被学校所在社区中的组织、人员所认可的与学校有关的风俗习惯、道德准则等规则体系。狭义的学校制度主要指一个国家各级各类学校内部体系方面的规则。一般意义上所讲的学校制度主要是指后者，即关于学校组织管理各方面的规章制度建设。

现代学校制度是指能够适应知识社会转轨和知识社会发展需要，以新型的政校关系为基础，以现代教育观念为指导，学校依法民主、自主管理，能够促进学生、教职工、学校、学校所在社区的协调和可持续发展的一套完整的制度体系。

2. 小学现代学校制度的特征

现代学校制度与传统学校制度之间存在本质区别。《国家中长期教育改革和发展规划纲要（2010—2020年）》从结果的角度将现代学校制度的特点概括为“依法办学、自主管理、民主监督、社会参与”。从过程的角度来看，现代学校制度主要具有以下三个特征：

一是形成现代教育观。教育观指引着教育工作者的办学思路，影响着教育工作者的办学行为。现代教育观包含学校工作的方方面面，如现代的教育价值观、教育质量观、教学评价观、课程观、学生观等，其出发点和落脚点都是提高教育质量，促进学生的终身发展。

二是形成校本管理的组织架构。校本管理是 20 世纪 80 年代在西方发达国家兴起的,以学校发展为本,以学生发展为中心,以提高学校组织效能与教育质量为核心的学校管理制度。校本管理提倡学校自主发展,政府宏观调控,明确学校、政府、市场三者的关系,形成有效的制衡机制和合作机制,共同推动教育的发展。

三是形成多元参与的管理模式。现代学校制度要求形成决策、监督、执行三权分立,学生、家长、社区共同参与的多元管理方式,其根本目的在于保障学校的民主发展,真正体现教育相关者的利益,同时也能有效促进学校接受监督,关注自身绩效发展。

**(二)小学现代学校制度建设的主要困难**

现代学校制度建设,需要以正确处理学校与政府的关系为前提,以优化学校内部治理为核心,以构建和谐教育环境为保障。直至今日,小学现代学校制度建设仍面临着一系列困难。

1. 学校的办学自主权缺乏有效落实

重建政校关系是推动现代学校制度建设的基础和关键。对于政府而言,必须简政放权、政事分开,把属于学校自主发展的权利还给学校,改变“全能政府”的职能。同时,改变政府对学校的命令式管理,积极探索运用立法、执法、规划、政策、督导等手段来引导、支持学校建立可持续发展的新模式,为学校依法自主办学创设良好环境。党的十八大以来,国家治理、简政放权、依法治国等理念的确立,压缩了政府的权力空间,转变政府职能的要求使政府更多地关注制度建设、社会管理、公共服务和宏观调控。但是,学校的办学主体地位仍不明确,在人、财、物、课程及其他教学业务方面,政府对学校统得过多,校本管理远未形成,学校依法自主管理难以实现。

2. 学校内部管理机构的监督性不够

现代学校制度强调学校的办学主体地位,其核心就是“按照章程自主管理”,同时要求强化校长的民主、法治意识,妥善解决好学校利益相关方的合作问题,建立现代学校治理机制。按照共同治理的原则和要求,在教育行政部门向学校放权的同时,校长也要强化民主管理的理念,向学校内部实行“二次分权”,以保证学校管理更为科学、高效。但是,现行的学校内部管理制度中缺少对校长权力的有效监督机制和制衡机制,部分学校校长缺乏民主意识,个人专断作风比较严重,经验化、非制度化的做法比较普遍。与此同时,学校章程建设工作也未按照要求全面展开,不少学校仍在“无章办学”。①除此之外,当前学校制度建设中还存在严重的制度虚设现象,即从表面上看,各方面的制度十分“齐全”,但都缺乏具体的执行机制。②

3. 社会参与学校管理的实效性不强

现代学校制度建设需要调动社会力量,注重社会参与,形成多元共治的浓厚氛围。学校内部管理中的民主参与主要包括:建立以学校代表、教师代表、家长代表和社区代表为组织的学校议事制度,健全学校工会组织,实行教代会通过学校重大方针政策等,

---

① 陈立鹏、梁莹莹、王洪波:《我国中小学章程建设现状与思考》,《中国教育学刊》,2011 年第 1 期,第 24-28 页。

② 范魁元、刘景:《现代学校制度建设:现状与出路》,《中小学管理》,2010 年第 2 期,第 38-41,35 页。

把重大事项的决策权交给职工代表,并通过学校议事制度实施校务监督。这方面能否取得实效,很大程度上取决于学校与社会关系的理顺以及校长“让渡”权力的自觉和运用权力的智慧。但就实际情况而言,现代学校制度建设过程中社会参与的实效性还有待提高。以教职工代表大会制度为例,当前的学校管理实践中仍存在重行政意志轻民主参与、教代会制度不健全、地位和作用未能凸显、基本职权难以行使等诸多问题。①

**（三）小学现代学校制度建设的推进策略**

建立现代学校制度是一项未竟的事业,要完成这项事业,政府职能转变、学校机制建设和社会民主参与是重要的推进策略。

1. 督促政府职能的有序转变

在现代学校制度建设过程中,政府职能的有序转变是改革顺利推进的基础和前提。具体来说,一是要实现政府角色定位的有效转换。要改变长期以来教育行政机关“大校长”的角色,使“政府成为教育体系的建构者、教育条件的保障者、教育服务的提供者、教育公平的维护者、教育标准的制定者和教育质量的监管者”。②二是实现教育行政改革专业化取向。教育行政改革既有教育标准,又有行政标准,教育行政中的“行政”要为“教育”服务,对教育行政评价必须体现教育的行业性和专业性。三是调整简政放权的价值取向,选择适当的分权策略。将必须由中央或上级政府部门履行的职能上收,将必须下放给下级政府或学校的职能坚决下放,将一部分承担不了的、管不好或不该管的职能转移给非政府组织或社会中介服务组织。

2. 完善学校内部的机制建设

完善学校内部的机制建设,建立新的权力运行模式是现代学校制度建设的根本保障。一方面,要建立有效的权力监督和制衡机制。对于学校而言,政府和教育行政部门把属于学校的权力下放给学校,允许和鼓励学校自主办学,是学校自主发展的起点。但更重要的是,需要完善相关权力保障和制衡机制,以保证学校发展权力的有效使用,促进学校健康、持续发展。另一方面,要建立真正意义上的校本管理。校本管理是以学校为本,强调全员共同参与决策的机制。在校本管理下,校长应向教师、家长、社区人士和专家顾问分权,组建动态的学校发展委员会。学校发展委员会在经费预算、人员聘用、课程编制、教材选择以及其他事务方面参与学校的各种决策,对学校实行共同体式的改造,达成权利主体间的沟通与分享。同时,还应建立起相应的知识、信息、人事体系去承担、使用好下放的自主权,教育行政人员的素质也必须相应提高。

3. 拓展社会力量的参与渠道

现代学校制度建设也应建立以市场为主体的社会参与机制,拓展社会力量的参与渠道。公民代表、学区董事会、社团组织等形成社会力量,其与市场力量和行政力量的良好合作可以为学校变革制造环境氛围,并提供学校变革的社会依据和动力。③一方

① 杨明宏:《我国中小学基层民主管理式微——来自对中小学校教代会制度建设现状的调查》,《上海教育科研》,2010年第7期,第37-40页。

② 褚宏启:《政府与学校关系的重建》,《教育科学研究》,2005年第1期,第41-45页。

③ 张天雪著:《校长权力论——政府、公民社会和学校层面的研究》,教育科学出版社,2008年版,第111页。

面，实现“服务提供机制市场化”。在政府承担基本责任的前提下，推行公共服务生产过程的市场化，通过多元生产者之间的竞争降低成本，提高效率和质量。另一方面，建立健全中小学家长委员会制度。家长委员会承担参与教育工作，参与和监督学校管理，促进学校与家庭沟通、合作等职责，其成员由家长民主选举产生。学校应当提供必要条件，保障家长委员会对学校、教师的教育教学、管理活动实施监督，并提出意见和建议。同时，还应定期与家长委员会成员进行沟通，听取意见，扩大家长委员会对学校办学活动和管理行为的知情权、参与权和监督权。

## 三、 小学教育中介组织建构

自20世纪90年代初以来，随着社会主义市场经济体制的逐步建立，经济与社会诸领域开始培育中介组织生存与发展的肥沃土壤。为顺应政府职能转变的要求，完善教育公共治理机制，2010年颁布的《国家中长期教育改革和发展规划纲要（2010—2020年）》明确提出要“完善教育中介组织的准入、资助、监管和行业自律制度”。教育中介组织的建立与完善，在教育管理体制改革过程中具有极为重要的影响。

### （一）小学教育中介组织的内涵

1. 小学教育中介组织的含义

从系统论的角度分析，所谓“中介”是指两个或多个系统或者系统的构成要素间的中间媒介。在人们对社会领域事务的实施和管理中，必须强调彼此之间的密切合作和交流，为满足这一要求，一种旨在沟通和协调社会不同领域或管理机构之间关系的中间型组织便应运而生。由于该形式的组织一般独立于管理职能部门之外，且被视为不同系统或构成要素之间中间媒介的具体化和机构化，所以称之为“中介组织”。

在西方，教育中介组织被称为“中介团体”“缓冲组织”或“减压阀”，其目的是为了缓解政府、市场和学校之间的矛盾。美国著名高等教育专家伯顿·克拉克（B. Clark）从高等教育系统与国家、市场和学术权威整合的角度指出：“一个国家的高教系统可以主要由学术权威担任协调，而不是通过国家官僚的命令或市场型的相互作用。”①

教育中介组织，也是教育社会中介组织的简称，它一般是指参与政府教育决策和各级各类教育运行活动的教育审议会、咨询会、评议会、学校董事会和家长委员会等中介性机构。②教育中介组织的职能主要源于组织自身的机能和政府的委托授权。教育中介组织实际上是一类拥有较大自主权的非政府组织，它虽然不具有刚性的行政权能，也不具备直接指挥学校的权力，但可代表教育活动的利益相关各方，参与教育管理，提供相应服务。

2. 小学教育中介组织的作用

教育中介组织既可以代表学校向政府施压，影响政府的决策，也可以承担执行政府决策的责任，帮助学校完成政府下达的任务。③

---

① ［美］伯顿·克拉克著，王承绪等译：《高等教育系统——学术组织的跨国研究》，杭州大学出版社，1994年版，第156-158页。

② 王洛忠、安然：《社会中介组织：作用、问题与对策》，《求实》，2000年第11期，第28-30页。

③ 盛冰：《教育中介组织：现状、问题及发展前景》，《高教探索》，2002年第3期，第81-84页。

从政府职能转变和推进教育管理体制改革的角度来看,教育中介组织在实现教育决策科学化和民主化进程中具有关键作用;从依法治教的角度看,教育中介组织在推进我国教育法治化进程中具有重要意义;从建立与市场经济相适应的教育管理体制出发,教育中介组织在提供社会化专业服务方面具有突出作用。概括来说,教育中介组织的作用主要有以下四点:一是明晰政府与学校的权责关系。如通过建立校务监督委员会,既可以更好地强化政府对校长权力的监督机制,又可破解长期以来"政校不分"的困境。二是进一步促进政府转变职能。如通过发挥相关教育中介组织的作用,政府可从微观、具体、直接的繁琐事务管理中解放出来,把工作重心转移到宏观调控和监督服务上来。三是缓解政府与学校之间的直接冲突。由于教育中介组织的"间隔作用",削弱了政府行使教育管理职能的刚性,从而降低了政府与学校直接冲突的可能性。四是服务教育事业发展。如通过发挥决策咨询、质量测评、教育培训和信息服务,教育中介组织可以大力促进各级各类教育事业的健康发展。

3. 建构教育中介组织的意义

如何进一步调整学校与政府、学校与社会之间的权责利关系,是当今教育管理体制改革和建立现代学校制度的一大难题。教育中介组织的合理建构和有效运作,即为破解此一困局的关键所在。

一方面,在政府落实学校办学自主权之后,如何在校长负责制之下有效监督校长行使职权,一直是一个十分棘手的难题;另一方面,尽管"转变职能"的体制改革口号响彻云霄,但转变职能却一直步履维艰,其中一个重要原因就在于:新中国成立后高度集权化的计划管治模式,抑制了各类社会中介组织发育的可能性,以致在政府需要转变职能时,却缺乏相应的社会中介组织与之配合。因此,在政府与学校之间创设一类政府授权或委托的教育中介组织,使其发挥决策咨询、监督评价和业务指导等方面的作用,是真正实现"简政放权,转变职能,政校分开"的教育管理体制改革目标的关键举措。

**(二)小学教育中介组织的推进困境**

尽管教育中介组织在我国当前的教育管理体制改革过程中具有关键作用,但是在实践过程中,其仍面临重重阻碍。

1. 教育中介组织的作为空间有限

目前,我国仍然处于由传统计划体制向市场体制的转轨过程之中,"有限政府"的管制模式尚未真正形成。在我国,由于教育事业的公益性和作为政府主导教育产品的公共性,使得政府对教育事业的管理过于严格,开放度不高,教育服务的市场化程度也处于较低水平,这就使得教育中介组织的作为空间相对有限。具体而言,一方面,我国现有的教育中介组织数量并不充裕,除教育评价中介机构和留学中介机构之外,其他类型的教育中介组织相对不够活跃。另一方面,现有的教育中介机构多数也是在政府扶持下产生的,其业务来源主要取决于政府的委托情况,因此自身发展并不稳定。

2. 教育中介组织的实际影响较弱

正是因为政府是教育中介组织发展的积极倡导者乃至扶持者,使得二者的合作带有一定程度的不平等,甚至出现政府过度干涉的问题,教育中介组织的独立性并不强。

与此同时,目前学校普遍认为,政府才是其管理部门。因此,学校对教育中介组织的管理资质缺乏认可,将其工作看作是对学校本身正常教学秩序的干扰,进而导致学校接受中介服务的意识冷漠,对中介组织评价结果的接受度也不高,这也在一定程度上抑制了教育中介组织的发展。除此之外,由于经费有限,教育中介组织通常无力聘请专业人员从事项目的研发和跟进研究,加之政府对其服务的专业性要求也不高,这就导致中介组织将提供评估、管理、咨询等专业服务当成是一种事务性工作,自身专业程度也受到影响。

3. 教育中介组织的管理机制滞后

由于我国的教育中介组织起步较晚,其内外部管理机制建设均有待完善。从外部来说,政府对加强中介组织管理的认识不足,相关管理规定和标准建设较为滞后,尤其是对教育中介组织的资质认定标准、从业人员资格审查、运行管理规范等尚未建立统一的管理办法,教育中介组织的发展基本上处于自发、自为、无序的生存和管理状态。从内部来说,教育中介组织内部的专职人员相对较少,多数以临时聘请外部兼职为主,而在内部运作机制方面,也基本没有形成规范、严谨的内部管理办法和运作机制,主要依靠管理者的管理意识和管理能力自由发展。

### (三) 小学教育中介组织的完善策略

教育中介组织的培育和成长,可以提高社会力量参与办学和管理的积极性与可能性,使得教育资源按照市场规则进行高效配置和运作。为促进教育中介组织的合理建构,应从多个方面加以推进和完善。

1. 确立教育中介组织的主体地位

确立教育中介组织在教育管理中的主体地位是实现其健康发展的基本保障。一是要加快我国中央和地方有关教育中介组织的立法进程,对教育中介组织的地位、形式、性质和作用等加以明确规范,从而为教育中介组织的发展和运作提供可靠的法律保障。只有纳入法治化轨道,作为教育决策咨询重要载体的教育中介组织才能真正发挥功能和作用。二是政府可依据实际需要,向教育中介组织"让渡"部分权能,使自身从具体、繁琐的教育事务中解放出来,同时也帮助教育中介组织实现长期稳定发展。三是政府必须进一步加大转变职能的力度,淡化自身在专业领域内的直接管理职能,为教育中介组织的发展和壮大提供广阔的空间和舞台。同时,除对委托项目提出具体要求外,政府还应尽量减少对具体过程的干扰,以保障中介组织的独立性。

2. 促进教育中介组织的自身改革

任何一个机构的成功都是建立在自身健康规范发展的基础之上的。除了从政府方面建立平等竞争机制,提高教育中介组织的市场化运作能力,以及主动、有意识地引导公办学校开展社会评价和管理服务,推动市场发展和中介组织发展之外,教育中介组织也应适时开展自身改革。只有机构自身队伍素质高、服务水平高,才能产生良好的外部评价,建立起社会公信。这就要求教育中介组织要形成一支高素质的、稳定的专家团队,加强政策解读与诚信建设,不断提升自身专业水平。值得注意的是,与政府及教育行政部门对教育的管理不同,教育中介组织的管理更多体现为专业性、服务性、咨询性的管理。因此,教育中介组织在对教育或学校进行管理时,仅能提供咨询或提出建议,不应影响教育或学校正常运转。

3. 完善教育中介组织的监管机制

教育中介组织的健康良性发展需要完善的法律保障,也需要健全的制度环境。就目前情况来看,通过法律法规来规范中介组织发展的重要性已被广泛接纳,地方性中介组织管理条例或管理规定纷纷出台,但是仍缺少全国性的法律来统一规范各地的教育中介市场。与此同时,还应及时制定出台各类教育中介组织设置的资质标准和人员准入条件,以进一步加强对中介组织的专业性要求。教育中介组织的社会公信度取决于社会对他们服务质量的了解和行业的认可。为了使教育相关各方及时了解中介组织的专业水平和服务质量,还可建立教育中介组织年检制度,委托有资质的专业机构或政府管理部门对教育中介组织进行年检,并向社会公开检查结果,以此对教育中介组织形成一定的激励、监督和约束作用。

## 本章小结

教育管理体制是指一个国家在一定的政治、经济和文化制度基础上建立起来的对教育事业进行组织管理的组织结构形式与工作制度的总和。教育管理体制主要包含宏观层面的教育行政管理体制和微观层面的学校内部管理体制两方面内容。概括地说,教育管理体制具有领导指挥、权力分配、分工协作和提高效率四种功能,其发展演变主要受国际教育改革潮流、国家政治体制、社会经济状况、历史文化传统和管理主体观念等因素的影响。

根据中央和地方分配教育事权程度的不同,可以将教育行政管理体制分为中央集权制、地方分权制和中央地方合作制三种类型。不同类型的教育行政管理体制各有其优缺点。在世界范围内,法国、美国、日本的教育行政管理体制分别较为典型地表现为上述三种类型。与之相对应,三国的小学内部管理体制也呈现出不同的特点。

当前,我国小学教育阶段的教育行政管理体制是国务院领导,省、自治区、直辖市人民政府统筹规划实施,县级人民政府为主管理的地方负责、分级管理的体制,小学学校内部实行党组织领导下的校长负责制。为进一步实现小学教育高质量发展的目标,现阶段我国在小学教育管理体制改革方面分别实施了教育管办评分离改革、现代学校制度建设以及构建教育中介组织等一系列实践探索。

本章拓展案例

## 思考题

**一、单项选择题**

1. 目前我国的教育管理体制中,基础教育的主管部门是(　　)。

A. 县级人民政府　　B. 省级人民政府

C. 县级教育行政部门　　D. 中小学校长

2. 目前,我国小学内部实行的教育管理体制是(　　)。

A. 校长负责制　　B. 校长责任制

C. 党组织领导下的校长负责制　　D. 教代会负责制

3. 美国的教育行政管理体制属于(　　)。

A. 中央集权制　　B. 地方分权制

C. 中央地方合作制　　D. 首长决策制

4. 以下不属于现代学校制度特点的是(　　)。

A. 依法办学　　B. 社会参与

C. 封闭办学　　D. 自主管理

5. 下列机构中，属于教育中介组织的是（　　）。

A. 县教育局　　B. 省委党校

C. 学校教研室　　D. 21 世纪教育发展研究院

**二、名词解释题**

1. 小学教育管理体制

2. 现代学校制度

3. 教育中介组织

**三、简答题**

1. 简述小学教育管理体制的功能。

2. 简述小学教育管理体制改革与发展的主要影响因素。

3. 简述中央集权制与地方分权制的异同。

4. 简述实施小学教育管办评分离改革的现实意义。

5. 简述小学教育中介组织的作用。

**四、论述题**

1. 试述我国小学教育行政管理体制的演变历程及其基本特点。

2. 试论小学现代学校制度的特征与推进策略。

第三章思考题参考答案

**延伸阅读材料**


1. 王璐、尤铮等著：《管办评分离下第三方教育评价比较研究》，人民出版社，2023 年版。

2. 范国睿等著：《教育治理的逻辑：基于管办评分离的教育改革》，教育科学出版社，2021 年版。

3. 张茂聪、张雷等著：《公平与均衡：义务教育管理体制改革及制度保障》，山东教育出版社，2013 年版。

4. 王晋：《在“能人治校”和“依法治校”之间：现代学校制度的当下境遇——兼论校长职能转变的“加减法”》，《教育发展研究》，2021 年第 11 期。

5. 林美、谢少华：《改革开放以来我国义务教育管理体制之学术研究：历程、特征与展望》，《现代教育管理》，2021 年第 6 期。

6. 孙绵涛、李莎：《试论教育体制理论的生成》，《教育研究》，2019 年第 1 期。

# 第四章　小学德育工作管理

## 知识导图

- 小学德育工作管理
  - 小学德育管理概述
    - 小学德育管理的概念及意义
      - 小学德育管理的概念
      - 小学德育管理的意义
    - 小学德育管理的内容
      - 德育目标管理
      - 德育组织管理
      - 德育制度管理
      - 德育环境管理
      - 学生品行管理
    - 小学德育管理的时代挑战
      - 物质时代与市场经济的挑战
      - 科学技术与网络媒体的挑战
      - 价值多元与并喻文化的挑战
  - 小学德育管理体系
    - 小学德育管理体制
    - 小学德育管理的基本环节
      - 设置德育管理目标
      - 制订德育工作计划
      - 实施德育工作检查
      - 开展德育工作总结
    - 小学德育管理的运行方式
      - 校级德育管理的运行
      - 学校中层德育管理的运行
      - 班级德育管理的运行
    - 小学德育管理原则
      - 教育性原则
      - 主体性原则
      - 整合性原则
      - 动态性原则
      - 实效性原则
    - 小学德育管理方法
      - 行为控制法
      - 动机激励法
      - 环境陶冶法
  - 小学班级德育管理
    - 班级德育管理概述
      - 班级及其德育功能
      - 班级德育管理的特点
    - 小学现代班级管理的发展趋向
      - 师生共治的合作型管理
      - 全员参与的民主型管理
    - 小学班级德育管理的运作
      - 健全班级管理组织和制度
      - 培养班级管理骨干
      - 加强班级个别指导
      - 优化班级道德环境
      - 形成班级教育合力

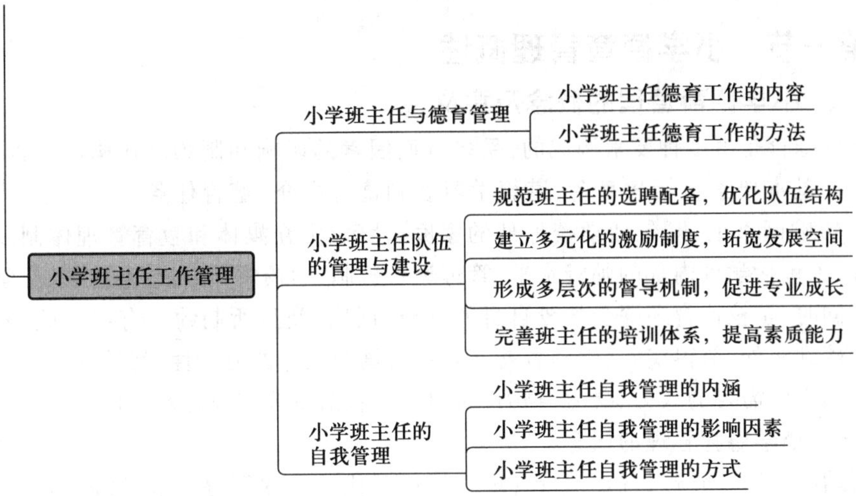


## 学习目标

1. 识记

◆ 小学德育管理的定义

◆ 小学德育管理的内容

◆ 小学德育管理的原则

2. 领会

◆ 小学德育管理的时代挑战

◆ 小学德育管理体制

◆ 小学德育管理的基本环节

◆ 小学班级非正式群体管理

3. 应用

◆ 小学德育管理方法

◆ 小学班级德育管理

◆ 小学班主任队伍的管理与建设

◆ 小学班主任的自我管理

## 建议学时

6 学时

## 教师导学

本章主要介绍小学德育工作管理。第一节从小学德育管理的概念和意义出发，明确小学德育管理的基本内容，揭示当前小学德育管理面临的时代挑战。第二节主要论述了小学德育管理的体系，对小学德育管理的体制、基本环节、运行方式、原则、方法等内容展开系统论述。第三节聚焦于小学班级德育管理，阐释班级、班级德育管理的功能及小学现代班级管理的发展趋向，并进一步分析小学班级德育管理的运作。第四节介绍小学班主任工作管理，发掘小学班主任在德育管理中的角色和作用，提出小学班主任的队伍管理与建设路径，推动班主任的自我管理。

## 第一节　小学德育管理概述

### 一、小学德育管理的概念及意义

学校德育是由多种要素构成的，受多方面因素的影响和制约。在构成要素上，学校德育的基本要素包括教育者、道德学习者和德育中介（德育任务、内容、手段、方法等）；在影响因素上，既包括学校外部的家庭、社区、大众媒体和教育管理体制及运行机制等，也包括学校内部的师资水平、管理运行机制、学校领导方式、群体氛围、学校传统等。同时，学校德育还深受学校自身的性质、层次、类型所制约。有鉴于此，要使学校德育落到实处、取得实效，管理者就必须针对德育工作的复杂性、特殊性、专门性，对德育过程中所需要的人力、财力、物力、时间、空间、信息等实施有效管理。

**（一）小学德育管理的概念**

所谓小学德育管理，就是学校管理者根据现代社会的德育要求，遵循小学生品德发展和小学管理的一般规律，通过计划、组织、沟通、协调等，促进各种德育活动要素和管理要素的有机整合，从而达成小学德育目标的活动过程。从这一定义中，我们可以看出：

第一，小学德育管理是小学管理的重要组成部分。由于现代学校管理需要不断朝科学化管理和人文化管理相结合的方向努力，所以，小学德育管理必须以一定的学校管理思想为指导，自觉遵循学校管理的一般规律，把握组织管理的各个环节，由此达成管理目标。

第二，小学德育管理的指向是小学德育目标。有效开展小学德育管理，必须在德育的根本目的的精神指引下，遵循小学生品德发展的一般规律，把培养小学生的文明行为习惯、基本社会公德和良好的意志、品格和活泼开朗的性格，以及初步的爱国情感和民族精神，作为德育管理活动的内在动因和评价标准。

第三，小学德育管理具有特殊性、专门性。作为小学管理的一个特殊层面，小学德育管理有着自己的管理对象、管理内容。比如：作为德育管理对象的各类人员、各种组织或机构及其相互关系，作为德育管理活动要素的人力、财力、物力、时间、空间、信息等，以及作为德育管理内容的各种德育任务、各类德育活动，尤其是学生品行、师德等。因此，有的放矢、讲求针对性，是小学德育管理的基本要求。

**（二）小学德育管理的意义**

德育管理是促进人们的德育思想转化为有效的德育实践活动的重要中介。在小学德育实践中，德育管理的意义在于：

1. 明确学校的德育责任，落实德育的实体地位

在教育实践中，并不存在纯粹的德育活动，德育、智育、体育无法截然分开。尽管如此，由于知识、技能对个人和对社会发展的重要意义，加上当代中国社会所具有的转型特征，使得实践中的学校教育逐渐被窄化为以知识传授、技能训练为中心的专门活动，以至于“讲起来首要，做起来次要，忙起来不要”成为德育处境的真实写照。这样，强调德育之于“成人”的重要意义，注意凸显德育相对独立的实体地位，便变得必要起来。事实上，我国的教育实践也已表明，德育“从来都是作为一个教育的独立实体客

观地存在着"①。加强小学德育管理,便有利于进一步明确小学的德育责任,有利于把小学德育建成可以操作和调控的相对独立的实体。

当然,通过加强德育管理来落实德育的实体地位,并不是要在小学里把德育变成是某几个人、某几个机构、某几门课程的事情,而是针对德育面临的复杂问题和教育实践中过于偏重知识、技能的事实,强调专业化的人员、专门的管理对于落实小学德育的重要意义。

2. 强化教育者的德育意识,调动德育工作者的积极性

全员负责、全面渗透,展现了道德及道德教育的本来面目。显然,小学德育的实施主体,必须是全体小学教师。可是,在片面追求升学率、"分数至上"的现实背景下,人人负责却谁也不去负责,表面上涵盖道德价值却无暇顾及道德价值,成为小学德育的真实写照。有鉴于此,加强小学德育管理,通过明确不同学科、不同岗位教师的育人职责,增进他们在德育问题及其解决方法上的沟通、交流与协作,便有利于增强全体教师的德育意识,提高他们的专门能力。同时,落实小学德育的实体地位,关键还在于设法提高小学德育工作者的积极性、主动性,建设一支包括德育专任教师、班主任、辅导员等在内的高素质的小学德育工作者队伍。只有通过加强小学德育管理,制定有利于培养小学德育工作专业队伍、激发其工作积极性的规章制度,以及提升其专业能力、促进其专业成长的方案和措施,并对他们的工作经常进行指导、检查和督促,才能真正使小学德育工作者进一步明确自己的角色地位和工作职责,增强他们积极、主动、有创造性地从事小学德育工作的动力。

3. 改良学校风气,营造良好的道德氛围

校风是学校全体成员在思想、学习、工作、生活诸方面所表现出来的相对稳定的态度和行为方式的总和,包括教师的教风、学生的学风、学校管理者的领导作风等。在学校管理的意义上,校风是一所学校的办学思想、管理意识、管理制度、办学特色的集中体现;在教育伦理的意义上,校风所反映的则是学校的基本精神状态和道德风貌,它广泛渗透在教师的素养及其教学活动之中、学生的素质及其学习活动之中、学校管理者的道德领导能力及其管理活动之中,通过学校的人际互动、教育活动和整体氛围而得以体现。优良的校风一旦形成,就会成为一种强大的感召力和约束力,对每个学校成员尤其是学生在思想、态度和行为上产生潜移默化的影响。因此,不断改良学校校风,营造良好的道德氛围,对于改进小学德育工作、提高小学德育实效至关重要。

然而,小学校风的改良、道德氛围的形成,并非一朝一夕、一蹴而就的事情。它既需要小学管理者依据小学管理的一般规律,通过制度规范、纪律约束等实施科学化、民主化管理,又需要小学管理者基于小学教育目标和道德领导理念,针对具体时空背景下的对象、事件、情境来随机应变、因地制宜,体现管理的人性化和人本化,努力促进学校、班级成为道德社区。显然,从学校管理的不同领域和具体内容上来说,这些都是小学德育管理的直接使命。

4. 协调各方教育力量,发挥德育的整体效果

个体的品德形成与发展是一个极其复杂的过程,受学校、家庭、社会以及个体自身

① 鲁洁、王逢贤主编:《德育新论》,江苏教育出版社,2002年版,第130页。

等多种因素的影响和制约。因此，积极影响、主动促进个体品德的形成与发展，是一项系统工程。这项系统工程，既涉及对诸多影响因素的综合考虑和对多方教育力量的协调，也涉及对专门育人机构——学校内部各种影响因素和教育力量的统筹。只有这样，才可能真正发挥德育的整体效果。

就学校外部而言，小学德育管理围绕小学生的思想现状和品行表现，深入了解和分析诸种影响因素及其作用方式，从学校实际出发，开发和利用各种德育资源，创设各种活动情境和机会，促进学校与社区之间的有机联系、教师与家长之间的有效沟通，从而在一定程度上整合多方面的教育影响，发挥德育的整体效果。就学校内部而言，德育从来都不是专门机构、专门人员通过专门活动就可以奏效的，它必须依赖于学校内部各种影响因素和教育力量的整合。小学德育管理需要通过制定德育整体方案、明确部门职责、协调内部教育力量、调动全体教职工的积极性等，使德育过程纳入完整的小学管理过程之中，并成为一个具有相对独立性的、动态的管理过程，才能发挥德育的整体效果。

## 二、 小学德育管理的内容

德育管理者和被管理者是德育管理的主要要素，德育管理者是德育管理的主体。除了被管理者这一人力因素以外，通过德育资源、德育活动等所体现出的财力、物力、时间、空间、信息等，构成了德育管理活动的几大要素。从德育管理的任务上看，不断加强对德育工作和学生品行的有效管理，是小学德育管理的基本内容。就小学德育管理的实践而言，德育管理又可以分为德育目标管理、德育组织管理、德育制度管理、德育环境管理和学生品行管理。

### （一）德育目标管理

根据国家德育标准，学校要从实际出发，制定本校的总体德育目标和阶段（学年或学期）德育目标，并处理好总目标和子目标、整体目标和局部目标、长期目标和短期目标、组织目标和个人目标之间的关系，指导、督促和评价各级各类目标的达成情况。需要说明的是，作为小学德育管理的重要内容，德育目标管理不同于作为管理模式的目标管理。在学校管理实务中，小学德育管理对于目标管理基本思想的吸取和借鉴，需要充分考虑小学德育活动和德育的基本特点。

### （二）德育组织管理

小学德育组织管理包括：建立德育管理的组织机构，形成基本的德育工作队伍；调动各机构、各部门及其相关人员的工作积极性、主动性、创造性；协调各机构、各部门之间的关系，整合各机构、各部门的力量，形成学校内部的教育合力；密切家庭、社区、学校等不同教育力量之间的联系，加强互动和协作；提高德育管理过程中人力、物力、财力和时间、空间、信息等要素的利用效率和效益。

### （三）德育制度管理

建立和健全各种德育管理制度，包括德育机构设置、德育队伍建设、德育资源的开发与利用、学生品行管理等方面的规章制度，尤其是德育机构设置及岗位职责、人员选聘，班级管理制度和班主任的选聘、任用与考核，对全体教职工的德育要求及管理条例，学生守则和其他学生管理规章，等等。此外，德育制度管理还涉及如何保证和督促各种德育制度的落实，并及时进行调整、补充、修改等方面的内容。

### （四）德育环境管理

学校德育环境是指学校德育活动得以开展的内外时空条件的总和，包括学校组织外环境和学校组织内环境。前者包括宏观层面上的经济、政治、文化、社会心理环境，中观、微观层面上的社区、家庭、大众传媒等；后者包括学校内部的学校领导方式、师生关系、同辈群体、学校风气或氛围、学校传统，以及学校和班级的空间布置等。狭义上的德育环境专指学校为促进学生品德的形成和发展，有意识地创设的物质环境和精神氛围。就学校组织外环境而言，德育环境管理主要在于了解社会环境及其对小学生品德发展的影响，加强与公共管理机构、社区、家庭的联系和沟通，努力取得家长、社会各方力量对于德育工作的支持和配合；就学校组织内环境而言，德育环境管理主要涉及如何在全面育人的精神指引下，端正办学思想、改善领导作风、融洽人际关系、加强育人环境建设、形成良好校风和学校传统等方面。

### （五）学生品行管理

学生品行管理既是学校德育管理的基本内容，又是学校德育管理成效高低的直接体现。在小学阶段，如何通过加强小学生的日常行为管理，尤其是生活习惯、学习习惯、人际交往习惯，从而帮助小学生养成良好的品行，是小学德育管理中学生管理工作的中心任务。

## 三、小学德育管理的时代挑战

### （一）物质时代与市场经济的挑战

中国社会正处在由传统向现代化全面转型的关键时期，经济体制、社会结构、利益格局、思想观念都在发生深刻变化，而诸种变化的发生，又是基于全球化、信息化、多元化的世界大背景，因而倍显复杂。

第二次世界大战以来，西方经济的突飞猛进虽然大大提高了人们的物质生活水平，但也出现了明显的道德水平低下、人的精神面貌不佳乃至颓废、社会风气败坏等社会问题，包括吸毒、自杀、性道德问题以及消费至上、物质至上、个人至上等观念。这种社会状态严重影响了学校正常的教学秩序，阻碍了学生的健康发展。在一些欧美国家，20 世纪 50 年代的青年一代被称为“垮掉的一代”，60 年代出现“嬉皮士”，70—80 年代又出现“疏离的青年问题”，到了 90 年代，有人则把这代青少年称为“长不大的一代”。在日本，20 世纪 70 年代以前，犯罪原因多半是贫穷，而后则产生了更多“以消遣为目的的犯罪”。在美国，20 世纪 60 年代的性解放运动产生了不断增长的“孩子妈妈”现象，以至到 80 年代末，有人在大学里发起了所谓的“贞节运动”。所有这些，都极大地冲击着传统的学校德育。因此，从 20 世纪 50—60 年代开始，西方社会就重新重视学校德育，并着手改造传统德育，改变传统的德育模式，力求使受教育者适应现实、寻求精神价值，培养其辨别力、判断力和选择力；而自 20 世纪 80 年代开始，在美国复兴的“品格教育”运动，其影响也日趋广泛，乃至逐渐成为学校德育的主流声音。

利益多元且分化加剧、私欲私利的膨胀和对感官享乐的崇尚等，使人们陷入对物质的盲目追求之中。“追逐金钱的活动，在中国从未形成这样一种全面参与、铺天盖地、来势汹汹的金钱潮；对金钱意义的张扬，也从来没有达到这样一种藐视任何道德法则的地步……以致教养、文化水准很不相同的社会各阶层，在追求金钱的过程中，其行为方式之不道德在本质上并没有多大的差别。”[①]与对金钱、对名利的追逐相对应的就是，人们逐渐将自我、幸福与对他人、对社会、对人类的关爱相分离，乃至注重道德修养和提升人文精神亦成为饭后谈资和喧嚣声中的“呐喊”。对于身处其中的青少年来说，深受此种成长环境的影响乃是必然。小学德育管理由此面临着前所未有的挑战。

此外，城乡就业结构、家庭结构变迁等引发出来的诸种社会现象，如留守儿童、单亲家庭等，也使得学校德育面临着更为繁杂而艰巨的新问题和新课题。

**（二）科学技术与网络媒体的挑战**

新兴科学技术的发展虽使人们的生活水平急剧提升，可它却无法解决人类心灵的困扰，也无法克服自身所带来的各种问题。这些问题都需要学校教育直接去面对。一方面，科学技术的进步造成了社会的急剧变迁，但在面对各种新的道德问题时却不能给出令人满意的解答，如堕胎、安乐死以及“克隆”技术的应用等，这样便需要培养人们相应的思考力和对人类自身价值的认识力；另一方面，在对技术所能解决人类问题的限度，以及它可能带给人类及自然的灾祸，如核武器、能源危机、环境污染、生态破坏、网络“黑客”等有了更加深切的认识之后，人们在进一步重视科技创新、科技发展的同时不再只是谈论科技至上，而是反思人文素养的重要性，开始在“科技—人—社会—自然”的大系统中重新审视人的价值，重视教育对提高人的素养的意义，以求不断提高人类对自身价值的认识，并祈求在人、社会、自然的和谐发展之中不懈地提升人自身的价值。

以互联网为标志的新兴媒体的快速发展，在为儿童和青少年的学习和娱乐开辟新渠道的同时，更是增强了学校德育的复杂性，提高了学校德育的难度，同时也向班主任提出了德育管理工作的新要求。这些新兴媒体，以空间虚拟、身份隐形为特征，推崇自主选择和自由表达，充分满足了儿童和青少年的好奇心、求知欲和自主愿望，但判断力的迷失、责任的缺位、自控力的消弭，亦在不知不觉中消解了来自家庭和学校的影响，部分儿童和青少年更是沉迷其中、不能自拔，以至于精神空虚、自我迷失、行为失范，甚至步上违法犯罪的歧途。如何引导和帮助未成年人更好地利用新兴媒体而不被新兴媒体所利用，成为现代德育的新课题。

1. 德育管理的理念滞后

在数字化社会中，传统低效的说教式管理模式不符合现代学生获取信息的方式、方法、审美，亦无法适应社会主义现代化建设的需求，成效乏善可陈。信息技术与德育管理的融合提升了德育管理的复杂性，那么，更新教师的德育管理理念，根据小学生的身心发展特点和需要，合理使用信息技术对学生进行德育管理，利用网络开展新形式的德育活动，如线上心理健康教育、线上交互学习等，帮助学生接受并适应信息化管理模式，及时发掘信息的教育价值并融入班级管理建设之中，是新时代开展德育管理工作需要努力的方向。

2. 管理者的信息素养不足

《中共中央 国务院关于全面深化新时代教师队伍建设改革的意见》明确指出：“教师主动适应信息化、人工智能等新技术变革，积极有效开展教育教学。”当前，越来

---

① 刘智峰主编：《道德中国：当代中国道德伦理的深重忧思》，中国社会科学出版社，1999年版，第55页。

越多的德育工作者积极投身于教育数字化转型的队伍中，然而，大部分教育者受限于技术知识储备的匮乏和信息素养的欠缺，在德育管理中扮演着“工具人”的角色。比如，面对智媒时代带来的工作改变，一些教师依然处于不了解、难适应的阶段；有些技术和设备应用起来过于复杂繁琐，于管理者而言反而成为一种负担；有些管理者为了创新德育管理模式，盲目地将信息技术引入到德育管理工作中，但实际与教育内容和教育目标并不契合，反而降低了管理成效，与初衷背道而驰。凡此种种，都是管理者信息素养不足的体现。

3. 信息交流与监督机制匮乏

在智媒时代，手机、电脑等媒介将信息、社会、个体、资源连接成一体，青少年可以超越时间限制、打破空间障碍，实现自主的交互，获得公平、自由、个性的学习机会。网络平台作为学生德育学习的重要场域之一，充斥着各种良莠不齐的信息，威胁着学生身心健康的成长。小学生正处于道德品格形塑与价值观发展的初始阶段，尚未养成足够的信息分辨能力、技术反思能力和自我管控能力，加之社会、家庭、学校层面的信息交流与监督机制相对匮乏，监管制度未落实，监管实施形同虚设，监督责任界定不清晰等，对未成年人的网络话语、行为难以加以规范引导，容易导致其沉迷网络世界，身体与心灵遭受互联网侵蚀。

**（三）价值多元与并喻文化的挑战**

全球化、国际化发展使不同国家和地区之间的交往日趋频繁，文化交融日趋普遍，加之社会变迁本身呈现出新的特点（范围大、速度快、内容新等），在过去追求单一化社会时所建立起来的稳固的思想意识、价值观念、道德准则等，逐渐失去了以往的权威性，价值多元化正在成为一种社会现实。但是，价值多元并不意味着价值相对主义和狭隘的个人主义，更不意味着“怎么都行”。面对价值多元化的时代挑战，小学德育管理必须突破以塑造、灌输为基本特征的传统德育模式的局限，在汲取传统德育智慧的同时，通过客观、民主、协商的方式，把价值引导和自主选择有机结合起来，为现代化、民主化、多元化的社会发展需求服务，为培养真正自主、自律的现代公民奠定良好基础。

1. 突破以单向、契约为特征的传统德育管理模式

小学德育管理成效之高低，直接受制于现行的教育管理体制。我国现行的教育管理体制虽然不断调整和改进，但从促进德育落到实处、取得德育实效的角度出发，依然存在着不能充分适应德育改革形势的诸多问题。这些问题既存在于宏观的教育管理体制之中，也表现在微观的学校管理过程里，包括管理职能上的不适应、管理机制上的不适应、评价体系上的不适应、业务指导上的不适应等。管理职能过多、过细，业务主管部门之间协调不足、沟通不畅，学校内部管理科层化、等级化，等等，都是此种不适应在教育实践中的具体表征，也是导致学校德育外在化、形式化、边缘化的重要原因。与此同时，这些问题也表征在德育管理形式上，即塑造了以单向、契约为特征的德育管理模式，其内部要素的互动关系机械僵化，崇尚“一刀切”“齐步走”式的单向命令式管理方法。要应对小学德育管理面临的诸种挑战，彻底根除教育实践中教育服务于管理的非正常现象，就必须进一步深化教育管理体制改革，理顺行政管理、业务督导和自主办学之间的内在关系。

2. 转向以对话、交互为特征的关系德育管理模式

小学德育管理是一种文化现象，是传统文化与现代文化交织碰撞的文化产物。美国人类学家米德(M. Mead)在《文化与承诺》一书中指出文化的三种基本形式：前喻文化、并喻文化和后喻文化。前喻文化下的德育管理是自上而下的单向文化传输，德育管理的双方具有不平等性；后喻文化的德育管理意味着文化反哺，去中心化的德育管理模式有可能造成管理的无序状态。网络时代的到来拉开了并喻文化的帷幕，并喻文化具有平等性与共享性的特征，提倡以对话、交互、相互学习、彼此认同为特征的关系德育管理模式。

在关系德育管理模式下，小学德育管理是一项系统工作，系统内部由管理者、教育者、受教育者及德育管理的制度、内容、方法、组织机构等诸要素构成，各个要素之间彼此协同、相互作用，共同组成了庞大复杂的德育管理关系网。校长、班主任、任课教师、家长等各方德育工作者以及政教处、共青团、少先队、家长委员会等组织机构都是德育管理系统的重要组成部分。关系德育管理模式注重系统要素之间的对话、沟通、协作，主张在民主的领导体系和宽松和谐的管理环境下由管理者对德育工作进行整体系统的部署安排，明确每个人在德育组织中的隶属位置和职责关系，理顺各层级之间的关系，使德育过程的各要素有机运转；充分发挥德育组织的协同力和凝聚力，协调学校德育、社会教育、家庭教育之间的关系，整合德育力量，使德育过程中的各要素相互配合、通力合作，提升德育成效。关系德育管理模式下民主平等的管理氛围有助于为师生营造和谐的生活环境和学习氛围，引导学生的德行日臻完善。

## 第二节　小学德育管理体系

学校组织是整个教育管理系统中具有开放性、动态性的子系统，是整个教育管理体制中的一个层级，也是教育管理的具体对象之一。在宏观的教育管理层面上，学校德育管理是学校组织的重要工作内容；在微观层面上，学校组织自身又是一个相对独立的组织管理系统。作为专门的育人机构，学校组织所具有的特殊性、专门性、专业性，决定着学校德育管理的特殊性和独特的运行方式。

### 一、小学德育管理体制

早在20世纪20—30年代，我国小学就十分重视德育管理，尤其是注重建立和健全行之有效的训育制度，加强对学生的思想和品行的管理。比如，部分学校在承续1919年之前各种规章、条例的做法的同时，改进训育的级任制，采用值日员制和级任制相结合的方式，级任教员主导，各教员和训导主任、主事校长共同负责；部分著名小学则改级任制为训导制。同时，各学校还特别重视明定校训和童子军的德育管理意义。①

在当代，我国的小学德育管理与小学教务管理、小学总务管理、小学师资队伍建设等一起，共同构成了小学管理的整体，它们相互交叉，相互影响，相互制约，密不可分。但是，由于它们各具不同性质，各有其特点，因而也各自存在着相对独立的管理体制和

---

① 郑航著：《中国近代德育课程史》，人民教育出版社，2004年版，第207-208页。

独特的运行方式。考虑到中小学德育管理的性质和特点，早在 1988 年，《中共中央关于改革和加强中小学德育工作的通知》就提出要建立“校长负责德育工作的体制”。到 1994 年，《中共中央关于进一步加强和改进学校德育工作的若干意见》更是明确要求，中小学要在党委（总支、支部）的统一部署下，建立和完善校长及行政系统为主实施的德育管理体制。此外，为了使学校内外的德育影响更加协调一致，乃至形成教育合力，2004 年，《中共中央 国务院关于进一步加强和改进未成年人思想道德建设的若干意见》还特别强调，要建立健全学校、家庭、社会相结合的未成年人思想道德教育体系，使学校教育、家庭教育和社会教育相互配合，相互促进。

总体来看，我国中小学实行的领导管理体制为校长负责制，党组织起指导、监督和保证作用，这就大体决定了我国小学德育管理体制的基本模式（如图 4-1 所示）。不过，在小学教育实践中，由于受区域、学校规模、教育条件等因素的影响，且不同学校的管理模式、领导风格不尽相同，所以，不同地区、不同学校在德育管理体制上也存在着差异。

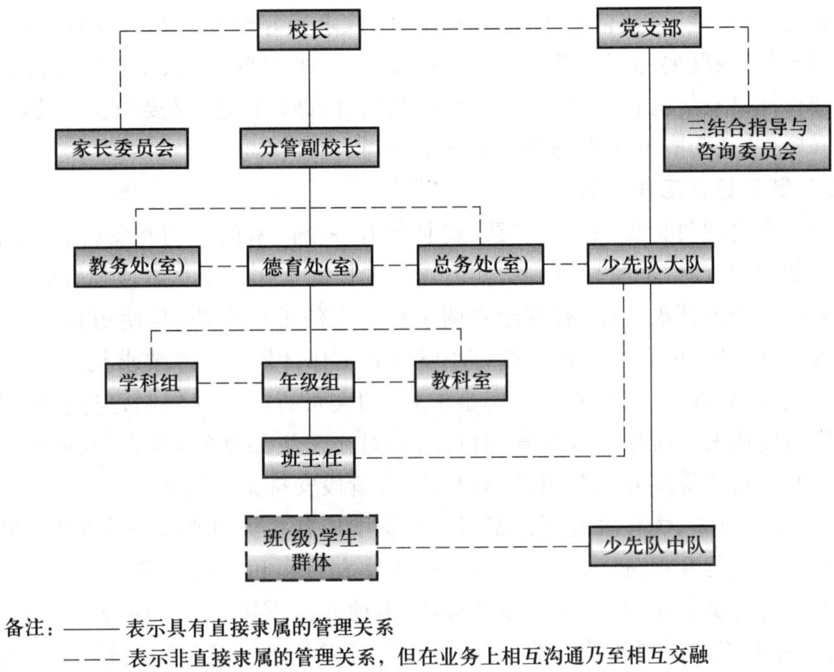


图 4-1　我国小学德育管理体制的基本模式

## 二、小学德育管理的基本环节

依照人们对学校管理过程的一般理解，可以把小学德育管理过程区分为计划、组织、沟通、协调、督导（或评价）等功能性环节；依据中小学学校管理过程的工作环节，可以把小学德育管理过程看作是由目标、计划、检查、总结等环节所构成的整体。① 在这里，我们将分别就小学德育管理的工作环节进行具体阐述。

① 胡守棻主编：《德育原理》，北京师范大学出版社，1989 年版，第 246-252 页。

### （一）设置德育管理目标

德育管理是为实现学校德育总目标、总任务而服务的。在小学的不同学习阶段，有着不同的德育目标；在不同地区的不同学校，也有着不尽相同的校本德育目标。如何把德育目标分解为具体化、可操作性的目标，调动学校的人力、物力、财力，协调好各方教育力量、各种教育影响因素之间的关系，便涉及德育管理目标的制定问题。

良好的小学德育管理目标，指明了学校德育工作的具体方向，明确了不同阶段德育工作的重心，有利于增强德育工作的目的性，有利于对学校内部各种组织或机构、各种人员提出明确而统一的工作要求，有利于调动德育工作者和广大教师参与德育工作的积极性、主动性，从而使学校德育落到实处、取得实效。

小学德育管理目标的设置，必须以小学德育目标为指引，充分考虑小学生品德发展的特点和水平，充分考虑本地、本校的实际情况，要对学校德育管理工作具有明确的指向性和指导意义。在目标设置过程中，既要遵循小学生品德形成和发展的规律，又要关注小学德育所面临的新形势、新任务，从而满足个体发展和社会发展的需要；既要体现前瞻性、超前性，又要体现现实性、连续性，以求较好地发挥德育管理目标的指向功能和指导作用；既要体现小学德育的统一要求，又要反映本地、本校的实际状况，使德育管理目标具有针对性、实操性；既要体现校长的办学理念，又要切合学校德育工作的基础和条件，从而有利于教师和学生全员参与、全程参与。

### （二）制订德育工作计划

小学德育管理目标要想付诸实践，就必须有一个周密的计划和安排，以保证德育管理目标能够有步骤、分阶段得到落实。周密的德育工作计划可以使德育管理者与被管理者有的放矢地开展工作，有利于协调学校各方的工作步调，是使德育目标和内容得以层次化、序列化的重要保证。制订小学德育工作计划的基本要求是：

第一，以德育管理目标为指引，实事求是，切实可行。在计划制订过程中，依据学校在一定时期或发展阶段的德育管理目标，针对小学生品德的现状和发展水平，从学校人力、物力、财力等实际情况出发，有步骤、分阶段安排德育工作。

第二，合理分工，优化德育资源配置。根据学校有关机构或部门的性质和特点，对德育工作任务进行合理分工，并从有利于达成德育目标和德育管理目标的角度，设法优化现有的德育资源配置，并通过多种渠道、多种方式，不断开发新的德育资源。

第三，提升工作计划的针对性、有效性。充分发挥教职工的积极性、主动性，让他们参与德育工作计划的制订并明确各项工作的具体要求，把学校德育工作计划转化为不同岗位的具体工作任务和要求。

当然，小学德育工作计划的制订必须服务于小学德育目标，服务于小学生的成长。在实际操作中，要努力避免形式主义、长官意志，避免德育管理目标高于甚至掩盖德育目标、学生的成长屈从于管理者或教育者的个人目标等不良现象的发生。

### （三）实施德育工作检查

督促、检查是学校管理过程的重要工作环节。与其他学校管理过程一样，在小学德育管理中，检查也可以区分为多种类型。根据检查的时效性，可分为平时检查、阶段性检查和总结性检查；根据检查的内容，可分为专项检查和全面检查；根据检查的形式，可分为实地考察、书面检查和口头汇报；等等。不管何种类型的检查，都必须以小学德育目标和德育管理目标为依据，对照学校德育工作计划来加以实施。检查的目的在于及时了解德育管理工作计划的执行情况，关注各种活动方案和应对措施的可行性、有效性。因此，对于小学德育管理工作的检查，要十分注意德育管理工作计划完成的基本情况，包括人力、物力、财力的使用和时间、空间、信息的配置，充分关注德育管理工作的成绩，同时发现德育管理工作中存在的突出问题或困难。

#### （四）开展德育工作总结

总结是德育管理过程的终结环节。小学德育管理总结的基本任务是：对这个德育管理过程进行回顾，做出评价，找出成绩，概括经验，发现问题，为确定下一阶段的德育管理目标、制订新的德育管理工作计划及实施方案奠定基础，从而使德育管理过程有效进入下一个管理周期，促进德育管理过程的螺旋上升，由此不断提升学校德育管理工作的水平。

在小学德育管理过程中，进行德育管理工作总结要注意以下几个方面：第一，把总结和目标、计划、检查几个环节看作是一个完整过程。总结要从德育管理目标出发，依据德育工作计划，基于对德育管理工作的检查结果来进行。第二，提高认识，注重分析。要提高全体人员对总结这一环节的认识，运用多种形式，如全面性总结、专题性总结等，引导大家相互交流、相互启发，归纳出有益经验，分析存在的问题及其原因。第三，表彰先进，激励各方力量不断改进德育管理工作。在可能的情况下，要针对总结中发现的问题，提出下一阶段的改进意见或建议。

### 三、小学德育管理的运行方式

与其他正式组织一样，学校德育管理也实行分级、分层管理。目前，从我国中小学教育管理体制的运作来看，小学德育管理已经大致形成了三级管理体制，即：校长和党支部（总支）、德育室（处）、班（级）三个层级。部分小学受办学规模和人员编制所制约，并未设置专门的德育室（处），中层的德育管理职能由教导室（处）统一负责。小学德育管理正是按照这三个层级、依照德育管理过程的基本环节来运行的，只是各有侧重。

#### （一）校级德育管理的运行

校级德育管理通常是对办学方向、德育整体实施方案、德育管理过程的管理，其管理内容主要包括德育思想、德育目标、德育计划、德育组织、德育制度、德育环境。校级德育管理的运行，是校长在国家的办学方针和本校的办学理念指引下，对学校德育工作的整体把握，着眼于学校德育管理的宏观层面，通过岗位设置、人员安排、资源配置、过程调控等方面得以落实。

在学校德育管理的运行过程中，校长的管理思想、工作思路、领导方式显得十分重要。校长能否做到既遵循学生品德形成规律和学校管理规律，又体现尊重、平等、公正、关爱、合作的道德精神，直接制约着校级德育管理的有效运行。

#### （二）学校中层德育管理的运行

学校中层德育管理主要是指教导室（处）或德育室（处）对于学校德育工作的管理。它是校级德育管理和班级德育管理的桥梁。小学中层德育管理运行的基本特点就是，通过对德育实施方案的制定和德育活动的落实来加以体现。

学校中层德育管理的运行，需要在把握学校德育管理计划和工作重心的前提下，在广泛征求班级师生意见的基础上，制订出既体现统一要求又保留灵活性的德育实施计划和活动方案。德育实施计划和活动方案的具体落实，则需要少先队大队和年级组的协调、配合。至于德育管理过程中的常规性工作，如：升旗仪式、早(午)间操、卫生评比、纪律状况、日常行为表现等方面的管理，更需要在少先队大队的统一组织下，通过学生自我管理机构或组织来加以落实。

**（三）班级德育管理的运行**

班级德育管理是学校德育管理的基石和落脚点。我国小学班级德育管理的运行，主要通过班主任来加以组织和推进。具体内容将在本章第三节进行论述。

## 四、小学德育管理原则

德育管理原则是德育管理者实施德育管理必须遵循的基本准则和要求，是制订德育工作计划、组织德育管理过程、选择德育管理方式方法的直接依据。小学德育管理的原则包括：教育性原则、主体性原则、整合性原则、动态性原则、实效性原则。

**（一）教育性原则**

教育性是学校作为专门育人机构的根本特性。一方面，小学德育管理是学校育人工作的主要组成部分，必然受到教育的基本属性和基本规律的制约，并反映教育活动的基本要求。小学德育管理只有以育人为目标，科学组织各项工作、各种活动，才能对学生品德的形成起到促进作用。另一方面，小学德育管理需要依据学校教育目标确定德育管理目标，这种目标是对学校德育工作提出的规格要求，因此，它必须始终以教育目标为导向。任何德育管理活动或行为，都必须经得起教育目标的审视和检验。可见，教育性原则是小学德育管理必须遵循的首要原则，是发挥德育管理有效性的前提。

在小学德育管理过程中，贯彻教育性原则应注意：第一，德育管理以教育目标和德育目标为导向，德育管理过程各个环节、各种要素必须始终以教育性为第一要义，要把健全人格、发展个性、帮助学生“成人”作为根本标准和内在动因，在德育管理过程中努力避免各种反德育现象的发生。① 第二，注重德育管理者的表率和示范作用。它要求德育管理者必须在思想和言行上合乎道德，并且做到身体力行、以身作则，通过施加潜移默化的影响，对全体教职工和学生起到表率作用，并通过增强自己的人格魅力、树立自己的威信来影响德育管理过程，达成德育管理目标。在这个意义上，学校德育管理者应先是一位教育者，然后才是一位管理者。

**（二）主体性原则**

主体性原则是现代管理理论在学校德育管理中的具体运用。现代管理理论要求，在组织管理中，不能只是以工作任务为中心，必须尊重人、理解人、激励人，努力发挥人的主观能动性。学校德育管理是在学校组织中展开的，其基本运作方式也体现了现代组织管理的一般特性，因此必须体现组织管理过程的主体性特征。

从小学德育管理的特性看，德育管理以育人、提高人的品德素质为宗旨。同时，在管理过程中，无论是管理者及其活动，还是被管理者及其活动，无不体现人的主观能动性。从动态上考察，小学德育管理过程就是要设法激发被管理者参与管理活动的积极性、主动性、创造性，激励他们去思考、去判断、去体验、去选择、去行动，形成具有个体

---

① 郑航编著：《学校德育概论》，高等教育出版社，2007年版，第14-15页。

特性的品德素质。

在小学德育管理过程中,贯彻主体性原则应注意:第一,尊重和理解每一位被管理者,包括尊重他们的人格,尊重他们的权利,维护他们的人格尊严;第二,了解和把握每一位被管理者的现实情况,从他们的身心发展水平和品德实际状况出发实施管理;第三,充分发挥被管理者的主观能动性,让他们在统一要求的指导下,努力做到自我管理、自主发展。

**(三)整合性原则**

整合性原则指的是在学校管理环境下,管理者从教育目标和德育管理目标出发,遵循学校管理规律和受教育者品德形成规律,把握各种管理因素、教育因素之间的内在联系,在充分发挥各种因素作用的前提下,整合多方面的教育力量,实施动态性的系统管理,以求达成学校德育管理目标,促进受教育者品德的发展。近些年来,学校管理者力图改变过去德育管理中的“分散作业”状态,在德育管理的整体系统性指导下,强调系统设计、整体优化。但是,在对于如何保持各种教育力量的相对独立性的前提下实施动态性的系统管理方面,即如何将德育管理的整体性、系统性、动态性以及各种因素的相对独立性有机结合起来方面,却重视不够,因而造成学校德育管理的低效乃至无效的状态。要解决这个问题,就必须在德育管理过程中始终贯彻整合性原则。

在小学德育管理过程中,贯彻整合性原则应注意:第一,认识和把握德育管理的特殊性,树立德育管理的系统整合观;第二,健全德育的领导管理体制,增进各个管理层级、各种教育力量之间纵向、横向的沟通与协作;第三,建立以尊重人、关心人为基本特征的德育管理模式,促进良好的群体心理气氛的形成。

**(四)动态性原则**

对教育活动的管理,本身就是一个动态过程,因为管理者和被管理者都是具有主观能动性的人或群体,他们之间的作用关系也在不断变化着、发展着,而管理活动的最终落脚点仍然是去影响、去教化具有主观能动性、变化和发展中的儿童和青少年。从事此种特殊的管理活动,除了遵循组织管理的常规性要求之外,管理工作的各个环节都必须随管理者和被管理者、教育者和受教育者以及教育情境的变化而变化,不断对其关系做出机动灵活的调整。

在小学德育管理过程中,贯彻动态性原则应注意:第一,德育管理随时间调整。善于把握德育管理的时机,因时而动,抓住不同时期的管理重点、管理时效、管理节奏,防止管理过度或管理不足。第二,德育管理随管理对象调控。鉴于小学生品德形成具有极大的可塑性,品德形成周期长,形成过程复杂多变,管理者需要及时了解和把握每一位学生的道德水平,从他们的身心发展状况和发展需求出发,不断调整管理方案和策略,开展个性化的德育管理。第三,德育管理随教育情境和社会环境变动。在中国式现代化建设的新征程中,科技创新与社会经济发展深度融合,德育管理也需要依照教育情境、社会环境、时代背景不断改革、创新,以适应经济和社会发展的需要。

**(五)实效性原则**

德育实效是指学校德育工作的实际成效与结果,其实质为德育管理目标的实现程度。注重小学德育管理实效,是管理效益原理在小学德育管理之中的必然要求和具体应用。在小学德育管理过程中,要合理而有效地运用人力、物力、财力和时间、空间、信息，使有限的德育管理资源发挥最大效益。

在学校德育管理中，德育管理活动所投入的各种管理资源与其成效之间并非必然正相关。这种相关性所反映出的德育效果，可能是正效果，也可能是零效果，甚至可能是负效果。鉴于德育管理实效具有滞后性、模糊性、隐形性等特点，因此，要贯彻实效性原则，必须切实解决德育到位的问题，做到思想与实际、目的与行为、形式与内容、动机与效果相统一。目前，在小学德育管理实务中，部分学校存在重形式轻内容、重外在轻内在、重频次轻效果的现象，以至于产生了德育管理目标控制德育目标、“管人”高于“育人”的不良局面，需要予以改变。

在小学德育管理过程中，贯彻实效性原则应注意：第一，制定合乎现实需求的德育管理目标，明确德育管理的具体方向，分阶段、有计划地推进目标；第二，合理有效地运用德育管理资源，整合各方人力、物力、财力，为德育管理提供强有力的内容支持和基础保障。

## 五、小学德育管理方法

### （一）行为控制法

行为控制法是管理者为了达成预期的德育管理目标，对管理组织（或机构）及其成员的行为实施直接控制的一种方法，具有直接性、强制性、权威性等特点。行为控制法通常采用行政手段和法规手段来得以落实，因此又可区分为行政方法和法规方法。

1. 行政方法

行政方法是学校管理人员依靠自己在德育管理中履行领导者、组织者、管理者角色时所拥有的权力和权威，通过学校内部的德育管理层级，采取命令、指令、决定、通告、通报、报告等形式，组织、指挥、协调、监督、控制德育管理过程的做法。这种方法重在权力、权威的运用和自上而下的运作方式，管理者和被管理者之间体现的是决策与执行、权威与服从的关系。它具有的强制力，有利于上情下达、统一领导，可确保学校德育管理的基本方向和学校德育决策的果断实施。不过，由于管理者素质的参差不齐，对德育规律的忽视、对学校作为专门育人机构的认识含糊、对自上而下运行体系的推崇，加上教育管理体制的积弊和学校管理传统的滞碍，行政方法极容易导致德育管理过程中科层化和长官意志，从而降低德育实效。鉴于小学作为专门育人机构的规模、特性，小学德育管理应尽量避免简单地使用行政方法。

2. 法规方法

法规方法是管理者运用法律、法令、条例、决议等和各种规章制度、行为准则来落实德育管理的方法，具有公正性和权威性，能够有效调节各种管理要素之间的复杂关系，有利于建立稳定有序的学校德育管理体系。在小学德育管理过程中，国家和地方的各种相关法令、法规，都在一定程度上具有此种功能。以此为基础，各小学内部从本校实际出发，依据有关法令、法规建立起来的各种德育管理规范、规则，更加具有行为控制的功能，是学校加强德育常规管理（工作任务常规、管理过程常规、德育活动常规等）的有效手段，是端正校风、形成学校传统的重要路径。

### （二）动机激励法

德育管理中的动机激励法，是指管理者借助物质、名誉和精神鼓励等手段，激活被管理者主动从事或积极参与德育管理活动的内部动因的方法、策略。在现代组织管理中，由于管理效能越来越取决于群体或个体的内在心理动因，尤其是取决于被管理者的积极主动参与、合作和创新，正因为如此，管理学家法约尔就提出，激励是管理的核心。时至今日，建立和不断完善激励机制，激发全体教职工和学生参与学校德育管理的积极性、主动性，逐渐成为强化小学德育管理、取得德育实效的重要保证。

建立和完善小学德育管理的激励机制，首先必须设置适当的目标，这种目标既要反映德育管理过程的基本要求，又要切合被管理者的内心需要，使学校组织目标与被管理者的个体需要、兴趣和价值取向结合起来。同时，这种适当的目标必须是具体的、现实的和具有针对性的，能够引导被管理者产生发现德育问题、探究德育问题、解决德育问题的积极心态。其次，要区分外在激励和内在激励。外在激励的特点是：激励在于促进人们努力获取存在于行动过程之外的某种需要，常用的方式包括赞许、奖赏、晋升等；内在激励的特点是：激励是为了使人们获得行动过程之内的某种需要及满足感，表现为被管理者的目标认同和自我肯定，以及良心和责任心、使命感的唤醒等。心理学家把这种由认同感而产生的内在激励叫作“倚同作用”，是一个人的内驱力。此外，物质激励和精神激励并举，约束、监督与参与、合作并用，都是小学德育管理过程中有效运用动机激励法的基本要求。

**（三）环境陶冶法**

所谓环境陶冶法，就是管理者通过物质环境的建设和精神环境的营造，使被管理者在不知不觉中主动参与德育管理、积极配合的方法。对周围环境的耳闻目睹和来自环境中人际氛围的熏陶感染，既是儿童品德发展的直接源泉，也是决定德育实效高低的重要因素。“近朱者赤，近墨者黑”“入鲍鱼之肆久而不闻其臭，入芝兰之室久而不闻其香”，即生动地说明了环境对于品德形成、人格塑造的此种意义。学校是儿童学习、生活的主要场所，是儿童认识社会、获取社会经验的重要源泉。学校和教室里的环境布置，学校作为教育社区的建设，学校管理中的制度及其运作，学校和班级中的活动方式、人际互动及其氛围，教师的言行举止，学校管理者的领导方式与作风，学校传统，等等，都是不可或缺的德育手段和德育资源。从德育管理的意义上，如何从育人的角度精心设计、统筹安排和全心营造德育环境，变“管”为“不管”，变管制、强迫为自主、自觉，考验着学校德育管理者的管理水平和管理艺术。

关于学校如何塑造积极的道德文化，美国著名的品格教育学者托马斯·里克纳（T. Lickona）提出了六个重要因素①：

（1）校长在道德和学术上起到表率作用。

（2）能在所有校园环境中塑造、提升和维持学校价值观的校园纪律制度。

（3）全校范围内的社区感。

（4）学生民主自治。

（5）渗入到各种关系中的相互尊重、公平、协作的道德氛围。

（6）安排教学时间来展开道德问题教育。

上述观点对改善和加强我国的小学德育管理具有一定的启示意义。

① ［美］托马斯·里克纳著，刘冰等译：《美式课堂：品质教育学校方略》，海南出版社，2001年版，第310页。

## 第三节 小学班级德育管理

### 一、班级德育管理概述

班级德育管理属于学校德育管理的范畴。与学校德育管理不同的是，班级德育管理以班级为单位，旨在探究班级内部德育管理的现象与规律，它始终面向的是班级内部有个性和主体意识的学生，是在国家教育目的和德育目标的导向下，提高班级德育水平、提升学生品德修养、发挥学生能动性的一种计划、组织、调控活动。

**（一）班级及其德育功能**

1. 班级的含义

所谓班，指的是按照一定年龄、学业程度、师生比例所分编而成的、相对稳定的学生群体，是学校进行教育、教学工作的基本单位。班的划分往往与学年、学级相联系，因而通常称为班级。

班级既是一种社会群体，也是一种社会组织。作为社会群体，班级存在着群体成员之间的交往与互动，存在一定的群体角色、人际关系和群体氛围；作为社会组织，班级具有作为教育基本单位的组织目标、组织机构体系、制度规范等。因此，在探讨班级和班级教育问题时，可以存在不同的研究视角。班级社会体系理论是欧美教育社会学理论的一个重要学派，该学派把班级看作是一种特殊的社会群体或社会系统，注重对班级结构和功能的研究，着眼于班级和课堂的人际交往、角色体系、学生亚文化等方面的微观分析。班级集体理论则是苏联教育社会学的一个重要分支，该理论把班级看作是一个集体，注重研究班级集体的社会特征、组织体系、组织活动、社会环境等问题，以及班级群体如何由自在群体向自为集体的转变和飞跃。① 此外，随着学校管理学的进一步发展，部分国内外学者还尝试着从管理学角度，探讨班级作为学校管理系统中的一个子系统的计划、组织、协调、控制等问题。

无论何种研究视角，都必须始终关注班级作为有意识地组织起来的学生群体的特殊性，关注班级作为教育教学基本单位的特殊性，特别是关注班级作为具有专门化功能的社会组织特性。在教育实践中，要想真正有效地发挥班级的育人功能，必须充分考虑班级作为社会群体或社会组织的外部因素，如：社会信息、社区环境、家庭氛围、学校文化等，也必须充分考虑班级作为社会组织的内部因素，如：组织结构、组织体系、制度规范、组织活动、人际关系、群体氛围等。

班级是学生在学校生活中所属的正式群体，由学校、教师依据有关的教育法律、法规，遵循一定的社会原则（人道原则、公正原则、民主原则等）和教育原则（循序渐进原则、因材施教原则等）来加以组织的。班级群体成员的主要任务是通过学习而获得发展。与其他正式群体或社会组织相比，班级具有两个重要特性，即功能自足性和半自治性。②

2. 班级群体的发展

班级虽然具有正式组织的基本特性，但能否使每个学生产生心理上的认同感、归

---

① 唐迅著：《班级社会学引论》，南京大学出版社，1990 年版，第 22-34 页。

② 吴康宁著：《教育社会学》，人民教育出版社，1998 年版，第 276 页。

属感，乃至成为一个具有教育影响力的集体，取决于班级群体的发展水平。从班级的综合功能上看，班级的人际结构、氛围、态度或传统，班级成员的社会化成熟程度、角色选择和职业选择的社会适应力、个性的养成、自主性和自我调节能力、个体潜能的发挥和发展，以及入学率、升学率、合格率、优秀率、教学效率，等等，都是衡量班级发展水平的重要指标。不过，从班级作为育人组织的群体影响力方面考察，班级群体的发展水平主要从几个方面得到反映：① 共同的群体意识；② 一定的群体规范；③ 被大多数成员认可的共同目标；④ 群体成员之间自主交往与互动的程度。

就小学阶段而言，根据日本学者对小学儿童同伴团体所进行的相关研究①，可以把小学班级群体的发展大致划分为以下五个时期：

（1）孤立期。学生个体初步聚合在一起，各自处在探索和谁交朋友的过程之中。

（2）水平分化期。由于空间的接近，如上学同路、座位相邻、活动同组等，个体之间开始建立一定联系。

（3）垂直分化期。凭借学业成绩的高低、身体状况的强弱、性格特征的外倾或内倾等，分化为处于主动与被动、控制与被控制的不同个体。

（4）小群体形成期。个体之间分化并形成若干小群体，且在小群体内部出现了核心人物，同时，小群体成员之间的团体意识明显增强，制约团体成员的内部规范也开始形成。

（5）集体形成期。各个小群体之间出现联合，形成较大群体，并出现更具影响力的核心人物，团体意识和团体规范得到进一步加强。

3. 班级的德育功能

从学校管理的视角看，班级的德育功能可以通过教育功能和管理功能得以实现。教育功能就是保护身心健康，增进知识、技能，发展智能、个性，健全人格诸方面；管理功能就是班级作为学校管理的基层组织，通过计划、组织、实施、评价等环节来保障教育目标和管理目标的具体落实，尤其是不断提高学生的自主管理、自主发展的意识和能力。二者相辅相成。

从作为社会群体的特性上看，班级对学生的品德形成与社会性发展具有重要影响，这种影响透视出的德育功能，广泛渗透于学生个体发展的一般功能之中。

（1）归属功能。人类天生就有一种寻求伙伴、与人聚合的心理倾向，这种倾向反映在个体作为完整的人的需要层面，就是人的归属需要。家庭是儿童作为生活者、成长者的首属群体，班级则是他们作为生活者、成长者的次属群体（或者第二归属群体）。与首属群体不同，班级作为次属群体具有同龄性、群体性、自主性、平等性等特点。在班级中，学生的年龄相仿，心智水平相当，学业程度相近，大家在一起共同学习，共同生活，每个人都有同等的机会得到班级其他成员的尊重、认可和接纳，以至于一旦教师或家长提出不让他们上学的“恫吓”，他们便会着实变得伤心、难过起来。这主要还是因为他们感到可能失去与同龄人特别是班级同学共同生活的乐趣，失去在同龄人中得到“自我确证”的机会。在班级生活中，如果学生的归属需要得不到满足，便可能直接导致他们的学业不良或品行不良。

---

① 韦有华编著：《人格心理辅导》，上海教育出版社，2000 年版，第 244 页。

(2) 社会化功能。学生归属班级群体的过程，是他们不断走向社会化过程的重要组成部分。班级的社会化功能，是教育者以学校教育目标和班级组织目标为导向，在班级课堂内外的正式、非正式的交往和互动中，借助课程、组织制度、群体氛围等来加以实现的。班级社会化功能的基本内容包括：传递一定社会主导的思想意识和价值观念；传授系统的科学文化知识和有关的技能、技巧；促进学生习得各种社会规范、行为准则，养成良好的品行和行为习惯，培养他们适应社会环境和群体生活的能力；培养学生在社会生活中的角色意识，增进他们的群体意识和亲社会情感。

(3) 个性化功能。个体社会化的过程，同时又是他们增长个人阅历、发展自己个性的过程。在班级中，教育者按照一定的社会要求来促进学生社会化，只是一个"外铄"的过程，要真正使得外在的经验个体化、个性化，必须遵循学生身心发展的基本规律，从学生个体发展的实际需要与可能出发，经由学生的内化机制和自主活动来加以实现。同时，学生个体的这种个体化、个性化过程，也是他们不断地进行自我建构的过程。在有目的、有意识的班级活动与交往中，学生的自我意识可以不断得到唤醒，已形成的"自我概念"可以不断得到加工。正是在这种"不断被唤醒""不断被加工"的过程中，他们关于自我、关于社会、关于世界的思想、观念，以及独特的个性和自主生活方式逐渐得以形成。

(4) 选择功能。班级的选择功能，指的是班级可以为学生在多元价值观、多重社会角色及不同的职业结构等方面提供多种参照和选择的可能性。① 例如，在班级课程设置和教学过程中，教育者可以为不同学业程度、不同兴趣爱好甚至不同个性的学生提供不同类型的选修课、课外学习小组，或者教学方式、教学策略，等等；又如，在班级组织和人际互动中，教育者可以通过设置不同类型、不同层级的岗位，以便不同个性、不同才能的学生都有机会得到某种锻炼，并让他们在升迁、评选、变换过程中感受社会角色、岗位职责、人际交往的社会意义。除了促进学生个体的成长之外，班级提供的各种可供选择的条件和机会，还可能成为他们日后升学、就业的某种依据。

### （二）班级德育管理的特点

班级德育管理是以学校德育管理目标为依据，以计划、组织、指导和调控为手段，整合德育管理力量，使班级德育工作整体水平不断提高，达到预期的班级德育目的。②班级德育管理具有以下特点：

#### 1. 教育性

班级德育管理以育人为目的，班主任在实施德育管理的过程中要凸显学生的主体性，在有限的时间和空间中对学生的品德修养、行为规范、心理健康等进行教育，引导学生成为社会主义现代化的建设者和接班人。

#### 2. 社会性

班级德育管理以一定的国家政策和社会目标为依据，将社会倡导的共识、公意、文化、要求等经过转化渗透到班级德育管理中，努力达到社会对学生成长的道德要求。

#### 3. 集体性

---

① 唐迅著：《班级社会学引论》，南京大学出版社，1990 年版，第 204 页。

② 白铭欣著：《班级管理论》，天津教育出版社，2000 年版，第 271 页。

班级德育管理非一人之责,需要班主任、任课教师、学生、家长乃至全社会的共同努力,把社会和家庭的外部力量纳入班级德育管理的可控范畴中,依靠集体力量对各种德育要素、问题、情境进行把握,形成教育合力。

## 二、小学现代班级管理的发展趋向

随着基础教育改革的深化,小学班级管理模式也在教育结构更新发展中逐步调整,更加适应社会发展对人才培养提出的现实需求。“新基础教育”研究以来,“班级建设”成为与“课堂教学”同等重要的教育活动,发掘班级建设的育人功能,以“成事成人”为价值追求,致力于发展学生的自我主体意识与成长需要,唤醒人与人之间交融共生的深度交往关系,增强其生命活力。“新基础教育”班级建设更为凸显人的生命自觉,通过调动学生主动性、创造性的社会生命实践,组建班级共生体,鼓励每个学生参与到班级事务中来,在班级公共活动和人际交往互动中促进全员参与和自主管理相结合,形成关心、协作、公正、负责的班级共生关系,引导学生在自我建构中自主形成优良的品格,度过一段幸福、完整、有尊严的学校生活。整体上看,小学现代班级管理的整体发展趋向朝着师生共治的合作型管理和全员参与的民主型管理迈进。

### (一)师生共治的合作型管理

小学班级管理强调教师带班下的师生共同管理。师生共治的合作型管理模式把教师的绝对权利让渡出一部分,让学生全员化、最大化、多方面地参与到班级管理中来。师生之间基于共同的班级目标协商沟通,在民主平等的基础上,通过对话、协商制定更具人性意蕴的班级规章,启发、鼓励学生发表意见,主动参与到班级事务的讨论中来,群策群力,最终商讨的方案得到全体学生的认可,并由师生共同遵守。师生共治的合作型管理需要教师转变思维模式和角色定位,与学生建立“我与你”的伙伴管理关系,帮助学生基于个性特点接受管理、参与管理,最终达到自我管理。这样的合作型管理模式更为符合学生的身心发展需要,调和不同班级成员在身份、背景、成长经历、身心发展等方面的差异,兼顾每一位学生的发展诉求,既满足了学生参与班级管理的主体需求,调动学生的自主意识和自我管理能力,又有助于活泼有序的班级公共精神文明建设。

### (二)全员参与的民主型管理

民主型班级超越管制型班级和自主型班级,成为现代新型班级形态。有研究者提出班级发展出的三重境界:管制型班级、自主型班级和民主型班级。① 在管制型班级中,班级活动的首要目标是形成严格规范的班级秩序,保证学科教学的顺利进行。在此种意义上,班级建设作为一种手段而非目的的存在,附属于学科教学。训育、说教、管控、强制等班级管理方法,反映了管理者与被管理者之间机械服从的教育关系,功利、效益原则为趋向的价值风向湮没了班级的育人功能。此后,人们在教育实践中逐渐意识到,班级管理除了具备维护学科教学秩序的功能之外,还有助于唤醒学生的自我意识与成长需求。自主型班级建设强调在班集体中自主开展班级活动,提升学生自主意识。

针对个体政治生活参与不足、对公共生活漠不关心、多元文化中的自我意识缺失

① 李伟胜著:《班级管理》,华东师范大学出版社,2021年版,第21页。

等问题，我们探寻一种谋求全体成员共同发展的新型班级形态——民主型班级。民主型班级以真实的班级公共生活为载体，发扬民主精神和主体意识，有选择性地让学生自己策划、组织班级主题活动，丰富其成长体验，敞视其精神世界，主动走出成人为其规划的管理格局，成长为兼具理性批判能力、公共责任意识和问题解决能力的现代合格公民。由于小学生尚未形成足够的理性思考能力，为使班级民主不流于形式或空泛地走个过场，就需要班主任在班级决策和班级事务研讨中引导小学生审慎地分析问题，理性做出决策。在民主型班级建设中，我们需要警惕几种虚假民主的现象，例如，看似开明实则专治的有限民主、效率优先的有限民主、只基于某些特定人群的精英式有限民主、将成绩处境不利的学生排除在外的排斥式有限民主。①

## 三、 小学班级德育管理的运作

根据师生在班级管理中所发挥的作用，可以把班级管理区分为民主集中型管理模式和合作型管理模式。② 前者是以教师为中心来实施班级管理，后者则是基于独立个体的参与、合作来展开班级管理。小学班级德育管理中，选择何种班级管理模式取决于班级特性、班级发展水平、教师的管理水平及能力。在教育实践中，小学班级德育管理的具体运作包括以下几个方面。

### （一）健全班级管理组织和制度

班级组织机构是班级的社会结构和运行机制的统一体（见图 4-2）。建立和健全班级组织机构，首先要进行班级组织机构的设计，其核心是班委会，是由正副班长、学习委员、生活委员、文娱委员、体育委员等组成的班级领导集体。同时，为了便于管理与教育，还必须对班级进行小组编排，将全班学生按照性别、学业状况、兴趣特长、个性倾向等相当的原则，分编成若干小组，使之成为班级教育活动的基本单位。为了加强班级管理，形成班级教育网络，班主任还可以以社区为背景，建立家长委员会一类的机构，其工作内容包括参与班级管理和教育设想、计划的讨论或咨询，辅导学生的校外、闲暇活动，共同做好学生的个别管理与指导工作，对班级其他工作提出意见或建议等；或者以班主任为纽带，建立教师指导协调机构，其工作内容包括召开讨论分析会、教师联席会、“教育会诊”等。

建立班级管理常规，是小学班级德育管理行之有效的保证。小学班级管理的常规主要包括：做好班级的计划和总结；做好小学生的学籍管理工作；做好考勤、值日、晨（夕）会和早（课间）操的组织，维持课堂内外秩序等日常管理工作；依据《中小学生守则》和《小学生日常行为规范（修订）》，对小学生进行常规训练，促进他们养成良好的学习和生活习惯，努力使各种日常的教育要求内化为他们的内在准则，努力培养小学生的规则意识、责任意识和集体荣誉感；引导学生自主积极参与班级事务，努力在班级中营造民主平等、团结互助、健康向上的群体氛围。

### （二）培养班级管理骨干

一个好的班级群体，有赖于一批团结、得力的班干部，这些班干部是班级骨干，是

---

① 程红艳、杨宇轩：《全员参与：中国新型班级民主管理的现实诉求与实践路径》，《教育科学研究》，2022 年第 3 期，第 34-41 页。

② 张人杰主编：《国外教育社会学基本文选》，华东师范大学出版社，2009 年版，第 439-445 页。

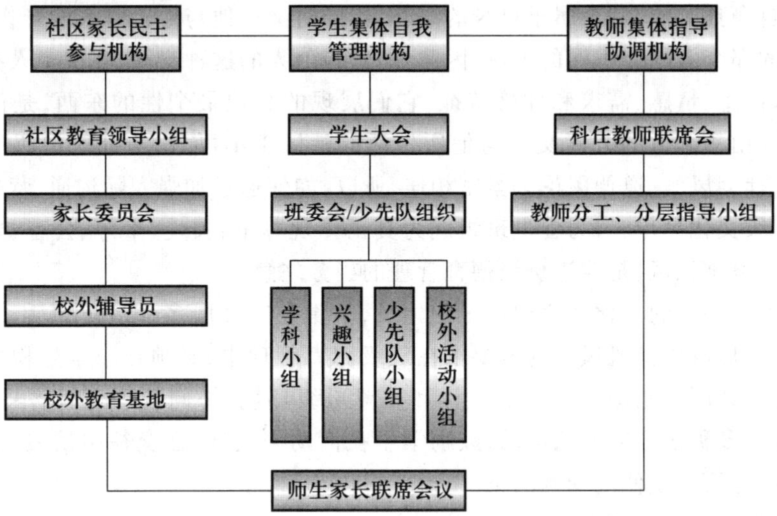


图 4-2　小学班级管理组织机构示意图①

班主任的得力助手。因此,必须在遵循一定标准的前提下,按照民主、平等、公正的原则,培养和选拔班干部。为了发挥班干部的助手作用,并锻炼学生的组织能力、交往能力、自我管理能力,班主任要对班干部进行适当分工,使他们既能明确各自的职责,又能团结协作。在班级管理过程中,班主任还应当加强对班干部的工作指导,并经常和他们一起讨论、分析班级情况。为了提高班级管理与教育的有效性,并尽可能使每个学生都有机会得到相关锻炼,班主任还必须灵活把握班级组织的机构设置、人员配置、运作方式等问题,如:通过"两制一会",即班干部轮换制、值日(周)班长制、周会来加以落实。

**(三) 加强班级个别指导**

除了对班级群体进行指导和教育之外,对班级每个成员进行品德和心理方面的指导和教育,也是小学班级德育管理的重要工作内容。从指导性质和目的来说,班级个别指导有两种:一是旨在促进学生身心健康和全面发展的发展性指导;二是旨在预防和矫治学生的品行不良乃至问题行为、罪错行为的防治性指导。小学班级德育管理中的个别指导,主要包括生活指导、人格指导、心理指导。生活指导主要涉及日常生活习惯、饮食与营养、闲暇与娱乐、消费等;人格指导主要涉及情绪与情感的表达、一般人际交往、异性交往与性心理、亲子关系、自我修养、克服问题行为或遏制罪错行为等;心理指导主要涉及心理品质的培养和心理健康问题。与专业性的心理辅导不同,班级个别指导主要是基于日常的学习、生活,在师生、生生的活动与交往之中进行的,也包括出于某种指导意图而进行的谈话、言语或非言语的交流,以及经由团体指导而落实的某些追忆、反思等。

**(四) 优化班级道德环境**

人际交往对于小学生具有特别意义。"他人的言说在未成年人身上所激发的,是

① 唐迅著:《班级社会学引论》,南京大学出版社,1990 年版,第 171 页。

某种完全自身独有的、完全属于自身的语言，并同时又是他与他人联系的产物，是他生活于其中的那个人际交织网的表达；因此，随着与他人的这种交往，在单个人身上便产生了思想、信念、情感、需求和性格特征，它们展现的是他最个性的东西，是他自己的'自我'。"[①]由于个人的人际交往与他所生活的社区密不可分，与社区中所形成的习俗或习惯、社会风气、道德舆论等紧密相连，所以，如何通过加强人际沟通、营造和谐氛围、提升班级文化品位，努力促进班级成为真正体现尊重、关爱、平等、公正、合作和具有责任心的道德社区，是改进班级德育管理的当务之急。

班级道德环境的优化和道德社区的建设，关键在于开展多种多样的活动，在于引导班级舆论、形成优良班风。这就要求在班级德育管理中，必须让小学生积极参与各项管理，包括共同讨论班纪、班规，设计和布置班级环境，协同管理班级各项事务，等等，以及开展多种多样的班队活动，鼓励学生在活动中交往，在交往中发展，同时通过良好的班级道德环境使之受到熏染。

**（五）形成班级教育合力**

要落实班级德育管理，班主任还必须经常与任课教师取得联系，主动同各科教师商讨本班的教育工作，互通情况，保持德育影响的连续性、一致性；必须密切与学校团、队组织的联系，协调团、队与班级的活动；必须经常与家长保持联系，取得家长的支持与配合，指导家长正确教育子女；必须努力争取社会力量对班级德育管理的支持和配合。

## 第四节　小学班主任工作管理

鉴于班级作为社会群体或组织所具有的诸多功能，需要委派一位教师负责班级的全面工作，这位教师就被称为班主任。在中小学教育实践中，班主任被视为"中小学日常思想道德教育和学生管理工作的主要实施者，是中小学生健康成长的引领者"，班主任工作已经成为各级各类学校教育工作不可缺少的组成部分。

### 一、小学班主任与德育管理

在我国中小学，为了凸显班主任的角色地位和班主任工作的重要性、专门性，1988年8月国家教委颁布《小学班主任工作暂行规定》和《中学班主任工作暂行规定》，初步对班主任的职责、工作原则和方法、任职条件和待遇等做出了具体规定。2004年2月，《中共中央 国务院关于进一步加强和改进未成年人思想道德建设的若干意见》也提出，"要完善学校的班主任制度，高度重视班主任工作，选派思想素质好、业务水平高、奉献精神强的优秀教师担任班主任"。2006年教育部颁布的《关于进一步加强中小学班主任工作的意见》指出："中小学班主任是中小学教师队伍的重要组成部分，是班级工作的组织者、班集体建设的指导者、中小学生健康成长的引领者，是中小学思想道德教育的骨干，是沟通家长和社区的桥梁，是实施素质教育的重要力量。"2009年8月教育部关于印发《中小学班主任工作规定》的通知更是明确提出："班主任要努力成为中小学生的人生导师。"

---

① ［德］诺贝特·埃利亚斯著，翟三江、陆兴华译：《个体的社会》，译林出版社，2003年版，第39页。

随着教育数字化转型、学习方式和学习理念的转变及学生发展需求的变化,班主任担任的角色也更加丰富起来。一般来说,在班级管理与教育中,班主任履行的角色有:① 专业的教学者(或教育者);② 关怀者;③ 指导者;④ 示范者;⑤ 咨询者;⑥ 管理者;⑦ 组织者;⑧ 协调者;⑨ 交往者;⑩ 合作者;⑪ 监护者;等等。其中,教育者、管理者和指导者,是班主任在班级教育实务中扮演的主要角色。新时代高质量教师队伍建设愈发强调班主任作为领导者的角色,呼吁班主任在德育管理中发展专业领导力、育人领导力、学校发展领导力、家校社协作领导力和自我领导力,以专业性和领导力积极影响共同体成员改进管理过程、丰富管理内容、提升管理质量。

**(一) 小学班主任德育工作的内容**

1. 教育、管理与引导

班主任是学生学习生活的教育者。小学生正处于世界观、人生观、价值观形塑的关键期,在纷繁复杂的社会场域里,班主任除了关心小学生的学科学习之外,还要关注其思想品德、身体、心理、社会意识等方面的发展,借助语言、榜样、情景、环境和氛围、规则和纪律、奖赏和惩罚、技术等手段,进行社会主义核心价值观教育、行为习惯教育、集体主义教育、民主与法制教育、理想信念教育、文化传统教育等,帮助他们明辨社会中的是与非、善与恶、好与坏,培养规则意识、集体意识和社会责任感,引导他们学会学习、学会做人、学会交往,发展成为德、智、体、美、劳全面发展的社会主义建设者与接班人。作为教育者,班主任的角色与其他教师的角色并无二致,因此,班主任是否能够履行职责,在很大程度上取决于其管理者和引导者的角色。

班主任是学生学习生活的管理者。良好运行的班级需要一套被师生认可的制度、计划、规则与纪律,从而对考勤、班会、卫生值日、课间操、文娱活动、社会实践等一系列班级活动起到基本的约束和规范作用。营造团结友爱、积极向上、民主和谐的班级氛围,构建充满爱、尊重、包容的班级文化,让学生在愉悦的环境中学习,是班主任作为班级管理者的职责。

班主任是学生学习生活的引导者。班级组织的功能自足性和半自治性,决定了班级组织一方面需要来自教师尤其是班主任的组织、协调、控制、监督,另一方面更需要他们予以尊重、理解、沟通、指导。学生作为发展主体的自主性、自觉性、能动性、创造性,正是在这种外在控制与内在诱发相交织的统一过程中,通过他们自身独特的话语意境和行事方式来得以发现、予以发挥并得到发展的。从班级组织的目标和功能特性来说,后者往往比前者显得更为重要。从这个意义上说,班主任的角色更多的是引导者,而非管理者。正因如此,班主任时常被人冠以“班级导师”之名。在当代班级德育中,班主任要有效地履行育人职责、取得教育实效,必须实现由管理者角色向引导者角色的重心转移。①

2. 组织与执行

班主任是受学校委托传递学校理念、制度、文化,开展班集体建设、组织教育教学活动的具体实施者,学校各项管理规定、各层管理要求都要班主任贯彻落实,班主任的工作直接影响到国家教育方针政策的贯彻和教育目的的实现。可以说,班主任已成为

① 郑航:《班主任:从管理者到指导者》,《中国教育报》,2003 年 4 月 19 日,第 4 版。

小学德育管理工作中不可缺少的有力执行者。而学校与班主任之间的角色关系往往使班主任成为传统意义上的被动接受者,致使班主任工作缺乏灵活性、主动性,管理效果也大打折扣。这就要求班主任需要从被动、盲目、僵化的接受者角色走出来,发挥专业自主性,走积极能动且自觉灵活的专业道路。

3. 协助与联结

每个班级都有不同学科的任课教师,由于学科性质的差异,每位任课教师的个性特征、教育理念、教学进度、教学方法等都有所不同,这就需要班主任积极主动地联系各科任课教师,商定每个学期、每个阶段的教学目标、重点、进度、作业量等,协助任课教师处理教学过程中出现的问题,保障各项教育教学活动顺利进行,整合各科任课教师的教育力量,形成一致的教育方向和教育影响。在教学进程中,班主任需要及时与各科任课教师沟通学生的课堂表现、学习状态,组织各位教师互通意见,在全面了解学生学习情况的基础上,对班级的不良风气、习惯、行为及早干预。此外,班主任还可以转达学生对任课教师的要求与意见,方便任课教师及时调整上课模式和教学进度,满足学生的学习需要。

4. 沟通与协同

学校作为专门的教育系统,与家庭、社会存在诸多关联,而班主任这一职业本身的角色定位决定了他们在调动学校、家庭、社会教育力量和协调各种教育影响中起着关键的桥梁作用。一方面,学校教育与家庭教育相辅相成,家长作为学生成长的主要责任人,是学校德育管理工作中最重要的校外辅助。为保障双方在教育理念和管理理念上的一致性,就需要班主任适时向家长传达国家育人方针政策和学校德育管理的目标方向,帮助家庭更新教育理念,在家长与学校的理性沟通中达成德育管理的共识。另一方面,学校作为社会组织,与社会中的团体、社区、企业等存在密切的资源置换。构建校内外互通、家校社联动的教育体系,也需要班主任调动社会力量,为学生开辟更多的社会实践空间,开展符合学生年龄和发展需求的社会活动,组建目标协同的管理共同体。

### (二) 小学班主任德育工作的方法

1. 发掘班级事务性工作的教育价值,促进事务性问题向教育性问题的转化

事务性问题是指班级生活中出现的、有着外在价值或目的的事项。① 事务性工作中蕴含着极其丰富的教育价值,班主任应在事务性工作中发掘潜在的教育机会,将事务性问题向教育性问题转化。例如,制定班规产生分歧时如何引导学生积极沟通协商,理性地解决问题。又如,在班级资源分配中让学生体悟公平、正义等价值原则的重要性,并基于公益原则兼顾到班级弱势群体的利益。

2. 开展项目化主题教育实践活动,提升学生的综合素养

以项目化学习的方式开展主题教育实践活动,可以在知识学习、情境体验、问题解决和团队合作中展开深度学习和行动,调动实践智慧,发现问题,解决问题。项目主题丰富,通常涉及劳动教育、红色文化教育、亲子共读、低碳生活等多种主题,班主任可基于学生成长、班级建设的需要自主拟定主题,设置任务。这些主题教育活动与课堂教

---

① 李伟胜著:《班级管理新探索:建设新型班级》,天津教育出版社,2006年版,第184页。

学、社团活动、综合实践活动密切融合，有助于学生在教育探索中整合运用多种经验，提升综合素养。

3. 营造积极向上的班级氛围，形塑立体丰盈的情感联结

其一，班主任出于本真之爱，散发诚挚的关怀和善意，学生在深厚稳固的爱意中，体验班级温暖、师生情谊，感受生命的美好，孕育亲密友善、相互支持、彼此信任的主体间的交往关系。其二，以积极鼓励代替消极惩罚，调动师生、生生之间的共感移情，在人格平等、身份承认和价值尊重中鼓励学生向好的、善的方向发展，过一种通往尊严的教育生活。其三，重视班主任在寻常生活中的身正为范，运用好“当下”时刻的教育契机，及时引导、启发、示范，借助榜样力量潜移默化生成积极影响。其四，关注学生的心理健康发展。心理健康教育是落实立德树人根本任务的重要组成部分。班主任作为学生学习生活的教育者、管理者、引导者，应具备基本的心理健康教育的知识和技能，适时开展心理疏导，提升身心调适能力，帮助学生获得积极的生命体验和自我同一性发展。

## 二、 小学班主任队伍的管理与建设

班级德育中班主任的素质与学校德育对教师的素质要求相一致。不过，从道德教育的专业性上看，和专门的德育课程教师一样，班级德育中的班主任作为健全人格的指导者和道德成长的促进者，应当具有更高、更全面的素质要求。美国品格教育学者凯文·莱因（K. Ryan）就认为，教师要真正发挥道德教育者的作用，必须具备七种资格或能力：① 教师必须是良好人格与有德之士的积极典范；② 教师必须将学生的道德生活与人格发展视为专业的责任和首要的工作；③ 教师必须能使学生参与道德的讨论；④ 教师必须能清楚地表明自己的道德观点以及在一系列伦理与价值问题方面的明确立场；⑤ 教师必须帮助学生同情他人的道德处境；⑥ 教师要能在课堂上创造积极的道德气氛，也就是构建一个相互支持和关切的道德环境；⑦ 在校内或社会上，教师要能给学生提供参与活动的机会，好让他们有表现伦理的与利他的行为的经验。①

根据国内学者阐述教师素质的一般做法，我们可以把小学班级德育中班主任的素质概括为：① 品德素质，包括个人道德修养（通过日常的言谈举止、待人接物所体现出来的精神风貌）和职业道德（工作态度、工作品质、行为准则和专业精神等）；② 专业素质，包括德育意识（专业意识、角色意识、情境意识等）、德育知识（专业知识素养和一般知识素养）和德育能力（组织管理能力、沟通协调能力、移情能力、自我调控能力等）；③ 身心素质。为此，学校还必须通过多种途径和方式，采取多种措施，加强班主任的培养和培训，努力促进班主任的成长。

### （一）规范班主任的选聘配备，优化队伍结构

规范班主任选聘配备工作，是加强小学班主任队伍管理与建设的基础。目前，不少学校在班主任队伍建设上存在任教学科、管理经验、年龄、性别等分布不均衡的现象，亟待完善班主任的选聘配备工作，优化队伍结构。

1. 厘清班主任的岗位职责

① 戚万学、杜时忠等编著：《现代德育论》，山东教育出版社，1997 年版，第 392 页。

班主任一般由学科教师担任，除了承担基本的学科教学工作，还要负责班级各项事务的管理，保障班级正常运行，引导学生学业进步、身心健康成长。在班级各项事务管理中，班主任与行政管理人员、任课教师、班干部之间存在角色冲突、定位模糊等问题。比如，一些本应属于行政管理人员、任课教师的工作却分派给班主任完成，班主任大包大揽，无法应对繁重的管理工作，顾此失彼。另一种情况是班主任推卸责任，将自己的职责委派给班干部，对班级中的事务缺乏指导，遇事只想"甩包袱""推责任"。班主任与其他人员的职责重叠弱化了自身的工作职能，只有厘清班主任的岗位职责，才能将各项管理工作落实到位。

2. 完善班主任的聘任程序

班主任是小学德育管理队伍中最基本、最核心的力量，应由思想品德高尚、具备专业素养、富有人格魅力、乐于奉献的教师担任，这就涉及班主任的选聘。班主任的聘任程序是否完善关系到学校各项具体教育活动的落实。班主任实行聘任制，由学校政教处根据学校规模和师资状况确定班主任的岗位数量，符合聘任条件的教师以自愿和自觉为原则提交申请书，根据综合考评择优上岗。班主任聘任要打破传统的聘任标准，不要一味追求保守治理班级的思维定势，只要求学生老老实实不惹事，实则压制了学生的个性发展。在数字化时代与信息化社会中，知识的迅猛更新与学生个性的多元发展都对班主任素质提出了更高的要求，来自学生、家长、社会的各种新问题接踵而至，更加需要班主任打破思维定势，推陈出新，满足学生个性、心理、成长的期待，探索新型的育人方式，落实立德树人的根本任务。

**（二）建立多元化的激励制度，拓宽发展空间**

构建物质激励与精神激励相结合的多元激励制度，不仅可以调动班主任的职业内驱力，提升教书育人的积极性、主动性和创造性，还能满足班主任从较低到较高的多层次需求。物质需求是人最基本的需求，物质激励主要是外部资源奖励，如工资、绩效、经费、福利、奖品、岗位晋升、带薪休假等。提升班主任待遇，保障班主任津贴和奖金，对考核优秀的班主任予以再奖励，为班主任提供办公场所，都是物质激励的表现形式。但是，单一的物质激励也会存在一定的风险，过分关注物质奖励会导致教师急功近利，继而陷入攀比和人际冲突的困局之中。

因此，在班主任队伍的管理中，对教师需求、动机等"精神存在"的关注亦是必不可少的。班主任需要在自身劳动价值和劳动成果的创造与认可中获得使命感，这体现了班主任工作的精神特性。精神激励是对教师精神层面的内在激励，适当的精神激励可以帮助教师去除精神负荷，升华精神世界，从而更加充分地展现自我、发展自我、实现自我。荣誉激励、榜样激励、情感激励等都是精神激励的主要形式。如：评选"优秀班主任""十佳班主任""师德标兵"等称号；大力宣传优秀班主任的先进事迹，推广教学管理中的有益经验和方法；加强教师关怀、尊重和认可等。

**（三）形成多层次的督导机制，促进专业成长**

首先，加强学校督导力度。比如，建立班主任成长档案，监督班主任履行其职责；定期组织聘期内班主任工作考核，考核每学期开展一次，对于优秀的班主任学校要予以肯定和激励，对于不合格的班主任要及时提出改进建议，考核结果作为班主任选聘、奖励、评优、晋升的依据；形成发展性、科学性的班主任评价机制，坚持全员参与、综合评估,注重过程性评价与综合性评价相统一。

其次,把班主任工作课题列为重点内容展开研究,探索班主任专业成长的周期和规律,对班主任专业建设中的热点、难题予以特别关注。

再次,加强同伴观察和监督。班主任在教育教学过程中可以邀请同伴教师作为督导者进行观察和评价,将其他教师提出的意见通过教育教学实践加以验证,并整合到教育观念之中。这需要班主任自身有乐于接纳他人意见、寻求积极改变的素质。

最后,提升班主任自我监督的自觉性。班主任在班级管理中要发挥自我意识和能动精神,及时对自己的意识、情感、行为、方法进行自我监督、反思、规范、调整,通过自我协调、自我控制等,实现专业成长和自我价值。

**(四)完善班主任的培训体系,提高素质能力**

学校根据教育行政部门的有关规定和本校发展的实际需要,基于理论研讨与实践教学相结合的原则,有步骤、分阶段地组织新教师和在职教师参加班主任岗位培训,包括岗前培训、专题研讨、工作经验交流、工作案例研讨、专项工作研究等,明确班主任的工作职责与工作内容,帮助新教师更快适应教育教学任务,掌握开展主题班会、学业指导、问题处理、心理辅导、生涯教育等一系列活动的管理方法。鼓励在职班主任参加专业培训,推行以老带新的班主任“师徒制”,形成满足本校发展需要的班主任骨干队伍。学校也可组织班主任开展学习体验、社会观察、调查研究等社会实践活动,在将理论付诸实践中总结教育教学规律,使班主任做到治学修道与社会关怀相统一。

## 三、小学班主任的自我管理

德育管理是为了人、通过人、归于人的教育管理活动,因此,必须注意发挥班主任在德育管理过程中的自主性。管理者通过改善领导方式和作风,促进被管理者在思想和行为上进行自我控制、自我评价、自我调节,从而达到自我发展的目的,便是学校德育管理中的自我管理法。自我管理法是学校德育的最高形式,也是学校德育管理的最高形式。

**(一)小学班主任自我管理的内涵**

小学班主任自我管理是班主任以教师专业发展为核心,融合个人发展目标和社会发展目标,对自己的身体、行为、时间、情绪、意志等进行自我管理的自觉过程。有研究者认为,“班主任的自我管理是教师在教学、学习、生活中对自身的身体、思想、情感、意识形态等进行的管理,是教师从自身出发对内的调节与管理。”①班主任自我管理的前提是自我认识,自我认识是班主任对自己的认识和看法,涉及对自己的思想、行为、能力、自我形象等的自我知觉、自我认同。在德育管理中,管理者要注意引导班主任进行自我认识,包括对物质自我、社会自我、精神自我、群体自我和关系自我的认识,帮助班主任进行自我肯定、自我认同,由此激发他们进行自我管理的意愿和动机。

小学班主任的自我管理是班主任调动知、情、意、行等心理结构持续自觉地提升知识、信念、情感和技能的自我发展过程。在认知上,它体现为班主任在自我觉察和自我探索中对自我进行分析和评定;在情感上,它是班主任发自内心的自觉意识,包含精神、专业层面上的自我认同与自我接纳;在意志品质上,它体现为班主任调动自我内驱

---

① 陆水、韦东:《教师自我管理的途径》,《管理学科文摘》,2007年第2期,第30-31页。

力进行自我监督、自我控制和自我调节的自控能力；在行为上，它体现为班主任长期进行累积、学习、反思，将理论学习与实践经验联结起来的自我发展实践。简言之，班主任的自我管理是教师在对待自我发展的问题上，主动自觉地通过自我调控、激励、反思、实践等，达到自我管理和发展目标的过程。

班主任自我管理与德育管理有密切的关联。一方面，班主任的自我管理水平制约着德育管理水平。班主任的自我管理是班主任对自我专业化发展的价值追求，自我管理意识和能力较强的班主任有着较强的自我发展驱动力、自我调适能力和自我管控能力，他们勇于超越规范，不断挑战自我，激发自身潜能。这些能力有助于班主任科学高效地开展德育管理工作，毕竟班主任只有管理好自我，才能管理好他人。另一方面，自我管理与德育管理是相互交织的统一体。自我管理是德育管理的一个环节，两者往往是交织进行的。自我管理是班主任向内自我觉察、自我探索、自我开放、自我了解、自我悦纳、自我认同的过程。① 德育管理则是班主任基于内在探索向外实践检验的过程，验证结果最终作为一种新的经验返回到班主任内部的自我结构中来。

**（二）小学班主任自我管理的影响因素**

1. 学校领导的管理风格

以校长为首的学校领导，其管理思维、管理风格是影响教师自我管理的重要因素。是把教师全面、协调、持续发展作为对教师领导和管理的出发点和归宿，还是以控制、约束教师，以取得即时成就为目标；是以人性、科学、动态的方法激发教师的自我效能感和职业认同感，还是从功利、眼前的称号、利益、得失评定教师；是多主体、多形式、多角度的综合管理，还是单向、封闭的机械管理；是以教师为本，调动教师的主动性和创造性，还是用一刀切的思维进行形式化管理……这些不同的管理思维，所取得的管理效果也是有差异的。在学校管理中，学校领导应把教师发展看成是不断学习的过程，这种学习应该是以教师自我发展为导向，从“要我发展”转变为“我要发展”。通过在思想上引领、行动上带领和情感上凝聚来为教师的发展创造更广阔的空间，提供更多的机会，激发教师自我发展的使命感，有效地促进教师的自我管理。反之，教师将会呈现心有余而力不足、消极怠工、心理抵触的状态。

2. 学校管理制度与组织文化

自我管理具有很强的主动性，但现行的学校管理体制大多呈现出“管”的理念，而不是“理”的体现，反映出“控”的意图，而不是“疏”的方法，其偏差在很大程度上忽视了管理的人文性和价值性，造成了教师自我提升的能动性不足，总是被学校的安排驱动，缺乏主动探究德育管理规律、发现德育管理问题、解决德育管理问题的意识，缺乏自主决策、自主选择、自主学习的能力，这也限制了教师自我管理能力的进一步发展。制度是管理的依据，文化是管理的导向，学校立足当前转型性变革，以促进师生主动发展为基本立场，更新学校管理制度，创新组织文化，便成为当务之急。其中，制度建设和文化更新的根本目的是人的生命成长。师生的生命成长便体现在他们能否主动健康发展，制度建设和文化建设能否为他们的这种发展营造良好的空间。②

---

① 赵福庆等著：《自主管理：创新教育的制度建构》，山东教育出版社，2004年版，第169页。

② 李飞：《自我管理——教师可持续发展的有效途径》，《现代教育论丛》，2010年第9期，第19-24页。

3. 班主任的自我管理意愿与动机

班主任发展的影响因素除了需要智力支持、物质保障、精神激励等为教师发展创造条件、提供“舞台”，也需要教师的自我管理意愿和动机，即自己愿不愿意提升、想不想改变。而教师的自我管理，首先就要有自我发展的意向，有自我提升、寻求突破的动机，没有这种意向，即使外在的条件已经具备，也很难调动教师自我成长的主动性。其次，有自我管理意愿和动机的教师，会构建积极完整的自我形象。积极、完整的自我形象，是一个人自尊、自信的源泉，而这种自我形象的建立是基于一个人的自我分析、自我评价。根据心理学家关于如何保持积极的自我观念的研究①，我们可以把引导班主任进行自我分析、自我评价的策略概括为：① 用物理世界来指导自我评估（如：表达物质需求、对环境做出情感上的反应等）；② 与周围的人进行社会比较；③ 进行反射性评价（即解释他人对我们的看法）；④ 学会反思和自我反省；⑤ 对发生在自己身上的任何事进行归因分析。再次，有自我管理意愿和动机的教师，具备较强的自我控制能力和自我调节能力，他们不会去盲目等待外在条件的改善或一味埋怨教师发展条件不成熟而悲观失望，而是争取大量学习和实践的机会，不满足于现有的教育业绩，不断挑战自我、超越自我，在自理、自治之中产生积极变化，获得良好的专业发展。

**（三）小学班主任自我管理的方式**

小学班主任的德育管理工作包括家访、培养和选拔班干部、制定班级规章制度、处理突发事件等，在开展工作时需要分清轻重缓急，累积管理和建设班级的相关经验。因此，小学班主任应保持自身的职业热情，积极主动地学习，提升自我管理能力。

1. 理论学习

班主任是一项兼具专业精神、专业品质和专业技术的职业，这项职业的专业性决定了班主任工作不仅需要教育实践经验的摸索，更需要系统深厚的理论根基。实践中的困惑和茫然只有反映到理论层面加以洞察分析，才能真正触摸到问题的本质和根源。成为一名优秀的班主任往往需要学习教育学、心理学、管理学等多学科知识，时刻更新自身的理论知识结构，不断通过自主阅读、教育培训、专家咨询等方式提升专业素养。有些班主任忽视理论学习，认为理论对实践的指导意义不大，固守传统规训、打压式的管理方法，很难形成前瞻性的管理思路和科学的管理模式。

2. 管理反思

管理反思是班主任批判性地对自我表现和行动依据反观自照，矫正实践中不合理的信念和行为，提升自身教育素养的过程。美国心理学家迈克尔·波斯纳（M. I. Posner）提出教师成长的公式：成长＝经验＋反思。反思是内部经验的生成，如果只有外部经验的累积而没有后续的思考，外部经验就无法转变成班主任自己的经验，那么，教育教学过程中就只有经验重复，而没有经验的转化创新。持续性的反思伴随着班主任专业化成长的始终，小到对一件教学活动的反思，大到对自己成长历程和职业生涯的反思，都是激活班主任主体意识、教育理念、教育行动、教育能力的关键。

---

① ［美］乔纳森·布朗著，陈浩莺等译：《自我》，人民邮电出版社，2007年版，第62页。

## 本章小结

小学德育管理是学校管理者根据现代社会的德育要求,遵循小学生品德发展和小学管理的一般规律,通过计划、组织、沟通、协调等,促进各种德育活动要素和管理要素的有机整合,从而达成小学德育目标的活动过程。就小学德育管理的实践而言,德育管理可以区分为德育目标管理、德育组织管理、德育制度管理、德育环境管理、学生品行管理等几个方面。

小学德育管理具有独特的管理体制、管理环节、运行方式、管理原则和管理方法。班级德育管理属于学校德育管理的范畴,是以班级为单位,旨在提高班级德育水平、提升学生品德修养、发挥学生能动性的一种计划、组织、调控活动,具有教育性、社会性、集体性等特征。整体看来,小学现代班级管理的整体发展正朝着师生共治的合作型管理和全员参与的民主型管理迈进。

本章拓展案例

班主任工作是各级各类学校教育工作中不可或缺的组成部分。在小学班级教育实务中,班主任承担着教育、管理与引导,组织与执行,协助与联结,沟通与协同等工作。此外,小学班主任队伍的建设与管理需要建立规范的选聘程序、多元化的激励制度、多层次的督导机制、完善的培训体系,并引导班主任开展自我管理。

## 思考题

**一、单项选择题**

1. 小学德育管理的原则不包括(　　)。

A. 教育性原则　　B. 主体性原则　　C. 整合性原则　　D. 经济性原则

2. 教育者可以为不同学业程度、不同兴趣爱好甚至不同个性的学生提供不同类型、可供选择的选修课、课外学习小组、教学方式等,体现了班级的(　　)。

A. 归属功能　　B. 社会化功能　　C. 个性化功能　　D. 选择功能

3. 对办学方向、德育整体实施方案、德育管理过程进行管理的是(　　)。

A. 校级德育管理　　B. 学校中层德育管理

C. 班级德育管理　　D. 小组德育管理

4. "班级工作的组织者、班集体建设的指导者、中小学生健康成长的引领者",通常指的是(　　)。

A. 校长　　B. 年级主任　　C. 班主任　　D. 任课教师

5. 关于小学班主任队伍的管理与建设,以下做法错误的是(　　)。

A. 规范班主任的选聘流程　　B. 只注重物质激励

C. 加强督导力度　　D. 完善班主任培训体系

**二、名词解释题**

1. 小学德育管理
2. 德育环境管理
3. 小学班主任自我管理

**三、简答题**

1. 简述小学德育管理的方法。
2. 简述班级德育管理的特点。
3. 简述班级的德育功能。
4. 简述班主任德育工作的内容。

第四章思考题参考答案

## 四、论述题

试论小学德育管理的基本环节。

延伸阅读材料

1. 龚拥军著:《核心素养下的德育新思路》,广西师范大学出版社,2022 年版。

2. 李镇西著:《做最好的班主任》,漓江出版社,2021 年版。

3. 陈红、陈文著:《班主任的班级管理:三为循环法》,清华大学出版社,2014 年版。

4. 谌涛:《首席班主任制:协同共治,助力班级管理减负增效》,《中小学管理》,2022 年第 6 期。

5. 许锋华、陈俊源、聂文庆:《小学班主任需要什么样的核心素养——基于 152 份班级成长记录的扎根理论研究》,《湖南师范大学教育科学学报》,2021 年第 2 期。

6. 檀传宝、陈国清:《探索与回归:中小学德育 40 年历程回顾》,《中小学管理》,2018 年第 12 期。

7. 李伟胜著:《班级管理》,华东师范大学出版社,2021 年版。

# 第五章　小学课程与教学管理

## 知识导图

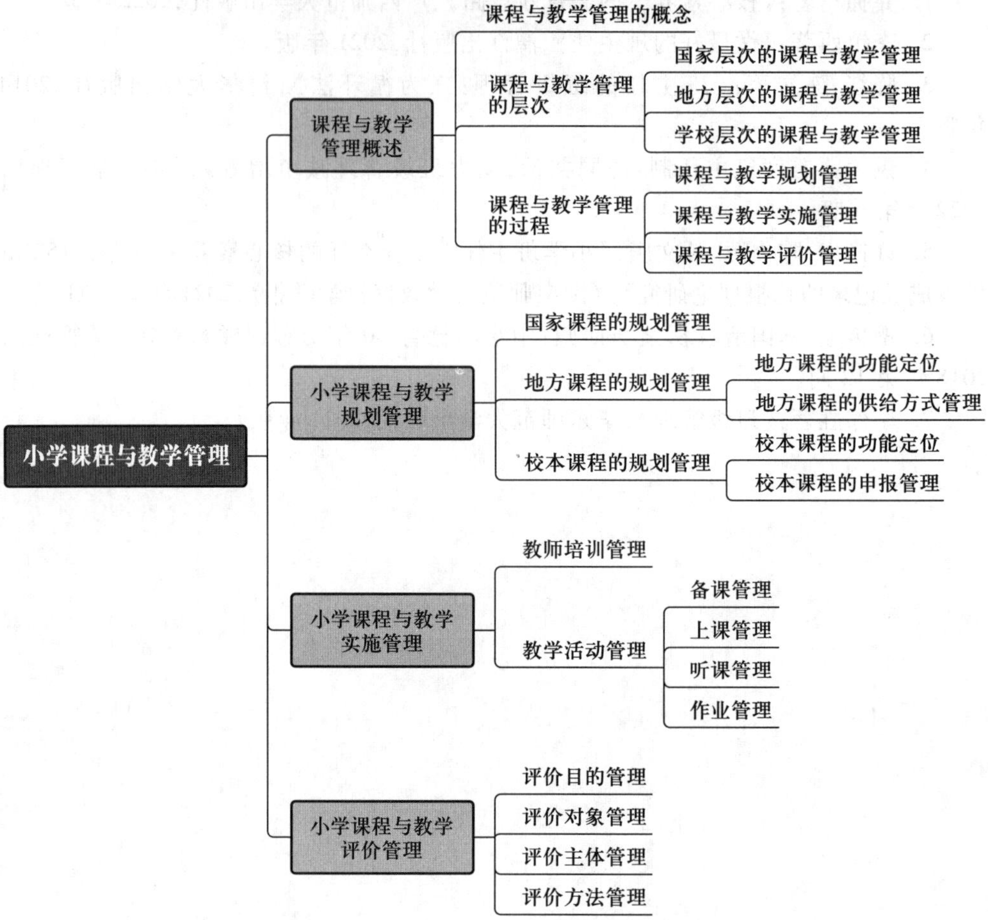


## 学习目标

1. 识记

◆ 课程与教学管理的概念

◆ 课程与教学管理的层次

◆ 课程与教学管理的过程

2. 领会

◆ 小学课程与教学规划管理的内容

◆ 教师培训管理的方式

◆ 教学活动管理的范围

◆ 评价目的、评价对象、评价主体和评价方法管理的内容

3. 应用

◆ 应用本章所学内容，结合小学课程与教学实际进行学校课程与教学管理实践

12 学时

建议学时

教师导学

课程与教学是一种特殊的社会组织活动，存在着教育行政部门、课程研制者、学校管理机构、教师、学生、课程与教学内容以及家长和社会团体等之间的多重复杂关系。长期以来，教育实践中逐步孕育和发展起了专门的课程与教学管理活动，以协调、规范、组织、引导并优化课程与教学活动，从而更新学校结构、优化课程品质、促进教师教学、提升学习结果和提高教育质量。本章拟在呈现课程与教学管理整体概貌的基础上，进一步阐述小学课程与教学管理的相关具体问题。

## 第一节　课程与教学管理概述

探讨"课程与教学管理"问题，首先需要对基本概念有一定的理解，进而把握管理的多种层次，分析课程与教学管理的基本原理。

### 一、课程与教学管理的概念

在我国教育管理领域，多年来主要提的是"教学管理"，鲜有"课程管理"一说。这与新中国成立后大力引进苏联教育学的历史传统有关，其典型表现为：一是移植苏联式中央集权的教育管理制度，全国中小学统一使用一个"教学计划"、一套"教学大纲"和一套"教科书"；二是取消了"课程"的提法，搬用苏联的"教学计划""教学大纲""教科书"和"教学法"等一整套专门概念及其理论，形成了配套的高度统一的"教学"思维方式。在这样的背景下，课程仅仅被定位为教学活动中的一个要素——"教学内容"，而且"教学内容"还是全国统一和相对稳定的。因此，较之"课程管理"，"教学管理"成为主要的关注点和聚焦点，人们着力落实对教学工作的管理，确保对教学活动各要素进行合理组合，促使教学活动有序高效地展开，从而完成教学计划和教学大纲规定的教学任务。

自 20 世纪 80 年代中期开始，我国教育管理体制呈现出由"集权"向"分权"转化的趋势，地方和学校的教育管理权力逐步扩大，但直至进入 90 年代以后，我国中小学课程管理体制改革才正式拉开帷幕。1992 年《九年义务教育全日制小学、初级中学课程计划（试行）》首次在课程表中规定了地方课程，同时实行"一纲多本"的教科书制度。1996 年《全日制普通高级中学课程计划（试验）》第一次将"课程管理"作为课程计划中的单独一部分列出，规定普通高中课程由中央、地方、学校三级管理。1999 年《中共中央、国务院关于深化教育改革全面推进素质教育的决定》提出，要"建立新的基础教育课程体系，试行国家课程、地方课程和学校课程"。2001 年《基础教育课程改革纲要（试行）》明确提出："为保障和促进课程对不同地区、学校、学生的适应性，实行国家、地方和学校三级课程管理。"2023 年《教育部关于加强中小学地方课程和校本课程建设与管理的意见》提出，要"把培育和践行社会主义核心价值观融入课程建设全过程，强化课程管理，激发地方和学校课程建设活力，构建以国家课程为主体、地方课程和校本课程为重要拓展和有益补充的基础教育课程体系，增强课程适应性，实现课程全面育人、高质量育人。""课程管理"这一概念逐步成熟，成为教育管理领域的重要主题。

由"教学管理"到"课程管理"，绝不只是名词术语上的变化或仅仅是一种文字游戏，而是体现着课程与教学管理观念的深刻变化。这表明，当代人们观察、思考、研究和解决相互关联的课程与教学问题的立场和取向，开始了根本性的转换。人们所关心和着力的事项，正在从“怎样教学”的教学管理问题向“教学什么”的课程管理问题的重心转换。与过去截然不同的现象出现了，人们已经开始普遍地、自觉或不自觉地站到了解决“教学什么”的课程管理立场，来观照“怎样教学”的教学管理问题，从而把教学管理纳入到了课程管理的“轨道”，开始形成以课程管理为核心和取向的“课程管理思维”方式，并逐渐扩展演变为教育管理领域的行为方式。在这里，并不意味着教学管理不重要了，更不是要用课程管理取代教学管理。恰恰相反，这意味着，教学是实施课程和达到教育目标的根本途径，课程管理与教学管理正在走向全面整合。

由此，课程与教学管理，在本质上已经超越了以往的“教学管理”的内涵，意指在一定社会条件下，课程与教学管理者依据一定的管理原则和方法，对一定课程与教学系统的人、财、物和信息等因素进行决策、计划、组织和控制，以有效地实现课程与教学系统预期目标的活动。

## 二、 课程与教学管理的层次

近年来，我国基础教育课程管理体制从“中央一统”走向“三级分权”，地方教育行政和学校分获了部分权力，于是，课程与教学管理形成了国家、地方和学校三个层次。每一层次的管理机构与职责具体如下：①

### （一）国家层次的课程与教学管理

国家课程与教学管理的职能部门是国家教育行政部门的最高机构——教育部。它的主要职能是制定国家基础教育培养目标、课程计划框架和课程标准等宏观的政策，并指导和监控地方、学校贯彻执行国家课程政策。国家对于课程的控制，从国家课程到地方课程，再到校本课程，逐步减少，课程管理权力的重心一级级下移。

国家课程与教学管理机构的具体职责有以下几个方面：

（1）宏观指导我国基础教育课程改革，并具体制定相应的课程政策和国家基础教育课程计划框架。

（2）组织制定或修订、审定我国基础教育各个阶段的课程计划。包括统一规定国家课程在各个教育阶段的中观课程结构，如学习领域或科目数，总课时、周课时及课程分配结构，严格控制学生的在校学习时间和基本学业负担。

（3）颁布国家课程标准，确保统一的基本学业要求，规定国家基本的教育质量要求。

（4）制定国家课程实施过程的指导性意见，引导地方和学校根据实际情况创造性地实施国家课程计划。

（5）确定基础教育课程的评价制度，确保国家基础教育课程在各个阶段的目标得到有效的落实。

（6）制定三级课程管理政策，颁布地方、学校课程管理指南，为地方课程和校本课程的开发以及地方一级和学校一级的基础教育课程管理提供基本的规范。

（7）制定教科书或教材开发与管理的政策，定期向学校和社会公布经过审定的中

① 朱慕菊主编：《走进新课程——与课程实施者对话》，北京师范大学出版社，2002 年版，第 197-200 页。

小学教材目录和教材使用情况评估报告。

（8）监控国家基础教育课程整体运行质量，对中小学教学、评价与考试、课程资源开发与利用等情况定期进行抽查和跟踪研究，并提出评估报告。

**（二）地方层次的课程与教学管理**

地方课程与教学管理的职能部门是地方教育行政部门。它们在课程与教学管理方面的主要权力和责任是，贯彻执行国家课程计划和课程标准，按照地方的实际情况与发展需要，为落实国家课程标准制定具体方案，开发地方课程，指导学校合理地实施地方制定的课程计划。

地方课程与教学管理机构的具体职责有以下几个方面：

（1）省（自治区、直辖市）级教育行政部门按照国家课程计划的要求，制定本地实施的各个教育阶段的课程计划，并报教育部基础教育司备案。同时，制定课程计划实施方案。

（2）负责对全省（自治区、直辖市）中小学教学、评价与考试、课程资源开发与利用的情况进行监控，组织研究机构通过抽样调查、跟踪研究等方式对中小学课程运行质量做出评估，及时发现、反映和解决基础教育课程改革的问题。

（3）依据教育部颁布的地方课程管理指南，组织专家或与专家合作开发地方课程，并制定学校实施地方课程的指导性意见。

（4）通过下属各级教育行政部门，负责监督与评估当地学校执行国家课程计划的状况，确保各个阶段的课程计划得到全面有效落实。

（5）通过下属各级教育行政部门，负责指导学校制定学校课程计划的具体实施方案，以及校本课程的合理开发。

（6）县级教育行政部门要在规定的时间内审议各中小学上报的校本课程开发方案，并反馈审议意见。

**（三）学校层次的课程与教学管理**

国家和地方的课程计划都需要通过学校加以落实，学校层次的课程与教学管理对于确保基础教育课程目标的实现范围和实现水平具有重要意义。学校课程与教学管理机构主要是学校教导处和课程开发委员会或部分学校设置的课程中心，主要关注国家课程和地方课程的有效实施，以及校本课程的合理开发。

学校课程与教学管理机构的具体职责有以下几个方面：

（1）根据教育部和本省（自治区、直辖市）课程计划的有关规定，从当地社区和学校自身的实际出发，制定学校学年课程实施方案，报县级教育行政部门备案。

（2）依据教育部颁布的学校课程管理指南，结合本校的传统和优势，独立自主或与校外有关机构或人士合作开发校本课程，提供给学生选择。校本课程开发方案必须在规定时间内报县级教育行政部门审议。

（3）选用经国家级审定或省级审查获得通过的教材。教材的选用应体现民主原则，应该有教师、学生代表参加，并通过多种途径听取学生家长的意见。

（4）反映国家和地方课程计划在实施中所遇到的问题，建立校本课程的内部评价机制，以保证校本课程与国家课程、地方课程在总体目标上的贯通一致。

（5）根据上级教育行政部门的规定，结合本校的实际情况，对学校的所有课程实施管理。特别是对于教学、评价与考试、课程资源开发与利用等方面要进行自我监控，确保学校基本办学质量的稳定和提高。

## 三、课程与教学管理的过程

顺应当下"课程与教学一体化研究"和"课程与教学整合论"等发展趋向，"课程研制过程"成为开展课程与教学管理的"内在基本线索"。课程研制是一个更具综合性的术语，它包括了规划、实施和评价。① 实际上，课程与教学规划、实施和评价三个阶段依次演进并相互作用，循环往复并不断发展，实现着课程与教学的改革、变迁和创新。由此，课程与教学管理可以进一步具体化为"课程与教学规划管理""课程与教学实施管理"和"课程与教学评价管理"。

### （一）课程与教学规划管理

课程与教学规划，就是对课程与教学活动进行计划并做出规定的过程。具体来说，包括制订课程计划或方案，研制课程标准和编制教材等。与课程与教学规划相关的，还有两个术语，即课程与教学设计、课程与教学决策。它们的区别和联系在于，课程与教学规划是一个综合的课程与教学决策过程；而课程与教学设计则是产品和独立存在的实体，是课程与教学决策过程的产物。

课程与教学规划管理，就是对课程与教学规划进行管理。由于课程与教学规划具有明确方向、描绘蓝图的价值，影响范围广、作用时间长，因此，课程与教学规划管理显得格外重要。在一定意义上，课程与教学规划管理被视为课程与教学管理的首要任务。但是，规划管理的成功，并不意味着课程与教学管理的成功。因为再美好的课程与教学计划和方案，都必须付诸实践，才能真正地发挥效用，进而实现预期的课程与教学目的。

### （二）课程与教学实施管理

课程与教学实施就是把规划好的计划、方案和标准等付诸实际的过程，实质上就是将课程理想变成现实的过程，将课程计划落实为教与学的行动，从而把课程领域转变为教学领域。课程与教学实施管理，即是对课程与教学实施进行管理，其核心是对教学活动的管理。

由于诸多影响因素的存在，整个课程与教学实施过程有着不可预测性和不确定性。长期以来，人们形成了关于课程与教学实施的三种取向②：第一，忠实取向，倡导"按部就班"地执行预定课程与教学方案。第二，相互调适取向，强调预定课程与教学方案和学校情境之间的相互适应，既包括课程与教学方案为适应具体学校或课堂的实际情况，在目标、内容、方法和组织形式等方面进行调整；也包括学校或课堂的实际情境为适应课程与教学方案而发生的改变。第三，创生取向，认为预定的课程与教学方案仅仅是师生进行或实现"创生"的材料或背景，是一种课程资源，师生应该借助于这种资源，在具体情境中，不断地联合缔造新的教育经验。总体而言，当下的课程与教学实施管理，需要在现实意义上，调和与平衡影响课程与教学实施的诸因素，促成和推进课程与教学方案的采纳、调适与应用，进而实现课程与教学的预期目标，并不断创生出课程与教学的新文化。具

---

① Oliva, P. F. Developing the Curriculum. N. Y.: Longman, 1997. p. 23.

② Snyder, J. et al. Curriculum Implementation . In Jackson, P. W. Handbook of Research on Curriculum. New York: Macmillan Publishing Company, 1992. pp. 404-418.

体来说，在目标维度，它是在众多复杂性中求得调和与平衡的过程。这就需要管理者系统地考虑课程与教学实施的诸多影响因素，最大可能地发挥和协调每一个因素的功能，使之产生最大功效。在操作维度，它是采纳、调适与应用课程方案的再创造过程。“采纳”不等于实施的完成，“调适”代表一种努力，“应用”的方案才是实际运作的课程方案，应用方案与最初的课程方案相比，已经发生了根本的变化，是一种发展了的或者发展中的行动计划。这就需要管理者有效地利用各种课程资源，推动预定课程与教学方案积极而富有创造性地调适、应用和创生。在效果维度，它是落实课程与教学理想以创造课程与教学新文化的过程。这就需要管理者调动课程与教学实施者的积极性，发挥其实践智慧，促使课程与教学的新文化得以孕育、生成和发展。

**（三）课程与教学评价管理**

课程与教学评价是对课程与教学实施的结果进行评估，以确定预期的课程与教学目标是否实现，理想的课程与教学方案和计划是否获得成功。课程与教学评价管理，是对课程与教学评价进行管理。实际上，评价的过程也是管理过程，而在实施管理的过程中，当然也要进行评价。评价的对象领域，也是管理的对象领域，两者关系密切。① 第一，评价属于一种一般性的管理行为，发挥着同其他管理行为如计划、组织等同样的作用，使各类教育活动能顺利开展，提高教育质量。同时，评价也是一种特殊的管理行为，它具有引导、诊断、改进和激励等功能和作用，这些作用有利于加强课程与教学系统运行的宏观指导和管理，督促课程与教学达到基本的质量要求。第二，评价不仅隶属于管理，其自身也需要管理。作为一种普通的实践活动，评价有它要实现的目标，包含明确评价目的、对象，制定评价标准，运用多样化评价方法收集、整理信息，撰写评价报告等流程。这也就意味着，课程与教学评价管理对象也需要涵括评价目的、对象、标准和方法等。

## 第二节　小学课程与教学规划管理

小学课程与教学规划管理，有国家、地方和学校三个层次。虽然国家课程、地方课程和学校课程在具体的功能定位、主题内容及开发主体上有差别，但它们服从并服务于培养有理想、有本领、有担当的时代新人的需要，为此，必须加强规划管理，特别是增强地方课程、校本课程与国家课程的有效配合，形成课程育人合力。

### 一、国家课程的规划管理

教育部总体规划基础教育课程，制定基础教育课程管理政策，确定国家课程门类和课时。教育部颁布的《义务教育课程方案（2022 年版）》规定，小学阶段必须设置的国家课程为“道德与法治”“语文”“数学”“外语”“科学”“信息科技”“体育与健康”“艺术”“劳动”和“综合实践活动”（详见表 5-1）。教学时间安排为：每学年共 39 周。新授课时间 35 周，复习考试时间 2 周，学校机动时间 2 周。一至二年级每周 26 课时，三至六年级每周 30 课时，每课时按 40 分钟计算。其中，值得特别提出的是对综合实践活动的规划管理。综合实践活动实行弹性课时制，小学一至二年级，平均每周不少

① 刘本固著：《教育评价的理论与实践》，浙江教育出版社，2000 年版，第 253 页。

于 1 课时;小学三至六年级,平均每周不少于 2 课时。这是一门独特的课程,它是国家课程计划规定的一门必修课程,但与其他国家课程有显著区别。语文、数学、外语等国家课程,都有国家课程标准和教材,而综合实践活动则只有指导纲要或实施指南,如《中小学综合实践活动课程指导纲要》。这样,能够充分体现课程的生成性和适应性。可以说,这是一门国家规定课名、课时和一般要求,地方统一协调和指导,由学校自己开发的课程。就这一具有特殊性质的课程而言,需要加强管理力度,从师资建设、支持体系建设和制度建设等方面进行有力、有效的规划。

(1) 师资建设。当前综合实践活动课面临的一个重大问题,是未形成多学科结合的稳定的教师队伍。这就要求学校从实际出发,优化配置学校的人力资源,建立专兼职相结合的教师队伍。原则上每所学校至少配备 1 名专任教师,主要负责指导学生开展综合实践活动,组织其他学科教师开展校本教研活动。学校领导、班主任、任课教师以及有关社会力量都可以成为综合实践活动课程的兼职指导教师。而且,学校要成立综合实践活动课程领导小组,结合实际情况设置专门的综合实践活动课程中心或教研组,或由教科室、教务处、学生处等职能部门,承担起学校课程实施规划、组织、协调与管理等方面的责任,负责制定并落实学校综合实践活动课程实施方案,保证综合实践活动课程的有效实施。

(2) 支持体系建设。地方教育行政部门、教研机构和学校要开发优质网络资源,遴选相关影视作品等充实资源内容,为课程实施提供资源保障。各地可以探索和建立优质资源的共享与利用机制,打造省、市、县、校多级联动的共建共享平台,为课程实施提供高质量、常态化的资源支撑。学校要为综合实践活动的实施提供配套硬件资源与耗材,并积极争取校外活动场所支持。有条件的学校可以建设专用活动室或实践基地,如创客空间等。

(3) 制度建设。为了给予综合实践活动一定的政策支持,需要建立和健全综合实践活动课程制度,主要包括:学校综合实践活动课程规划和实施方案,学校综合实践活动课程教师配备制度,学校综合实践活动教学评价制度,学校综合实践活动教师工作量计算办法,学校综合实践活动科研制度,学校综合实践活动档案建设制度以及学校综合实践活动安全保障制度等。

表 5-1 我国小学阶段国家课程设置表①

<table>
<tr><th rowspan="2"></th><th colspan="6">年 级</th></tr>
<tr><th>一</th><th>二</th><th>三</th><th>四</th><th>五</th><th>六</th></tr>
<tr><td rowspan="5">科目</td><td colspan="6">道德与法治</td></tr>
<tr><td colspan="6">语文</td></tr>
<tr><td colspan="6">数学</td></tr>
<tr><td></td><td></td><td colspan="4">外语</td></tr>
<tr><td colspan="6">科学</td></tr>
</table>

① 中华人民共和国教育部:《义务教育课程方案(2022 年版)》,北京师范大学出版社,2022 年版,第 9 页。有改动。

续表

| | 年级 | | | | | |
|---|---|---|---|---|---|---|
| | 一 | 二 | 三 | 四 | 五 | 六 |
| 科目 | | | 信息科技 | | | |
| | 体育与健康 | | | | | |
| | 艺术 | | | | | |
| | 劳动 | | | | | |
| | 综合实践活动 | | | | | |

## 二、 地方课程的规划管理

地方课程是基础教育课程体系的重要组成部分，是国家课程的拓展补充，由地方根据国家教育方针、课程管理政策和课程计划，结合本地的优势和传统，充分利用各类课程资源，自主开发和管理。

### （一）地方课程的功能定位

地方课程具有鲜明的地方属性，应当立足于地方，服务于地方。应增强义务教育课程对地方的适应性，挖掘当地自然风貌、区域经济、优势科技、特色文化以及革命文物、遗址、纪念场馆等方面资源的育人价值，使学生认识家乡，丰富体验，拓宽视野，增强综合素质。地方课程还要体现多元一体的理念，坚持区域特征与共同要求相统一，强化地方与国家的不可分割性，关注与世界的相互关联性，弘扬具有统一性和多样性的中华优秀文化，增强中华文化的生命力和影响力，涵养学生家国情怀，铸牢中华民族共同体意识。①

### （二）地方课程的供给方式管理

义务教育阶段按规定开设地方课程。地方课程原则上在部分年级开设，一个年级最多开设一门，小学一、二年级开设的外语除外。② 地方课程供给主要有授权开发、管理集聚、购买服务和合作引进等多种方式，能够满足学生多样化和个性化的教育需求。③

1. 授权开发供给方式

地方在基础教育课程建设中承担的主要是“管理”职责，“开发”和“供给”任务包含在“管理”之中，即“规划和开发本省（自治区、直辖市）的地方课程”。教育行政部门授权其直属的教育部门或通过招标授权给专业机构以及与教育部门或专业机构等合作开发，具体包括委托开发、招标开发和合作开发等形式，其共同之处都是教育行政部门通过组织并参与地方课程开发的相关活动，包括课程的整体规划、课程纲要的研制以及课程的实施、评价和管理等，从而实现地方课程的有效供给。地方课程在开发过程中，一方面需要强化综合性，注重不同学习领域、不同学科知识的内在关联，注重课程内容与学生经验、社会生活的联系；另一方面需要强化实践性，加强课程与生产劳

① 参见：《教育部关于加强中小学地方课程和校本课程建设与管理的意见》，2023 年 5 月 9 日。

② 参见：《教育部关于加强中小学地方课程和校本课程建设与管理的意见》，2023 年 5 月 9 日。

③ 黄晓玲：《当前地方课程的供给模式及优化策略》，《教学与管理》，2018 年第 31 期，第 33-35 页。

动、社会实践的结合，注重实践体验过程的设计和指导。

2. 管理集聚供给方式

管理集聚供给方式主要是地方教育行政部门根据区域课程资源特点、学生需求和课程建设整体水平，通过重点支持、成果认定等方式形成和提供地方课程，主要针对专题教育类课程和适用面相对较小的市、区县地方课程。具体有两种方式：一是在校本课程或校际课程的基础上，经过区域授权和重点扶持，进而提升、推广成为地方课程。二是在区域内通过课程成果或资源征集等方式，集聚区域内学校、研究机构和社会机构已开发并实施的相对成熟的课程，在此基础上通过成果认定、奖励支持等机制转化为地方课程。这种供给方式是在区域内课程建设已有成果基础上的精品化、特色化发展，有利于整合区域资源，扩大优质课程覆盖面。

3. 购买服务供给方式

在地方课程供给中，部分省市、区县针对新兴的课程内容、急需的课程内容，通过政府购买服务的方式向社会机构购买课程，并作为地方课程供区域内中小学使用。区域统筹购买课程服务能满足学生多样性、选择性课程需求，弥补区域及学校课程开发的不足，增强学校教育活力，提高教育资源配置的效率和质量。

4. 合作引进供给方式

合作引进供给方式是地方教育行政部门自身或授权其直属教育机构，通过合作引进国内外优质课程及其资源并进行本土化改造和优化，进而实现地方课程或优质课程资源的供给。如北京市为在小学课程中及时补充职业、创业和理财教育的相关内容，与中国国际青年成就组织合作，引入“我们的城市”课程，并合作进行本土化开发，供区县和学校选用。

## 三、 校本课程的规划管理

学校在开齐开足国家课程、设置地方课程外，还需要加强校本课程的规划管理，满足学生具体的、特殊的学习和发展需要。

### （一）校本课程的功能定位

校本课程的功能定位为：丰富课程供给，增强课程对学生和学校的适应性；服务学生个性化学习需求，培养兴趣爱好，发展特长；注重引导学生及时了解经济、社会和科技等方面的新进展、新成果；体现学校文化，增强学校办学特色，促进教师专业发展。

### （二）校本课程的申报管理

校本课程的开发和申报，需要有专人负责，建立健全教师、社会专业人士以及家长等多方参与的校本课程开发机制，对学生需求和学校课程资源等进行调查分析，充分论证，确定校本课程的建设方向、重点学习领域、科目与形态等，在此基础上研制课程纲要，申报相应课程。具体而言，校本课程规划阶段的管理任务主要有：

1. 组织建立

成立校本课程开发委员会或工作小组，可以为校本课程开发提供必要的组织保证。这一机构主要负责引领校本课程开发的总方向，拟定校本课程开发的规章制度，审议教师申报的校本课程等。在一定意义上，机构的名称代表着学校课程开发的愿景，如某校的“梦想课程开发中心”内蕴着“让孩子拥有自己的梦想”的期望。

机构的成员应该具有广泛的代表性，不仅有学校教师和行政人员代表参加，还应有学生、家长、教育行政部门官员、社区人士、校外专家等代表参加,他们各自扮演不同的角色。教师代表、主任与校长等学校管理人员是主要的决策者,自始至终都投身于校本课程开发的讨论并进行决策。学生和家长代表是主要的参与者,自始至终参与校本课程开发各个阶段有关议题的讨论,并提供必需的各种支持。社区代表和校外专家是学校发展的强劲支持力量,在校本课程开发过程中,能够提供许多切实可行的建议和富有启迪的智慧。教育行政部门官员是教育资源的主要掌握者,他们在教育哲学和教育目标确定上起着相当重要的作用,在课程资源比较稀少的状况下,争取他们的支持和帮助是促进校本课程开发的有效策略。

2. 情境分析

情境分析,就是要在探讨校本课程开发各种必要性和可能性的基础上,对开发什么样的校本课程做出决策。情境分析主要包括需求评估、资源调查和决策拟定三个环节。

(1) 需求评估,就是对学生的学习需要、家长的期望、社区和社会的要求以及学校的发展需求等进行调查研究。其中,尤其要注意评估学生的学习需要,这也是以往校本课程开发经常忽视的方面。学校可以采用多种手段,比如观察、访谈和问卷等,评估本校学生兴趣的范围、层次和类型。

(2) 资源调查,是要弄清校本课程开发的条件和限制,包括师资力量,各种课程材料和设备、资金情况以及社区潜在资源等,这主要是调查开发相应校本课程的可能性。例如,在经济条件相对落后的农村,学校的课程与教学资源比较匮乏,这就需要开发与利用大量替代性的课程资源。比如科学课程的实验仪器、药品的短缺问题,在农村时常可见。这时,可以建议和指导教师带领学生利用生活中的常见用品和废弃物制成简易的实验仪器,或替代实验用的化学药品。诸如用贝壳或鸡蛋壳代替碳酸钙;用食用碱代替碳酸钠;用废铁刨花或铁屑与硫酸反应制取硫酸亚铁;用植物的花、叶等制取酸碱指示剂;用铁质瓶盖制作燃烧匙;用废电池制取碳棒(作电极)、锌(制氢气)、二氧化锰(作催化剂)、氯化铵(制氨气)等。这样的课程资源规划管理,既有助于解决实验仪器、药品的短缺问题,又可以培养学生的实践能力以及节约和环保的意识。

(3) 决策拟定,是指通过分析需求评估和资源调查取得的信息,在想开发什么课程和能开发什么课程之间找到平衡,进而拟定应该开发而且有条件开发的课程目标和门类等,明确校本课程开发的总体方向和具体思路。

3. 文件编制

在调研校本课程开发所处境遇、明确开发方向的基础上,就可以考虑编制课程方案等一系列文件,既进一步将开发活动加以具体化和操作化,也为整体性的开发活动提供制度保障。在学校层面,需要拟定的文件主要有:《校本课程规划方案》《校本课程开发与建设细则》《学校课程开发委员会章程》《校本课程开发立项、审议制度》《校本课程教学班管理办法》和《校本课程开发教师工作量计算办法》等。

其中,《校本课程规划方案》是校本课程开发的总体方案和纲领性文件,大致包括如下基本内容:课程开发背景、课程总体目标、课程结构与门类、课程实施与评价的建议、保障措施。

（1）课程开发背景，主要从开发的必要性和可能性两方面入手，梳理需求评估和资源调查所获得的信息，呈现校本课程开发的背景。比如，列举学生学习需要和家长期望的调查结果，剖析学校发展需求，明确校本课程与国家和地方课程的配合程度，探讨学校开发各种类型校本课程的可能性，等等。

（2）课程总体目标，结合校本课程开发的具体背景，拟定课程开发的整体目标。目标应包括三类：一是优化学生学习活动方面的目标，二是促进教师专业发展方面的目标，三是推动学校文化发展方面的目标。

（3）课程结构与门类，主要说明校本课程的组织。当下的校本课程开发出现了一种现象，即是将校本课程定位为在全校范围内铺开的课程，即"全校性"校本课程。如开发"乒乓特色"课程，就要求从一年级起每周开设乒乓球课，力求"人人爱打乒乓球、会打乒乓球"。虽然校本课程开发自兴起以来，就与学校特色建设形成了一种密不可分的关系，但当前二者结合的基本形式是学校借校本课程形成一种文化特色，"科技文化"校本课程促成学校科技教育特色，"剪纸文化"校本课程促成学校剪纸教育特色……这种特色，表现为参与人数多，整体水平高。然而，这也在一定程度上要求学生按照学校特色的要求，具有统一的爱好、相同的技能，几乎使学校变为某项活动、某种技巧的"专业培训学校"。这样做，恰恰不利于学生生动活泼地发展和个性化地成长，有悖于教育的根本目的，有悖于校本课程作为国家和地方课程的补充"要充分满足学生具体的、特殊的学习需要"这一基本诉求。因此，在一定意义上，校本课程的形式不应是全校统一的单一模式，而是多样而灵活的丰富样式。从空间维度上看，可有全校统一的课程、全级统一的课程、全班统一的课程和走班选修的课程；从时间维度上看，可有持续整个小学阶段的课程、年段的课程、年级的课程、学期的课程和微型的课程①；从价值维度上看，可有提升知识和技能的课程、满足兴趣爱好的课程、开展思维训练的课程和进行文化熏陶的课程。

（4）课程实施与评价的建议，主要是对校本课程的实施和评价做出规划。包括对教师培训、教学活动、教师教学评价、学生学习评价等做出设计和安排。

（5）保障措施，主要说明学校的校本课程开发组织机构及成员，经费的支持情况以及其他一系列的配套措施等。

4. 课程申报

教师始终是校本课程开发的主体，关于校本课程开发的一系列文件编制完成后，即可组织教师在熟悉文件的基础上，针对学校《校本课程规划方案》中规定的课程门类，结合自身的实际情况，申报相应的课程。比如，就学校拟开设的修身类课程，教师如果在生命美学方面有造诣，可考虑申报"人生的诗意"课程；如果在摄影方面有造诣，可考虑申报"摄影与人生艺趣"课程。

为了统筹安排、规范操作、保证质量，教师进行课程申报时，需要在规定时间内，提交所申报课程的《课程纲要》。主要内容包括：课程名称、开设年级、课时、课程目标、课程内容与实施方式、课程评价以及课程简介等。具体可参考表5-2。

---

① 曾文婕：《微型化：校本课程开发的深化之路》，《教育发展研究》，2009年第4期，第51-55页。

表 5-2 《课程纲要》样例

<table>
<tr><td>课程名称</td><td colspan="3"></td><td>开课教师</td><td></td></tr>
<tr><td>教学材料</td><td></td><td>开设年级</td><td></td><td>课时</td><td></td></tr>
<tr><td>课程简介</td><td colspan="5">限 200 字内，供学生选课/学校审议用。</td></tr>
<tr><td>背景分析</td><td colspan="5">为什么要开设这门课程？可从学校的教育理念、学生需求、已有资源等方面分析。</td></tr>
<tr><td>课程目标</td><td colspan="5"></td></tr>
<tr><td rowspan="5">课程内容与实施方式</td><td>1</td><td colspan="4"></td></tr>
<tr><td>2</td><td colspan="4"></td></tr>
<tr><td>3</td><td colspan="4"></td></tr>
<tr><td>4</td><td colspan="4"></td></tr>
<tr><td>⋮</td><td colspan="4"></td></tr>
<tr><td>课程评价</td><td colspan="5"></td></tr>
</table>

教师申报课程后，由校本课程开发委员会进行课程审议。审议的主要内容有：申报课程的目标与学校校本课程开发总体目标的吻合度，申报课程的内容的科学性与合理性，申报课程开设的可能性以及教师本身的课程开发资质等。

审议通过的课程，则成为学校正式开设的校本课程，由学校统一制作《校本课程简介》等材料，既供教师和家长等传阅，也供学生了解相应课程，进而有针对性地选课。

## 第三节　小学课程与教学实施管理

课程与教学实施管理的关键，是将规划出的各种课程与教学方案转变为实际的教与学。如果没有有效实施，再美好的规划，也难免沦为空谈。课程与实施涉及的要素和方面，不胜枚举、千头万绪，结合当下新课程改革的基本理念和现实遭遇来看，需要着重抓好教师培训和教学活动两方面的管理。

### 一、教师培训管理

为落实立德树人根本任务，教育部委托有关专业组织将党的教育方针细化、具体化，研究提出中国学生发展核心素养体系，并据此修订颁布《义务教育课程方案（2022年版）》和语文等 16 个学科的课程标准（2022 年版）。自此，以核心素养为纲的课程设计在国家层面已基本完成，基础教育课程改革进入以课程实施为重点，加快建设高质量教育体系的新阶段。① 基础教育新课程的实施，对小学课程与教学实施管理提出了全新的要求与挑战。作为主要的课程实施者，面对新课程提出的新要求，一线教师在观念上都较为认同。但是，在课程与教学实施过程中，教师普遍表现出“不安”的情绪。这一方面源自打破习惯而带来的迷失感。虽然教师认为课程改革可以理解、可以接受，而且非常重要，但是对自己熟悉的课程与教学进行全方位改变的这种过程实在是令人焦虑，甚至是痛苦和沮丧的。另一方面源自能力不足而带来的压力感。新课程的新变化要求教学的全方位、系统化变革，强调基于素养导向探索大单元教学，开展主题化、项目式、实践性、综合性教学活动，注重差异化教学，强化个别化指导，满足学生多样化学习需求，这些都给教师带来了前所未有的新挑战。② 当一个人面对一件事情，一边发现自己不能完成它，感觉自己找不到出路，一边又认识到此事非常重要，这只能使他更不安、更沮丧。在这样的背景下，加强对教师培训的管理，使教师对课程与教学实施能力得到持续提升，就显得尤为重要。经过探索和实践，在学校层面，教师培训可以采用如下方式展开：③

1. 专业报告式

围绕小学课程与教学实施中的关键问题，或许多老师感到非常困惑的问题，邀请专家学者或主管领导做报告。

2. 课题引领式

通过组织教师参加课题研究，提高教师的理论水平和实践能力。当前，有的课题研究存在重申报、轻研究，重出文章、轻解决实际问题的倾向，应特别注意研究的课题要从学校实际出发，以解决学校课程与教学各方面的问题、提升教师的课程与教学实施素质、促进学校的课程与教学发展为目的。在做法上，不求人人设计课题，但求人人参与行动。

3. 微格训练式

把课堂教学分为不同的单项技能分别进行训练，如导入技能、提问技能、演示技能、板书技能等，每次只集中训练一两项技能，以便掌握。在采用此模式时，多采用教师自主报名的形式。先由教师自行查找有关资料进行备课，然后付之于实践——上课，并辅以全程录像，接着自主进行个人反思，撰写一份课堂分析报告，然后与教研组和专家交流讨论并再次备课，最后再实践、再反思。如有必要可再一次重复以上过程。对上课教师来说，这是剖析、总结和提高的过程；对教研组老师来说，也可以吸收别人的长处，优化自己的教学过程。尽管程序烦琐、费时费力，但实效显著，特别适合对青年教师和骨干教师的培养。

4. 案例剖析式

这是一种从教学案例描述的教学实践中探寻方法，总结得失，寻找理论支撑的培训模式。选择合适的具有真实性、典型性、浓缩性和启发性的案例，是案例剖析培训的

---

① 何文君、柳夕浪：《学校课程实施中的两次转化与改进》，《课程·教材·教法》2023 年第 6 期，第 11-18 页。

② 刘月霞：《新课程背景下的教研挑战》，《中小学管理》，2022 年第 8 期，第 1 页。

③ 蒋明珠：《校本培训模式实践初探》，《全球教育展望》，2006 年第 7 期，第 78-80 页。

基础。教学案例可来自本校教师的教学实践,亦可摘自报纸杂志。它可以将问题指向课程与教学实施中带有共性的典型困惑。案例研究是一种超越课堂教学本身的教学知识增长,更是剖析别人、剖析自己的专业成长阶梯。在案例剖析时应提倡各抒己见,让每一位教师畅所欲言,努力创设一种平等、互助、友好的交流氛围,让教师们在这样的氛围中相互质疑、相互启发。这样,许多新思想、新灵感就会不断地激发、碰撞、裂变、融合,使问题迎刃而解。

5. 校际交流式

各个学校在办学风格、管理方式、师资队伍等方面都存在一定差异。组织校际的交流可以借鉴别人的成功经验,取长补短。校际交流可以是相同学科教师间的听课、评课;可以是实地见习、互访;也可以围绕某一主题进行探讨。

6. 教育叙事式

教育叙事就是“讲教育故事”,要求教师以合理有效的方式解决自己在教室或其他场所里遭遇的课程与教学问题,然后将自己怎样遇到这个问题、怎样解决这个问题的整个教学过程“叙述”出来。教育叙事是记录教师教学生涯和成长历程的重要方式,也是教学反思的重要方式。许多青年教师普遍存在着理论水平丰富、工作精力充沛,但实践经验缺乏的问题。学校可以针对青年教师在工作中遇到的具有普遍性和典型性的问题预设主题,然后在有经验的教师中征集成功或失败的故事,每次教师会议开始时利用 10~15 分钟,在交流中解答,在切磋中传授,在分析中提升。教育叙事式培训具有生动性和实效性等特点,深受教师们的欢迎。

7. 网络共享式

随着网络技术的普及应用,超越时空的网络共享成为可能。网络共享的形式因其便捷实用深受教师喜爱。首先,可实现备课笔记、教学札记、课件设计、练习方案等的共享。在实践中,可以先从骨干教师、学科带头人的课堂教学设计的全面开放做起,逐渐延伸到整个教研组全体教师的全面教学设计和成果共享。当然,在管理上要注意避免教师对网络资源的照搬照抄,影响其对教材和教学方法的自主钻研,阻碍个人教学特色的形成,限制自身的专业发展。其次,可以利用校园网络平台集结众人智慧,实现优势互补。在课程与教学实施中遇到困难时,可随时获得帮助;产生感想时,可及时和同事分享。在此过程中,要注意加强操作管理,尽可能采用校内实名注册上网的形式,避免“谁都可以发表的混乱”。

8. 虚实融合式

为了促进教师持续性、长周期能力养成,需要构建促进教师专业发展的全方位、全过程、动态化的教师学习支持服务体系。学习支持服务体系的核心是虚实融合的教师发展中心,主要由传统的实体教师发展中心和虚拟的教师发展中心融合而成。虚实融合的教师发展中心通过大数据采集和分析教师学科知识、教学法、数字素养、职业道德等维度信息,进行教师数字画像,跟踪教师发展过程,判断教师发展水平与发展需求,针对教师的具体需求特征推动数字化课程、研修社区、名师工作室等聚合服务资源。线上线下结合,持续研究学校教师专业成长中存在的问题,针对不同学校的发展现状,引导学校制定教师发展规划与方案,引导教师制定差异化、个性化的学习与培训方案,策划解决教学实际问题的教师培训项目，提供分层、分类与场景化的学习支撑服务。①

## 二、教学活动管理

教学活动始终是学校教育的核心，教学活动的管理始终是学校教育管理的重点。因应新课程改革的要求，学校的教学活动管理特别需要做好集体备课和上课等方面的管理。

### （一）备课管理

基础教育新课程改革在倡导学生合作探究学习的同时，要求教师展开同伴互助、合作研究，形成研讨氛围，发挥“集体效应”的优势。集体备课作为教师合作研讨的一种有效形式，对于发挥教师团队合作精神、集思广益、取长补短具有不可或缺的作用。但是，目前许多学校的集体备课存在形式化严重的问题。集体备课成为“网上资料的拼盘”或“个人独裁”等现象屡见不鲜，从而导致教师视集体备课为“负担”。

针对这样的情况，在学校管理层面，首先需要澄清对“集体备课”的认识。② 第一，“集体”是个什么概念？是指包括所有同学科教师的教研组还是使用同教材教师组成的备课组？同一教研组有多少教师？使用同教材的教师是否够得上成为一组？其中新老教师配置的情况如何？教师课业负担如何？一个教师只教一门课还是兼教其他课，只教一个年级的一门课还是兼教其他年级的同一门课？第二，必须经过集体准备的“课”是个什么概念？是指一门课程的课程标准、教材分析、学期的课程计划，或是指按照教材内单元组合的若干课，还是一节一节的课？是专指公开课还是指日常课？是有选择的集体备课还是无例外的集体备课？

在澄清认识的基础上，可以具体按“准备材料”“集中探讨”和“教后反思”三个步骤展开集体备课。第一，准备活动。备课组长明确主备教师和辅备教师。主备教师设计出教案，在集中探讨前2~3天把教案发给组内每位教师，同时准备好主讲内容，并交给备课组长。辅备教师认真阅读和思考主备教师的教案，为集中探讨做好充分准备。第二，集中探讨。这一阶段，可按照下述步骤加以展开：① 交流上一次集体备课的教后反思以及备课存在的问题，备课组长可有针对性地进行主题发言或以讲座辅导的形式，给予其他教师以专业引领和指导；② 主备教师结合主备教案，阐述主讲内容；③ 主备教师和辅备教师就主备教案进行充分交流；④ 在参考他人发言的基础上，每位教师根据本班实际情况，形成个性化、特色化的教案。第三，教后反思。每位教师对自己的教后情况进行总结，同时，重新设计教案中需要改进和完善的环节。

为了充分彰显集体备课的实效，在管理上，应注重落实集体备课中的“四次调整”③，分别是：

（1）第一次调整。即辅备教师在集体备课活动前，一定要抽时间浏览主备教案，注上个人见解，对主备教案做教前的设想调整。

（2）第二次调整。即在集体备课集中活动时，主备教师发言后，辅备教师根据主

① 郭绍青：《教育数字化赋能新课程实施与教师培训转型策略研究》，《中国电化教育》，2023年第7期，第51-60页。

② 陈桂生：《“集体备课”辨析》，《中国教育学刊》，2006年第9期，第40-41页。

③ 瞿梅福：《集体备课：从“减负”到“能力提升”——记一所小学的四次探索》，《人民教育》，2007年第10期，第47-49页。

讲内容从不同角度、不同侧面谈个人见解，并在听取大家对主备教案调整意见的基础上，积极思考，博采众长，对教案做一些修改调整，以便形成一个合理的、个性化的教案。这是集体智慧的结晶，也是个人智慧的激活。

(3) 第三次调整。即做好平时的教后反思。尽管教学预案对学生可能遇到的问题做了充分考虑，但事先的设计与具体的实施之间总会有一定的差距，加之教学之后教师也常会发现预设教案的不足，因此，要将自己课后的反思分析也记录到教案中。教师可以记录成功的经验，也可记录教案的修改，还可以记录学生的创新和问题，包括一些突发事件的应对以及事件处理的成败得失分析。第三次调整还可采用教学案例的形式，记录教师在教学活动中的经历与思考。

(4) 第四次调整。即在下一次集中探讨开始时，一般要针对上一次的集体备课，由教师交流各自的教后反思。大家就教学处理、训练题的设计、学生的学习表现等情况做交流。这是教案运用于课堂教学后的深刻感悟。在交流的过程中，要求教师及时跟进思考，广纳众长，对教案做进一步的补充调整。

为强化教师“四次调整”的意识，并学会运用“四次调整”改进教学，学校可以要求教师在集体备课纸上采用不同颜色的字来标注每次的调整，如第一、二次调整用蓝色，第三次调整用黑色，第四次调整用红色。

**（二）上课管理**

上课，即课堂教学，指在规定的时间内，通过班级集体授课的形式，在课堂上由教师的教和学生的学共同构成的教育活动。上课管理涉及的维度多，范围广。除了做好出勤等常规管理之外，还需要通过管理活动，对教师上课的理念和行为进行有针对性的指导和引领。

当前，教师上课仍存在一些问题，如合作流于形式、教学只求“表面热闹”、课堂问题泛滥和评价滥用失真等，严重影响了课堂教学质量。因此，学校管理的一个关键任务就是，让教师知道什么样的课是好课，进而让教师明白应当如何上好课。

一般来说，一堂好课的基本要求包括：①

(1) 有意义。在一节课中，学生的学习是有意义的。初步的意义是学生学到了新的知识；再进一步是锻炼了学生的能力；再往前发展是在这个过程中，学生有良好的、积极的情感体验，产生了进一步学习的强烈要求；再发展一步，在这个过程中、学生会越来越主动地投入到学习中去。

(2) 有效率。表现在两个方面：一是对面上而言，一堂课下来，对全班学生中的多数学生是有效的，包括好的、中间的、困难的学生；二是效率的高低，有的高一些，有的低一些，但如果没有效率或者只是对少数学生有效率，那么这节课都不能算是比较好的课。

(3) 有生成性。一节课不完全是预设的，而是在课堂中有教师和学生的真实的、情感的、智慧的、思维的、能力的投入，有互动的过程，气氛相当活跃。在这个过程中既有资源的生成，又有过程状态生成，这样的课可称为丰实的课。

(4) 常态性。即平实的课，平平常常、实实在在的课。这种课是平时都能上的课，

① 叶澜：《什么样的课算一堂好课》，《福建论坛(社科教育版)》，2005年第11期，第4-6页。

而不是很多人帮忙准备才能上的课。

（5）有待完善的课。课不可能十全十美，十全十美的课作假的可能性很大。只要是真实的就是有缺憾的，有缺憾是真实的一个指标。公开课要上成是没有一点点问题的课，那么这个预设的目标本身就是错误的，这样的预设给教师增加了很多心理压力，然后做大量的准备，最后的效果是出不了"彩"。生活中的课本来就是有缺憾的、有待完善的，这样的课称为真实的课。扎实、充实、丰实、平实、真实，说起来好像很容易，真正做到却很难，但正是在不断追求的过程中，教师的教学专业水平才能得到提高，教师的心胸也变得博大起来，同时，教师也才能够真正享受到教学作为一个创造过程的欢乐和智慧的体验。

但是，需要注意的是，在明确一堂好课基本要求的前提下，每个学校应该根据自己的生源状况、师资力量和发展期望，在管理层面定位出更为具体的好课标准，进而制定出相应的管理目标和方法，渗透到具体的管理活动之中。

除了让教师知道好课的标准之外，还需要创设条件，使教师明白如何去上好课，这就需要与教师培训、研课相结合。例如，在教师培训或研课活动中，组织专家、教研员、名师和普通教师，针对课堂上出现的问题，直接进行现场改课，让所有教师共同经历和实践"好课的诞生过程"，逐渐对"什么样的课是一节好课"达成共识，对"教什么"和"怎么教"认识更深、更具体，对好课的几个要求不再停留在抽象的层面。一般来说，在执教教师初次上课、集体诊断后，至少经历三次集中改课：一是吸纳意见后的同伴改课；二是组织专家、特级教师听完课后的现场示范改课；三是听完专家、特级教师的现场改课后，经集体讨论、消化后的教师本人再改课。①

### （三）听课管理

听课是指教学管理者和教师进入现场，凭借自身的感官和辅助工具（记录本、调查表、录音录像设备等），直接地从课堂情境中获取相关信息资料，用以学习、研究、分析和评价的一种教学沟通交流活动。听课管理是学校教学活动管理的常规性内容。

1．听课的类型

常见的听课类型主要有以下几种。

（1）了解检查型听课。指学校教学职能部门、教研组织对教师的一般性听课，主要目的是了解教师执行课程标准和学科教学计划的情况，了解教师的教学思想、教学观念、教学态度和教学水平等。在听课前一般不通知执教者，听课后可以不进行较大范围的评课活动，听课的领导可以与授课教师进行个别交谈。

（2）指导帮助型听课。指教学职能部门、教研组织、优秀教师对新任教师或教学能力较弱的教师进行的听课，主要目的是发现授课教师在教学目标、教学过程和教学实效等方面存在的问题，并给予帮助、指导，使之更好地改进教学工作，提高教学质量。

（3）总结推广型听课。指为帮助教学水平高的教师，或为正在尝试新的教改实验的教师总结推广他们的教学经验所进行的听课活动。听课后，要帮助教师将其一般性的经验上升为规律性的东西，要发现教师自身独特的、潜在的教学气质或能力。当然，也要指出教师的不足，分析原因，找出改进的方法。

---

① 斯苗儿：《现场改课：从"说给你听"到"做给你看"》，《人民教育》，2020年第22期，第55-58页。

(4) 探索研究型听课。学校为推进某项课堂教学改革活动,只有理论的描述或假设,没有实践经验可资借鉴,或是课堂教学中普遍存在某方面的不足,需要通过教学实验进行探索。这时,学校要鼓励有一定教学经验的中青年骨干教师进行上课尝试。这种听课不能以成败论水平,允许反复试验和探索。管理者要热情鼓励,给予授课教师大力支持。

(5) 学习观摩型听课。指听课者有目的、有计划地去听某一位教师的课,以期学习他的教学经验、风格,提高自己的业务能力。学习观摩型听课往往以公开课、示范课、展示课等形式进行。

(6) 考核评比型听课。指对教师的课堂教学做定性评价,并对课堂教学的优劣进行区分的听课活动,主要目的是推优评奖。如评优课、考核课及评优秀学科教师、特级教师、名师等的听课。这种听课,要求听课者能全面考察课堂情况,准确掌握课堂教学的标准,公正合理地做出评价。

2. 听课的过程

一次比较完整的听课活动一般由课前准备、课中观察和课后分析三个依次相连的环节构成。①

(1) 课前准备环节。在正式进入课堂听课之前,听课者需要有所准备,要做到有“备”而来。听课准备的内容主要包括:业务准备、物质准备和心理准备。业务准备指听课者要了解所听之课的教材结构和学科教改信息,制定客观合理的听课标准或指标,了解授课教师的有关情况,了解学生的现有状况,审视自己先前的教学观念。物质准备指听课者要携带听课专用的用具,填写好听课需要记录的基本信息等。心理准备指听课者在进入课堂前做好情绪上和态度上的准备。

(2) 课中观察环节。课中观察包含观看、倾听、记录和思考。观看是借助视觉器官吸收外部信息,包含观授课教师、观学生和观班级。倾听主要包括倾听教师的课堂言语和学生的课堂言语。记录包含记教学环节、记衔接过渡、记细节特色、记板书提纲、记点评批语和记备注信息。思考是听课者对各类课堂教学细节的及时反应,主要包括思考授课教师的教学思路和设想,对教学过程和教学现象做必要的预测与推想等。

(3) 课后分析环节。其一,为课后分析做更多准备。包含妥善保存听课记录,及时反馈;多方交流,挖掘和补充信息;课后评析开诚布公,实事求是。其二,多角度进行课后分析。听课者可从教学目标、教学内容、教学方法、教学组织形式、教学结构、课堂管理、师生关系、课堂评价等多个角度对课堂教学进行较为全面的分析与评判。

### (四) 作业管理

作业管理作为学校教育教学活动管理的重要环节,在推进教育高质量发展中发挥重要作用。但随着作业数量过多、质量不高、功能异化等问题的凸显,作业管理需要转型。2021 年 4 月,《教育部办公厅关于加强义务教育学校作业管理的通知》对作业管理提出具体指导意见。《教育大辞典》将作业分为课堂作业和课外作业两类。课堂作业是指“教师在上课时布置学生当堂进行操练的各种类型练习”,其作用在于加深和

① 林存华编著:《听课的变革》,教育科学出版社,2007 年版,第 30-60 页。

加强学生对教材的理解和巩固。[①] 课外作业是指"根据教师要求，学生在课外时间独立进行的学习活动"，它是课堂教学的延伸，有助于巩固和完善学生在课内学到的知识、技能，并培养学生的独立学习能力和学习习惯。[②] 作业管理是指各级教研部门、学校管理部门或教师等协调不同学科、学段学生的课堂和课外作业实践，实现作业育人功能的活动过程。作业管理主要有以下措施：[③]

1. 加强作业设计的规范化管理

作业设计既要尊重学生的个性差异，也要进行必要的规范化管理。其一，作业设计的流程管理。例如，确定作业设计中"备课组内容审查—班主任总量把关—年级组统筹协调—教务处督查指导"的工作流程，保障作业设计阶段数量和质量的可控性。[④] 其二，作业设计的内容和形式管理。从内容上看，坚持作业育人的基本导向，既要关注不同学科知识之间的联系，又要重视知识与学生个体生活经验的整合，还要体现学校所学知识与社会整体发展的关联[⑤]；从形式上看，学校要根据学段、学科特点及学生的实际需要和完成能力，合理布置书面作业、科学探究、体育锻炼、艺术欣赏、社会与劳动实践等不同类型的作业。鼓励探索长、短作业相结合，课时作业与单元作业相结合，学科作业与跨学科作业相结合，书面作业与实践性作业相结合，线上作业与线下作业相结合，以更好地促进学生思维的参与和情感的投入。[⑥]

2. 建立作业备案长效机制

学校应制定作业备案管理制度，提出各学科的作业设计与实施意见。学科教研组在此基础上形成本学科各年级作业设计与实施具体要求，并实行作业备案制度。年级负责人、班主任协调年级和班级各学科任课教师，严格控制每天的作业总量和作业总时长。

3. 做好校本作业资源库建设

学校要发动和组织各学科教研组、备课组积极参与校本作业的设计与实施工作，结合本学科特点和学段学生特点设计、布置作业，通过选编、改编和创编作业的形式加强学科作业资源库建设。各学科教研组统筹协调、合理安排，形成适合各年级学生学习特点的、富有阶段性和综合性特点的作业资源。

4. 建立作业管理信息化平台

借助人工智能、大数据技术等建立作业管理信息化平台，提升作业管理的精准性、科学性与高效性。例如，上海市静安区教育学院附属学校建立作业管理信息化平台，基于日常作业数据尝试建构各学科、各年级作业常模，并在教师在线备案当日作业时给予自动警示。通过科学管理，逐步实现从课时作业到单元作业、从书面作业到综合

---

① 顾明远主编：《教育大辞典（简编本）》，上海教育出版社，1999 年版，第 284 页。

② 顾明远主编：《教育大辞典（简编本）》，上海教育出版社，1999 年版，第 286 页。

③ 余昆仑：《中小学作业设计与管理如何有效落实》，《人民教育》，2021 年第 3-4 期，第 34-36 页。

④ 史建奎：《以全链条改进提升集团校作业管理水平》，《中小学管理》，2021 年第 10 期，第 5-8 页。

⑤ 杨清：《"双减"背景下中小学作业改进研究》，《中国教育学刊》，2021 年第 12 期，第 6-10 页。

⑥ 林清华：《学校管理研究 2021 年度发展报告——基于〈中小学学校管理〉论文转载情况的统计与分析》，《教育发展研究》，2022 年第 2 期，第 78-84 页。

实践作业、从统一作业到弹性作业的转变。①

5. 加强过程性研究与指导

区域教研部门和学校教务部门应加强对本县(区)和本校各学科作业设计质量与实施效果的评估和研究,加强对学生做作业过程、时长和效果的监测;做好各学科内部作业设计与实施情况,以及班级各学科、同学科不同班级作业完成情况的调查研究;做好学生过程性作业与阶段性学业质量测评之间的相关性分析,建立学生学业完成情况跟踪调研。

6. 做好优秀成果应用推广

对教学实践中出现的优秀作业设计与实施案例加以推广,通过优秀作业设计评比和作业设计课题研究等,引导教师科学设计学科作业。

## 第四节　小学课程与教学评价管理

开展课程与教学评价的根本目的,在于全面提升课程与教学质量。为达到这一目的,需要加强课程与教学评价管理,以期充分发挥评价的诸种功能。探讨"课程与教学评价管理"问题,需要明确评价的四个基本问题:一是"为何评价",即评价的目的;二是"评价什么",即评价的对象;三是"谁来评价",即评价的主体;四是"如何评价",即评价的方法。

### 一、评价目的管理

在新中国成立初期,课程与教学评价中"甄别选拔"的痕迹比较明显。"甄别选拔"的评价目的,虽然在我国人才短缺的情况下具有一定积极意义,但不符合学生的成长规律。随着评价改革的深化,评价目的逐渐由"甄别选拔"转向"促进发展"。2001 年教育部印发的《基础教育课程改革纲要(试行)》提出,要"改变课程评价过分强调甄别与选拔的功能,发挥评价促进学生发展、教师提高和改进教学实践的功能"。2002 年《教育部关于积极推进中小学评价与考试制度改革的通知》指出,评价改革的根本目的是"为了更好地提高学生的综合素质和教师的教学水平,为学校实施素质教育提供保障。充分发挥评价的促进发展的功能,使评价的过程成为促进教学发展与提高的过程"。2010 年《国家中长期教育改革和发展规划纲要(2010—2020 年)》指出,要"探索促进学生发展的多种评价方式,激励学生乐观向上、自主自立、努力成才"。2013 年《教育部关于推进中小学教育质量综合评价改革的意见》,强调要以促进学生发展为核心,构建综合评价指标体系,促进学生全面发展、健康成长。2014 年教育部印发的《关于全面深化课程改革 落实立德树人根本任务的意见》指出,要"研究制订学生发展核心素养体系和学业质量标准",加强发展性评价,发挥评价促进学生成长、教师发展和改进教学实践的功能。2020 年中共中央、国务院印发的《深化新时代教育评价改革总体方案》提出,要"改进结果评价,强化过程评价,探索增值评价,健全综合评价","促进学生全面发展、保障学生平等权益、引领教师专业发展、提升教育教学水平"。《义务教育课程方案(2022 年版)》提出,要全面推进基于核心素养的学生评价,

---

① 马珍珍、杨振峰:《系统设计 专业引领 协同推进——上海市加强学校作业管理工作举措概要》,《人民教育》,2021 年第 3-4 期,第 37-39 页。

倡导评价促进学习的理念,引导学生合理运用评价结果改进学习。

由上述政策文件可以看出,近 20 年来我国小学课程与教学评价的功能和目的不断完善,评价目的始终包含三个方面,即促进学生全面发展、教师专业发展、课程与教学实践改进。相应地,学校对课程与教学评价目的的管理也包括这三个方面。

(1) 重视评价对学生学习和发展的激励作用,促进学生全面且有个性地发展。首先,评价应关注完整的学习结果,促进学生的全面发展。学生的学习结果,既包括基础知识与基本技能等显性素养的提升,也包括品德、审美等隐性素养的发展。显性素养可以通过纸笔测验来评,但隐性素养具有"不易评"的特征。在"不易评"的情况下,教师"不愿评"的畏难情绪随之而生,使得隐性素养陷入"说起来重要、评起来次要、忙起来不要"的困境。学校和教师应该要转变对学生学习结果的片面认识,既关注显性素养维度的学习结果,也重视隐性素养维度的学习结果,实现评价的整体育人目的。其次,引导学生成为评价者,促进学生的个性发展。要充分发挥评价的激励功能,鼓励学生积极参与和投入到学习活动之中,包括思考和设定多维度的学习目标、考虑和选择学习策略、监控和调整学习步调、检视和控制学习过程、开发和使用反馈信息,从而形成对学习活动的新理解,并将这些新理解与已有知识建立起联系,进而改进学习目标或策略等。在这个意义上,评价过程和学习过程融为一体,学生成为自己学习过程的评价者,对自己的学习进行监控和反馈,真实地改进学习过程,促进自身个性发展。

(2) 要运用评价激发教师专业学习和发展的愿望,而不仅是依据外在的评价结果对教师进行奖惩。其一,转变教师评价"重问责,轻发展"的目的,尊重教师的专业自主权。由于受到教师管理体制、竞争文化等因素的影响,教师评价的排名、问责、规训的功能显著,促进教师持续专业反思和发展的本体功能弱化。因此,亟须强化以评价促进发展的理念,建设教师评价体系,使之既能够指引教师个体专业发展,又要体现国家和社会对于教师的要求。例如,重庆市巴蜀小学校构建教师评价"四段三维式"模型("四段"指职初期、合格期、成熟期、稳定期;"三维"指专业品质、专业知识、专业能力),既让教师知道什么样的教师是"好教师",又让教师清晰地判断自身专业发展所处阶段,对当前现状与理想目标之间的差距进行分析和反思,从而采取措施不断缩小差距,直至达成专业发展目标。① 其二,通过形成质量至上而非数字至上的评价文化,引领教师回归教书育人的本职工作。坚持质量至上,要求学校树立正确的教师质量观,减少分数、升学、职称、学历、奖项等外在的评价权重,提高教师在对学生的价值引领、德行培养与情感引导等体现立德树人使命的内在的评价权重。②

(3) 通过评价促进学校课程建设和教学改进。其一,通过评价促进课程建设。课程作为一个多类别、多层级、多要素构成的复杂系统,如果仅对某一层级的课程或使用单一方法进行评价,则难以反映课程全貌,因此,在设计课程评价方案时应从全局着眼、从宏观思考、从长远入手,关注课程建设的多维性与个体性。具体而言,需要以促进课程建设为旨归,建构分层、分类的课程评价方案;明晰基于证据的课程建设改进路

---

① 郭娅娟、马宏:《从"筛"到"泵":以特色评价驱动教师专业成长》,《中小学管理》,2020 年第 10 期,第 24-27 页。

② 孔令帅、王超:《教师表现性评价的困境与超越》,《教育研究》,2022 年第 7 期,第 140-151 页。

径;建立和完善课程评价常态化运行机制。[1] 其二,通过评价促进教学发展。新中国成立以来,课堂教学评价大致经历了由"以教论教"向"以学论教"再到"以发展论教"的转变。[2] "以发展论教"即以学生获得的实际发展作为评价教学质量的重要标尺。如果通过评价发现一堂课仅关注学生知识的掌握,忽视学生能力、情感和价值观的发展,则教师需要考虑采取措施持续改进教学。

## 二、 评价对象管理

虽然课程与教学十分复杂,要想对其做全面的评价几乎是不可能的,但是,从近年来国际课程与教学评价的发展情况看,在评价对象的确定上,都主张开放化和多元化,以期达到比较全面地评价课程与教学的目的。然而,受"应试教育"思想的影响,长期以来,我国课程与教学评价的对象通常局限于学生,尤其是学生的知识学习。这是一种片面的、"唯知识"论的评价观。因此,避免评价对象的"狭窄化",拓展全方位的评价对象,就是课程与教学评价对象管理的一个重要任务。就小学课程与教学而言,评价的对象主要包括:学生学习评价、教师课程开发与教学实施评价、课程产品评价以及学校课程与教学管理成效评价等。

第一,学生学习评价,包括对学习过程和结果的评价。在学习过程维度上,涉及"学习兴趣""学习动机""学习投入""学习方式"和"学习观念"等对象。在日常认识层面,人们通常将学习结果狭隘地局限为"学业成就"甚至"学业成绩",然而,专门研究表明,学生的学习结果包括"学业发展""人格发展""社会性发展"和"生涯发展"四个方面。[3] 因此,在学习结果维度上,除了突出评价"学业成就"之外,还需要关注对学生各方面发展的评价。

第二,教师课程开发与教学实施评价。一方面,需要评价教师的课程开发意识、知识、能力和结果。诸如,教师在课程开发方面有什么误解? 还欠缺哪些课程开发的知识? 能力表现如何? 所开发的课程质量如何? 等等。另一方面,需要评价教师的教学实施,即通常所说的教学评价,可以分解为教学理念、教学目标、教学内容、教学方法、教学进程和教学效果六个主要指标。其中,教学理念包括理念的来源与内容,教学目标包括目标的制定与落实,教学内容包括内容的选择与处理,教学方法包括方法的选择与运用等,教学进程包括教学环节的划分和处理等,教学效果包括达标的程度、学困生转变的程度等。

第三,课程产品评价,指对学校开发的校本化课程实施的方案、综合实践活动课程方案以及校本课程规划方案等进行评价。另外,需要注意查看课程是否规范使用审定教材。

第四,学校课程与教学管理成效评价,包括对学校一系列课程与教学的管理理念、方式方法和成效等进行评价。主要要求对学校课程与教学评价管理本身进行评价,诸

---

① 玄兆丹、王嘉悦、李凌艳:《指向学校课程建设的评价:特征、挑战与优化》,《中国考试》,2023 年第 2 期,第 33-41 页。

② 罗祖兵、郭超华:《新中国成立 70 年课堂教学评价标准的回顾与展望》,《中国教育学刊》,2020 年第 1 期,第 55-61 页。

③ Esters, I. G. & Douet, K. P. Influencing student achievement through counseling: The story of a commonsense professional development school. NASSP Bulletin, 2001, 85(624). pp. 38-45.

如检讨评价方案、评价实施过程与结果,对正在进行或已完成的评价进行信息收集和价值判断,进而总结成功经验和纠正评价工作的不足。

## 三、评价主体管理

在课程与教学评价活动中,进行评价的个人或组织称为评价主体。过去,对学校课程与教学评价的主体主要是上级教育行政部门,对教师评价的主体主要是学校领导,对学生评价的主体主要是授课教师。这样,课程与教学评价往往成为权力人士单方面的活动。课程与教学评价主体存在的局限性,不利于评价质量的改善。因此,避免评价主体的“单一化”,鼓励多元化的评价主体以适当的形式参与评价,是课程与教学评价主体管理的迫切任务。而且,强调被评价者的主体作用,不仅可以使他们积极配合,还能促进他们通过参与、交流乃至自我评价,主动地、客观地检查自己的工作和学习,进而改进不足,完善自我。具体来说,学生、教师、专家学者、学校领导和教育行政部门以及家长和社会人士等都是学校课程与教学评价的主体。①

第一,学生作为评价主体。当代教育理论特别强调学生应当成为积极的学习者,他们不仅需要自主设计和主动参与学习活动,而且要积极参与课程与教学决策;不仅要评价自己的学习活动,而且要评价学校和教师的课程与教学活动。绝不能因为小学生年龄小就认为他们在评价中不能起积极的作用。事实上,小学生完全有可能参与到对自身学习的评价以及与自身有关的课程与教学的评价中来。学生对自身学习的评价,是认识自我、发展自我、激励自我的一种手段。而且,小学生从自己的年龄特点、接受水平、真实感受出发,对课程开发与教学活动等做出的独特评价,往往是改善课程与教学的宝贵资源,特别需要创设有效的条件来获取和捕捉。

第二,教师作为评价主体。教师是学校课程与教学规划的参与者,是学校课程与教学的主要实施者,他们可以深入了解学生学习的成功之处和问题所在及其成因。除了评价学生学习之外,教师作为评价主体,还应参与对课程产品的评价和对学校课程与教学管理成效的评价。特别需要指出的是,教师也是自身教学活动的评价者,这既是小学课程与教学评价之必然需要,也是小学教师专业发展的有效途径。

第三,专家学者作为评价主体。专家学者应在评价中发挥重要作用,他们可以为决策提供专业理论的支撑,至少可以减少或避免决策者受个人主观认识与经验局限所犯的教育专业理论方面的基础知识性和方向性错误。当然,如果学校要聘请专业人员或者顾问对自己的课程与教学进行评价,作为管理者应该综合考虑本校的资源、评价的范围和教师的专业水平,从而决定是否引进。

第四,学校领导作为评价主体。学校领导是为人熟知的课程与教学评价主体,有非常便利的条件对学校课程与教学进行全面评价。但是,过去学校领导通常将评价视野聚集于对教师教学和学生学习的评价,今后应注意对自己的课程与教学管理成效展开自我评价。

第五,教育行政部门作为评价主体。教育行政部门是政府的教育职能部门。在我国,小学教育以公办小学为主,小学教育经费以政府拨款为主。所以,教育行政部门凭借自身拥有的教育行政权力和掌握的大量教育资源,成为小学教育评价的“强力”主

① 曾文婕、黄甫全主编:《小学教育学》,高等教育出版社,2017年版,第268-269页。

体。然而,在一定程度上,教育行政部门往往将学生的考试成绩、学校的升学率作为衡量学校课程与教学成效的指标。有鉴于此,在学校管理中,如何通过适当的方式,将学校课程与教学的全方位成就呈现给教育行政部门,得到他们的认可和监督,是值得思考的问题。

第六,家长和社会人士作为评价主体。中国传统社会的主要特点,是以五伦为本位的家与国"同构",家庭是其中最基本、最具自主性和无所不能的社会细胞。这种传统影响深入人们的骨髓和心灵深处,在中国人的心里,家族主义根深蒂固,家族社会力量异常强大。因此,每一个家庭都十分看重子女的成长,为了给子女争取更好的学习和发展条件,家庭总是千方百计地、持续地对学校的课程与教学进行干预。同时,长期以来我国的课程与教学改革由政府及有关专家决定,鲜有公共社会团体或人士参与。但是随着民主政治的建设和发展,公共社会力量开始兴起并逐步成长壮大,开始涉足教育领域,官员及其专家包办课程与教学决策的情形已悄然改变。可以预言,公共社会将积极参与我国当前与未来的课程与教学改革,并不断扩大其影响力,从而干预甚至决定课程与教学的变迁。因此,学校管理者应当疏通和开拓渠道,让家长和社会人士积极参与课程与教学评价,进而获取更多更广的有效信息。

## 四、 评价方法管理

现代教育评价从产生之初,就受到科学管理思潮的影响,追求精确和客观,长于用自然科学的方法收集被评对象的信息,进而做出价值判断。逐渐地,人们在选择评价方法时,常陷入这样的误区:似乎只有量化方法才科学合理,运用质性评价方法就有不科学之嫌。毋庸讳言,数量具有简明、精确的特点,它能够减少人的主观推论,而且更重要的是,数量能够用现代科技所提供的统计工具加以处理。量化范式下的标准化测验、常模测验一度成为世界范围内盛行的评价工具和手段。过去很长一段时间里,我国课程与教学评价的主要方法也是量化评价。但是,随着评价的逐步扩展和研究的深入,人们越来越感到课程与教学活动的全面量化是不可能的,许多用于诊断、改进课程与教学的评价结果也不需要完全量化。一味地量化评价只能把复杂的课程与教学活动简单化,而且往往遮蔽了其中一些有意义的、根本性的内容。课程与教学活动生动活泼的个性被抽象成一组组僵硬的数字,学生在各个方面的发展和进步,也被简化为可能的几个数据,课程与教学的复杂性和学生状况的丰富性则泯灭于其中。① 这样,避免评价方法的"机械化",择用多样化的评价方法,就成为我国小学课程与教学评价管理中需要解决的问题。

就此,学校管理需要以"贯通一体"的评价管理意识,灵活选用多种质性评价方法和量化评价方法,注重结果评价与增值评价相结合、综合评价与特色评价相结合、自我评价与外部评价相结合、线上评价与线下评价相结合。这也意味着,在评价中不能将某一特定方法摆在绝对支配性的地位,而应从具体评价需要出发,综合开发与应用观察、访谈、问卷测量、路径分析、结构方程模型和追踪数据分析等方法。例如,要测量教师课堂教学行为的调适程度,就需要采用观察的方法;要了解教师和学生对课程改革的认识和感受,就需要问卷调查和访谈方法。又如,在多年的学习动机评价中,自我报

---

① 汪霞:《我国课程与教学评价的改革》,《天津市教科院学报》,2003 年第 1 期,第 34-37 页。

告问卷一直占据主导地位,但它难以揭示对学习动机产生影响的丰富背景信息,从而使本来相互联系的变量孤立起来,而非结构性访谈恰好能较好地解决这个问题。

对学生学习的评价,不仅可以用测验、作业等方式进行,还可以采用成长记录袋评价和表现性评价等方式。成长记录袋评价又称"档案袋评价",是指根据教育教学目标,有意识地将各种有关学生学习的材料收集起来,并进行合理的分析和解释,以反映学生在学习发展过程中的努力程度、进度状况和成就的评价。成长记录袋可以收集学生的作文、模型制作等文本资料、影音资料等,记录着学生在某一时期一系列的成长故事,为教师和家长提供了其他评价手段无法获得的有关学生学习与发展的细节信息,也是学生积极深入地参与自我评价的有效途径。成长记录袋按功用大致可分为三类,即过程性成长记录袋、展示性成长记录袋和评价性成长记录袋。过程性成长记录袋按时间顺序创建,系统收集学生成功或失败的作品,有利于呈现学生的学习轨迹。展示性成长记录袋收集的是学生认为能表现自己最高水平的作品,需要学生自主地对作品质量进行评估,并掌握相应评价标准。评价性成长记录袋主要是收集判断学生是否达成预期水平的作品,作品的收集和评价任务都由教师承担。一系列的成长记录袋,是小学生美好人生历程的一段成长足迹,是小学生人生初始时期的一笔宝贵财富。有条件的学校,可以利用网络空间创建成长记录袋,既节约纸张,更便于教师、家长、同学和学生自己浏览和评论。

表现性评价主要是评价者通过观察学生完成实际任务时的表现,并结合相应评价标准,来对学生的水平予以评价。表现性评价的特性包括:注重过程、关注多方面的表现,重视评价行为的现实性。① 注重过程。通过对学生任务完成过程的表现行为的深刻分析,可以发现其学习困难、学习障碍。② 关注多方面的表现。表现性评价不仅能够评价学生认知方面的能力,还关注学生语言表达能力、人际关系处理能力和社会互动能力等多方面的表现。③ 重视评价行为的现实性。评价学生在真实情境中的表现,对学生的行为表现进行直接的测量、评价和分析,目的是让学生将所学知识应用于现实,解决实际问题。表现性评价的实施步骤主要为"确定评价目标""设计表现性任务""制定评价标准""完成表现性任务,收集表现信息""评定学生的水平"和"运用评价结果"。

值得注意的是,仅因循一些常用的评价方法,人们把握课程与教学活动的能力很可能停滞不前。就课程与教学这个充满契机的、各个变量有着复杂存在方式的评价对象,如何引进和创生出一些新的评价方法来考察、分析与洞悉它的整体全貌,也是一个让人颇费神思却极具诱惑的问题。虽然西方学界新近创用的方法,比如现象描述分析、现场研究、临床诊断、深度访谈、历史比较法、名义小组技术、纵向比较研究和网络领域研究法等,为我们提供了丰富的资源,但是不得不承认,它们无一不体现着"西化"的强劲态势。中国课程与教学评价方法的未来发展,还需在中西方法的边界处度量和开启。这不只是因为近百年来西方评价方法对中国评价方法的全面替换已在学界形成了一种"反抗"力量,更重要的是我们的生存、文化、思想仍然背靠着传统,缺失了传统之维的完全西化的方法,根本无法支撑起整个课程与教学评价的"大厦"。在这样的背景下,如何实现中国课程与教学评价智慧和西方前沿评价方法的整合创生,就成为未来课程与教学评价管理的发展方向。比如,挖掘孕育于中国悠久教育历史传统之中的档案袋管理智慧,使之获得复兴、高扬和现代性转换,并与引进自西方的成长记录袋评价走向融合,就是一个可以探讨的课程与教学评价管理的主题。

## 本章小结

本章从课程与教学管理概述、小学课程与教学规划管理、小学课程与教学实施管理、小学课程与教学评价管理四个方面,探讨了学校课程与教学管理。

第一,分析了课程管理与教学管理的关系,在此基础上提出课程与教学管理是指在一定社会条件下,课程与教学管理者依据一定的管理原则和方法,对一定课程与教学系统的人、财、物、时间和信息等要素进行决策、计划、组织和控制,以有效实现课程与教学系统预期目标的活动。明确界定了课程与教学管理的三个层次,即国家层次的课程与教学管理、地方层次的课程与教学管理、学校层次的课程与教学管理。此外,明确了课程与教学管理的过程主要包括课程与教学规划管理、实施管理和评价管理。

第二,分析了小学课程与教学规划管理的内容。国家课程、地方课程和校本课程因建设主体不同而有所差异,但它们服从并服务于培养有理想、有本领、有担当的时代新人的需要。为此必须加强规划管理,特别是增强三类课程的有效配合,形成课程育人合力。

第三,介绍了教师培训管理的八种方式:专业报告式、课题引领式、微格训练式、案例剖析式、校际交流式、教育叙事式、网络共享式、虚实融合式。梳理了学校备课管理、上课管理、听课管理和作业管理的流程或方法。

本章拓展案例

第四,指出了课程与教学评价管理的主要内容,即评价目的管理、评价对象管理、评价主体管理和评价方法管理。

## 思考题

**一、单项选择题**

1. 预定的课程与教学方案是一种课程资源,师生应该借助于这种资源,在具体情境中,不断地联合缔造新的教育经验。这体现的课程与教学实施取向是(　　)。

A. 忠实取向　　B. 相互调适取向

C. 创生取向　　D. 预设取向

2. 制定三级课程管理政策,颁布地方、学校课程管理指南,为地方课程和校本课程的开发以及地方一级和学校一级的基础教育课程管理提供基本的规范。承担上述职责的课程与教学管理机构是(　　)。

A. 国家课程与教学管理机构

B. 地方课程与教学管理机构

C. 学校课程与教学管理机构

D. 社区课程与教学管理机构

3. 在规定的时间内审议各中小学上报的校本课程开发方案,并反馈审议意见。承担上述职责的课程与教学管理机构是(　　)。

A. 国家课程与教学管理机构

B. 地方课程与教学管理机构

C. 学校课程与教学管理机构

D. 社区课程与教学管理机构

4. 对学校开发的校本化课程实施的方案、综合实践活动课程方案及校本课程规划方案等进行评价。这体现的小学课程与教学评价对象是(　　)。

A. 教师课程开发与教学实施

B. 课程产品

C. 学生学习

D. 学校课程与教学管理成效

5. 评价者通过观察学生完成实际任务时的表现,并结合相应评价标准,对学生的水平予以评价。这种评价是(　　)。

A. 表现性评价　　B. 诊断性评价　　C. 终结性评价　　D. 档案袋评价

**二、名词解释题**

1. 课程与教学管理

2. 课程与教学评价管理

3. 课堂教学

**三、简答题**

1. 简述校本课程的功能定位。

2. 简述学校层面的小学教师培训方式。

3. 简述听课的类型。

4. 简述在执教教师初次上课、集体诊断后,集中改课的流程。

第五章思考题参考答案

**四、论述题**

1. 试论小学校本课程规划阶段的管理任务。

2. 试论作业设计管理的主要措施。

## 延伸阅读材料

1. 周俊著:《教育管理案例教学》,浙江大学出版社,2019 年版。

2. 程凤春主编:《学校管理的 50 个典型案例》,华东师范大学出版社,2018 年版。

3. 李朝辉著:《从管理走向领导:小学校长课程领导的个案研究》,辽宁人民出版社,2014 年版。

4. 郝德永:《论课程治理的国家体制》,《教育研究》,2023 年第 1 期。

5. 张猛猛、阎亚军:《新中国中小学课程管理体制变迁研究——基于学校发展的视角》,《课程·教材·教法》,2021 年第 6 期。

6. 杨晓慧:《课程思政与学校课程管理创新》,《教育研究》,2020 年第 9 期。

# 第六章 小学教研科研管理

## 知识导图

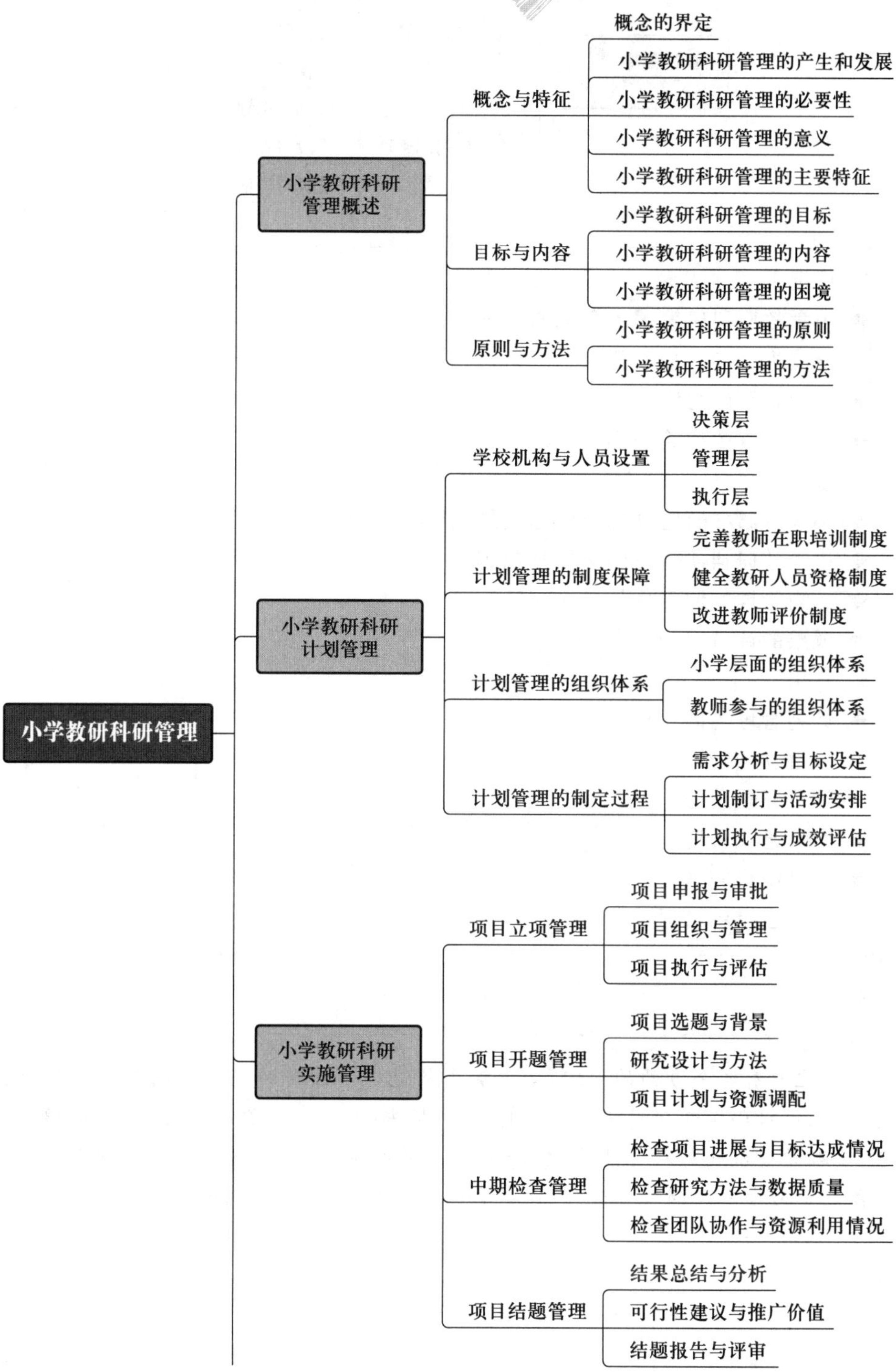

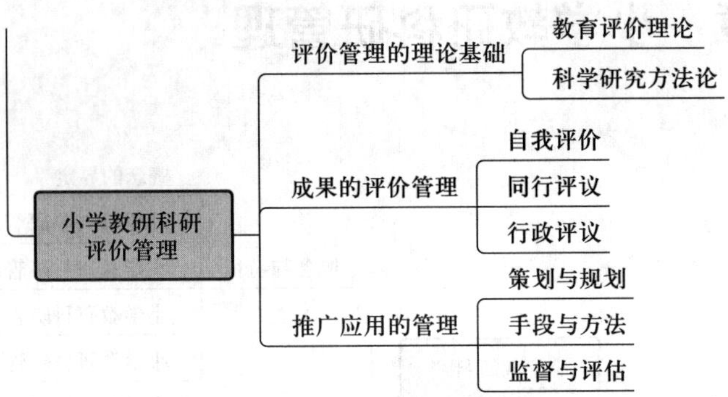


**学习目标**

1. 识记

◆ 小学教研科研管理的概念与特征

◆ 学校机构与人员设置

◆ 计划管理的组织体系

◆ 评价管理的理论基础

2. 领会

◆ 小学教研科研管理的产生与发展、意义

◆ 小学教研科研管理的必要性内容

◆ 计划管理的制度保障

◆ 成果的评价管理

3. 应用

◆ 计划管理的制定过程

◆ 项目立项管理

◆ 项目开题管理

◆ 中期检查管理

◆ 项目结题管理

◆ 推广应用的管理

**建议学时**

8 学时

**教师导学**

本章主要有四个方面的内容：一是综合阐述小学教研科研管理的概念与特征、原则与方法，探讨小学教研科研管理的目标、内容与困境；二是介绍小学教研科研的计划管理，明确学校机构与人员设置，分析计划管理的制度保障、组织体系与制定过程；三是介绍小学教研科研的实施管理；四是介绍小学教研科研的评价管理。

## 第一节　小学教研科研管理概述

### 一、概念与特征

#### (一) 概念的界定

1. 小学教研模式与科研模式

小学教研模式是指在小学教育中,教师通过合作、研讨和交流的方式,共同探讨教学内容、教学方法和教学资源的有效利用,以提高教学质量和学生学习效果的一种工作模式。教研活动可以包括课堂观摩、教学案例分析、教学经验分享、教材研究等,旨在促进教师之间的专业成长和相互学习。

小学科研模式是指小学教师通过开展科研活动,深入研究教育教学问题,推动教育教学改革和创新的一种工作模式。科研活动可以涵盖教育教学理论研究、教学方法改进、教学资源开发等方面,旨在提高教师的专业水平和教学成果。小学教师的教育科研可以简单理解为小学教师在日常生活和教学中主动并积极地针对教育和教学的实际问题,结合科学有效的方法和理论推进教育不断发展的研究过程,其目的在于从中寻找教育发展的规律及探求教育教学的高效方法,以求获得高质量的教学效果。①

小学教研模式和小学科研模式都是为了提高教学质量、促进教师专业成长和推动教育教学改革而设立的工作模式。小学教研模式和小学科研模式都强调教师之间的合作与交流,教师可以通过教研和科研活动相互学习、共同进步,为学生提供更好的教育教学环境。

2. 小学教研活动与科研活动

小学教研活动是指在小学教育中,教师通过合作、研讨和交流的方式,共同探讨教学内容、教学方法和教学资源的有效利用,以提高教学质量和学生学习效果的一种活动。教师可以通过观摩课堂、开展教学案例分析、分享教学经验、参与教材研究等形式来进行教研活动。

小学科研活动是指小学教师通过开展科学研究,深入研究教育教学问题,推动教育教学改革和创新的一种活动。教师可以从教育教学理论、教学方法改进、教学资源开发等方面展开研究,以提高自己的专业水平和教学成果。

教研科研都强调一个“研”字,都是对学校工作进行的探索和研究。学校教研科研包含学校教学研究,教学研究是教研科研的一个重要组成部分。教研是科研的基础,科研能够提升教研的水平,两者相互结合、相互促进,共同推动学校的改革与发展。②

小学教研活动和小学科研活动都强调教师之间的合作与交流。教师可以组织教研团队或者参加小学组织的教研活动,共同研究教学内容和方法,并分享自己的教学经验。他们还可以参与科研项目,进行教学实践和教育研究,不断探索和创新教育教学的方法和途径。小学教研活动和小学科研活动的目标都是提高教师的专业素养和教学水平,促进小学教育的发展。通过这些活动,教师可以相互借鉴经验,共同解决教学中的难题,并不断改进自己的教学方法和教学设计。他们也可以与其他学科教师、

---

① 彭超楠、彭佳丽:《小学教师的教育科研管理研究》,《教育观察》,2022 年第 14 期,第 45-47,51 页。

② 葛新斌主编:《学校组织与管理》,北京师范大学出版社,2015 年版,第 196 页。

教育专家或学术研究机构进行合作，开展跨学科的教研活动和科研项目，为学生提供更全面和优质的教育教学资源。因此，小学教研活动和小学科研活动对于小学教育的发展具有重要意义。

综上所述，小学教研活动和小学科研活动都是为了提高教学质量、促进教师专业成长和推动教育教学改革而开展的重要活动。通过合作、研讨和交流，教师可以相互学习、共同进步，为学生提供更好的教育教学环境。这些活动对于小学的发展和教师的成长都起到了积极的推动作用。

3. 小学教研科研管理

教研科研管理，是指运用决策、计划、组织、控制等基本管理职能，有效地发挥人、财、物、时间、信息等要素的效用，以完成教研科研任务的活动。小学教研科研管理是指对小学教研活动和科研活动进行组织、协调和指导的一系列管理措施和方法。它旨在促进教师之间的合作与交流，提高教学质量和教师专业发展水平，推动小学教育教学的改革和创新。小学教研科研管理对于小学教育的发展起到了重要的支持和推动作用。它能够提供良好的组织环境和资源保障，促进教师的专业成长和教学水平的提升。同时，有效的管理措施和方法还能够激发教师的创新意识。

2019 年 10 月，教育部印发《关于加强新时代教育科学研究工作的意见》，鼓励、支持中小学教师增强科研意识，积极参与教育教学研究活动，不断深化对教育教学改革的规律性认识，探索适应新时代要求的教书育人有效方式和途径。小学教师是基础教育的第一道防线，加强小学教师教研科研管理不仅对基础研究发展尤为重要，而且有利于科教兴国战略的推进和教师专业化的发展。因此，做好小学教师的教研科研管理是时代所需，也是当前要研究的主要问题之一。

4. 小学教研科研管理的共性要素

学校教研科研管理，是以现代管理科学和教育科学为理论基础，遵循教育教学研究的基本规律，有效地发挥学校人、财、物、时间、空间信息等要素的作用，运用决策、指挥、计划、组织、控制、协调等管理职能和科学的管理方法影响学校教研科研工作，以实现学校教研科研目标的活动过程。其根本目的是高效率、高质量地完成学校教研科研任务，并将研究成果运用到学校的教育、教学、管理等工作之中，促进学校的健康发展。

学校管理面对的是学校内外大大小小的各种"事"，这些"事"都是由学校管理的基本要素——人、财、物和特殊要素——时间、空间、信息综合作用而形成的。学校教研科研管理的共性要素，也可以在这几个基本要素上加以分析。①

### （二）小学教研科研管理的产生和发展

新中国成立后，教研活动面临艰巨挑战，新成立的政府迫切需要传播新思想来取得广大人民群众的认同与拥护。1952 年，各级各类学校的教研组织建设正式列入议事日程。1952 年 3 月，教育部颁发《小学暂行规程（草案）》，规定小学依学科分别组织研究组。到 1954 年，中小学校普遍建立了教学研究小组。至此，全国各级各类学校教研机构建设的制度化已初步完成。相关文件对学校教研组（室）和教师的主要任务逐步给予了明确规定。从小学来看，主要是根据学科成立各研究组，任务就是研究改

① 葛新斌主编：《学校组织与管理》，北京师范大学出版社，2015 年版，第 198 页。

进教导方法、教学内容，全面交流总结经验；从时间上，基本上是每两周举行一次教研活动。①

随着社会的发展，特别是办学规模的扩大，整个教研科研的地位和作用日益凸显，中小学教研的规章制度也日益完善。到 20 世纪 90 年代以后，许多学校订立了一系列教师管理制度，其中对教研的规章制度做了较为具体的规定，如对教研主体及其资格、教研权限、教研客体，以及教研行为激励等方面做了比较细致的规定。这实际上符合校本教研的理念。

校本教研成为教育改革的核心动力，学校成为教研制度的创新主体，教师成为校本教研开放系统的中枢，这是我国新时期教研制度发展的基本走向和必然趋势。②

**（三）小学教研科研管理的必要性**

1. 提升教师专业素养

教研科研管理能够促进教师的专业发展，提高教师的教育教学素养。通过定期组织教研活动、搭建交流平台，教师可以分享自己的教学经验和心得体会，借鉴他人的成功做法和创新思路。这种交流与合作可以促使教师不断反思和改进教学实践，提升教学质量。同时，参与科研项目和合作研究，可以拓宽教师的知识视野，增强他们的教育教学研究能力，培养他们的创新意识和教育教学的探究精神。科研兴校、科研强校已成为学校管理者和教师的普遍共识。学校将教育实践与教育科研工作有机结合，将大幅提高教师综合素质并快速促进自身发展。③

2. 支持课程与教学改革

教研科研管理有助于支持教学改革和优质课程建设。教师通过教研交流与合作，可以共同研究教学难题，探讨教学方法和策略，寻求教学改进的途径。在教研团队的支持下，教师能够深入研究教育教学理论，探索新的教学模式和方法。同时，教研科研管理也为教师提供了参与课程改革和教材开发的机会，通过研究和实践，不断提升课程的质量和适应性，满足学生个性化发展的需要。

3. 提高教育教学质量

教研科研管理对于提升教育教学质量具有重要意义。通过教研交流与合作，教师可以相互借鉴、分享经验，共同解决教学中的难题，提高教学效果。通过教研团队的建设和科研项目的参与，教师可以获得丰富的教育资源和教学支持，从而更好地开展教学工作。此外，教研科研管理还可以借助现代技术手段，如在线教研平台和教学资源网站，促进信息的交流和共享，便捷地获取优质的教学资源和最新的教育理论。这些都有助于提高教师的教学水平和教育教学质量，推动小学整体教学水平的提升。

综上所述，小学教研科研管理的必要性体现在提升教师专业素养、支持教学改革与优质课程建设以及促进教育教学质量的提升等方面。通过教研交流与合作，教师能够共同成长、不断创新，为学生提供更好的教育教学服务，为教育事业的发展做出积极贡献。

---

① 黄迪皋：《从外推走向内生——新中国中小学教研制度研究》，湖南师范大学，2012 年博士学位论文。

② 黄迪皋：《从外推走向内生——新中国小学教研制度研究》，湖南师范大学，2012 年博士学位论文。

③ 潘丹、汪来春：《小学教育科研管理中存在的问题及对策分析》，《新课程研究》，2022 年第 28 期，第 105-107 页。

### （四）小学教研科研管理的意义

1. 理论意义

（1）推动教育教学理论创新。小学教研科研管理能够促进教育教学理论的创新与发展。通过开展教研活动和科研项目，教师可以深入探讨教学方法、教学模式和课程设计等问题，不断总结经验，提出新的教育理论。这有助于推动教育教学理论的创新，为教育改革提供理论支持和指导。

（2）促进教育教学研究与知识传播。小学教研科研管理有助于促进教育教学研究和知识传播。教师通过参与科研项目和合作研究，拓宽知识视野，增强自己的科研能力。此外，教师可以深入研究教育教学的前沿问题，提出新的研究观点和方法，并将研究成果应用于实际教育教学工作。同时，教研科研管理还可以通过教研成果的交流、分享和传播，促进教育教学知识的传递与共享，提高整个教育系统的教育质量。

（3）培养教师的创新能力和探究精神。小学教研科研管理有助于培养教师的创新能力和探究精神。通过参与科研项目和教研活动，教师得到了更多的实践机会和研究平台，能够不断尝试新的教学方法和策略，勇于创新和改进教学。同时，教研科研管理也为教师提供了一个反思和探究的空间，能够激发他们对教育教学问题的好奇心和求知欲望，培养他们的教育教学研究能力和解决问题的能力。

2. 实践意义

（1）提升教师的专业发展与素养。小学教研科研管理能够提升教师的专业发展与素养。教师通过参与教研活动和科研项目，能够不断地与同行交流和学习，分享教学经验和心得体会，提高自身的教育教学水平。同时，参与科研项目和合作研究能够拓宽教师的知识视野，增强他们的研究能力和创新意识，培养教师的专业素养和教育教学的探究精神。

（2）促进课程优化与创新。小学教研科研管理能够推动课程的优化和创新。通过教研活动和科研项目，教师可以深入研究教学内容和教材，思考如何更好地组织教学活动，设计符合学生发展特点的课程。教师可以分享成功的教学实践和创新的教育理念，以此来提高整个小学的教学质量和水平。通过持续的课程优化与创新，能够更好地满足学生的学习需求，培养他们的综合素养。

（3）增强小学的组织能力。小学教研科研管理有助于增强小学的组织能力。教研活动和科研项目需要小学提供相应的支持和资源，包括时间、场所、设备等。小学通过组织和管理这些活动，可以培养团队合作精神，提高小学的整体管理水平。同时，小学还可以建立教研科研成果的归档与分享机制，促进教师之间的交流与合作，形成共享资源的学习氛围。

### （五）小学教研科研管理的主要特征①

1. 创新性

教研科研管理的生命力在于不断创新。能动性教研科研管理是教研科研管理的创新内容之一，突出强调管理者对管理对象表现出的一种主动状态，体现管理者明确的目的性、导向性、策划性，并与管理对象之间保持良好互动。

---

① 杜亚丽：《教育科研管理的特点及发展趋势》，《教育探索》，2006 年第 3 期，第 67-68 页。

2. 渐进性

教研科研管理的形成和发展，是一个周期性的渐进过程。教研科研管理要不断内化，一方面要有针对性地施以外部教研科研管理的影响，如教研科研管理政策的宣传、教研科研管理活动的开展、管理环境的创建等；另一方面还要不断刺激教研科研管理内部强化，如调动和培养教研科研管理人员的素质、情感、意志、兴趣、毅力、动机等因素，以使教研科研管理由外部影响逐渐转向内部提升。

3. 时代性

不同时期的教研科研管理具有不同的特点。在我国迅速向以信息化为基础的知识经济社会进军的时代，教研科研管理作为直接参与知识生产过程的活动而地位凸显。这便要求教研科研理念、方法、手段等也要与时俱进。

4. 思想性

我国小学的教研科研管理一定要以马克思主义为指导，一定要坚持正确的政治方向、理论方向和科研方向，必须为建设中国特色社会主义服务，一定要有利于提高全民族的科学文化水平。

5. 信息化

在教研科研管理过程中，要将教研科研信息作为教育系统的一种基本构成要素，并在教研科研的各个领域广泛地利用信息技术，以新的教育思想、教育观念指导信息技术在教研科研的各个部门、各个领域广泛应用，根据创新型人才培养的要求促进教育现代化发展。

## 二、 目标与内容

### （一）小学教研科研管理的目标

1. 提升教学质量

（1）改进教学内容和方法。要提升教学质量，就需要对教育教学理论和最新教学研究成果进行深入研究。教师应该跟随教育内容的变革，设计更具针对性和实用性的教学方案，并运用多种有效的教学方法，以提升学生的学习效果和兴趣。

（2）完善评估与反馈机制。建立和完善教学评估与反馈机制也是提升教学质量的重要方法，学校应该通过开展教研活动和科研项目，制定科学合理的评估标准和方法对教学过程和结果进行全面评估，及时给予教师有针对性的反馈和指导，帮助他们改进教学方法，提高教学质量。

（3）优化教学资源与环境。优化教学资源与环境对提升教育质量有重要影响，学校应当充分利用现有资源，并努力扩展更丰富多样的教育资源，如图书馆、实验室、电子教具等，为教师创造更好的教学条件。同时，学校还可改善教学环境，营造良好的课堂氛围和学习氛围，促进学生积极参与、主动学习。

2. 促进教师专业发展

（1）建立教师培训和研修机制。为提升教师的专业性，学校应该建立健全教师培训和研修机制，并通过组织教师培训班、研修会议等形式，提供系统性、有针对性的培训和研修内容，帮助教师更新教育理念，掌握最新的教学理论和技能，不断提升教学水平和专业素养。

（2）加强学术交流与合作。加强教师间的学术交流与合作也是促进教师专业发展的重要一环,可以通过组织教研活动、研究小组等形式,鼓励教师相互交流教学经验、分享优秀案例和实践成果,推动彼此的专业发展。同时,小学还可以与其他小学、研究机构建立合作关系,共同开展教育研究,促进教师的专业成长及科研能力的提升。

(3) 完善职称评定与激励机制。完善职称评定和激励机制与加强教师专业建设息息相关,学校可以通过建立科学公正的职称评定标准和程序,激励教师积极参与教研科研活动。

3. 推动教育创新

(1) 创新教学模式和方法。随着时代的发展,传统的课堂教学模式已经难以满足现代学生的需求,需要探索更加灵活多样的教学方式。例如,引入项目制学习、合作学习、探究式学习等教学模式,可以激发学生的主动性和创造力,培养他们的问题解决能力和团队合作精神。此外,还可以结合现代技术手段,如虚拟实验室、在线学习平台等,开展"互联网+"教育,为学生提供更丰富的学习资源和学习体验。

(2) 创新教育内容和课程。与创新教育相比,传统的教育内容往往以知识传授为主,忽视了学生的实际需求和兴趣。因此,需要在小学教研科研管理中重视培养学生的综合素质,关注他们的兴趣、创造力和实践能力。通过引入STEAM教育、社会实践、艺术体验等课程,丰富学生的学习内容,培养他们的多元智能和创新思维。同时,还可以关注跨学科融合,打破传统学科边界,提供更具有实际意义和应用性的教育内容。

(3) 创新教师发展和支持。教师是教育创新的重要推动者和实施者,他们的角色至关重要。促进教师的专业发展对教育的发展起着重要作用。因此,在小学教研科研管理中应该关注教师的培训和发展,提供机会和平台让教师参与教育创新的实践和研究。可以组织教师研修班、研讨会、集体备课等活动,提供专业指导和支持,帮助教师掌握创新的教学方法和技术,并将其应用于实际教学中。此外,还可以为教师提供相应的奖励和激励措施,鼓励他们积极参与教育创新工作。

### (二) 小学教研科研管理的内容

从学校管理层面来看,小学教研科研管理应做到:一是加强教研科研工作的动态管理,注意检查课题开展情况;二是抓好课题管理,重视课题鉴定和成果推广;三是健全管理制度,以规章制度为导向,发挥学校的领导作用;四是加强学校科研,实行教导处、科研处双轨管理,备课组与课题组互相协作,共同促进学校教研科研的发展。①

除此之外,还有对教研科研队伍的管理,包括机构管理和人员管理。机构管理指对学校教科室、教研组、课题组的建设与日常管理。人员管理是指对教科室主任、教研组长、课题组成员的管理。机构管理要明晰各层级的职责与分工以及运作方式,人员管理要着力观念更新、科研方法培训、激励调动和骨干培养②。

1. 教研组织与规划

学校领导需要制定教研科研的整体规划和目标,明确教研科研活动的重点内容、时间安排和目标要求。学校应建立教研科研工作的组织结构,明确各个层级和岗位的职责分工,确保教研科研活动的顺利进行。教研组织和规划应与小学的教学大纲和实

---

① 魏长江:《教育科研管理浅见》,《内蒙古教育》,2007年第5期,第27页。

② 林太明:《试论中学教育科研的管理》,《新疆教育》,2000年第9期。

际情况相适应，注重教师需求，并灵活调整和优化教研科研项目。

2. 资源支持

学校应为教研科研活动提供必要的资源支持，包括教材、教辅资料、科研设备等。学校可以积极争取和申请相关项目的经费支持，鼓励教师参与国家级、地区级的科研项目，提高科研活动的质量和水平。教研科研活动还需要得到学校管理层的充分重视和支持，包括资源配置、时间安排等。

3. 培训与支持

学校管理人员应加强对教师的培训和支持，提高他们的教研科研能力。可以组织专题研讨、培训班或邀请专家进行指导，帮助教师掌握教研科研的方法和技巧，提升他们的教学水平和科研能力。学校可以建立教研团队，由具有丰富教研科研经验的骨干教师带领和指导其他教师进行教研科研活动。同时，还可以通过搭建在线平台来共享教案、教学资源等方式，促进教师之间的交流与合作。

4. 激励与奖励

学校可以设立教研科研成果的评审和奖励机制，鼓励教师积极参与教研科研活动，并取得优异的成果。奖励可以包括发放奖金、荣誉证书、晋升职称等形式，以激励教师的积极性和主动性，进一步增强他们的教研科研意识和能力。

5. 绩效评估

学校应建立科学合理的绩效评估体系，对教研科研活动进行定期评估和反馈，及时发现问题和不足，并采取相应的改进措施。绩效评估可包括教师个人的教学水平、教研成果以及科研项目的质量等方面，通过设立评估指标和评价标准，对教师进行全面评价和激励。

6. 教研交流与合作

教研交流与合作是小学教研科研管理的重要内容。它涉及教师之间的沟通、互动和合作，旨在促进教师之间的专业成长和教育教学水平的提高。学校可以定期组织教研活动，如教研讨论会、研讨班、教学观摩等，为教师提供交流和展示的平台。这些活动可以围绕教学设计、教材使用、评价方法等方面展开，教师可以分享自己的经验和教学资源，借鉴他人的成功经验，共同探讨教学难题。学校可以组织教师成立教研团队，由具有丰富经验和专业素养的教师担任带头人，带领团队进行教研活动。教研团队可以定期开展集体备课、交流讨论等，共同研究教学内容、教学方法和评价方式，相互借鉴、协作提高。

### （三）小学教研科研管理的困境

20 世纪末，特别是进入 21 世纪以来，随着世界格局改变和区域经济社会的发展，我国教研制度的运行环境与赖以存在的前提条件发生了重大变化，小学教研科研管理面临困境。

1. 现行经验难以满足当下需求

小学教研科研队伍建设存在问题，难以满足当下需求。很多时候，教师们过度忙碌于各种报告、申请、审批等繁文缛节，而真正能够投入到教研科研工作的时间和精力却被大幅度压缩。这种情况的发生，不仅影响了教师的工作积极性，也降低了教研科研工作的效率和质量。在信息化、国际化背景下，教育的内容、方法和理念都在发生深刻变化，小学教研科研也需要适应这个变革，开展更加广泛和深入的研究。然而现有的管理体制往往固守传统，对新兴研究领域支持不足，导致教研科研工作难以适应时代发展的需求。此外，现行的管理模式缺乏足够的激励机制。教师们的工作投入和科研成果往往得不到应有的认可和回报，这无疑打击了他们对教研科研工作的积极性。同时，由于管理模式僵化，教师们在实践中艰难创新的经验和探索往往没有得到充分的总结和推广，使得教研科研工作的效益大打折扣。种种现象皆反映了现行教研管理经验难以满足当下需求，限制了教研科研工作的开展。

2. 教研科研经费体制改革举步维艰

小学教研科研经费体制改革是我国教育系统的重要组成部分，然而在实际推进过程中却举步维艰。目前的教研科研经费分配机制不完善，导致资源的配置不太合理。资金的分配主要根据学校规模和教师数量进行，而非根据具体的项目需求或者研究效益进行，这使得一些急需资金支持的优质项目得不到足够的科研经费。小学教师在面对科研任务时，经常会感到压力大，时间短，无法专注于科研工作。由于工资待遇与科研成果直接挂钩，许多教师选择了“走捷径”，即以量取胜，忽视科研质量。对教研科研经费使用的监管力度不够，缺乏明确的评估和监督机制，也使得科研经费的使用情况不透明，甚至产生浪费现象。就中小学而言，一方面，仅仅依靠国家和省级教育科学规划课题的立项资助，远远不能解决中小学教研科研经费短缺的问题，况且由于制度缺失，各地的课题资助和单位配套相差悬殊。另一方面，各级财政性教育经费预算没有把教研经费作为专项列出，更没有明确中小学校教研科研经费，严重影响教研工作开展，直接制约教研效能和教育教学质量提升。

3. 学校教研科研机制创新阻力重重

学校的教研科研能力发展缓慢，主要表现在教研成果评价乏力、竞争性教研制度的缺乏这两方面。因为缺乏甚至还不具有严格的学术规范、共同的学术评价标准，以及自觉的学术道德的约束，特别是尚未真正形成稳定、统一的学术共同体，小学教研才不断受到来自外在的和内部的种种不利因素的影响①。除此之外，推进教研组建设的主要形式是教研活动。调查数据表明，现在小学开展的教研活动近乎相同，有固定的安排和流程，这样无法吸引教师和学生积极参与进来。教研组活动不仅变成了学习一些教育教学理论、教育法规政策，而且只是扮演着传达学校各项工作安排的角色，有时还要布置和总结教学常规的工作和活动，甚至还会指定一两个人上公开课，相互听课和学习，一旦时间紧迫，就会省掉评课，就算评课，也只会讲一些好听的，效果看不出来。开展教研活动的时候，大部分是随意聊聊，又或者是谈谈看法而已。很少的学校是联系建设教研组的实际情况，能够具体地就组内课例进行探讨，培训科研方面的内容，同时外聘其他优秀的教学专家和教师来校指导课例。

## 三、原则与方法

### （一）小学教研科研管理的原则

1. 导向性原则

导向性原则是指教研科研管理应该以服务教育教学实践为导向，立足于提高教师教学水平和学生学习效果。管理工作的目标应当清晰明确，并且与学校和教师的发展

---

① 黄迪皋：《从外推走向内生——新中国小学教研制度研究》，湖南师范大学，2012年博士学位论文。

需求相适应。通过明确的目标导向、任务分配和绩效评估，促使教研科研活动能够真正服务于教育教学实践，推动小学的整体发展。

2. 协同性原则

协同性原则是指教研科研管理应该强调团队合作和协同学习的理念。教师之间应该形成一个紧密互助的合作共同体，共同进行教学研究和专业发展。通过建立教研组织、课题组、教研团队等，促进教师之间的交流和合作，共同研究和解决教学中的问题，分享教学经验和资源，并形成良好的学习氛围。同时，还应该鼓励教师之间相互启发、相互促进，形成协作精神和团队意识。

3. 针对性原则

针对性原则是指教研科研管理应根据具体情况和需求，制订教研计划，确定科研项目，并提供必要的支持和资源。管理人员应当了解学校和教师的实际情况，结合学校的教育目标和发展需求，制定有针对性的教研计划和科研项目。同时，还应该为教师提供必要的培训和指导，帮助他们掌握研究方法和技巧，提高研究能力和水平。

4. 创新性原则

创新性原则是指教研科研管理应鼓励和支持教师进行教育教学创新和实践研究。教师是教育创新的主体和推动者，他们应该被赋予创新的权利和责任。管理人员应当鼓励教师进行教学实验和创新实践，提供相应的支持和资源。同时，还应该鼓励教师进行研究性教学，开展教学反思和改进，不断提高教学质量。

5. 可持续性原则

可持续性原则是指教研科研管理应该注重长期效果和可持续发展。教研科研活动不应仅仅停留在表面的形式上，而应该强调持续性的教育改革和发展。管理人员应制定长远规划和目标，建立完善的教研科研机制，确保教研科研活动能够持续进行下去并不断取得成果。同时，还应鼓励教师进行专业发展和学习，提供相应的培训和支持，使他们能够不断提高自己的教研科研能力。

**（二）小学教研科研管理的方法**

1. 基于校本开展教研科研

校本教研科研旨在从学校教育教学实践中的具体问题出发，通过全体教师的共同研究，并在专家的引领与指导之下，达到解决困扰性的问题、提高教育教学质量的目的，最终促进教师的专业成长。教育部原副部长王湛认为，建立以校为本的教研制度是促进教师专业发展的必然要求，将有助于创设教师间互相关爱、互相帮助、互相切磋与交流的学校文化，使学校不仅成为学生成长的场所，同时也成为教师成就事业、不断学习和提高的学习型组织。

2019 年 11 月，教育部印发的《关于加强和改进新时代基础教育教研工作的意见》明确指出，“按照《中共中央 国务院关于深化教育教学改革 全面提高义务教育质量的意见》要求，进一步完善国家、省、市、县、校五级教研工作体系。”这是首次以正式文件的形式将“校本教研”纳入五级教研工作体系。校本教研要立足学校实际，以实施新课程新教材、探索新方法新技术、提高教师专业能力为重点，着力增强教学设计的整体性、系统化，不断提高基于课程标准的教学水平。学校要健全校本教研制度，开展经常性教研活动，充分发挥教研组、备课组、年级组在研究学生学习、改进教学方法、优化作业设计、解决教学问题、指导家庭教育等方面的作用。

2. 改革教研科研体系结构

为了改善小学教研科研的现状,推动教师专业成长,提升学校教育教学水平,学校首先应从认识上着手,通过改变教师和管理者的思想认识来保障教研科研活动的顺利有效进行。其次要重视组织体系的建设,打造科学合理的教研科研管理流程,提高教研科研人员素质,明晰教研科研管理机构的功能与职责。再辅之以完善的教研科研管理制度,为小学教研科研管理提供有力的支持。现有的资源配置方式不能满足不同学校、不同科目的特殊需求,导致资源的浪费和效率低下。为此,可以建立灵活多元的资源配置机制,例如设定特定领域的专项基金,或者根据项目的性质和规模为其配置相应的资源。只有高素质的教研队伍,才能推动小学教研工作的持续发展,因此,要健全教研人员的选拔、培养和激励机制,引导他们积极投身于教研工作。改革小学教研科研体系结构既具有迫切性,又充满挑战。我们需要从功能定位、管理机制、资源配置与队伍建设等多个方面进行系统性、全方位的改革,以期实现提升小学教研效能,推动我国基础教育事业的持续发展。

3. 创新教研科研实施机制

立项申请阶段,放宽课题申报条件,分类设定立项标准。一是放宽课题申报条件,如降低职称要求,不够中级职称仅需一位副高级及以上教师推荐即可;二是简化课题申报程序,申报者只要通过所在单位审核便可直接登录市级系统申报,无需再通过区审核;三是制定合适的立项标准,严把评审关,基于该标准选取课题立项并确定立项层次,从排序评价走向标准评价。

研究实施阶段,制定课题退出机制,自主安排实施计划。一方面,实行主动申请撤项制和课题组成员退出制,课题组可以自主安排课题实施计划,结合教育教学实践展开研究,将课题研究实践活动作为日常教育教学活动的一部分。另一方面,试行专家责任制,即市教科研专家库的每位专家"承包"同学科或同研究领域5~6个课题,从课题开题、研究、中期检查至结题等环节对所"承包"的课题组进行全过程的指导,且于课题结题后撰写案例论文,市教科研管理部门组织开展研讨会、沙龙等进行交流分享提升。

结题交流阶段,邀请科研专家智慧点评,同行分享研究成果。组织同学科或同研究方向多个课题的结题交流会,邀请同行科研专家进行点评。结题交流会是交流学习和成果分享的过程,专家点评、同行分享,有利于促进教师交流。①

4. 提升教师教研科研能力

教师是教育改革成功的核心和关键之一。因此,小学教师需要不断提高自身的专业能力和教育素养。第一,小学教师不仅需要把课堂教育作为立德树人的主渠道,还要不断改进自己的教学方式方法,主动积极地参与教研科研活动,从中找寻教学突破口。野晓航等人在调研报告中将中小学教师的教研科研能力分为十种,包括自主学习、选择课题、方案设计、运用方法等能力。② 小学科研参与者,要对自身科研能力进

① 熊志权、刘晓霞:《宽进严出:中小学教育科研改革方向与实践路径——以珠海市中小学教育科研课题管理为例》,《现代中小学教育》,2022年第12期,第60-64页。

② 野晓航、魏红:《"中小学教师教育科研能力培养研究"调研报告》,《教育探索》,2007年第2期,第74-75页。

行评估，不断提升教研科研能力，不断加强科研意识，积极参加专家讲座，明白教育教学和科研不是截然分开的"两张皮"。[①] 第二，小学教师要加强理论学习，夯实自己的专业知识，要不断关注新的教育理念、教学方式、教学模式、师生观等。第三，小学教师要积极参与教研科研，为学校构建科学的、符合学生需要的教学模式，充分发挥自己的优势，立足教学第一线，把实践中发现的问题提炼出来作为科研的研究对象。[②] 第四，小学教师要主动向前辈或优秀的教师学习，学会把科研成果有效运用到实际的教学之中。

## 第二节　小学教研科研计划管理

### 一、 学校机构与人员设置

一般情况下，根据教研科研工作性质，学校教研科研组织机构可以分为以下几类：一是学校的教研科研领导机构，如学校教研科研领导小组；二是学校教研科研的管理机构，多数学校是成立专门的教育教学研究室；三是教研科研的执行机构，如教研组、备课组、年级组等。这些机构按管理能级划分，同样可以分为决策层、管理层和执行层三个层次。

#### （一）决策层

小学校长是学校行政负责人，是小学教研科研管理的决策者，对外代表学校，对内全面负责学校的行政管理和教育教学工作，是权威、责任、服务的结合体。除此之外，校长还是学校管理的灵魂，要建立起和谐的内外部公共关系，协调好各种人际关系，形成校内凝聚力。校长在教研科研管理上的主要职责是：把握学校教研科研工作的全局，领导和制定学校教研科研工作规划；确定重要的研究课题；建立学校教研科研的工作制度；审批科研计划，研究、检查和督导科研工作；保障研究经费的落实；决定学校科研成果的奖励以及重大科研活动；协调学校正式科研组织机构与非正式科研组织机构之间的关系，使之形成合力，共同完成学校科研任务。[③]

#### （二）管理层

教导处是学校教学管理的核心组织与教学管理工作的主要执行机构。作为教学管理的职能机构，教导处负责实施日常教学、教学研究、课程设置、教师队伍建设、教研组建设等。[④] 小学教导主任作为校长管理教学的助手，是学校教导工作的具体组织者和管理者。小学教导主任要审核教研组制订的工作计划，指导教研组明确教学研究的指导思想、基本要求、主要项目、时间安排、责任归属。

学校教研科研机构的管理层，是学校的教管科学研究室。其主要职责是：负责全校教研科研工作的规划、组织和协调工作；拟订、实施学校有关教研科研工作的条例和规章制度；组织校级科研课题的申报、论证、立项、检查、成果评审和推广以及向上一级

---

① 魏登尖、刘秀峰：《论中小学教师教育科研论文写作的困境与出路》，《现代中小学教育》，2014 年第 8 期，第 119-122 页。

② 彭超楠、彭佳丽：《小学教师的教育科研管理研究》，《教育观察》，2022 年第 14 期，第 45-47，51 页。

③ 葛新斌主编：《学校组织与管理》，北京师范大学出版社，2015 年版，第 216-217 页。

④ 郭继东著：《学校组织与管理》，华东师范大学出版社，2012 年版，第 79 页。

教研科研部门推荐立项课题、优秀成果等工作;组织教师学习教育理论;普及教研科研基础知识与方法;指导教师开展课题研究活动和总结经验;组织开展各种学术交流活动;根据教育改革和学校发展的需要,主持、参与课题研究;组织、承担上一级教育部门、科研机构下达的科研任务;收集各类教育科学信息,为校长决策和开展教育教学科研提供服务;编辑学校教研科研刊物,组织教研科研成果评奖活动;完善学校教研科研档案管理等。

### (三) 执行层

学校教研科研的执行层,是学校的年级组、教研组、备课组和相关管理处室等。各年级组长、教研组长和相关管理部门的负责人组织本部门力量实施研究工作,教师和相关管理处室的员工是学校教研科研工作的具体执行者。

教研组是学校基层教学活动单位,承担组织本学科教学、开展教学研究活动和提高教师业务水平的责任。此外,教研组有责任对本学科的教学质量进行监控和评价,发现问题及时提出整改意见。教研组长可由校领导指定,也可由教师选举产生。教研组建设是学校教学管理的重中之重,教研组长对教研组的发展具有重要的影响力,因此应挑选德才兼备、管理能力较强、享有威望的人担此重任。①

## 二、 计划管理的制度保障

健全的规章制度是管理工作顺利展开的保障,因而制定完善的小学教研科研规章制度是教研科研管理的首要任务。一套涵盖广、系统完整的教研科研管理制度,一方面有利于教研科研机构的建立,可以保证教研科研活动的有序性、条理性、高效性,另一方面有利于教研科研队伍的建设,有助于管理人员对教研科研活动的每一个环节进行明确的规范,对相关人员的岗位职责、纪律、评估、奖惩,以及对教师教研科研的审批、实施、检查、奖励、推广等方面的工作提供详细的说明,从而防止含糊不清、权责不明的情况出现,进而使小学教师和管理者对教研科研工作有更加明确的认识,防止无序教研科研活动发生。②

### (一) 完善教师在职培训制度

小学教研科研计划管理的制度保障是为了确保教师的教研和科研活动能够顺利进行,提高教育教学质量和水平。以下是小学教研科研计划管理的四个要点。

1. 培训需求调研

小学应定期开展教师培训需求调研,了解教师的教研科研需求和意愿,根据实际情况有针对性地开展培训。

2. 多样化培训形式

结合线上和线下培训,丰富培训方式。可以通过专家讲座、研讨会、工作坊、集体备课等形式,提供系统化、有针对性的培训内容。

3. 建立培训档案

建立教师培训档案,记录教师参与培训的情况和成果。通过培训档案的建立和管

---

① 颜小玲:《农村小学教学管理存在的问题、原因及对策研究——以重庆市奉节县 N 小学为例》,重庆师范大学,2019 年硕士学位论文。

② 彭超楠、彭佳丽:《小学教师的教育科研管理研究》,《教育观察》,2022 年第 14 期,第 45-47,51 页。

理，可以了解教师的培训历程和效果，为评价和激励提供依据。

4. 鼓励学历提升

鼓励教师提高学历，通过继续教育、硕士研究生等途径深化专业知识和能力。小学可以提供相应的政策支持和经费资助。

### （二）健全教研人员资格制度

健全教研人员资格制度是确保教研科研工作质量的重要保障。以下是健全教研人员资格制度的几个方面。

1. 选拔与评审机制

制定教研人员选拔与评审机制，明确资格条件和程序。建立健全教研人员准入、转换与退出机制，严格教研人员准入制度，把好入口关，按照准入条件完善教研人员遴选配备办法。可以设立专门的教研人员岗位，通过考试、面试等方式选拔合适的人员担任教研职务。

2. 职称评定标准

建立教研人员职称评定标准，明确不同职称的条件和要求。对于符合条件的教研人员，给予相应的职称评定和激励。

3. 培训与发展

针对教研人员开展专业培训，制订发展计划。通过提供专门的培训课程、科研项目和指导，提高教研人员的专业水平和能力。一是申报培训方面，指导科研人员从理论需求和实践需求出发精心选题，避免选题偏差、选题过大、选题重复。二是科研方法培训方面，指导科研人员精心设计研究方案，合理安排课题研究时间，明确研究进度与主要研究任务，选取的研究方法要契合研究内容，根据研究进度及时支出经费，避免因设计不当造成财力、物力、时间的浪费。三是科研管理方面，针对课题研究的重要环节，进行管理要求与研究要求的培训。明确管理要求和科研任务，提升教研科研的效益意识，杜绝主观上的科研浪费行为。如，组织示范性开题、示范性中期检查、示范性结题等培训活动，帮助科研人员尤其是新立项课题负责人明确教研科研的流程、规范、要求，树立尊重科研、敬畏科研的意识。四是组建研究团队方面，指导课题组科学组建研究团队，使研究成员的专业结构、年龄结构、职称结构与研究内容匹配，形成协同攻坚合力，避免人力资源的浪费。可定期举办专题讲座、专题研讨会、工作坊和跟岗锻炼、访学进修、合作课题研究等形式，促进教研人员业务知识更新、专业技能提升、综合素养发展。构建学习型教研科研组织，支持教研人员开展重大项目研究，支持教研人员申报各级各类教育教学成果奖、教育教学研究奖。①

4. 激励机制

建立教研人员激励机制，通过薪酬、晋升等方式激发教研人员的积极性和主动性。可以设置教研成果奖励、学术交流津贴等激励措施，改进激励机制，对适用的教研人员，可选拔到教育行政部门或学校领导岗位。教师队伍晋升、评优、评奖，应优先把教研人员纳入其中，使教研人员有机会获得各级各类荣誉。

---

① 汤贞敏、张林静、曾令鹏：《新时代基础教育教研体系建设研究——基于广东基础教育教研现状》，《教育导刊》，2021年第2期，第5-11页。

### （三）改进教师评价制度

改进教师评价制度是小学教研科研计划管理的重要保障之一，它有助于提高教师的教学水平和专业能力，促进教研科研活动的有效开展。以下是改进教师评价制度的几个方面。

1. 建立多维度评价体系

传统的教师评价主要以学生考试成绩为核心，忽视了教师在教育过程中的其他重要表现。因此，建立多维度评价体系是必要的。这包括对教师的教学设计、教学方法、教育教学研究、课外辅导等方面进行评价，全面了解教师的教学能力和专业发展。

2. 引入同行评课机制

同行评课是一种相互观摩、交流经验的方式，可以促进教师间的合作与共同进步。小学可以组织定期或不定期的同行评课活动，让教师互相开放课堂，相互评价和提供建议。通过同行评课，可以发现教学中的问题并及时改进，提高教师的教学质量。

3. 鼓励教师参与教研活动

教师的教研活动对于提高教学质量和创新能力至关重要。因此，评价制度应该鼓励教师积极参与教研活动，并将其作为评价标准的一部分。通过参与教研活动，教师可以深入研究教学问题，提出改进方案，并实践验证。学校可以建立相应的激励机制，如给予研究项目经费、学术交流津贴等，以鼓励教师积极投身科研。学校要调动广大教师的科研积极性，必须重视对教师教研科研的评价和奖励，定期评比教师的教研科研成果，把教师的教研科研绩效与评模选优、晋级升职挂钩，奖励积极分子并使之制度化。

4. 设立专业发展档案

建立教师的专业发展档案是改进教师评价制度的重要环节。档案中可以记录教师的培训成果、教研成果、课堂观摩记录等信息，以便评估和鼓励教师的专业发展。同时，这也为教师的晋升和职称评定提供了参考依据。

5. 建立师德评价体系

除了教学和科研层面的评价，教师的师德行为也是评价的重要内容之一。学校可以建立师德评价体系，对教师的职业道德、教育教学态度、与家长和同事的关系等进行评估。通过师德评价，学校可以倡导优秀的师德行为，培养教师的职业操守和责任心。

6. 定期评估和反馈

评价制度应该具有周期性，学校可以定期对教师进行评估和反馈。评估可以由专门组成的评估小组或校级领导来完成，包括对教师的课堂观摩、教学设计审核、学生问卷调查等。通过评估结果，学校可以给予教师相应的奖励和指导反馈。

## 三、计划管理的组织体系

小学教研科研计划管理的组织体系是为了促进教师的专业发展和教育教学质量的提升，包括小学层面和教师参与的组织体系。

### （一）小学层面的组织体系

小学作为教育教学的主要场所和组织单位，在小学教研科研计划管理中起着核心的作用。小学应该建立完善的教研科研组织机构，包括教研部门、教研组和教研队伍等，以确保教研科研活动的有序开展。

首先,小学应设立教研部门或教研办公室,负责统筹协调教研科研工作。该部门可以由专职教研人员组成,他们具备较高的教育教学水平和研究能力,能够指导和支持教师的教研活动。

其次,小学可以按学科或年级设立教研组,由一名或数名骨干教师负责组织和带领。教研组可以定期召开会议,交流教学经验、分享教学资源,并制订和落实教研计划。教研组还可以组织同行评课、观摩课等活动,促进教师之间的交流与合作。

另外,小学还可以建立教研队伍,由优秀教师和专家组成。教研队伍可以承担一些重点课题的研究,推动教研科研工作的深入发展。他们可以进行教学模式创新、教学资源开发等方面的研究,并为其他教师提供指导和支持。

#### (二)教师参与的组织体系

教师是小学教研科研计划管理的主体,他们的积极参与是组织体系的关键。为了激发教师的积极性和创造性,小学需要建立相应的组织体系。

首先,小学可以设立教研科研委员会或教研科研小组,由教师代表组成。他们可以参与教研科研计划的制订、教研活动的组织、教研成果的总结和交流等工作。教研科研委员会或小组可以定期召开会议,听取教师的建议和意见,并根据情况进行相应调整。

其次,小学可以鼓励教师参与专业发展和教研活动。例如,可以组织教师参加培训班、研讨会、学术交流等活动,提供相关资源和支持。此外,小学还可以设立专项资金,用于支持教师的教研项目和研究课题,激发教师的研究兴趣和研究能力。同时,小学还可以建立教研科研的档案制度,记录教师的教研科研参与情况。

再次,小学教师要积极参与教研科研,为学校构建科学的、符合学生需要的教学模式,充分发挥自己的优势,立足教学第一线,把实践中发现的问题提炼出来作为科研的研究对象。

最后,小学教师要主动向前辈或优秀的教师学习,学会把科研成果有效运用到实际的教学之中。小学教师要加强理论学习,夯实自己的专业知识,要不断关注新的教育理念、教学方式、教学模式、师生观等。

### 四、计划管理的制定过程

小学教研科研计划管理的制定过程是为了规范教研活动,促进教师的专业发展,提高教育教学质量。以下是小学教研科研计划管理的制定过程。

#### (一)需求分析与目标设定

教研科研计划的制定首先需要进行需求分析,了解学校和教师的实际需求。这可以通过调查问卷、座谈会、教学观摩等方式来收集相关信息。需求分析包括对教师的专业发展需求、教学资源需求、教研活动需求等方面的了解。在需求分析的基础上,制定明确的目标是制定教研科研计划的重要一步。目标应该具体、可衡量,并与小学的教学目标和发展方向相一致。例如,目标可以包括提高教师的教学水平、促进教师之间的交流与合作、开展教材的研究与开发等。目标的设定需要参考学校的实际情况和资源条件,既要有挑战性,又要具备可行性。

#### (二)计划制订与活动安排

制订教研科研计划需要考虑时间、人力和物力等资源的合理利用。首先,根据目标和需求分析结果,确定计划的时间范围,可以按学年、学期或月份进行划分。接下来,根据计划的时间范围,制订具体的教研活动安排。教研活动可以包括教学观摩、同课异构、案例讨论、教学设计与研究、评课交流等。每个活动应明确活动内容、参与教师、时间安排、地点等信息,以便教师能够清楚地了解和准备。在制订教研科研计划时,还需要确定教研活动的负责人和参与教师。负责人可以是教研部门的专职教研人员或教研组的骨干教师,他们负责组织、监督和评估教研活动。参与教师可以根据其专业领域、兴趣爱好和发展需求进行选择,既要考虑到教师的参与积极性,又要保证教研活动的多样性和全面性。

#### (三) 计划执行与成效评估

教研科研计划制订完成后,需要进行具体的执行和实施。负责人应按照计划安排组织教研活动。在活动过程中,应加强对教师的指导和支持,确保教研活动能够达到预期的效果。同时,还需要建立完善的教研活动评估机制,对教研活动的质量和成效进行评估。评估可以采用多种方式,如问卷调查、观察记录、学生反馈等。通过评估结果,可以了解教研活动的实际效果,发现问题并及时改进。

## 第三节 小学教研科研实施管理

### 一、 项目立项管理

小学教研科研项目立项管理是确保教研科研活动顺利展开的重要环节。以下是小学教研科研项目立项管理的三个要点。

#### (一) 项目申报与审批

项目立项管理的第一步是进行项目申报与审批。教师或教研骨干根据教研需求和目标,提出具体的教研科研项目计划。项目申报书应包含以下内容:① 国内外研究现状与趋势;② 选题意义;③ 研究目的与主要内容;④ 研究的重点、难点与创新之处;⑤ 研究设计;⑥ 研究基础的参考文献;⑦ 预期研究结果及其去向;⑧ 研究经费预算。提交项目申报时,需要填写相关表格并附上必要的材料,如研究方案、预算报告等。申报材料应该清晰完整,具有可行性,能够让审批部门全面了解项目的意义和价值。

接下来是项目审批阶段,由学校的教务处、教研室或相关部门进行审核和评估。审批部门会对项目的科学性、可行性、实施条件等进行评估,以确保项目符合学校的发展方向和教育教学需要。审批结果可以分为通过、退回修改或不通过等情况,根据审批结果进行相应的调整和改进。审批通过的材料,加盖学校科研主管部门或学校公章后,即可报送相关部门。

#### (二) 项目组织与管理

项目立项通过后,需要建立项目组织机构,以确保项目的有效实施和管理。项目组织可以由项目负责人、项目组成员和相关部门人员组成。项目负责人负责项目的整体策划、组织协调和资源调配,一般应具有丰富的教研经验和领导能力。在项目组织中,需要明确项目目标、任务和责任分工。项目目标应该与项目立项阶段确定的研究目的和预期成果一致;任务可以按照时间、内容和人员等方面进行划分;责任分工要清晰明确,确保每个成员知道自己的职责和任务。

项目管理过程中，需要制订详细的计划和进度安排。计划包括项目的时间节点、活动安排、资源调配等；进度安排用于跟踪项目的进展情况，及时发现并解决问题。同时，还需要建立沟通和协作机制，促进项目组成员之间的合作和信息交流。

### （三）项目执行与评估

项目的执行是项目立项管理的核心环节。在执行过程中，项目组成员应按照项目计划和安排，开展相应的教研科研活动。执行阶段需要保证活动的质量和效果，可以通过教学观摩、课堂实践、数据收集与分析等方式进行。同时，项目执行过程中需要进行监督和评估。监督可以通过定期检查、讨论会、报告汇报等方式进行，确保项目按照计划进行，发现并解决问题。评估可以使用定性和定量方法，对项目的成果、影响和效益进行评价，以便于改进和总结经验。在项目执行的同时，还要做好项目资金和资源的管理。项目负责人应根据项目的实际需要，合理安排资金预算和资源调配，确保项目的顺利进行。

## 二、 项目开题管理

课题成功立项之后，进入开题论证阶段。开题论证是指课题在进入实践研究之前，对研究计划或方案做进一步的深入讨论与交流，分析研究课题的选题意义，论证研究内容与方法之间的逻辑，探讨实践研究的可行性，能有效保证研究质量。[①] 小学教研科研项目的开题管理是确保项目顺利启动和展开的重要环节。以下是小学教研科研项目开题管理要注意的三个方面。

### （一）项目选题与背景

项目开题管理的第一步是选择合适的研究选题，并明确项目的背景和意义。选题应具有一定的前瞻性、创新性和实践性，紧密结合小学教育教学改革和发展需求。在确定选题时，需要深入了解教育教学领域的最新研究动态和趋势，分析教学实践中存在的问题和挑战，以及小学的教育发展目标和方向。选题也可以参考教师的实际需求和兴趣，以激发他们的研究积极性和主动性。同时，还需要明确项目的背景和意义，即项目对促进小学教育教学改进和推动小学发展的重要性与价值。通过梳理国内外相关研究文献和实践案例，阐述项目的理论基础和实践基础，提出项目的研究目标和预期成果。

### （二）研究设计与方法

项目开题管理的第二步是设计研究方案和确定研究方法。研究设计应清晰明确，包括研究内容、对象、时间、地点等方面的详细信息，以及数据收集、分析的方法和工具。在设计研究方案时，可以采用定性研究、定量研究或混合研究等不同的研究方法，根据具体的研究目标和问题进行选择。同时，还需要确定样本的选择和调查问卷的设计，确保能够获得准确、可靠的研究结果。此外，还需要考虑研究过程中可能遇到的伦理问题和风险，并制定相应的措施进行规避和处理，确保研究过程的科学性、合法性和道德性，保护被研究对象的权益和隐私。

---

① 熊志权、刘晓霞：《宽进严出：中小学教育科研改革方向与实践路径——以珠海市中小学教育科研课题管理为例》，《现代中小学教育》，2022 年第 12 期，第 60-64 页。

### （三）项目计划与资源调配

项目开题管理的第三步是制订项目计划和合理调配项目资源。项目计划应明确项目的时间安排、活动流程和相关任务，以确保项目按时完成并取得预期成果。在制订项目计划时，需要充分考虑各项活动的依赖关系和优先级，合理分配时间和资源，确保各个环节的协调和衔接。同时，还要充分考虑项目成员的实际情况和能力，合理安排工作量和任务分配，确保项目人员的参与和支持。在资源调配方面，需要充分评估项目所需的资金、设备、场地、人力等资源，并提前做好准备和安排。可以通过编制预算报告、申请专项经费或寻找外部合作伙伴等方式获取必要的资源支持。

## 三、中期检查管理

小学教研科研项目的中期检查管理是确保项目顺利进行和达到预期目标的关键环节。中期检查是课题研究实施过程中的常规性管理。中期检查前，要求课题负责人撰写中期检查报告，报告内容包括研究工作主要进展、阶段性成果、主要创新点、存在的问题、重要变更、下一步计划、可预期成果等。

### （一）检查项目进展与目标达成情况

中期检查管理的第一要点是对项目的进展情况进行检查，并评估项目是否能够达到预期目标。包括对项目的时间进度、活动完成情况、数据收集和分析进展等方面进行综合评估。

首先，需要比对项目计划和实际进展，了解项目是否按时进行和完成各项活动。如果发现进展滞后或存在延误，需要及时进行调整和补救措施，以确保项目能够按计划顺利进行。

其次，需要评估项目的目标达成情况。通过对已经完成的研究工作、数据收集和分析结果的初步总结和分析，判断项目是否能够达到设定的预期目标。如果发现目标未能完全达成，需要找出原因并采取相应的措施进行改进和调整。

### （二）检查研究方法与数据质量

中期检查管理的第二要点是对研究方法和数据质量进行检查和评估。研究方法的科学性和可靠性对于项目的进展和结果具有重要影响，数据的质量也是项目最终结论的基础。

首先，需要审查研究方法的设计和实施情况。检查研究方法是否符合科学原理和逻辑，是否能够回答研究问题和达到研究目标。同时，还需检查研究方法的可操作性和可行性，确保项目成员能够按要求正确执行研究方法。

其次，需要对数据的收集和整理进行检查和评估。检查数据采集过程中是否遵循研究方法的要求，数据是否完整、准确、可靠。同时，还需要对数据的分析方法和结果进行初步评估，确保数据的解释、推断具有科学依据和合理性。

### （三）检查团队协作与资源利用情况

中期检查管理的第三要点是对项目团队的协作情况和资源利用情况进行检查。团队的协作和资源利用对于项目的顺利进行和取得预期成果至关重要。

首先，需要对团队成员之间的协作和沟通进行检查。检查团队成员之间的工作分工和配合情况，是否存在协作问题和沟通障碍。如果发现问题，需要及时协调解决，以维护团队的合作氛围和工作效率。

其次,需要评估项目资源的利用情况,包括对经费使用、设备设施、实验材料等各方面资源的调配和利用情况进行检查,确保资源的充分利用和合理配置,避免资源浪费和不必要的开支。

综上所述,小学教研科研项目的中期检查管理包括检查项目进展与目标达成情况;检查研究方法和数据质量;检查团队协作与资源利用情况。通过中期检查管理,可以及时发现和解决问题,确保项目顺利进行,取得预期效果。

## 四、 项目结题管理

小学教研科研项目的项目结题管理是确保项目能够圆满完成和形成可行性建议的重要环节。以下是小学教研科研项目结题管理的三个要点。

### (一) 结果总结与分析

项目结题管理的第一要点是对项目的研究结果进行总结和分析。通过对项目所获得的数据、实验结果以及相关文献的综合评价,得出客观准确的结论。

首先,需要对研究目标是否达成进行评估。对已经完成的研究工作进行回顾和总结,比对最初设定的研究目标,判断目标是否完全或部分达成。如果发现目标未能完全达成,需要进行原因分析,并提出相应的改进措施或调整建议。

其次,需要对研究结果进行分析和解读。根据数据收集和分析的结果,进行统计学处理、图表绘制等,将结果呈现出来。同时,还需要对结果进行深入思考和解读,探讨背后的原因和影响因素。

最后,需要与相关领域的先行研究进行比较和讨论。将项目的研究结果与已有的研究成果进行对比和分析,评估项目的创新性和学术价值。同时,也可以从已有研究中寻找启示和借鉴,为结题报告提供更加全面和深入的分析。

### (二) 可行性建议与推广价值

项目结题管理的第二要点是提出可行性建议和推广价值。根据项目的研究结果和分析,对可能存在的问题及改进方向进行探讨,并提出相应的建议。

首先,需要明确项目的可行性和实施条件。根据项目的实际情况,评估项目的可操作性和可持续性。如果存在技术、经费或人力等方面的限制,需要提出相关的解决办法和策略,确保项目能够得到有效推进。

其次,需要归纳项目的推广价值和应用前景。将项目的研究成果和创新点与实际应用相结合,探索项目在实践中的价值和潜在影响。同时,还可以对项目成果进行产品开发或教学资源开发,提高项目的推广度和应用广泛性。对教研科研课题而言,其最终的研究成果包含丰富的内容,常规的表现形式有科研论文、研究报告、成果报告、专著等①,还有其他的阶段性物化成果,如课件、教案、教学实录、教学录像、教育叙事、教学反思、教学案例等与教学相关的经验成果,学科课程纲要、软件、教具、课程资源库、网络课程或学习平台等工具类成果。如此丰富的成果,其推广应用、转化实效至关重要。学校科研成果推广与运用的形式很多,通常包括:① 直接转化式,把科学的结论直接运用于教育实践活动;② 交流启发式,通过公开发表、论坛发言、多渠道推广方

---

① 费岭峰著:《怎么做课题研究:给教师的40个教育科研建议》,华东师范大学出版社,2021年版,第191-195页。

式，运用理论或实践成果去影响他人；③形成研究报告或政策建言提交给相关管理部门，直接为教育决策服务①。基于研究成果须反哺教学的原则，可以举办专题报告会、培训研讨会、成果展览会等活动，交流分享课题研究经验与成果；通过网络、报纸、公众号、评奖等途径宣传、推广优秀研究成果，尤其是网络教研平台，充分发挥信息技术手段的优势，加大应用推广力度②。

最后，需要明确项目的延续性和进一步研究的方向。通过总结项目的经验和教训，提出未来研究的建议和方向。这有助于确保项目成果能够进一步发展和应用，并为相关领域的学术研究提供参考。

**（三）结题报告与评审**

项目结题管理的第三要点是编写结题报告并进行评审。结题报告是对整个项目研究工作的总结和归档，同时也是项目结题评审的依据。

首先，需要编写结题报告，包括项目背景、目标和意义，研究方法和数据分析，研究结果和结论等内容。报告要准确、简明地反映项目的研究工作和成果，同时还应该提供必要的技术细节和数据支撑。

其次，需要组织评审专家对结题报告进行评审。评审专家应该对研究背景和目的、研究问题或假设、研究方法、研究结果、结果分析与讨论、结论与启示等方面进行评审，并做出客观性的评价。

## 第四节　小学教研科研评价管理

### 一、评价管理的理论基础

小学教研科研评价管理的理论基础是为了确保科研工作的质量和效果，提供科学、客观的评价标准和方法。以下是两个关键的理论基础。

**（一）教育评价理论**

教育评价理论是小学教研科研评价管理的重要理论基础之一。教育评价是对教育活动进行系统、客观、全面的评估和判断的过程。教育评价理论主要包括以下几个方面：

1. 目标导向

评价应该以教育目标为导向，通过对教育目标的达成程度进行评估，来确定教育质量和效果。教研科研评价将教育人、培养人、塑造人以及“引领科研方向、培养研究队伍、促进学术规范、加强成果转化、扩大社会影响、提高教育品质”作为出发点和归宿，并以此为标准来衡量和评判教研科研活动和教研科研成果。③

2. 多元评价

评价应该采用多种评价手段和方法，综合考虑教育的各个方面，如知识掌握、能力发展、情感态度等。具体体现为评价主体的多元性、评价内容的多元性和评价方式的

---

① 葛新斌主编：《学校组织与管理》，北京师范大学出版社，2015 年版，第 226 页。

② 熊志权、刘晓霞：《宽进严出：中小学教育科研改革方向与实践路径——以珠海市中小学教育科研课题管理为例》，《现代中小学教育》，2022 年第 12 期，第 60-64 页。

③ 李三福：《试论教育科研评价的基本原则》，《当代教育论坛（上半月刊）》，2009 年第 8 期，第 5-7 页。

多元性。一是评价主体的多元性，包括自我评价、同伴评价、学生评价、年级主任评价、家长评价。二是评价内容的多元性，具体包括项目教研成果和项目教研过程。成果评价可以对照“学科知识、新课程标准、学科关键能力、学生核心素养、学科思维进阶、价值观导向”等指标开发相关评价量表，实施精准深入评价。三是评价方式的多元性，对教研采取过程性评价与成果评定的结果性评价相结合的方式，对项目成果采取定量与定性评价相结合的方式。①

3. 反馈与改进

评价应该提供及时、准确的反馈信息，帮助教师和研究人员认识到问题和不足，并采取相应的改进措施。

4. 公平公正

评价应该尽量消除主观偏见和歧视，确保评价结果公平、客观，并为评价对象提供平等的机会。

在小学教研科研中，教育评价理论可以用于制定科研项目的评价标准和指标体系，帮助评估项目的质量和效果，为进一步的研究和改进提供依据。

**（二）科学研究方法论**

科学研究方法论是小学教研科研评价管理的另一个重要理论基础。科学研究方法论关注如何进行科学的、可靠的研究，以确保研究结果的有效性和可信度。科学研究方法论主要包括以下几个方面：

1. 实证主义

强调通过观察、实验等客观手段获取数据，并基于数据进行分析和推导，以得出科学结论。

2. 可重复性

科学研究应该具有可重复性，即其他研究者能够重现研究的过程和结果，以验证研究的可靠性。

3. 系统性和逻辑性

科学研究应该具有系统性和逻辑性，研究设计和研究方法应该合理、连贯，能够满足研究目的和问题的需求。

4. 鉴别性和验证性

科学研究应该能够鉴别真假，验证理论的有效性。研究方法应该能够排除干扰因素，确保实验结果的准确和可靠。

在小学教研科研中，科学研究方法论可以用于指导科研项目的设计和实施，确保科研过程的科学性和可靠性。同时，科学研究方法论还可以用于评价和比较不同项目的研究方法和数据处理方式，为项目的优化和改进提供依据。

## 二、成果的评价管理

小学教研科研成果的评价管理是为了促进科研工作的质量和效果，提供全面、客观的评价，从而推动教育教学的改进和创新。评价管理主要涉及自我评价、同行评议和行政评议三个维度。

---

① 李亚莉：《“学—研—导”项目式校本教研模式及其实施》，《教学与管理》，2022年第1期，第26-28页。

### （一）自我评价

自我评价是指科研人员对自己的科研成果进行自主评估和反思的过程。自我评价有助于科研人员认识自身的优势和不足之处，发现问题并加以改进。自我评价可包括以下几个方面：

1. 目标达成情况

科研人员应该根据科研项目的目标和任务，评估自己在实施过程中是否达到预期目标。

2. 方法和数据的可靠性

科研人员应该评估自己在科研过程中所采用的方法和数据的可靠性，确保科研结果的准确性和可信度。

3. 创新和原创性

科研人员应该评估自己的科研成果在理论和实践上的创新和原创性，是否对学科领域产生了积极的影响。

4. 成果的应用价值

科研人员应该评估自己的科研成果在教育教学实践中的应用价值，是否能够解决实际问题和提供有效的教育改进建议。

### （二）同行评议

同行评议是指科研人员之间相互评价和交流科研成果的过程。通过同行评议，可以获得来自本专业领域内其他专家和研究者的意见和建议，从而提高科研成果的质量和可信度。同行评议可以采用以下几种方式：

1. 学术会议和研讨会

科研人员可以参加学术会议和研讨会，向本专业领域内的同行展示自己的科研成果，并接受他们的评议和指导。

2. 学术期刊和论文评审

科研人员可以将科研成果发表在学术期刊上，接受匿名评审，获得其他专家和学者对自己研究的评价和建议。

3. 研究小组和合作项目

科研人员可以组建研究小组或参与合作项目，与其他同行进行深入的研究交流和评价。

### （三）行政评议

行政评议是指科研成果由行政部门进行评价和管理的过程。行政评议主要关注科研成果对小学教育教学的贡献和影响，以及科研人员的职业发展和绩效考核。行政评议需要评估研究项目是否达到了既定的目标，并考察研究成果的质量和创新性。评审人员会关注研究项目的实际效果，例如对小学教育实践的推动力、解决实际问题的能力等。行政评议可以包括以下几个方面：

1. 研究项目的目标与成果

行政评议需要评估研究项目是否达到了既定的目标，并考察研究成果的质量和创新性。评审人员会关注研究项目的实际效果，例如对小学教育实践的推动力、解决实际问题的能力等。

2. 研究方法与设计

评审人员会审查研究项目所采用的研究方法和设计是否科学合理。他们将关注研究方法的可行性、数据收集的有效性以及数据分析的严谨性。同时，评审人员也会评估研究设计的创新程度和适用性。

3. 学术论文的发表情况

行政评议中通常会考虑研究成果的学术影响力，其中学术论文的发表是一个重要的指标。评审人员会检查研究项目相关成果在学术期刊、会议上的发表情况，以及被引用的次数。高质量的论文发表可以证明研究项目的学术价值和影响力。

4. 实际应用和推广情况

评审人员会关注研究成果的实际应用价值和推广效果。他们将考察研究项目对小学教育实践的贡献，以及相关成果是否得到了广泛的传播和应用。例如，评审人员可能会审查教材编写、培训课程设计等方面的实际应用情况。

5. 团队合作与组织管理能力

行政评议也会考察研究团队的合作和组织管理能力。评审人员会评估项目负责人和团队成员在项目执行过程中的角色和贡献，并考虑其领导能力、沟通协作能力以及资源管理能力等方面。

无论采用哪一种评价方式，都必须掌握科学的评价方法。科学的评价方法不是某一项具体的技术，而是一个科学的方法系统，主要包括[①]：① 评价指标体系的设计方法；② 选择或制作评价工具的方法；③ 采集和分析评价数据资料的方法；④ 对评价结果的解释与检验方法；⑤ 对评价误差客观原因和心理原因的分析与矫正；⑥ 计算机技术与方法在评价中的应用。

在选择和应用评价方法时，要处理好以下关系[②]：

一是科学性与可行性的关系。科学性是整个教育评价方法使用的基本点，缺少客观、严肃、规范的评价指标操作程序和分析方法，评价结果的科学性就无从确保，研究成果的价值也会大打折扣。但任何科学、完善的评价手段、程序和模式若过于繁琐、脱离实际、不便操作，也会流于形式、束之高阁、失去效用。

二是自评与他评的关系。教育科学研究成果评价应以自评为主，结合同行评议和行政评议。通过被评者作为评价主体积极主动的参与，可使其对研究过程有透彻的审视和中肯的自省剖析，进而使评价过程成为研究者自我认识、自我分析和自我提高完善的过程，同时也便于他评者与自评者之间相互沟通、取得共识，同行的评价鉴定意见才能更好地被研究者所尊重、吸纳。

三是定性评价与定量评价的关系。定性评价与定量评价是相辅相成、缺一不可的两种评价方法。两者相互印证和结合，才会使评价结论既有数据形态的量化分析，也有基于整体分析的质化的价值判断。

## 三、 推广应用的管理

小学教研科研成果的推广应用管理是为了将科研成果转化为实际的教育教学改

---

① 裴娣娜著：《教育研究方法导论》，安徽教育出版社，2000 年版，第 378 页。

② 王守恒主编：《教育科学研究方法基础》，安徽大学出版社，2002 年版，第 266 页。

进和创新实践，提高教育质量和学生综合素质。在推广应用管理中，需要关注以下三个要点。

**（一）策划与规划**

策划与规划是推广应用管理的首要步骤，旨在确立明确的目标、制订具体的计划，并确定相应的资源和时间安排。

1. 目标设定

明确科研成果的推广应用目标，例如提高教学效果、改善学生学习兴趣等。

2. 制订计划

制订详细的推广应用计划，包括推广策略、实施步骤、时间节点等，以确保推广工作有序进行。

3. 资源调配

评估所需资源，包括人力、物力、财力等，合理分配资源，以支持推广应用工作的顺利进行。

4. 时间安排

根据推广应用计划，制定合理的时间安排，确保推广工作能够按时完成。

**（二）手段与方法**

推广手段与方法是指在推广过程中采取的具体措施和方式，以促使科研成果得到广泛应用和推广。

1. 培训和培训资源

组织相关教师进行培训，提升他们对科研成果的理解和运用能力。同时，提供相关培训资源，如教材、教学设计案例等，以支持教师在实际教学中应用科研成果。

2. 制定指导文件与指南

编制相应的指导文件与指南，系统化地介绍科研成果，并提供操作指南和示范课程，便于教师参考和借鉴。

3. 定期沟通与交流

建立定期的沟通和交流机制，促进教师之间的经验分享和互动合作，加强对科研成果的认知和应用意识。

4. 举办研讨会和展览

组织研讨会、展览等活动，为教师提供展示和交流科研成果的平台，吸引更多教师参与推广应用。

**（三）监督与评估**

监督与评估是推广应用管理的重要环节，通过对推广工作的监督和评估，及时发现问题并采取措施加以改进。

1. 监督推广过程

建立推广工作的监督机制，跟踪推广过程，确保推广计划按时执行，并及时发现和解决问题。

2. 评估推广效果

定期对推广应用效果进行评估，包括教学效果、学生表现等，以了解科研成果在实际应用中的影响和效果。

3. 收集反馈意见

与教师和学生开展沟通，收集他们对科研成果应用的反馈意见和建议，以便根据实际需求调整推广策略和方法。

## 本章小结

小学教研活动和小学科研活动都是为了提高教学质量、促进教师专业成长和推动教育教学改革而开展的重要活动。通过合作、研讨和交流，教师可以相互学习、共同进步，为学生提供更好的教育教学环境。这些活动对于小学的发展和教师的成长都起到了积极的推动作用。小学教研科研管理是指对小学教研活动和科研活动进行组织、协调和指导的一系列管理措施和方法。它旨在促进教师之间的合作与交流，提高教学质量和教师专业发展水平，推动小学教育教学的改革和创新。

本章拓展案例

## 思考题

**一、单项选择题**

1. 小学教育中，教师通过合作、研讨和交流的方式，共同探讨教学内容、教学方法和教学资源的有效利用，以提高教学质量和学生学习效果。这种工作模式指的是（　　）。

A. 小学科研　　B. 小学教研

C. 教育理论研究　　D. 教学资源开发

2. 项目立项管理的第一步是（　　）。

A. 项目申报与审批　　B. 项目组织与管理

C. 项目选题与背景　　D. 税收情况

3. 小学教研科研管理的决策者是（　　）。

A. 教导处　　B. 教研组　　C. 校长　　D. 教育局

4. 在小学教研科研成果的评价管理中，主要关注科研成果对小学教育教学的贡献和影响，以及科研人员的职业发展和绩效考核的是（　　）。

A. 行政评议　　B. 同行评议　　C. 自我评价　　D. 学生评价

5. 不同时期的教研科研管理具有不同的特点，体现了教研科研管理的（　　）。

A. 意识形态性　　B. 创新性　　C. 渐进性　　D. 时代性

**二、名词解释题**

1. 小学教研模式
2. 小学科研模式
3. 开题论证

**三、简答题**

1. 简述小学教研科研管理的原则。
2. 简述小学教研科研管理的目标。
3. 简述小学教研科研管理的意义。
4. 简述小学教研科研管理的主要特征。

**四、论述题**

试述小学教研科研管理的方法。

第六章思考题参考答案

## 延伸阅读材料

1. 张立新、曾涛主编:《教师的教育科研方法与案例》,华文出版社,2017年版。

2. 曲天立著:《研究是一种境界——中小学教育科研的行动智慧》,西南师范大学出版社,2014年版。

3. 潘丹、汪来春:《小学教育科研管理中存在的问题及对策分析》,《新课程研究》,2022年第28期。

4. 郑巧、李凌艳:《学校教研组织分布式领导力的测量及其类型分析——基于社会网络分析法》,《教育学报》,2022年第2期。

5. 程先国:《区域普教科研的现状之思》,《教育实践与研究(C)》,2020年第11期。

# 第七章　小学人力资源管理

## 知识导图

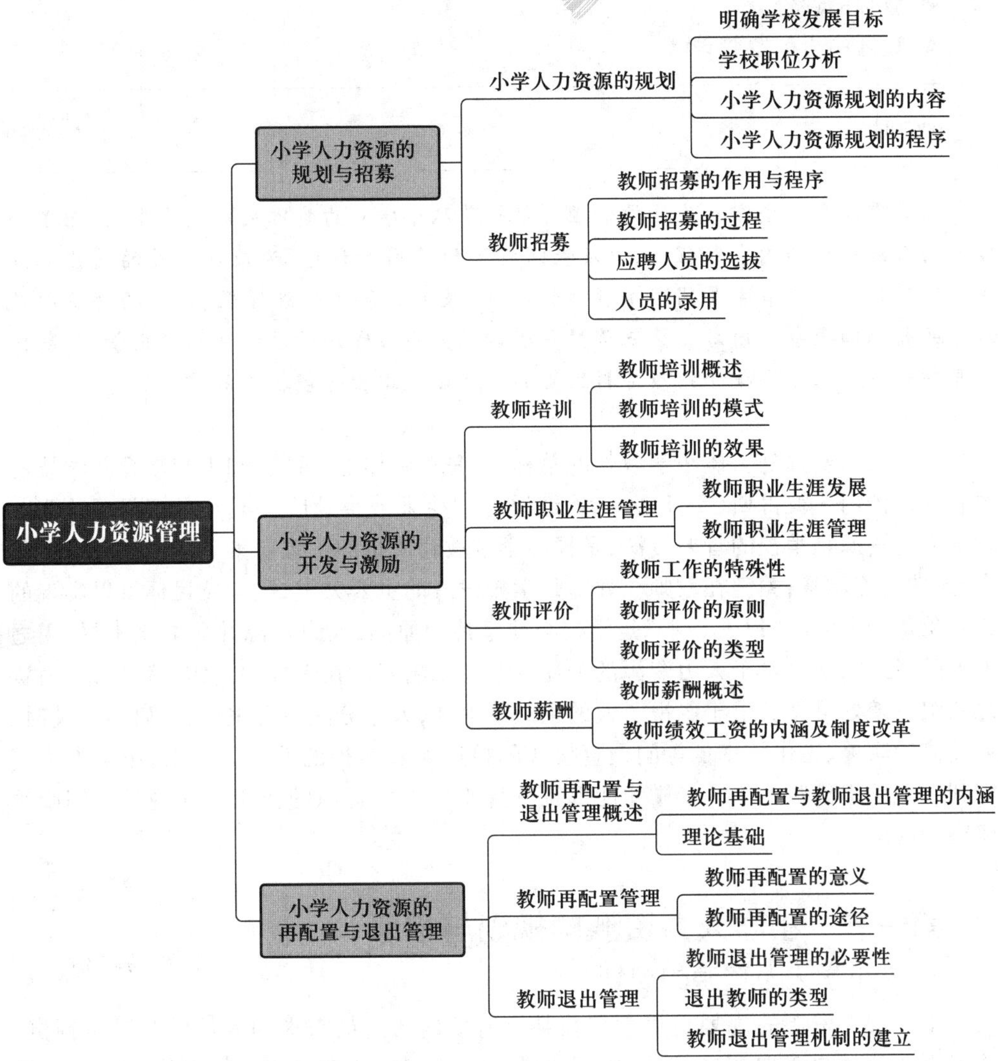


## 学习目标

1. 识记
- 小学人力资源的规划
- 教师的职业生涯管理
- 教师的薪酬

2. 领会
- 学校发展目标
- 工作与职位分析
- 教师的再配置与退出管理

3. 应用

◆ 教师的招募

◆ 教师的培训

◆ 教师的评价

◆ 教师的再配置管理

**建议学时**

6 学时

**教师导学**

本章重点介绍小学人力资源管理。第一节从小学人力资源的规划出发,介绍了小学人力资源规划的内容和程序,以及教师招募的作用和程序,为应聘人员的选拔和录用奠定基础。第二节主要阐述了教师的培训、教师的职业生涯管理、教师的评价以及教师的薪酬四项重要内容。第三节聚焦小学人力资源管理的再配置与退出管理,从内涵与理论基础入手系统介绍教师再配置的途径以及退出管理机制的建立。

小学人力资源是全体小学教师的总称,也是教师体能、智能、知识和教育教学技能的总和。汤姆·彼得斯(T. Peters)曾经说过,“企业或事业唯一真正的资源是人”①。教育人力资源是学校的首要资源,是提高学校教育质量的关键要素。国家教育方针落实,人才培养质量,关键在教师。教师是学校发展的主要力量,是学校目标得以实现的最有价值的资源。“以人为本”是学校必须坚持的原则,人力资源并非取之不尽、用之不竭的,社会、学校对于人力资源的关注度也越来越高。在学校的具体工作中,人力资源的浪费随处可见。由于忽视了人的主观能动性,人才分配不合理、人才启用不及时、人员流动频繁、工作效率低等问题直接或间接影响着学校的发展。那么,小学人力资源到底要承担哪些工作?怎样才能真正发挥小学人力资源的作用?这些是我们亟须解决的问题。

## 第一节　小学人力资源的规划与招募

### 一、小学人力资源的规划

小学人力资源的规划是对学校在某个时期内的人员需求和人员供给进行预测,并根据预测结果采取相应措施,实现小学人力资源的供需平衡。② 学校通过人力资源规划为学校发展做好人才储备,是建设一支数量充足、素质精良的教师队伍的必要前提。

#### (一) 明确学校发展目标

小学人力资源规划从某种程度上讲,是以学校发展目标为核心,而制定的一系列相关的人力发展规划。这不仅体现了对学校的要求,也是学校对社会及其自身发展的一种承诺,对学校发展具有一定的导向作用和管控作用。每所学校都有其自身特色,也有历史和现实的客观条件。因此,不同学校在生源、师资、教育资源、办学模式等方

① 申继亮主编:《教师人力资源开发与管理——教师发展之源》,北京师范大学出版社,2006 年版,第 5 页。

② 方振邦主编:《公共部门人力资源管理》,中国人民大学出版社,2014 年版,第 41 页。

面呈现出不同的特点与差距。学校必须依据现实情况,采用科学的方法确定发展目标。

**(二)学校职位分析**

学校职位分析是小学人力资源管理的基础。学校合理而高效地运转,离不开科学的人力资源管理制度,而小学人力资源管理制度的关键则是进行职位分析。

1. 职位分析的含义

职位分析是采用专门的方法获取学校职位的信息,并以特定格式对该职位的信息进行描述,从而使他人了解该职位的过程。职位分析即为学校管理活动提供与工作有关的各种信息。具体来讲,可用 6 个 W 和 1 个 H 概括:

Who,谁来完成这些工作?

What,这一职位具体的工作内容是什么?

When,工作时间如何安排?

Where,这些工作在哪里进行?

Why,从事这些工作的目的是什么?

for Who,这些工作的服务对象是谁?

How,如何进行这些工作?

通过职位分析,应解决两个问题:一是职位描述——某一职位是做什么事情的,包括职位名称、职责、工作要求、工作场所、工作时间、工作条件等一系列内容。二是职位要求——什么样的人适合做这些工作,包括专业、年龄、必要的知识和能力、必备的证书、工作经历、心理要求等内容。

2. 职位分析的作用

职位分析是小学人力资源管理的基础性工作,为小学人力资源管理提供了平台。小学人力资源管理其他职能活动均在此基础上展开。

(1) 职位分析能为小学人力资源规划提供必要信息。职位分析可以对各职位的工作量进行判断,为职位的增减提供必要信息,并有助于教育系统进行人力资源内部供给预测。

(2) 职位分析为人员招募提供明确标准。职位分析对各职位所必需的任职资格条件做了充分分析,明确了招募录用标准,减少了主观判断成分。

(3) 职位分析为人员培训与开发提供明确依据。根据职位分析对新聘人员进行岗前培训,可以提高人员与职位的匹配度。

(4) 职位分析为科学的绩效管理奠定基础。职位分析对各项工作及其标准进行了明确的界定,以提高考核的科学性。同时,也为制定合理的薪酬制度奠定了基础,确保了薪酬的内部公平性。

3. 职位分析的基本原则

职位分析的对象不同,分析方法也有差异。在职位分析的过程中,应遵循以下基本原则。

(1) 系统分析原则。职位分析反映职位的工作情况,要经过一定的加工。一是从组织设计与流程的角度,对职位的合理性进行分析;二是既要对职位进行描述,也要从职位设计的角度考虑职位的优化;三是对职位所要完成的工作进行分解或归纳,形成明确的职责。

(2) 关注职位原则。职位分析的对象是职位,而不是任职者。进行职位分析时,不应受任职者能力、个性特征、绩效等的影响,应客观地对职位进行分析。

(3) 以当前工作为依据原则。职位分析应当以工作现状为基础进行分析判断,及时发现职位设置或职责分配的问题。

4. 职位分析的流程

在小学人力资源管理过程中,职位分析是一项技术性非常强的工作。一般来说,职位分析可以分为四个阶段:准备阶段、调查阶段、分析阶段和完成阶段。

(1) 准备阶段。该阶段的主要任务为:一是确定职位分析的目的。即明确分析的资料到底要解决什么问题。二是成立职位分析小组。小组成员一般由学校的高层领导、职位分析人员和外部专家三类人员组成,其中职位分析人员主要由小学人力资源管理专业人员和熟悉教育系统情况的人员组成。三是对职位分析人员进行培训。由外部专家和顾问对教育系统职位分析小组的人员进行专业培训。四是做好其他必要准备。例如,由不同部门抽调职位分析小组的人员及宣传工作等。

(2) 调查阶段。该阶段的主要任务为:一是制定职位分析的时间计划进度表,以保证这项工作能按部就班进行。二是根据分析目的,选择搜集工作内容及相关信息的方法。三是搜集工作的背景资料。这些资料包括学校的组织结构图、工作流程图、国家职位分类标准,以及以前保留的职位分析资料。四是搜集职位的相关信息。一般来说,获得渠道有工作执行者本人、管理监督者、分析专家、职业名称辞典以及以往的分析资料。

(3) 分析阶段。该阶段的主要工作有:一是整理资料。将搜集到的信息按照职位说明书的要求进行归类整理。二是审查资料。职位分析小组要对工作信息的准确性进行审查,如有疑问,需要找相关人员进行核实。

(4) 完成阶段。该阶段的主要任务有:一是编写职位说明书。根据对资料的分析,形成职位说明书。二是对整个职位分析过程进行总结,找出成功的经验和存在的问题。三是将职位分析的结果运用于小学人力资源管理以及学校管理的相关方面,真正发挥职位分析的作用。

**(三) 小学人力资源规划的内容**

小学人力资源规划涵盖教育系统从人员聘用到退休的各个环节,涉及人员培训、评价、奖惩等各个领域。从层次上,小学人力资源规划可分为总体规划和分项规划。

1. 小学人力资源总体规划

小学人力资源总体规划是对规划期内小学人力资源规划结果的总体描述,具体包括小学人力资源数量规划、小学人力资源素质规划和小学人力资源结构规划三方面内容。

(1) 小学人力资源数量规划是学校依据组织工作流程、组织架构等因素确定未来各部门编制及各类职位人员配比关系,并以此为基础,制定未来小学人力资源需求计划和供给计划。

(2) 小学人力资源素质规划是学校依据组织战略、业务流程和组织对人员的行为要求，设计各类人员的任职资格，包括人员的基本素质要求、人员基本素质提升计划及关键人才招募、培养和激励计划等。

（3）小学人力资源结构规划是指学校依据组织规模及未来发展战略重点，对小学人力资源进行分层分类，设计职位种类和职位权责界限等，从而理顺各层各类人员在组织发展中的地位、作用以及相互关系。

2. 小学人力资源分项规划

小学人力资源分项规划是总体规划的分解和具体化，包括补充计划、配置计划、培训与开发计划、职业生涯发展计划、激励计划和教师退休、解聘计划等（见表7-1）。①

表7-1　小学人力资源分项规划

| 规划名称 | 目标 | 政策 | 预算 |
| --- | --- | --- | --- |
| 补充计划 | 类型、数量、层次、人员素质结构改善 | 人员资格标准、人员来源范围、人员起点待遇 | 招募甄选费用 |
| 配置计划 | 部门编制、人力资源结构优化、职位匹配、工作轮换 | 任职条件、工作轮换的范围和实践 | 按使用规模、类别和人员状况决定薪酬预算 |
| 培训与开发计划 | 培训的数量和类型、提供内部的供给、提高工作效率 | 培训计划的安排、培训时间和效果的保证 | 培训开发总成本 |
| 职业生涯发展计划 | 后备人员数量保持、人员结构改善 | 选拔标准、提升比例、未提升人员安置 | 职位变动引起的工资变动 |
| 激励计划 | 劳动力供给增加、士气提高、绩效改善 | 工资政策、激励政策、激励方式 | 增加工资奖金的数额 |
| 教师退休、解聘计划 | 劳动力成本降低、生产率提高 | 退休政策及解聘程序 | 安置费用 |

（1）补充计划。小学人力资源补充计划是以小学人力资源的需求预测为基础，对未来一段时间内所需补充的人才数量、类别及补充渠道预先做出安排。

（2）配置计划。人力资源的分布处于流动状态，小学人力资源配置计划是为适应组织变化和发展需要，通过晋升和调动等人力资源调配方式，对未来的人才分布预先做出排列和相应安排。

（3）培训与开发计划。小学人力资源开发的主要途径是工作设计和培训。学校或教育行政部门通过教师培训挖掘现有小学人力资源的潜力，设计出有效教师培训方案，培养出教育系统发展所需要的人才。

（4）职业生涯发展计划。职业生涯发展计划是指对教育系统内部人员的职业生涯所做的安排与计划。其中，教师个人的职业生涯可以与学校发展战略目标统一起来，使二者目标同时得到实现。

（5）激励计划。为了配合小学人力资源总体规划和各项具体工作的正常开展，需

① 郭继东著：《学校人力资源管理》，天津教育出版社，2006年版，第62-63页。

要设计与之配套的工资及奖励计划。同时,学校还要考虑通过其他非货币性形式对教师进行激励,以提高教师工作的积极性。

(6) 教师退休、解聘计划。教育系统要定期对已到退休年龄或者不适宜在教育系统继续工作的人员数量做出预测,以便做出相应的安排。

上述各项人力资源规划相互联系、相互影响。比如,配置计划、补充计划和教师退休、解聘计划彼此相关,人员的补充除需要从外部获取之外,还可通过内部晋升或调动等方式来填补空缺;配置计划和培训与开发计划及职业生涯发展计划相关联,晋升职务之前往往需要培训,而这些计划的落实均需激励计划来保证。

**(四) 小学人力资源规划的程序**

小学人力资源规划一般包括四个阶段:准备阶段、预测阶段、实施阶段和评估阶段。

1. 准备阶段

信息资料是制定小学人力资源规划的重要依据。本阶段收集的信息资料主要包括如下内容:一是组织战略,包括组织的使命与战略目标、行业领域、竞争优势、战略重点等;二是组织外部环境,包括教育法规与政策、课程标准、教育评价体系和教育市场;三是现有小学人力资源信息,即教师队伍的数量是否充足,教师队伍的素质是否合乎要求,教师队伍的专业结构、年龄结构、职级结构以及教师队伍的配置是否合理等。

2. 预测阶段

选择合适的预测方法,对小学人力资源的需求和供给进行预测。预测的目的,是掌握小学人力资源在数量和质量上的需求,得出小学人力资源的净需求数据。

3. 实施阶段

根据供需比较,制定并实施平衡供需措施。对此,应当使小学人力资源的总体规划和业务规划与学校其他部门计划相互协调,这样制定的措施才能有效实施。

4. 评估阶段

对小学人力资源规划进行综合评估是整个规划过程的最后一步。教育系统应根据实际状况进行经常性调整和动态评估与反馈,广泛听取意见,充分调动管理人员和教师参与人力资源规划的积极性。

## 二、 教师招募

**(一) 教师招募的作用与程序**

教师招募是指学校吸引应募者应征空缺职位的过程。小学人力资源不可能始终处于恒常状态,当学校的职位出现空缺时,就需要启动招募程序填补缺口,以实现小学人力资源的供需平衡。

1. 教师招募的作用

教师招募的作用可归纳为三个方面[①]:一是获取。主要包括小学人力资源规划、招募与录用。教育人力资源管理部门要根据小学人力资源的供需计划开展招募、考核、选拔、录用与配置等工作。二是调控。教师招募是对教师实施合理、公平的动态管

---

① 黄建春主编:《人力资源管理概论》,重庆大学出版社,2020 年版,第 103 页。

理过程的其中一环,对小学人力资源管理起到控制与调整作用。三是开发。广义上的小学人力资源开发包括小学人力资源数量与质量的开发,招募有利于小学人力资源数量的开发与保持。

2. 教师招募的程序

教师招募采用考试形式,即针对具有从事教育行业能力、获得教师资格证的人群进行的竞争上岗考试。考试形式一般分为笔试和面试,有些地区直接笔试,无须面试,具体以当地教育局发布的招募简章为准。教师招募考试程序主要包括:笔试—面试—考核—录用—签约等环节,见表 7-2。

表 7-2 公开招募教师的程序

| 环节 | 阶段 | 程序 |
| --- | --- | --- |
| 考前 | 报名阶段 | 报名→报名查询→资格初审→招聘岗位核减→资格初审公示→领取笔试准考证 |
| 考中 | 考试阶段 | 笔试→笔试成绩公示→资格复审→资格复审公示→面试→综合成绩公示 |
| 考后 | 考察、体检与聘用阶段 | 考察→体检→拟聘用公示 |

**(二)教师招募的过程**

1. 确定招募需求

确定招募需求是招募活动的起点。招募需求包括数量(空缺职位)和质量(所需要具备的任职资格与胜算素质等)两个方面。

由各学校提出所缺职位的信息,包括人数、层次、职位要求等的招募需求申请。教育人力资源管理部门会同各有关部门,根据小学人力资源规划,共同识别并认定这些职位是否确实需要招募人员。对于确实需要招募的缺员职位予以初步认定,并经由上级主管部门及领导审核批准,最终确定招募需求。

2. 选择招募渠道

教育系统的招募渠道主要有两大类,即内部招募和外部招募。

(1) 内部招募。内部招募就是在学校内部发布招募信息以吸引内部应聘者。其内容主要包括说明工作任职资格、主管情况、工作时间和待遇标准等相关因素。学校现有教师可以将自己的技能、工作兴趣、经验及发展目标,与工作机会相互比较,做出应征与否的个人选择。

当出现职位空缺时,管理者通常首先应考虑开启内部招募渠道。原因在于,内部招募为个人发展创造空间,增加工作的挑战性,有利于激发教师的内在积极性;内部人员能够迅速熟悉工作和进入角色,缩短适应期;学校对自己的教师可以进行长期的考察,能够有效地规避识人用人的失误;从支出成本看,内部招募可以节约大量宣传成本。

内部招募也存在一些缺陷:易形成学校内部人员的板块结构及不同利益群体,影响学校团结和工作正常开展;缺少思想碰撞,影响学校活力。

(2) 外部招募。外部招募可以在一定程度上克服内部招募的弊端,扩大人员的选择范围,有利于找寻更合适的教师来承担相应的工作。当然,外部招募也有其局限性,如招募成本较高,选错人的风险增大,熟悉工作与实现文化融合需要时间等。尽管如此,学校还是需要通过外部招募来解决对人力资源的长期需求。

3. 制订招募计划

招募需求明确后,教育人力资源管理部门需要会同学校共同制定招募计划,主要包括以下几个方面的内容:招募的规模、招募的范围、招募的时间和招募的预算。

(1) 招募的规模。招募的规模就是指教育系统准备通过招募活动吸引的应聘者数量。一般来说,学校使用金字塔模型,以招募每个阶段的参加人数和通过人数的比例来确定招募的规模。

(2) 招募的范围。招募的范围是指教育系统要在多大的地域范围内进行招募活动。招募的范围越大,效果也会越好,但是招募成本也会增加。因此,招募的范围应当适度。

(3) 招募的时间。对于教育行政部门和学校来说,要留出充裕的时间进行招募。要明确招募的启动时间,规定每项工作的时间消耗,做好各个环节的时间衔接。

(4) 招募的预算。招募计划应该对整个小学人力资源吸纳工作做出所需经费的预算,并明确经费的分配情况,保证各项工作的顺利开展,做好成本控制。

4. 发布信息和接受应聘者申请

(1) 发布招募信息。教育系统在发布招募信息时,应注意信息发布的范围、时间,以及招募对象的层次。

第一,信息发布的范围。发布信息的面越广,接受招募信息的人就越多,招募到合适人选的概率就越大,但费用支出相应也会增加。

第二,信息发布的时间。招募信息在合理范围内尽早发布,既有利于招募进程,也有利于更多的人获取信息参加应聘。

第三,招募对象的层次性。组织招募的特定对象往往集中于社会的某个层次,因而要根据应聘职务的要求和特点,向特定层次的人员发布招募信息。

(2) 接受应聘者申请。应聘者向招募单位提出应聘申请,招募者接受应聘者的申请并回收应聘资料。这一过程中,招募者进行初步筛选,剔除明显不符合要求的人员,从而减少甄选录用的工作量。

**(三) 应聘人员的选拔**

1. 初步审核资料

资料审核是审核应聘者是否具备教育系统所规定的任职条件。初步审核资料阶段必须十分慎重,如学校对教师的素质要求往往是综合性的。必须注意的是,学校拟订的任职条件不得低于《教师法》和《教师资格条例》中关于教师资格的相应规定。当然,在实际操作中存在许多变式,各所学校应该根据实际情况形成有特色的资料审核流程。

2. 笔试

笔试是测试应聘者学识水平的重要工具。根据内容的不同,笔试可以分为三种:① 百科知识考试,又称广度考试。其涵盖的内容相当广泛,包括自然科学、社会科学和人文学科的基础性知识,旨在了解应聘者的知识面。② 业务知识考试,又称深度考试。考察的内容是与应征岗位有直接关系的知识,关注的重点是应聘者对自身专业领域知识的掌握程度。对于教师而言,业务知识不仅是指自己所教学科的专业知识,还应包括教育学、心理学的基础知识。③ 相关知识考试,又称结构考试。主要是了解应聘者对与应征岗位有关知识的掌握程度,目的在于考察应聘者的专业知识结构是否合理。①

笔试的优点是一次性能够出大量试题,对知识技能考核的信度和效度都较高。笔试的不足之处主要包括:一是不能全面地考察应聘者的工作态度、品德修养、组织管理能力以及口头表达能力等;二是只能反映应聘者的认知水平,无法了解其实际工作能力。因此,笔试虽然有效,但还必须采用其他的测评方法取长补短。

3. 面试

面试是在特定场景下,测试双方面对面交谈,在此过程中,面试者观察应聘者的表现,由表及里地推测出其有关素质。面试能够全方位、直观地了解应聘者的各方面情况。尤其对于教师来说,教学是一项与人打交道的工作,教师必须具备良好的语言表达能力,善于与人沟通交流。

一般来说,面试包括以下三个步骤:一是面试前的准备。确定面试的目的,认真阅读应聘者的应聘申请表,找出需要了解的重点,制定面试提纲和评价表,确定面试的时间、地点和人员。二是面试的进行。面试的方式可分为三种:① 标准化面试。此类面试是按照事先制定好的面试提纲上的问题一一发问,并按照标准格式记下面试者的回答和对他的评价。这种面试的优点是有利于提高面试的效率,了解情况较全面,不同应聘者之间的比较相对客观。缺点是谈话程式化、灵活机动性差。② 开放式面试。这种面试可事先准备一些重要的问题,面试中根据情况随时发问。这样可有重点地收取更多的信息,方式灵活。缺点是结构性差,缺少一致的判断标准,对主试官的要求较高。③ 结构化面试。这种面试将上述两种方式结合起来,可取两者之长,避两者之短。这种方式显然是最理想的,但事先须对主试官进行培训。三是面试的结束。不论录用与否,面试都应在友好的气氛中结束。要立即整理面试记录,填写面试评价表,核对有关材料,整理出总体评价意见。

**(四)人员的录用**

1. 背景调查与资料审核

背景调查是对应聘者与工作有关的背景信息进行查证,以确定其任职资格的过程。背景调查的内容主要包括:学历学位、过去的工作经历以及过去的不良记录等。在进行背景调查时要注意从各个不同的信息渠道验证信息,不要仅听信一个被调查者或者一个渠道来源的信息,必要时可以委托专业的调查机构进行调查。通过背景调查,一方面可以发现应聘者是否有不良记录,另一方面也可以对应聘者的诚实性进行考察。

2. 体检

体检一般是在应聘者其他条件都完全符合空缺职位要求的前提下进行的,其目的在于确定应聘者的身体状况是否适合职位及环境的要求,为后续的健康检查提供基础。体检要注意合法性,不能对应聘者有疾病歧视。

---

① 郭继东著:《教育人力资源管理》,北京大学出版社,2013年版,第69-70页。

3. 录用

这个阶段主要涉及对甄选合格的应聘者进行录用决策、通知被录用者、初始安置、试用和正式录用等过程。

(1) 录用决策。依据客观事实,把多种测试和考核结果组合起来进行综合评价,从中择优确定录用名单。录用决策是教师录用最关键的环节。

(2) 通知被录用者。可以通过电话或信函等方式,联系时要讲清楚组织向被录用者提供的职位、工作职责和月薪等,并讲清楚报到时间、报到地点以及报到应注意的事项等。

(3) 初始安置。组织对新录用的人员要进行初始安置,即安排工作、明确工作职责权限、签订劳动合同以及办理录用手续。之后,组织开展新录用人员培训工作,使其了解组织的历史、现状、未来发展方向,了解所在部门的规章制度、工作职责、工作流程、组织文化等。

(4) 试用和正式录用。根据《劳动合同法》规定,新录用人员有一定的试用期,试用期满且合格,可按劳动合同规定办理正式录用手续(即转正),享有正式员工权利、履行正式员工责任。

## 第二节 小学人力资源的开发与激励

### 一、教师培训

在构建知识型社会的进程中,知识老化的周期迅速变短,教师培训的需求随之增加。2022年,教育部等八部门联合印发的《新时代基础教育强师计划》,明确提出全面提高教师培养培训质量,由此可见教师培训的重要性。

#### (一) 教师培训概述

1. 教师培训的内涵

教师培训是指国家或学校通过培训开发项目,对已取得教师法定资格并从事教育教学工作的人进行的再教育,是改进教师“能力水平和组织业绩的一种有计划的、连续性的工作”①。教师培训一般以在职培训形式开展,目的在于提高教师素质和专业水平,提高教师知识技能,保证教师更好地胜任本职工作。教师培训是提高教师专业素养、促进教师专业发展的重要途径。②

2. 教师培训的意义

教师培训是小学人力资源管理的重要内容。高效的教师培训能提高教师素质,从而提高育人质量。教师培训的意义主要在于:

(1) 社会发展要求教师工作能力提升。数智时代,“终身教育”成为教育领域的重要理念。同时,新课程改革不仅要求教师更新知识,更重要的是转变观念和重塑能力。教师通过培训才能跟上时代步伐,履行教师职责。

(2) 增强学校对优秀教师的吸引力。成功的培训是教师个人成长的“助推器”,

---

① [美]R. 韦恩·蒙迪、罗伯特·M. 诺埃著,葛新权等译:《人力资源管理(第六版)》,经济科学出版社,1999年版,第213页。

② 吴志宏主编:《教育管理学》,人民教育出版社,2006年版,第154页。

通过培训可以提高教师的知识水平和工作能力,使教师人力资源增值,帮助教师在职场竞争中占据有利位置。学校师资力量变强,能促进学校发展,从而增强学校对优秀教师的吸引力。

(3) 加强学习型组织的培育。教师培训加强了教职员工在学校内部的交流,营造一种鼓励持续学习的工作环境。培训有利于形成浓厚的学习氛围。在这种组织氛围中,教师不断学习新内容,并将他们所学到的内容运用到工作中。学校所鼓励的工作态度、价值取向,可以通过培训向教职工传递,在相互交流中形成共同的愿景,凝聚为价值共同体。

**(二) 教师培训的模式**

教师培训的模式多种多样,实施过程中要根据实际需要进行选择和优化组合。

1. 专家指导法

专家指导法是请专家到培训现场进行指导的方法。具体有以下形式:

(1) 专题讲座。根据需要选择某一专题,聘请专家或其他人员举办专题讲座,使教师对这一专题有比较清晰的理解。

(2) 临床诊断。专家、科研人员、培训者与任课教师合作,有目的地对课堂教学过程进行严谨、理性的观察,并在课后进行分析讨论,向教师提出改进教学的策略和方法。

(3) 案例分析。把教育教学中某个有意义的问题情境作为案例进行分析,找出其中的得与失,分析原因,提出改进与发展的对策,从而达到提高教师素质的目的。

(4) 视听法。利用录音、录像、幻灯片等多媒体技术对教师进行培训。这些视听材料可以反复播放,教师根据自己的需要决定学习的速度。播放材料需经过挑选,内容需是精彩的、重要的。

2. 同伴互助法

同伴互助法可以实时、灵活选择培训对象,培训内容针对性强,培训时间和培训方式可灵活处理,培训者与受训者之间距离容易贴近,信息沟通便捷,培训过程易于调控。同伴互助法有下列具体形式:

(1) 师徒结对。师徒结对指采用师傅带徒弟、一帮一的方法来培训师资。通常由老教师或骨干教师担任指导教师,具体负责传授经验、指点迷津。这种方法适合经验不足的年轻教师。

(2) 榜样示范。通过发挥榜样人物的示范作用,带动教师队伍整体素质提高。培训者可以邀请学校中的骨干教师与受训者对话,让骨干教师现身说法,也可以采取设立标兵榜、激励台,举办优秀教师报告会等形式,大力宣传榜样人物的先进事迹。

(3) 课题研究。从学校和教师的实际需要出发,通过组织教师参与教研教改活动,提高教师的教育科研能力,引导教师成为主动、自觉的研究者,使教师发展为“学者型”“研究型”教师。

(4) 教学竞赛。通过举行各种竞赛、开展各种评优活动,如教学设计竞赛、优质课竞赛、教育理论知识竞赛等,提高教师综合素质。这种以赛促训的培训方式能引起教师的充分重视。

(5) 校际资源共享。本校与其他学校互相开放,互通有无,实现学校间师资、设备、经验、信息等各方面资源的共享与交流。

3. 自我提升法

自我提升指教师对自己的教学工作实践进行多视角、多层次的回顾分析和反思，对自己的教育教学效果进行理性思考，从而促进自己教学能力的提高。自我提升法有个人反思和行动研究两种形式。

(1) 个人反思。教师根据自己的需求，借助头脑反思、录像反思、对话反思和关键事件记录，在培训者的指导下进行自主学习、自主实践、自主评价、自主完善，从不同角度了解自己的不足，促进个人能力提高和专业发展。

(2) 行动研究。行动研究使教师成为研究的主体，教师从经验中学习，在反思中成长，通过行动研究提高自我反思的意识和调节行动的能力，最终解决问题，从而实现理论与实践的完美结合，实现自身素质的提高与飞跃。

**(三) 教师培训的效果**

教师培训的决定性环节是教师将获得的先进教育理念和技能成功地运用于教学实践，实现培训成果的转化。培训成果转化的成功与否与培训的评价标准相关联，科学评估是实现培训成果转化的重要因素。因此，以科学的评估促进培训成果的转化，以培训的效果来完善培训评估标准，在很大程度上决定了教师培训的优化。

1. 教师培训的成果转化

教师培训的成果转化是将教师在培训中学到的知识、技能和行为等成果应用到教师的实际教学工作中。[①] 教师培训成果的转化需要注意以下几点：

(1) 做好培训项目的设计与实施。首先，基于学校实际情况，考虑教师的知识、能力、技术等设计培训内容，使培训内容实现最大程度的转化。其次，培训者在培训时要使教师明确新教育教学理念或技能的一般特征及适用范围，为教师提供适用于不同情境的“原型”，促进培训内容在不同情境中的有效迁移。最后，培训者选择有意义的或便于形象记忆的材料，帮助教师更好地理解新的教育教学理念和技能，达到理论与教育教学实践的结合，促进培训成果的转化。

(2) 指导教师进行自我管理。教师的学习动机、基础技能及自我效能感与培训成果的转化形成关联，也是教师进行自我管理的重要内容。① 学习动机方面，只有具有强烈的学习欲望，教师才能在培训时自觉吸收新的教育教学理念，从而产生自我控制的学习行为。② 基础技能方面，与培训成果转化相关联的能力，包括个体认知能力、已有知识经验和学习迁移能力。培训过程中，学员对培训内容的注意、加工、存储和保持的水平取决于教师的认知能力，教师已有的知识经验在某种程度上决定了教师认知结构的建构；培训后，教师的学习迁移能力决定了教师能否在新情境中运用所学内容。③ 自我效能感是教师对自己能够胜任工作或学习的一种自信。有较高自我效能的教师不仅能够进行有效的学习，也能较为有效地把学习的内容迁移到新情境之中。

(3) 培育有利于教师培训成果转化的工作环境。鼓励培训成果转化的环境对教

---

① 彭剑锋主编:《战略人力资源管理:理论、实践与前沿》,中国人民大学出版社,2014 年版,第 494 页。

师培训成果的转化同样重要。培育有利于教师培训成果转化的工作环境,①一方面,需要具有对实践机会进行测量的意识。测量的实践机会包括把培训内容应用于工作之中的数量、频率、难度和重要性。另一方面,要创造支持性的人际环境。培训成果转化的人际环境包括管理者的支持与同事的支持。前者指为教师提供所需的设备和资源,关心新入职教师,并采取激励和强化手段对教师进行鼓励等。后者指两个或两个以上的教师结成网络,讨论如何把培训内容应用到教育教学实践之中。

2. 教师培训的效果评估

教师培训的效果评估是运用科学的理论、方法和程序,从培训结果中收集数据,并将其与教师培训目标联系起来,以确定教师培训项目的价值和优势的过程。② 科学评估教师培训效果,需要把握教师培训评估的基本原则和标准,并学会设计培训评价方案。

(1) 教师培训评估的基本原则。① 公正公平评估。公正和公平是进行教师培训效果评估的前提。公正指评估标准和内容明确公开,这需要建立评估标准,明确评估内容;公平指评估工作人员在评估培训质量和培训效果时,不能带有主观色彩。② 评价内容明确。评估工作人员要根据已明确公开的培训标准确定评估内容。只有评估内容明确,才能真实地评估培训计划的实施情况和效果。③ 评估工作覆盖培训全过程。评估人员开展评估时,要考察参训人员培训全过程及参训后的工作表现。

(2) 教师培训评估的标准。为保证对培训效果有效评估,需要采用多重评价标准对培训效果进行衡量。科克帕特里克(D. L. Kirkpatrick)在多年研究的基础上提出一种包括多重评价标准的培训效果评估模型,该模型共包括四个评价标准③:① 反应标准,即参训人员的反应,指参训者是否喜欢培训计划,他们的满意程度如何。② 学习标准,即对参训者进行测试,以确定参训者接受培训计划中所传授的知识以及演练相关技能的程度如何。③ 行为标准,即参训者在工作中的行为表现是否因为参加培训项目发生了变化。④ 结果标准,即参训者的工作绩效在受训前后是否有所不同。

(3) 教师培训评估方案的设计。培训评估方案是通过科学的设计,建立一定的条件,进行有关培训效果的评价。④ 在教师培训评估方案的设计中,可以采用如下评估方案:① 事后评估法。评估者在培训前并不进行相关的评估,仅在培训完成后收集培训效果方面的信息。这种方式简单易行,但无法判断培训对教师的知识、技能、行为以及学校的绩效产生了多大影响,无法反映相关绩效的改进程度。② 事前—事后评估法。参训者培训前与培训后各进行一次测定,两者的差距即为培训的效果。该方法较科学,操作较简单。但评估者难以区分培训以外的影响因素,如时间、学习、练习等非培训因素对参训者培训效果的影响。③ 多重测定法。多重测定法需在培训前、后进行多次测量。在培训前,通过多次测量可以较为精确地确定受训者的基线水平,避免一次测量可能带来的误差;培训后的多次测量可以评价培训的短期效应和长期效应。采用一次性的培训后测量所做出的推论可能较为草率。多重测定法是一种比较科学

---

① 徐芳:《培育培训成果转化的工作环境》,《中国人力资源开发》,2001 年第 4 期,第 45-46,50 页。

② 彭剑锋主编:《战略人力资源管理:理论、实践与前沿》,中国人民大学出版社,2014 年版,第 504 页。

③ 留岚兰:《浅谈培训效果的评估》,《技术经济与管理研究》,2004 年第 5 期,第 54 页。

④ 留岚兰:《浅谈培训效果的评估》,《技术经济与管理研究》,2004 年第 5 期,第 54 页。

的方法，但是由于需要多次测量，可能会引起受训者的反感。同时，测量的练习效应也会影响对于培训效果的评估。

## 二、教师职业生涯管理

教师作为众多社会职业之一，其职业生涯发展既遵循一般职业生涯的普遍规律，也要体现教师职业生涯的特殊性。把握教师职业生涯发展的特殊性，可以更有效地进行教师职业生涯管理。

### （一）教师职业生涯发展

1. 教师职业生涯发展的内涵与特点

教师职业生涯是教师在职业岗位上度过的、与工作活动相关的连续经历。教师职业生涯发展是一个动态过程，一方面反映教师参加工作时间的长短，同时也涵盖教师个人职业发展、变更的过程；另一方面反映教师的职业素质、能力成就、职称等随时间轨迹而发生的变化过程及其相应心理发展历程。[①] 教师职业生涯发展有以下特点：[②]

（1）职业阶梯相对平坦。从职位上看，教师职业生涯可以描述成一系列的专业技术职位。教师的职业阶梯较短，没有繁杂的层次之分。这种职业生涯没有大的波澜，相对平坦。

（2）职业生涯漫长而宁静。大部分的教学活动，教师必须独立地开展工作，如备课、批改作业、评定学习成绩，都是教师自己策划、执行与考核，且这种状况要持续数十年。因此，教师的职业生涯漫长而宁静。

（3）工作对象的同质性大、个体的差异性强。教师的工作对象是年龄相近的学生，且在认知发展、人格特质、价值观等方面也有特定阶段的共性，群体同质性大。但即便是同一群体，每个学生也是不同的，这使教师的工作又具有个别化的特征。

（4）教师与工作对象的代际关系随年龄变化加大。教师职业生涯中所面对的学生大多处于相对固定的年龄组，因而教师和学生之间的代际关系随着教师年龄的增长发生改变。从“哥哥型”或“姐姐型”教师，发展为“爸爸型”或“妈妈型”教师，最后成为“爷爷型”或“奶奶型”教师。

（5）教师职业是单纯性与复杂性的结合。一方面，教师的工作较为单纯，工作对象是学生，具有明确的教育教学任务；另一方面，教师在完成教学任务之外还要育人，要对学生的知识、技能、人格、道德、价值观等各个方面进行指导，引导学生成长。因此，这是一个全面而复杂的职业。

2. 教师职业生涯发展的阶段与任务

教师从具备教师身份到退休大约要经历几十年的时间，会表现出职业发展的阶段性。教师的职业生涯发展遵循一定的规律，在不同的阶段具有不同的发展任务，这与教师进入职场的时间、年龄、人生发展阶段、职业阶段等密切相关。[③] 一般来讲，教师职业生涯发展可划分为六个阶段。

---

① 申继亮主编：《教师人力资源开发与管理——教师发展之源》，北京师范大学出版社，2006 年版，第 85 页。

② 张民选：《认识教师发展需要 建构终身教育体系》，《教育发展研究》，2004 年第 12 期，第 4-8 页。

③ 张民选：《认识教师发展需要 建构终身教育体系》，《教育发展研究》，2004 年第 12 期，第 4-8 页。

(1) 职前准备阶段。该阶段出现在新教师入职以前。在新教师走上讲台之前,必须配以适当的专业训练。这些训练不只是理论讲座,还要让未来的教师认识教师的使命、教学的基本特点和过程及学校的规章制度等。该阶段是为特定的教师角色准备的,主要任务是形成职业需要的合理而有效的知识结构,形成合理的职业认知。

(2) 入职阶段。该阶段指新教师到一所学校的最初几年,赫布曼(M. Huberman)称之为新教师的"生存期"。该阶段新教师的主要任务是:走向社会,进入学校系统,学习每日的例行工作。作为新教师,他们努力得到学生、同事的认可,并且能够在处理日常问题方面达到令人满意的程度。

(3) 热情和成长阶段。该阶段指新教师入职后的 3~10 年。该阶段的核心内容是热情和高职业满意度,处于该阶段的教师虽已具有高水准的能力,但仍不断寻求进步。他们热爱自己的工作,不断改进和丰富自己的教学。学校管理者应珍惜处于该阶段教师的热情和精力,帮助教师建构起适合教师个人的教育教学风格,获得更多的教育智慧。

(4) 职业受挫阶段。该阶段多发生在教师职业生涯的中期,其典型特征是教师的教学遭遇挫折,产生了倦怠感,教师的职业满意度下降。学校有责任通过调整工作、人性管理帮助受挫者尽早减轻挫折造成的心理伤害。学校应给予教师更多的关怀理解,帮助他们找到自己的长处和优势,重整旗鼓,向前发展。

(5) 稳定和停滞阶段。该阶段的教师在各方面均趋于成熟稳定,在职业阶梯上也往往攀至顶端。该阶段的教师不想多做任何事情,工作停留在可接受的水平,处于缺乏进取心、敷衍塞责的阶段。学校管理者应有意识地更换教师的工作对象、工作内容和工作环境,赋予他们不同的教育管理和社会责任,使他们主动地去学习新工作所需的知识理论和技能,重新点燃他们的工作热情。

(6) 离岗消退阶段。该阶段常出现在教师即将离岗退休前夕。此时,教师的主要任务是准备离开教学工作岗位,同时,学校管理者应当给予充分的尊重,并注重发挥他们在组织带教示范、承担社会责任等方面的优势,以此保持他们的活力和专业精神。

3. 教师专业发展与教师职业生涯发展

(1) 教师专业发展概述。2018 年,中共中央、国务院颁布《关于全面深化新时代教师队伍建设改革的意见》,提出"全面提高中小学教师质量,建设一支高素质专业化的教师队伍",可见,教师专业发展至关重要。教师专业发展指教师不断接受新知识和增长专业能力,不断学习与探究,进而不断拓展其专业内涵,提高专业水平,从而达到专业成熟的境界的过程,①是提升教育总体质量的关键因素。教师可以从个体角度实现自身专业发展,也可以通过教师团队合作创新实现教师专业发展。

从教师个体角度来看,教师专业发展包括教师自身教育信念的确立、教育教学知识和能力的获得、专业态度和动机的形成以及自我专业发展的需要和意识的培养等,可通过如下途径加以促进:一是教师将教学反思经常化、系统化。教师对自己教学实践进行检查、总结,对教学方法和策略进行优化和完善,以研究者的角色反观教学,实现自身专业发展。二是教师应把握自己专业发展的状况。教师应了解自己内在的专

① 教育部师范教育司:《教师专业化的理论与实践(修订版)》,人民教育出版社,2003 年版,第 50 页。

业结构与专业发展准备程度，以及自我发展能力，检测自我专业发展意识，从而制定有针对性的专业发展目标和计划。三是教师应经常与自我保持专业对话。教师通过对自己过去的教学经历，尤其是对关键事件进行归纳、概括和评价，反观自我专业成长的轨迹，为更好地实施专业发展的自控和调节奠定基础。①

从教师团队角度看，教师团队专业发展主要包含教研组建设、校本教研、名师工作室等形式。其一，教研组建设促进教师合作交流与创新。教研组是具有中国特色的教育组织②，是促进教师专业发展的重要平台。教研组建设应以集体为单位，使教研组形成合作共生的发展氛围。教师在教研组中借助教学文化形成和发展个人教学风格；通过集体备课、研究教材教法、学习课程教学理论和专题研究述评等深化学科意识、提升教学创造力，充分利用教师专业发展资源，使教师专业发展得以顺利健康地运行。其二，校本教研更新教师教育观念，激发教师专业发展内驱动力。校本教研指事先确立教育教学中的热点、难点话题，以更新教师教学观念为旨归，通过主题教研聚焦课堂教学重、难、热点，依托方式创新激发教师教研内生动力过程。③ 其三，名师工作室引领教师群体发展，推动教师专业水平提升。名师工作室是通过发挥名师的领衔、示范、激励、凝聚和辐射作用，实现教师专业发展战略的创新型教师群体。名师工作室的骨干教师在自身成为精神领袖和专业领袖的同时，引领工作室的成员教师提升理论和科学素养，发掘特质潜能，通过教学研磨、课题研究、多元展示等形式助力教师群体全面成长。

（2）教师专业发展与教师职业生涯发展的关系。由于教师职业的特殊性，在探讨教师职业生涯发展时离不开对教师专业发展的思考。依据教师专业结构，教师专业发展包括观念、知识、能力、专业态度和动机、自我专业发展意识等不同侧面；依据教师专业结构发展水平，教师专业发展包括不同等级。可以说，教师专业发展和教师职业生涯发展关注的都是教师发展问题，前者侧重于教师专业结构的变化及发展水平，后者则基于人类生命的发展与变化周期看待教师职业发展的过程与周期。教师专业发展是教师职业生涯发展中最重要的部分，教师专业发展过程也可以看作是教师职业生涯的演进过程。因此，需要在个人生命周期框架下对教师专业发展进行描述。

首先，教师是发展中的人。对教师而言，他们从职业准备、入职到职业退出的整个职业生涯中体现着一个共同的主题：教师是发展中的人。在教育教学实践中，成功的教师发展表现为随着时间的延续，教师逐渐从新手型教师发展为专家型教师。这一过程体现了教师专业发展的不同水平。从教师职业生涯发展的全过程来看教师从新手型到专家型的转变，有助于帮助教师把握自己的职业发展方向。规划教师职业生涯发展，有利于新手型教师及处于不同水平上的教师的成长。

其次，教师专业发展的持续性与终身性。教师专业发展是持续的、终身的，发展空间是无限的。教育领域的特殊性决定了教师专业发展的持续性。虽然教师入职前经

---

① 常思亮著：《教育管理学》，湖南大学出版社，2006 年版，第 150-151 页。

② 李凌艳、玄兆丹、郑巧：《学习型教研组建设：激发教师发展活力的密码》，《中小学管理》，2023 年第 10 期：第 40-43 页。

③ 刘丽君、张冬梅：《沿承于形 · 贯通于意："百花奖"助校本教研姹紫嫣红》，《中小学管理》，2022 年第 10 期：第 43-46 页。

过训练并获得了教师资格证,但这并不意味着他是一个成熟的专业教师。教师的专业发展是多层面、多领域的,既包括了知识的积累、技能和能力的提高,也包括职业态度的升华。因此,教师专业发展是一个终身学习、不断提升专业能力的过程。

最后,教师专业发展要求教师成为研究者。教师职业是一种学习的职业,教师作为学习者,应以终身学习为自身专业发展的理念。教师若想获得持续的专业发展,仅做一名学习者是不够的,还要具备对自身教育行动加以反思和改进的能力,树立教师即研究者的专业发展理念。研究是教师从事教育教学工作应有的态度,教师的研究不应脱离教育教学工作。因此,学者型教师、专家型教师也是教师专业发展的必然要求。

### (二)教师职业生涯管理

教师职业生涯管理指学校通过对教师职业发展的设计、规划、执行、反馈与修正,为教师构建职业发展的渠道,协调教师个人需求与学校组织需求,从而实现学校发展目标和教师发展目标有机结合、相互促进的全过程。[①] 教师的职业生涯发展受教师的个体特征和环境因素的影响。因此,探讨影响教师职业生涯发展的因素,并以此对教师的职业生涯进行有效管理,是促进教师职业生涯发展的重中之重。

#### 1. 教师职业生涯发展的影响因素

教师职业生涯的发展受到多种因素的影响,可能来自教师个人的差异,也可能来自学校等多方面的差异。但总的来说,主要受到教师个人、学校内部和社会环境三方面的影响。

(1) 教师个人因素。教师个人因素包括教师个人对职业的期望、教师的自我评估和自身能力。教师个人对职业的期望即教师对其教学工作未来发展的一种希望、心愿和憧憬。这种期望会随着职业供需状况、工作收入和待遇状况等因素的变化而变化。自我评估指教师对自己的优劣势做出评价的客观程度。制定合理的职业生涯发展规划,充分发挥个人职业潜能,需要教师对自我做出正确客观的评估。教师自身的能力指教师的专业能力和人际交往技能,即通过对各项知识和资源的灵活运用而进行教学活动及相关活动的技能和才干。

(2) 学校内部因素。学校对教师正确的职业指导能帮助教师制定科学合理的职业生涯规划。这需要学校对教师进行正确的评价,并为教师提供合适的发展机会。此外,学校的管理制度、学校文化、领导者的观念等均会对教师职业生涯的发展产生无形的影响。学校管理理念是教师职业生涯发展的前提,学校的文化氛围是教师职业生涯发展的催化剂。

(3) 社会环境因素。教师作为一名社会成员,其职业生涯发展会受到社会经济、政治与文化环境的影响。社会经济发展水平是教师职业生涯积极发展的保障,国家的经济实力决定着教师需要满足的层次。国家政策和法律决定着教师的岗位、数量和结构,影响着教师对职业生涯设计的调整与决策。社会文化影响着教师个人处事和解决问题的思维方式,也会对教师职业生涯的设计与规划产生侧面的影响。

#### 2. 教师职业生涯管理的实施策略

当前,教师职业逐渐成为一个开放性的竞争职业。在这种多变的环境中,运用有

---

① 黄建春主编:《人力资源管理概论》,重庆大学出版社,2020 年版,第 180 页。

效的策略对教师的职业生涯进行管理是学校积极发展的保障。教师职业生涯管理策略主要从学校和教师两个层面展开分析。

学校层面应帮助教师建立有效的职业生涯管理体系。有效的职业生涯管理体系包括：目标设置、评价、激励和培训，以及针对各方面的规章制度。目标设置是指在帮助教师形成正确的自我评估的同时，为教师设定富有挑战性的任务，使教师在完成任务的过程中迅速找到自己在学校中的位置，保持自己的目标与学校的发展目标相一致。目标设置之后要制定相应的评价体系。这里的评价是指以教师为本、立足于教师发展的评价，其目的在于把握教师的工作表现和工作绩效，促进教师的持续发展。有效的评价需要学校领导、同行、学生、家长以及被评教师的共同参与，整合多方面力量，营造理解、信任、尊重教师和帮助教师成长的人文环境。同时，对于教师的评价要体现出个体差异性，要依据不同的教学任务、教师的发展阶段与课程目标，有区别地评价教师。在对教师进行评价之后是建构激励和培训体系：一方面，要根据评价的过程和结果给予教师适度的激励，包括外部奖励（如证书、奖金等）和内在动机的激发（鼓励教师进行自我反思，关注自我价值的实现）。另一方面，根据教师表现出来的不足进行有针对性的培训。此外，整个管理体系的有效运行离不开健全的规章制度，这需要根据学校和教师的发展实际，在各方面建立旨在帮助教师发展的制度体系。

教师个人层面的职业生涯管理主要从自我剖析与定位、生涯机会评估、生涯目标与路线规划、生涯策略的制定与实施、反馈与修正五方面进行。自我剖析与定位是对自己进行全面的分析，正确认识、了解自己，从而准确地为自己定位。生涯机会评估是分析内外环境因素对自己职业生涯发展的影响。生涯目标与路线规划是确定教师的职业发展目标和发展方向的问题，即规划和计划的问题。生涯策略的制定与实施是指为实现职业发展目标所制定与采取的各种行动和措施。例如，为达到工作目标，教师自己计划采取哪些措施提高效率，在专业素质、家庭生活、人际关系、潜能开发、业余知识技能等方面都采取哪些措施来实现目标。反馈与修正是在实现职业生涯目标过程中，根据实践效果不断总结经验与教训，修正对自我的认知，调整职业发展偏差和生涯策略，以便更好地实现生涯发展的行为过程。

教师的职业生涯管理应通过学校和教师的共同努力来完成，从而做到教师的生涯发展与学校的总体发展保持一致，在实现教师发展目标的同时实现学校相应的管理目标，从而实现教师发展和学校发展的双赢。

## 三、教师评价

教师评价是教育评价的主体部分，是教师管理的重要环节。教师评价是指教育行政部门或学校依据一定的标准对教师的工作状态和工作成就做出判断和评定的过程①，也就是对教师的工作绩效进行评价。教师评价的主要目的是全面了解和鉴别教师工作的态度、水平、能力和成绩，为教师的安排任用、职称升迁、调资、进修提高等，提供正确、完备的材料和可靠的依据。有效的教师评价制度将重新激发教师的热情，提高课堂教学的效果。

---

① 赵海侠、郭婧萱主编：《教育管理学》，电子科技大学出版社，2017年版，第134页。

### （一）教师工作的特殊性

教师作为社会特殊的职业群体，对他们的工作进行评价不仅要考察教师自身的情况，还要考察教育对象——学生的发展情况，此外，对教师的评价需要以一种发展的眼光和标准进行。

1. 道德要求的特殊性

教师从事的是培养人的工作，其言行举止与人格品行会对学生的成长产生重要影响。教育的目的是促进人的身心全面发展，将文化转化为受教育个体的智慧、才能和品质，形成推动时代发展的正确世界观、人生观和价值观。因此，教师在工作过程中，必须以身作则，践行国家、社会所倡导的行为规范、道德标准和价值理念。

2. 工作对象的特殊性

小学教师所服务的对象是发展变化中的青少年。青少年表现出极强的能动性和创造性，因此，教师的职业劳动区别于其他职业劳动，这就要求教师根据青少年的年龄、个性差异因材施教。针对青少年的多样性和变化性，教师在知识传授上需要进行精心的教学设计，在教学实施过程中需要善于捕捉细节，善于处理突发事件。

3. 工作过程的特殊性

在日常教学中，教师是学生观察和学习的主要对象。因此，教师在长期教学中积累的教学风格、行为态度等，对青少年的成长具有重要意义。教师在工作过程中，还要与学生进行情感交流。任何一名教师都必须懂得，教师对学生的关爱对学生来说是一种鞭策和激励，是促进学生成长与进步无可替代的教育力量。

### （二）教师评价的原则

科学合理的评价原则可以充分发挥评价的指导和管理功能，促进教师专业化发展，推动学校的科学管理。教师评价应遵循如下原则：

1. 指导性原则

教师评价事关教育发展方向，有什么样的评价指挥棒，就有什么样的办学导向。在教师评价的过程中，一是要坚持把师德师风作为第一标准，坚决克服重教书轻育人的现象；二是要突出教育教学实绩，把认真履行教育教学职责作为评价教师的基本要求；三是要强化一线学生工作，落实中小学教师家访制度，将家校联系情况纳入教师评价体系。

2. 公平性原则

在评价方法方面，要建立科学合理的评价体系，综合应用各种评价方法，做到定性方法与定量方法相结合、主观评价与客观评价相结合。在评价主体方面，既要有学校管理人员和教育行政部门的评价，也要让教师同行、学生和教师本人参与到评价过程中来。

3. 科学性原则

科学性原则要求以客观事实为依据，运用科学的考核方法，对教师的工作进行科学判定。管理者在对教师进行评价时，必须遵循教育教学工作的规律和学校的实际情况。此外，在进行评价时，还要建立科学的考核责任体系，让教师评价的流程与结果能够真实地反映出教师的工作绩效与贡献。

4. 激励性原则

教师评价要将教师的工作业绩和绩效工资结合起来，在注重教师实际工作量和贡献的价值要求下，激发教师工作的热情，提高教师工作的积极性。同时，对教师的评价也应与教师的专业发展相结合，将教师专业发展的评价指标纳入教师评价指标之中，通过调整工作状态和提升工作能力，促进教师专业化发展。

### （三）教师评价的类型

1．依据评价主体划分

由于教师职位的复杂性，仅凭个人的观察和评价很难对其工作做出全面的绩效考核。为确保考核的全面性、有效性，在实施评价的过程中，应选择不同主体参与到评价过程中。①

（1）教师自评。教师本人作为主体进行自我评价，是对被评价教师的尊重和信任，能够保护被评价教师的自尊心和自信心，调动教师参与评价的积极性，增加教师的参与感，使之自觉主动地接受评价，并有助于教师接受评价结果。

（2）领导评价。领导评价是最主要的评价方法。领导评价是指由学校领导、教务处、年级组负责人等组成评价小组对教师的教学、科研和管理情况进行的评价。评价小组作为评价主体，有助于实现学校管理的目的，保证管理的权威性。

（3）社会评价。社会评价是指由学校所在地的政府、教育行政领导部门，以及学生家长对教师工作进行评价的方法。这种评价一般只对优秀的教师进行，目的是为了全面总结、推广先进经验。社会评价有助于教师更加关注自己的工作结果，提高工作的质量。

（4）同行评价。由于同行和被评价教师的工作内容相近且接触机会多，因此，对被评价者的工作情况比较了解；同行不止一人，可以对教师进行全方位的考核，避免个人偏见。进行同行评价时，需要参与评价的教师有良好的职业道德，做到公正负责、不抱偏见，有分析、判断能力。

（5）学生评价。学生评价是指由教师所教授学生对教师的教学态度和教学技能等方面进行评估。相较于其他评价主体，学生作为教师的直接作用对象，对教师的教学情况有更加深刻的体会，有利于提高教师考评结果的准确性。②

2．依据教师行为划分

（1）比较法。比较法是一种相对考核的方法，通过教师之间的相互比较得出考核结果。它关注的是个体在群体中的相对位置。这类方法比较简单而且容易操作，可以避免宽大化、严格化和中心化倾向的误区，适用于作为奖惩的依据。比较法主要有以下三种形式：

① 简单排序法。在实行简单排序法的情况下，评价者将教职工按照工作的总体情况从最好到最差进行排序。这种方法所需要的时间成本少，简便易行，适用于教职工数量比较少的评价需求。

② 成对比较法。成对比较法是评价者根据某一标准将每个教师与其他教师进行逐一比较，并将每次比较的优胜者选出。最后，根据每个教师净胜次数的多少进行排

---

① 董克用、李超平主编：《人力资源管理概论》，中国人民大学出版社，2019年版，第298页。

② 褚宏启、张新平主编：《教育管理学教程》，北京师范大学出版社，2013年版，第464页。

序。[①] 这一方法主要依靠评价者对教师的整体印象,见表 7-3。[②]

表 7-3 成对比较法示例

| 教师 | A | B | C | D | E | "√"的个数 |
|---|---|---|---|---|---|---|
| A | — | | | √ | √ | 2 |
| B | √ | — | √ | √ | √ | 4 |
| C | √ | | — | √ | √ | 3 |
| D | | | | — | | 0 |
| E | | | | √ | — | 1 |

从表 7-3 中可以很明显地看出,从好到差的顺序为:B,C,A,E,D。

③ 强制比例法。强制比例法借鉴了数理统计中的正态分布方法,将教师按照组别进行分类排序。该方法首先确定出绩效评价结果的等级,再按照正态分布原理确定各个等级的比例,根据教师的表现将他们归入不同的等级中。一般来讲,当教师数量比较多而评价者又不止一个人时,采用这种方法能取得较好的效果,见表 7-4。[③]

表 7-4 强制比例法示例

| 教师总数 | 分布比例 | | | | |
|---|---|---|---|---|---|
| | 优秀(10%) | 良好(15%) | 一般(50%) | 较差(15%) | 很差(10%) |
| 100 | 10 人 | 15 人 | 50 人 | 15 人 | 10 人 |

(2) 量表法。量表法就是指将评价的指标和标准制作成量表,以此来对教师的绩效进行评价。其优点在于,可以依据客观标准在不同的教师之间进行评价结果的横向比较;基于具体的评价指标,可以确切地了解教师到底在哪些方面存在不足和问题,有助于改进教师的绩效。[④] 量表法主要有以下几种:

① 评级量表法。评级量表法是最普遍的一种评价方法。具体做法是:根据评价的目的和需要设计等级量表,表中列出有关的绩效考评项目,并说明每一项目的具体含义,然后将每一评价项目分成若干等级并给出每个等级相应的分数,由评价者对员工的表现做出评价和记分,最后计算出总分。

② 图评价尺度法。图评价尺度法是一种最简单和运用最普遍的绩效评价方法。[⑤] 该方法会列举出一些工作相关维度,然后分别针对每一个特征要素列举出绩效的取值范围。评价者需要确定其中的哪一个分数最能反映教师在某个特征维度上的实际表现,在这个分数上画圈或者打钩,最后将教师在所有要素上的得分进行加总即可。

---

① 刘娜欣主编:《人力资源管理》,北京理工大学出版社,2018 年版,第 172 页。

② 申继亮主编:《教师人力资源开发与管理——教师发展之源》,北京师范大学出版社,2006 年版,第 192 页。

③ 申继亮主编:《教师人力资源开发与管理——教师发展之源》,北京师范大学出版社,2006 年版,第 192 页。

④ 董克用、李超平主编:《人力资源管理概论》,中国人民大学出版社,2019 年版,第 301-302 页。

⑤ [美]加里·德斯勒著,刘昕译:《人力资源管理》,中国人民大学出版社,2017 年版,第 312 页。

③ 行为锚定评价法。行为锚定评价法是在传统的评级量表法的基础上演变而来,是评级量表法与关键事件技术的结合。在这种考核方法中,每一水平的绩效均用某一标准行为界定。使用行为锚定评价法,需要经过五个步骤:确定关键事件;初步建立绩效考核要素;重新分配关键事件,确定相应的绩效考核要素;确定各关键事件的考核等级;建立最终的行为锚定评价表。

④ 关键事件法。在应用这种评价方法时,负责评价的主管人员把教师在完成工作任务时所表现出来的特别有效的行为和特别无效的行为记录下来,形成一份书面报告。评价者在对教职工的优点、缺点和潜在能力进行评论的基础上,提出改进工作绩效的意见。这一方法有助于为培训工作提供基础,也有助于评价反馈面谈。记录关键事件,通常采用 STAR 法:S(Situation)——情境,事件发生时的情境是怎样的;T(Target)——目标,教职工为什么要做这件事;A(Action)——行动,教职工当时采取了什么行动;R(Result)——结果,采取这一行动导致了什么结果。

⑤ 目标管理法。目标管理法是彼得·德鲁克在 1954 年出版的《管理的实践》一书中提出的。目标管理法按照以下流程实现对组织绩效目标的管理。首先,确定学校整体战略目标。其次,分配目标任务。管理者与教师共同制定具体的目标,对目标任务进行细化分解,将各个目标任务落实到个人。再次,按照既定计划开展工作,一季度或者半年对目标完成进度进行督促检查、信息反馈,并对具体目标和实施方案进行微调整。最后,年末对绩效完成情况进行评价,依据评价结果进行绩效奖励。

## 四、教师薪酬

教师薪酬制度的设计与管理是否科学合理,给予教师的报酬能否让教师满意,直接关系到教师队伍的稳定和专业发展,关系到人才培养的质量、教学科研的水平和学校目标的实现。

### (一)教师薪酬概述

1. 教师薪酬的内涵与形式

薪酬是组织给予个体的一种经济性酬劳。教师薪酬是学校对教师的贡献,包括教师的工作态度、行为和业绩所做出的各种回报。狭义的教师薪酬是指教师个人获得的工资、奖金等以货币或实物形式支付的劳动回报。广义的薪酬包括经济性薪酬和非经济性薪酬两个部分。其中,经济性薪酬指工资、奖金和福利等,也叫货币薪酬;非经济性薪酬指教师对学校及工作本身在心理上的一种感受,也叫非货币薪酬,包括机会或职权的获取、职位晋升、荣誉认可、信息分享、培训学习等。

工资是学校为教师所承担的工作而定期支付的固定数额的基本现金薪酬。它是薪酬的主要构成部分,也是确定其他可变薪酬的重要依据之一。从教师的角度看,工资使其所得收入较为固定且有保障,因此,这种薪酬形式为许多教师接受。

奖金即奖励性薪酬。奖金是学校对教师超额劳动部分或卓越贡献所支付的工资以外的奖励性报酬,也是为了鼓励教师提高劳动生产率和工作质量而支付的货币奖励。与基本工资相比,奖金具有非常规性、浮动性和非普遍性的特点。

福利是指教师作为学校成员所享有的、学校为教师将来的退休生活及一些可能发生的不测事件等所提供的经济保障。它往往不以货币形式直接支付,而多以实物或服务的形式支付。福利通常与教师个人的工作绩效不直接挂钩或根本无关,而是希望以此为手段达到吸引、保留和凝聚教师,从而提高学校整体和长期绩效水平的目的。

2. 教师薪酬的影响因素

教师的薪酬水平受到多种因素的影响,例如绩效、努力程度、资历技能和工作要求。[①] 一般来说,影响教师薪酬水平的因素主要有内部因素和外部因素两类。内部因素是指与教师所担任的工作或职务性质及其状况相关的因素,主要包括工作量、职位高低、工作条件及年龄和工龄等。外在因素主要有生活费用与物价水平、行业平均薪酬水平以及劳动力市场的供求状况。外在因素是学校无法操控的,学校应根据外在因素的变化及时调整薪酬方案,使教师的薪酬始终维持在合理的水平上。

3. 教师薪酬管理的流程

教师薪酬管理是指为了实现学校发展战略,发挥教师的积极性,将教师的薪酬与学校战略有机结合的一系列管理活动。具体来讲,教师薪酬管理主要是对薪酬水平和薪酬结构进行管理。[②] 学校的薪酬制度与管理系统能否正常运行并发挥正常功能,与学校薪酬管理的流程是否科学、有效密切相关。图 7-1 为教师薪酬管理的基本流程。

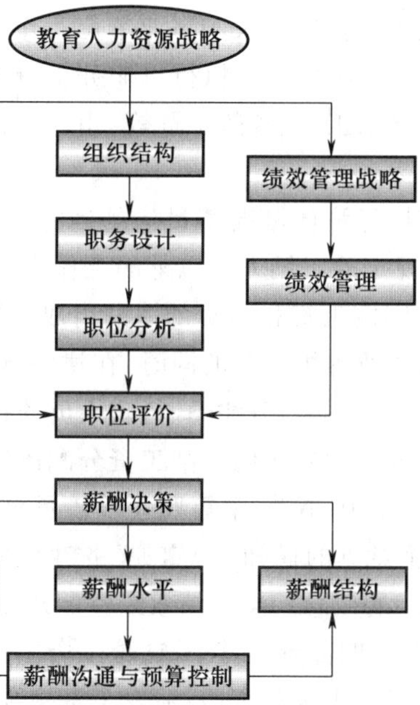


图 7-1　教师薪酬管理的基本流程[③]

### (二) 教师绩效工资的内涵及制度改革

1. 教师绩效工资的内涵

绩效是组织期望的结果,是组织为了实现其目标而展现在不同层面上的有效输出。教师绩效工资是以教师被聘上岗的工作岗位为主,根据岗位技术含量、责任大小、

① [美]罗纳德·W.瑞布著,褚宏启等译:《教育人力资源管理:一种管理的趋向》,重庆大学出版社,2003 年版,第 213 页。

② 祁雄等主编:《人力资源管理实务》,北京理工大学出版社,2019 年版,第 177 页。

③ 刘昕著:《薪酬管理》,中国人民大学出版社,2002 年版,第 25 页。

劳动强度和环境优劣确定岗级，以教师的劳动成果为依据支付劳动报酬，反映了教师的工作业绩大小、工作质量高低和实际贡献。通过实行绩效工资制，将教师工资与其可量化的业绩挂钩，进一步改善工资结构，反映出同一岗位教师的业绩差异，合理拉开薪酬差距，体现了薪酬的激励和调节功能。①

2. 我国教师工资制度改革的历史

新中国成立以来，我国教师工资制度经历了多次重大改革和调整，教师的收入水平持续提高。如何通过系统性的改革构建适合中国国情的教师薪酬分配制度，是今后一段时间内的重要任务。

新中国成立初期，我国经济处于恢复阶段，尚未建立统一的工资机制，对于教师主要采用供给制的分配制度。1956 年起，国务院决定根据按劳取酬的原则对工资进行全面调整，实行职务等级工资制，减少教师等级的同时扩大级差，适度均衡各地区的工资差异。②

改革开放以来，国家注重公平与效率的均衡。为体现按劳分配的原则，1985 年中共中央、国务院发布《关于国家机关和事业单位工作人员工资制度改革问题的通知》，规定国家行政人员与专业技术人员执行以职务工资为主要内容的结构工资制度。这一阶段的改革引入了奖励工资、教龄工资等，相比之前的等级工资制更具弹性和调控空间。

随着社会主义市场经济体制改革目标的确立，在分配领域内也进行了相应的改革。1993 年起，我国规定除工勤人员以外的工作人员实行职务级别工资制，即义务教育教师工资由 70%的固定工资和 30%的津贴组成。职务级别工资制的最大特点在于对教师进行专业技术职业等级划分的同时，在津贴部分考虑了义务教育的特性，设立了教师课时津贴、学校领导的职务津贴、行政人员的目标管理津贴等。自此，我国初步建立起了符合市场经济体制要求的教师工资分配体制。

2006 年，《高等学校、中小学、中等职业学校贯彻〈事业单位工作人员收入分配制度改革方案〉三个实施意见的通知》规定，义务教育阶段教师工资实行岗位绩效工资制，自此引入了“绩效”的概念。岗位绩效工资制规定教师工资包括岗位工资、薪级工资、绩效工资和津贴补贴四部分。其中，岗位工资主要体现教师的职责和要求；薪级工资则主要体现教师的工作表现和资历；绩效工资主要体现教师的实际业绩和贡献；津贴补贴则包括艰苦边远地区津贴和特殊岗位津贴补贴。

2009 年起，义务教育绩效工资制度改革正式实施《关于义务教育学校实施绩效工资的指导意见》和《教育部关于做好义务教育学校教师绩效考核工作的指导意见》等文件。自此，义务教育教师绩效工资所需经费纳入财政预算，管理方式为以县为主，省级统筹，中央适当支持，保障了绩效工资的经费来源。

2012 年，《国务院关于加强教师队伍建设的意见》提出强化教师工资保障机制，依法保证教师平均工资水平不低于或者高于国家公务员的平均工资水平等要求。2015

① 王世忠著：《教育管理学》，科学出版社，2014 年版，第 218 页。

② 王聪：《绩效工资制度下义务教育教师管理现状与改革突破——基于北京市主要城区调研的思考》，《中国教育学刊》，2017 年第 5 期，第 30-35 页。

年,人社部和财政部发布通知,决定定期调整机关工作人员基本工资标准,原则上每年或每两年调整一次。中小学教师作为事业单位工作人员,其基本工资水平也随之得到较大幅度提高。

2016 年 7 月、2018 年 7 月、2021 年 10 月,机关事业单位对工作人员基本工资标准按规定进行了调整。其中,2018 年 7 月,我国在以往基本工资标准提高 10%的政策倾斜基础上,为义务教育教师单独制定了工资标准,进一步加大倾斜力度。

2020 年,全国 2846 个区县均承诺实现“义务教育教师平均工资收入水平不低于当地公务员平均工资收入水平”的目标。各地为逐步落实这一承诺,建立起教师工资经费保障的长效机制和义务教育教师工资收入随当地公务员待遇调整的联动机制。2021 年,国务院教育督导委员会出台《教育督导问责办法》,提出建立教育督导“长牙齿”长效机制,确保教师工资待遇政策落实落地。

3. 我国绩效工资制度改革的特征

教师绩效工资制度就是以教师的工作表现和工作业绩为基础确定其工资标准的薪酬体系。在教育改革进程中,最主要的问题就是如何充分调动教师的工作热情,以及如何根据教师的工作表现,制定一套有利于提高质量和效率的薪酬制度。我国教师绩效工资改革在制度设计方面具有以下特征:①

第一,给予学校更大的分配自主权。国家仅对教师的岗位工资和薪级工资制定了统一的政策标准,在绩效工资方面则规定,学校可在工资总量调控之下根据自身的实际情况,制定适合本校实际情况的分配方案。

第二,强化了教师薪酬管理的规范性。政府对改革前由各个学校自行发放的各类津贴补贴进行了归并,通过宏观调控,缩小了学校间的收入差距。同时,合同化的岗位聘任制度进一步明确了合同双方的人事关系和权利义务,从而将薪酬管理纳入了法治轨道。

第三,更加重视薪酬的激励功能。就工资结构而言,执行绩效工资制度以后,承担着激励功能的绩效工资占教师薪酬的比例大幅提高,学校有条件以更大的力度对教师进行激励。在制度设计方面,绩效工资制度淡化了身份要素在薪酬分配中的作用,强调与岗位职责对应的绩效考核,进一步打破了与身份管理相对应的平均主义分配模式。

第四,进一步理顺管理关系。新的工资制度将学校人员分为专业技术人员、管理人员、工勤人员三类,分别采取不同的薪酬管理与岗位考核方法。尤其是对学校中普遍存在的“双肩挑”现象,在强化岗位管理的基础上,对其进行了规范,并力图实现学校管理的“去行政化”。

4. 我国绩效工资制度的问题

新中国成立以来,我国对机关事业单位工资制度进行了多次改革,每次工资制度改革都有特定的历史条件和要求,中小学教师工资制度都得到了改进和发展。但不可否认的是,当前,我国中小学教师的绩效工资制度还存在不少问题。②

---

① 张新平、褚宏启主编:《教育管理学通论》,高等教育出版社,2012 年版,第 451-452 页。

② 徐长义:《义务教育阶段教师绩效工资策略研究》,《吉林省教育学院学报》,2022 年第 3 期,第 5-12 页。

第一,地方与义务教育学校的政策执行出现偏差。中央政府、地方政府与义务教育学校作为教师绩效工资政策执行过程中的三大主体,会受到不同的制度制约,义务教育学校的管理层在政策执行过程中可能存在"失控"现象,出现"政策变通""政策附加"等不规范行为。

第二,绩效考核未反映真实绩效。一方面,绩效考核指标难以确定。教师的劳动对象是学生,人才培养质量短期内难以测量,造成教师劳动考核在数量和质量上都具有模糊性和难操作性。另一方面,绩效考核标准难以衡量。不同学科、不同职位的教师所要承担的工作任务、工作强度不同,普通教师和学校管理层的工作重心也不同,很难制定统一的评判标准。

第三,绩效评价方案的制定不科学、不民主,纠纷不断。一方面,方案制定考虑不周。绩效评价方案的制定没有充分考虑学校的实际问题,照抄照搬。另一方面,方案解释不透彻。学校管理层没有对评价方案做透彻的解读,教师对学校的评价机制不了解,不能形成对方案的认可和支持。

5. 我国绩效工资制度的优化路径

第一,明确各层级主体责任,建立监督问责机制。一是教育部门可以建立教师对绩效工资政策及绩效考核的申诉通道,确保教师提出复议的权利得以行使。二是学校层面应建立教职工反馈机制,鼓励教师积极参与学校绩效考核方案的制定,赋予教师对绩效工资政策的执行过程进行监督的权利。①

第二,完善绩效考核机制。教育部门应根据政策制定绩效考核办法,并举办研讨会,听取不同批次、不同区域的教师、专家的建议,以此加强对学校绩效考核方案的指导与审核。对于那些无法量化的绩效考核指标应加入定性评估,定性考核与定量考核相结合更能体现绩效考核机制的人性化、合理化。

第三,完善义务教育经费保障机制。义务教育教师绩效工资政策的实施离不开财政经费的保驾护航。中央层面应根据各地区的经济情况、教育情况、师资力量情况等合理确定教育经费,各级政府应在自身可调配的经费范围内进行统筹分配,加大转移支付能力并确保按时按额拨付到位。

第四,提高教师的工作积极性,增强教师的话语权。一方面,保障教师的知情权,设立公开的绩效评估平台,保证教师绩效评估的公开、公平、透明。另一方面,要充分尊重教师的发言权,认真倾听教师的利益诉求。可以通过设立意见反馈渠道,广泛听取教师的要求。

## 第三节　小学人力资源的再配置与退出管理

### 一、教师再配置与退出管理概述

学校通过原有教师积累、外部招聘等,形成了一定的小学人力资源存量,保障学校的正常教学与发展。但随着日常教学开展,学校内外部环境变化,原有教师配置需要做出调整。

---

① 黄想:《义务教育教师绩效工资政策执行困境及其对策》,《经济研究导刊》,2023 年第 4 期,第 116-118 页。

### （一）教师再配置与教师退出管理的内涵

1. 教师再配置

教师再配置是学校根据实际工作中教师与所在职位的匹配程度，或者教师个人因素，对教师进行重新评价、重新配置的过程。学校日常管理效率及教学成果效益，取决于存量教师的适岗率。教师经过培训、专业成长，能力、素质将超越原岗位要求，学校基于与教师间不完整的信息交换进行的招聘与初次配置等问题都将导致教师适岗率下降。

从组织层面上，对教师价值进行重估后的教师再配置会导致两种结果：一是教师调整到适合的岗位；二是不适岗的教师离开原有工作岗位甚至退出教师队伍。

2. 教师退出管理

教师退出管理是指在符合当地学情的情况下，坚持科学的聘用制度和合理的考核制度结合，对不能满足要求的在编教师采取换岗、降职、劝退、解雇或提前退休等方式进行分化或退出教学岗位。①

### （二）理论基础

1. 勒温的场论

德裔美国籍心理学家勒温（K. Lewin）提出，个人的绩效（$B$）是个人的能力条件（$p$）与所处环境（$e$）的函数：

$$B=f(p,e)$$

该式表达的含义是，教师的绩效除了与其个人内在的胜任力相关外，还与其所处的环境——“场”息息相关。由于环境变量相对稳定，因此在这一函数中，环境相当于常数。若环境 $e$ 与绩效 $B$ 呈现负相关关系，即教师处于与自己偏好不相符的环境中，会严重影响个人绩效，同时会造成教师与组织的互不信任甚至对立。组织解决这一问题的途径就是通过教育人力资源再配置，为教师寻找新的、合适的职位，同时为岗位配置新的教师。勒温的场论是从人与工作环境不匹配的角度出发，分析教师流动的必要性，其间的传导因素“不匹配”的表征是绩效。所以，该模型为通过绩效考核或者任职资格考核来确定小学人力资源再配置的做法提供了理论依据。

2. 库克曲线

美国学者库克（Kuck）提出库克曲线，从如何更好地发挥教师创造力的角度论证了教师流动的必要性（见图 7-2）。

教师在开辟新工作领域中，保持和激发自己的创造力，创造力发挥有最佳期 $BC$，超过一定年限，教师的创造力会进入衰减稳定期 $DE$，最终走完一个 S 形曲线再走下一个 S 形曲线。为激发教师的创造力，应及时将该岗位上的教师变换工作岗位和环境。

3. 彼得原理

美国管理学家劳伦斯·彼得（L. J. Peter）与记者雷蒙德·赫尔（R. Hull）提出彼得原理，指出组织中教师都趋向于他不能胜任的职位，即组织中存在教师会晋升到他所不胜任的职位，所以，组织需要根据实际情况，重新进行教育人力资源的合理配置。

---

① 郑新丽：《新形势下我国基础教育阶段教师退出机制研究》，《基础教育研究》，2013 年第 21 期，第 3-5 页。

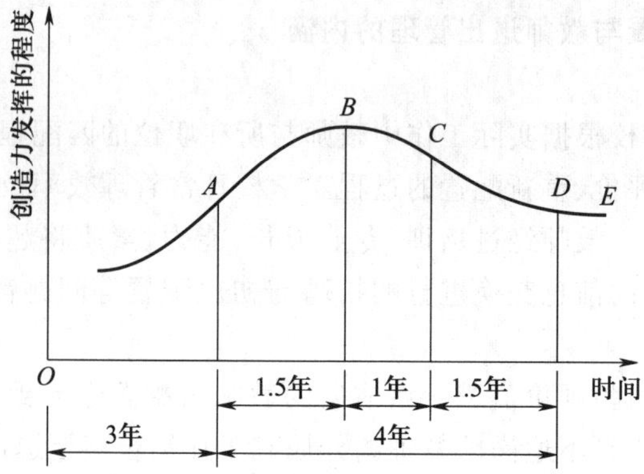


图 7-2　库克曲线示意图

对于教师再配置,彼得原理的贡献在于承认教师与职位之间关系的变动性,强调根据教师能力的变化,重新分配职位,这样才能充分利用教育人力资源,在有效激励人员的同时实现组织目标。

4. 组织生态学的流动理论

组织生态学主要研究在组织增长和衰退、设立和死亡、合并以及重组等过程中,如何通过创造新职位和消除旧职位来影响社会流动的方式。其中,流动理论认为组织的设立、解散与合并等变化,都会引起教师的职位流动。这种流动引发了教师再配置与退出行为,教师可以在内部劳动力市场上流动,产生岗位轮换、升职、降职等多种调整;教师也可能离开原有的组织,流动到外部劳动力市场上,产生离退、被裁员等变化。其中,空缺链模型将工作视为相对稳定的社会经济职位,当一个在职者离开他的工作岗位时,就会产生空缺,而当有新人进来时,此空缺就被填补。组织生态学的流动理论有助于我们理解在组织各时期内部人员职位流动的成因与特征,以及所采取的教育人力资源再配置与退出措施。

## 二、 教师再配置管理

教师再配置主要解决学校内部现有教师适岗率下降的问题。教师适岗率指教师的绩效、能力与现任职位的匹配程度,其目的是衡量并保障效率。

### (一) 教师再配置的意义

1. 对于学校的意义

第一,教师再配置能够有效排查学校内部的适岗率是否降低。教师再配置管理即通过科学合理的评估方法,发现各年级、各科目教师可能存在的人职不匹配现象,并及时运用教师再配置手段加以解决。

第二,教师再配置能够解决教师流动带来的岗位空缺,避免因教师空缺带来教学质量、管理水平下降的问题。尤其是针对学校核心教师流失所造成的岗位空缺,学校可以通过人力资源再配置进行调剂。

第三,教师再配置机制的建立能够长效预防学校教师短缺或突然离职等突发风险,对于人员留存有积极意义;同时有助于消除内部的小团体,保持和传承学校文化。

第四,教师再配置有利于学校教学创新、管理创新等。比如,在教师的工作轮岗过程中,教师通过接触和从事新工作,既保持了对工作的热忱,又通过接触新环境助力其创造力的发挥。

2. 对于教师的意义

第一,教师再配置有助于教师重新认识自身能力。通过价值重新评估与开发,帮助教师进一步认识自己的专业能力:一方面,有助于教师挖掘不曾了解的潜在素质,并进行有意识的开发和提高;另一方面,有助于教师对偏弱的能力和素质进行查找和弥补。

第二,教师再配置有助于帮助教师发现自己兴趣所在,进而进行职业生涯发展定位的修正与调整,不断更新认知并补充学习,找到适合自己的教学模式,提高工作积极性。

第三,教师再配置是一种全面的激励方式。教师再配置管理体现了学校管理者对教师个人的重视程度,有助于在一定程度上实现精神激励。

**(二)教师再配置的途径**

1. 交流轮岗

义务教育阶段教师的交流轮岗,是推进教育资源公平与高质量均衡发展的重要支撑。教师轮岗政策的出发点是,教师作为公共性教育人力资源,通过校际的个体流动推动优质教育资源的互惠共享,达到提升薄弱学校教育质量的目的。2022 年,《新时代基础教育强师计划》明确提出,“重点加强城镇优秀教师、校长向乡村学校、薄弱学校流动”“完善交流轮岗激励机制”。教师轮岗不仅要关注教师参与轮岗的意愿和人数规模的增长,还应建立教师轮岗的长效机制,以达到提高流入校教育质量的政策目的。

2. 晋升与降职

在学校内部公开、公平、公正的考核评价体系的支撑下,对教师进行职位(包括组织内部各种类型的职位价值序列或技能等级序列)的升降,是学校优化教师配置的重要途径。合理的晋升与降职能优化学校内部人力资源配置;引入竞争淘汰机制,激发教师潜力;奖励教学成果优秀教师;为教师的职业生涯发展建立通道;激励教师参与培训,提高任职资格水平。教师的晋升和降职包括以下两种:

(1) 绩效考核与职位升降。绩效考核是职位升降的前提。在现有职位上的高绩效是教师胜任力较强的表现,高绩效的教师可以从事更高层级的工作。相反,绩效考核等级为差,且培训后仍不能提升绩效的教师,可考虑为其调换岗位,甚至辞退。

(2) 任职资格评价与职位升降。绩效考核结果为优秀是对教师能够胜任现有职位的肯定,但教师能否胜任更高层级的工作则不得而知,任职资格评价则能实现此功能。任职资格评价是对具备晋升资格的教师,在一系列的培训后进行资格认证,确定教师的教学知识、教学技能等胜任力板块的特征是否符合新职位的要求。

3. 竞聘上岗

竞聘上岗是指学校内的教师职工,不论职务高低与贡献大小,站在同一起跑线上重新接受组织的挑选和任用。教师可以根据自己的特点和岗位的要求,提出自己希望选择的岗位。竞聘上岗是学校内部教师再配置的重要途径,可以避免或减少部分教师的不平衡心态。

## 三、教师退出管理

### （一）教师退出管理的必要性

1. 有利于实现教师与岗位、岗位与能力的持续匹配

《国家中长期教育改革和发展规划纲要（2010—2020年）》明确表示“加强教师管理，完善教师退出机制”，从时代和教育两方面对完善教师退出机制提出了新的发展要求。当前，中小学教师的资源配置主要是通过教师编制管理来实现的。教师编制标准是决定教师编制数量与配置的核心要素。因此，教师退出机制不完善，将难以有效指导教师退出，学校也难以及时清退不称职教师、补充新教师。

2. 有利于提高在职教师的竞争意识

随着我国人民群众受教育水平的提高，青少年对于教育需求也从单纯的知识教育向更加多元的文化教育转变，教师成为充满不确定性和挑战性的职业。然而，我国教师队伍建设是在一个缺乏外在竞争和自我提升内驱力不足的环境中进行的，教师更新方式单一，退出制度不健全，在终身制思想的影响下，教师更容易安于现状，缺乏竞争意识和自我提升的动力，难以实现自我发展。

3. 有利于保护教师的合法权益

《教师法》中关于教师解聘的原则规定较为笼统。实践中，教师解聘涉及的利益问题往往千丝万缕、错综复杂。因此，仅靠含糊且操作性不强的规定实在难以做到公平、公正地管理教师退出。同时，由于教师职业的特殊性，其在退出教师职业后就业的难度相对较大。加之我国缺乏教师离职后的保障措施，因此也使得教师纵然难以胜任本职工作，还是缺少自动离职的意识和动力。

### （二）退出教师的类型

退出教师的类型包括不胜任教师、临时聘用教师、富余教师、在编不在岗教师四类。

1. 不胜任教师

不胜任教师即因自身年龄超出规定年限，精力和体力都不能完全投入教育教学工作的教师；也包括由于自身工作能力差，不能适应现阶段教学岗位，调整后仍未达标的教师。

2. 临时聘用教师

对于环境艰苦、比较偏远的地区来说，临时聘用教师可以缓解教师资源紧张。然而，临时聘用教师的教学任务重，且薪酬偏低，没有编制和待遇等保障，对他们来讲，更多的是积累经验的平台。

3. 富余教师

当前，一些地区因为学生人数减少、学校规模缩小，当地政府相关部门会调整学校布局，导致部分教师超出编制标准。对于这部分教师，应对其进行筛选，做出转岗等安排。

4. 在编不在岗教师

教师因不可控因素离开工作岗位，占据编制但长期处于离职状态，影响学校正常的教学与招聘工作。这类教师应及时清退，为新聘教师提供工作岗位。

### （三）教师退出管理机制的建立

1. 教师退出的流程

教师退出的流程包括六个环节：教师考核、确定拟退出教师、第三方评估、补救措施、确定退出、后续保障。

（1）教师考核。考核的基本含义是考查核实。一般来说，教师考核需要确定考核周期、制订考核计划、设置考核指标、调控考核过程、形成考核结果以及运用考核结果。目前，我国一般采用年度考核模式，考核教师在德、能、勤、绩、廉等方面的表现，由地方教育行政部门组织开展。学校采取民主测评等方式，并将考核结果上报教育行政部门汇总，再报人事管理部门备案。教师年度考核结果将会影响教师的评优评先、职称评定与晋升。在教师聘任制度背景下，年度考核结果是决定退出教师的主要依据。

（2）确定拟退出教师。由教师所在学校对年度考核不合格教师的专业素质、业务能力、工作实效等方面进行全方位的摸底调查，通过对上述信息的收集、整理、分析与鉴定，甄别不称职教师，从而筛选出拟退出人选。学校应及时通知教师本人，允许教师收集证据，给予其辩解权力，并将学校整理出来的资料与教师自行收集提供的资料一并送交第三方评估机构。

（3）第三方评估。第三方机构在收到学校拟退出教师的申请后，以学校和教师报送的材料为基础，真实、全面、科学、准确地评估教师的综合素质，自主开展评估工作。评估工作要充分保障教师与学校双方的申诉和辩解的权力，在充分考虑学校与教师各方利益的基础上，形成评估报告，并承担相应的法律责任。

（4）补救措施。依据第三方机构对教师的评估结果，由学校或者当地的教育行政部门决定对教师采取补救措施。补救措施可以是专业进修、业务指导或者其他岗位培训。通过补救措施，一方面可以挖掘教师自身潜力，另一方面也能够全面考量该教师适合的岗位。经过培训后，教师能够有效地完成教学工作，或者可以适应新位置，学校应为其办理恢复职位或者调转岗位。若经过培训后，教师依然不能胜任原工作，也不能适应转岗工作，或者不服从、不接受新的岗位，学校可以将拟退出教师上报至地方教育行政部门进行裁决。

（5）确定退出。对于学校上报的拟退出教师，地方教育行政部门应当通知教师本人，充分保障学校与教师本人的申诉权，在听取学校与教师本人的陈述后，以第三方机构的评估结果及教师救济培训后的实际情况为基础，经审慎、细致、严谨的研究后，集体做出是否退出教师的最终决定，并以文件形式公开发布。若地方教育行政部门最终决定该教师需要退出教师队伍，应按照相关法律规定完成教师退出程序，在程序执行过程中，应监管学校与教师双方的行为是否合法，确保程序的正当性。

（6）后续保障。教师退出后，学校为其办理解聘、社会保险、医疗保险及退出编制的相关手续。若教师或者学校对于地方教育行政部门的决定存在异议，均可申请行政复议，或者依据法律提出诉讼请求，申请司法援助。教师退出应全过程公开，如出现任何非正常程序操作，任何机构与个人都可向地方教育行政部门、纪检监察部门以及检察机关反应。

2. 教师退出的类型

（1）教师待岗。教师待岗是指教师一边接受教育部门提出的培训任务，一边在教学岗位上从事教学工作，但不参与职称评定。如果教师在考核中成绩不合格，学校将给予教师改正调整的机会，在教学岗位上通过自身努力反思，并向老教师、优秀教师吸取经验，经过重新考核竞聘后回归正常教学工作。

（2）教师转岗。教师转岗即教师调离原有的教学岗，工作内容发生改变，但其身份仍为教师编制。我国中小学教师队伍的组成除了任课教师，还有其他行政岗位的教师，这类教师按一定比例分配教师编制。教师转岗有助于教师找到适合自身发展的岗位，增加工作的动力和兴趣。

（3）教师解聘。教师解聘即学校依照法律、法规规定，通过一定的法律程序，在法定的管理权限内做出的解除其与教师任用关系的行政行为，是一种单方面法律行为。教师的解聘原因分两种：惩罚性解聘和非惩罚性解聘。惩罚性解聘指教师在违反职业道德造成学校秩序混乱、违反政治纪律有失教师形象，以及出现其他违法犯罪行为等，对自身、学校及整个教师队伍都带来不良影响，将予以解聘。非惩罚性解聘，指双方在自愿的基础上解除合同关系。教师解聘对于教师来说，能催化教师迅速成长；对于教育发展来说，能提高教育质量。

（4）教师辞聘。教师辞聘即教师根据本人意愿，依照法律、法规规定，申请终止与其任职学校的任用关系的行为。教师的个人因素，例如家庭成员工作变动、家庭住址变动、职位薪资考量等，会影响教师的个人选择，决定退出教师编制，重新规划个人发展路线。教师通过辞聘选择主动退出的，可能是成绩较优异、有能力有意愿选择更好发展的教师，因而可能错失人才。

（5）离岗退养。离岗退养即教师达到国家规定的年限标准，其精力、体力不足以支撑其继续胜任教学工作，因此离开教师岗位。退休是教师离岗退养最为普遍的方式。

## 本章小结

教师人力资源是教育发展的关键资源，具有主观能动性和创造性的特征，教师的专业素养和教学能力直接影响着学校的办学效益和社会的认可度。小学人力资源管理是对学校在某个时期内的人员供给和人员需求进行预测，并根据预测结果采取相应措施来实现小学人力资源的供需平衡。

教师招募是指学校吸引应募者应征空缺职位的过程。小学人力资源不可能始终处于恒常状态，当学校的职位出现空缺时，就需要启动招募程序填补缺口，以实现小学人力资源的供需平衡。

教师培训是指国家或学校通过培训和开发项目，对已取得教师法定资格并从事教育教学工作的人所进行的再教育。教师培训的目的在于提高教师素质和专业水平，提高教师知识技能，保证教师更好地胜任本职工作。

在此基础上，学校通过原有教师积累、外部招聘等，形成了一定的小学人力资源存量，保障学校的正常教学与发展。但随着日常教学开展，学校内外部环境变化，原有教师配置需要做出调整。其中，教师再配置是学校根据实际工作中教师与所在职位的匹配程度，或者教师个人因素，对教师进行重新评价、重新配置的过程。教师退出管理是指对不能满足要求的在编教师采取换岗、降职、劝退、解雇或提前退休等方式进行分化或退出教学岗位。

本章拓展案例

思考题

一、单项选择题

1. 下列选项中,教师招募的作用不包括(　　)。

A. 获取　　B. 调控　　C. 激励　　D. 开发

2. 提高教师专业素养,促进教师专业发展的重要途径是(　　)。

A. 教师培训　　B. 教师评价　　C. 教师招募　　D. 教师待岗

3. 高职业满意度出现在教师职业生涯发展的(　　)。

A. 职前准备阶段　　B. 入职阶段

C. 热情和成长阶段　　D. 稳定和停滞阶段

4. 教师再配置主要解决学校内部现有的(　　)。

A. 教师工作效率问题　　B. 教师适岗率问题

C. 教师薪酬问题　　D. 教学积极性问题

5. 退出教师的类型中,不包括(　　)。

A. 不胜任教师　　B. 临时聘用教师

C. 退休教师　　D. 富余教师

二、名词解释题

1. 小学人力资源规划

2. 行为锚定评价法

3. 教师退出管理

三、简答题

1. 简述教师培训的意义。

2. 简述教师职业生涯发展的特点。

3. 简述教师再配置的主要途径。

4. 简述退出教师的类型。

四、论述题

1. 试论小学人力资源规划的程序。

2. 试论述教师退出的流程。

第七章思考题参考答案

延伸阅读材料


1. 刘明兴、周森主编:《义务教育教师薪酬制度研究》,北京大学出版社,2020年版。

2. 罗纳德·W. 雷博尔著,贾眉芬译:《教育人力资源管理(第10版)》,华东师范大学出版社,2021年版。

3. 朱旭东主编:《教师专业发展理论研究》,北京师范大学出版社,2011年版。

4. 国建文、郭绒:《教师培训流动空间:内涵、构成和建设路径》,《教师教育研究》,2023年第1期。

5. 管培俊:《以人才引领发展理念建设教师队伍人才高地》,《教育研究》,2022年第9期。

6. 胡欣、崔定宇、罗朝明:《新公共服务视角下公办学校教师聘用制度改革——以贵阳观山湖区"双轨制"教师招聘为例》,《中国行政管理》,2020年第4期。

# 第八章　小学财务与后勤管理

## 知识导图

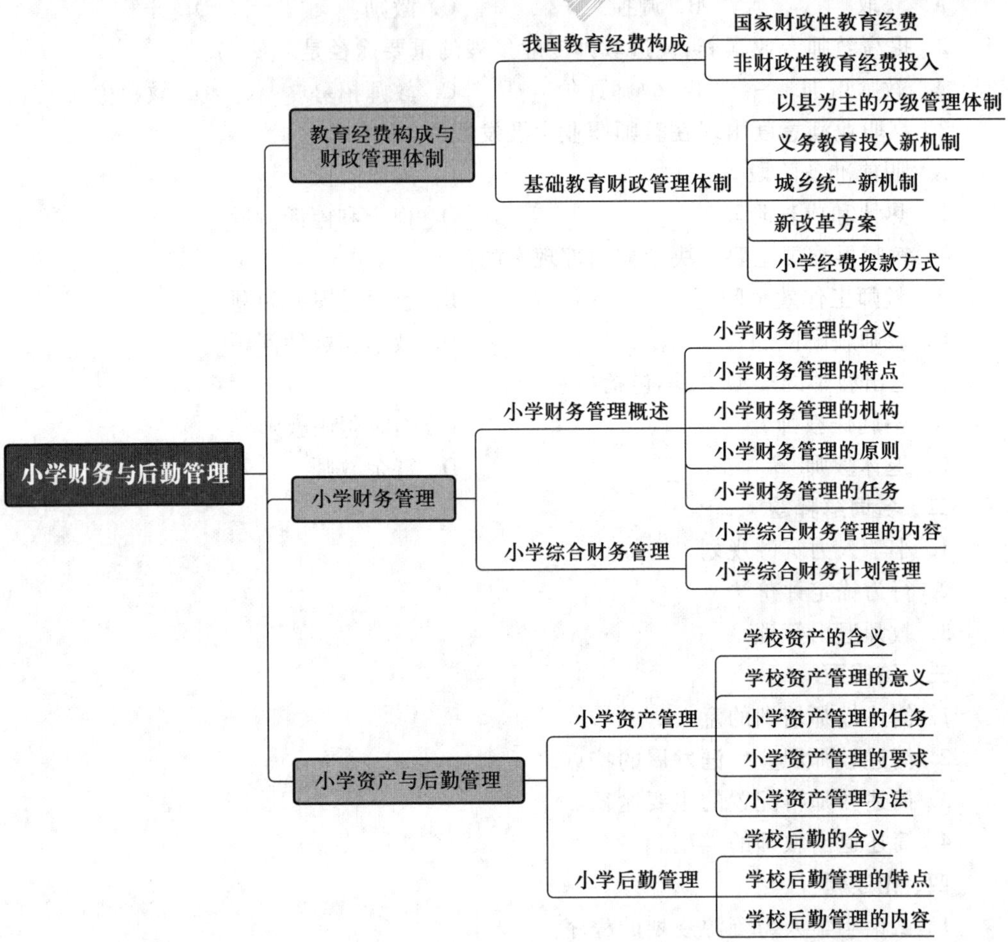


## 学习目标

1. 识记
- ◆ 小学财务管理的含义
- ◆ 学校资产的含义
- ◆ 学校后勤的含义

2. 领会
- ◆ 我国教育经费构成
- ◆ 基础教育财政管理体制的变迁
- ◆ 小学财务管理的任务
- ◆ 小学综合财务管理的内容
- ◆ 小学资产管理的要求

3. 应用
- ◆ 小学综合财务管理计划的制定

◆ 小学资产管理方法

◆ 学校后勤管理的内容

建议学时

6 学时

教师导学

本章主要有三个方面的内容：一是介绍教育经费构成与财务管理体制，明确学校教育经费来自何处以及基础教育财政管理体制的变迁。二是介绍小学财务管理，明确小学财务管理的含义、特点、机构、原则与任务，掌握小学综合财务管理的相关内容。三是介绍小学资产与后勤管理，明确学校资产管理、食品管理以及安全管理的做法。

学习者在自学时，应理解小学财务管理不同于一般经济实体的财务管理，作为公益性组织的学校与追求利润的企业在资金的来源和使用方面都有较大差异。尤其是在市场经济条件下，学校财务管理活动与财务关系日趋复杂。

## 第一节　教育经费构成与财政管理体制

### 一、我国教育经费构成

一般而言，从现实情况和经费统计的角度看，教育经费的来源可以划分为：① 一般公共预算安排的教育经费；② 政府性基金预算安排的教育经费；③ 企业办学中的企业拨款；④ 校办产业和社会服务收入用于教育的经费；⑤ 社会团体和公民个人办学经费；⑥ 社会捐资办学经费；⑦ 事业收入；⑧ 其他。[①] 下面从国家财政性教育经费和非财政性教育经费投入两个部分逐一说明教育经费的构成。

**（一）国家财政性教育经费**

国家财政性教育经费包括一般公共预算安排的教育经费，政府性基金预算安排的教育经费，企业办学中的企业拨款，校办产业和社会服务收入用于教育的经费以及其他国家财政性教育经费。

1. 一般公共预算安排的教育经费

一般公共预算教育经费是指中央、地方各级财政或上级主管部门在本年度内安排，并划拨到教育部门和其他部门主办的学校、教育事业单位，列入国家预算支出科目的教育经费投入。一般公共预算教育经费包括教育事业费、基建经费和教育费附加。

2. 政府性基金预算安排的教育经费

政府性基金预算是对依照法律、行政法规的规定在一定期限内向特定对象征收、收取或者以其他方式筹集的资金，专项用于特定公共事业发展的收支预算。

政府性基金预算安排的教育经费主要是指各级政府征收用于教育的税费收入，即中央和地方各级政府为发展教育事业而指定机关专门征收，并划拨给教育部门实用的实际数额，如城市教育费附加、农村教育事业费附加以及地方教育费附加。其中，城市

① 范先佐著：《教育经济学》，人民教育出版社，1999 年版，第 203 页。

教育费附加是指按照国家规定向凡缴纳增值税、营业税、消费税的单位和个人,按三税的规定比例征收的教育费附加。农村教育事业费附加自2000年实行农村税费体制改革以来,已全面停止向农民个人征收农村教育费附加。地方教育费附加是指地方政府开征的用于教育的税费。

3. 企业办学中的企业拨款

企业办学中的企业拨款是指中央和地方所属企业在企业营业外资金列支或企业自有资金列支,而拨给所属学校的经费收入。

4. 校办产业和社会服务收入用于教育的经费

包括校办产业、勤工俭学、社会服务收入中用于补充教育经费的部分,以及在教学、科研及其辅助活动之外,开展非独立核算经营活动取得的收益用于补充教育经费的部分,即经营收入的结余、附属单位交款和其他收入中对校办产业投资收益之和。

5. 其他国家财政性教育经费

这部分经费是指除了上述经费来源以外的属于国家财政性教育经费的拨款。

**(二) 非财政性教育经费投入**

1. 社会团体和公民个人办学经费

社会团体和公民个人办学经费是指社会团体或公民个人举办的各级各类学历教育和非学历教育机构的教育投入,主要指民办教育投入。

2. 社会捐(集)资办学经费

社会捐(集)资办学经费是指城镇、农村、厂矿、企事业单位和个人根据自愿、量力的原则捐(集)资助学,以及海外侨胞、港澳台胞、外籍团体、友好人士等对教育的资助和捐赠。

3. 事业收入

事业收入是指学校和教育事业单位开展教学、科研及其辅助活动依法取得的,经财政部门核准不需上缴财政专户管理的预算外资金,以及经财政专户核拨回的预算外资金,包括教学收入和科研收入、借读学生缴纳的借读费、住宿学生缴纳的住宿费以及按照有关规定向学生收取的其他费用等。

4. 其他经费投入

其他经费投入是除上述各项收入以外的其他各项收入,即附属单位缴款和其他收入中扣除对校办产业投资的收益之和。

## 二、 基础教育财政管理体制

从20世纪80年代以来,我国政府的教育财政管理权限下移,教育财政的"分级管理"给整个教育体制带来了生机和活力,但也存在一些问题。20世纪末,我国实行税费改革,基础教育发展不均衡的现象更为突出。进入21世纪后,随着公共教育财政体制的逐步完善,中小学教育经费有了新的保障,2008年我国在城乡全面实施了义务教育免费政策。

**(一) 以县为主的分级管理体制**

从新中国成立到20世纪80年代初期,在计划经济体制下,义务教育经费投入以政府包办为主。1985年《中共中央关于教育体制改革的决定》明确了分级办学、分级管理的教育管理体制：乡村义务教育实行三级办学、两级管理的体制，即县、乡、村三级办学，县、乡两级政府管理。而事实上，我国农村中小学主要由乡（镇）级政府负责。由于乡（镇）级政府财力有限，集资、借贷建校便成为农村义务教育发展的重要途径。2001年国务院《关于基础教育改革与发展的决定》规定，义务教育实行“在国务院领导下，由地方政府负责、分级管理、以县为主”的体制。但税费改革在教育财政方面取消农民的农村教育事业费附加，取消农村教育集资等收费，以县为主的财政投入体制仍然无法满足农村义务教育发展的实际需要，农村小学办学经费短缺的情况依然存在。

**（二）义务教育投入新机制**

2005年12月24日，国务院印发了《关于深化农村义务教育经费保障机制改革的通知》，逐步将农村义务教育全面纳入公共财政保障范围，建立中央与地方政府分项目、按比例分担的农村义务教育经费保障新机制。农村义务教育投入在改革中逐渐纳入公共财政体系，从此，我国义务教育真正从“人民办”走向了“政府办”。

2006年，全国人大常委会对《义务教育法》做了新的修订。在义务教育经费保障机制改革和新修订的义务教育法中，均规定了义务教育实行“经费省级统筹，管理以县为主”的义务教育财政体制。新机制的主要保障措施是：全部免除农村义务教育阶段学生的学杂费；对贫困家庭学生免费提供教科书并补助寄宿生生活费；提高农村义务教育阶段中小学公用经费保障水平；建立农村义务教育阶段中小学校舍维修改造长效机制；巩固和完善农村中小学教师工作保障机制。

新机制改革的实施步骤是：2006年，西部地区农村义务教育阶段中小学生全部免除学杂费；中央财政同时对西部地区农村义务教育阶段中小学校安排公用经费补助资金，提高公用经费保障水平；启动全国农村义务教育阶段中小学校校舍维修改造资金保障新机制。

2007年，中部地区和东部地区农村义务教育阶段中小学全部免除学杂费；中央财政同时对中部地区和东部部分地区农村义务教育阶段中小学校安排公用经费补助资金，提高公用经费保障水平。

2008年，各地农村义务教育阶段中小学生均公用经费全部达到省（区、市）2005年秋季学期开学前颁布的生均公用经费基本标准；中央财政安排资金扩大免费教科书覆盖范围。

2009年，中央出台农村义务教育阶段中小学公用经费基准定额。各省（区、市）制定的生均公用经费基本标准低于基准定额的差额部分，当年安排50%，所需资金由中央财政和地方财政按照免学杂费的分担比例共同承担。

2010年，农村义务教育阶段中小学公用经费基准定额全部落实到位。

**（三）城乡统一新机制**

随着我国新型城镇化建设和户籍制度改革不断推进，学生流动性加大，现行义务教育经费保障机制已不能很好地适应新形势的要求。2016年，国务院发布《关于进一步完善城乡义务教育经费保障机制的通知》（以下简称“城乡统一新机制”），切实解决城乡义务教育经费保障机制有关政策不统一、经费可携带性不强、资源配置不够均衡、综合改革有待深化等问题。

城乡统一新机制的主要内容包括整合农村义务教育经费保障机制和城市义务教育奖补政策，建立统一的中央和地方分项目、按比例分担的城乡义务教育经费保障机制。具体如下：

1. 统一城乡义务教育“两免一补”政策

对城乡义务教育学生免除学杂费、免费提供教科书，对家庭经济困难寄宿生补助生活费（统称“两免一补”）。民办学校学生免除学杂费标准按照中央确定的生均公用经费基准定额执行。免费教科书资金，国家规定课程由中央全额承担（含出版发行少数民族文字教材亏损补贴），地方课程由地方承担。家庭经济困难寄宿生生活费补助资金由中央和地方按照5∶5比例分担，贫困面由各省（区、市）重新确认并报财政部、教育部核定。

2. 统一城乡义务教育学校生均公用经费基准定额

中央统一确定全国义务教育学校生均公用经费基准定额。对城乡义务教育学校（含民办学校）按照不低于基准定额的标准补助公用经费，并适当提高寄宿制学校、规模较小学校和北方取暖地区学校补助水平。落实生均公用经费基准定额所需资金由中央和地方按比例分担，西部地区及中部地区比照实施西部大开发政策的县（市、区）为8∶2，中部其他地区为6∶4，东部地区为5∶5。提高寄宿制学校、规模较小学校和北方取暖地区学校公用经费补助水平所需资金，按照生均公用经费基准定额分担比例执行。现有公用经费补助标准高于基准定额的，要确保水平不降低，同时鼓励各地结合实际提高公用经费补助标准。中央适时对基准定额进行调整。

3. 巩固完善农村地区义务教育学校校舍安全保障长效机制

支持农村地区公办义务教育学校维修改造、抗震加固、改扩建校舍及其附属设施。中西部农村地区公办义务教育学校校舍安全保障机制所需资金由中央和地方按照5∶5比例分担；对东部农村地区，中央继续采取“以奖代补”方式，给予适当奖励。城市地区公办义务教育学校校舍安全保障长效机制由地方建立，所需经费由地方承担。

4. 巩固落实城乡义务教育教师工资政策

中央继续对中西部地区及东部部分地区义务教育教师工资经费给予支持，省级人民政府加大对本行政区域内财力薄弱地区的转移支付力度。县级人民政府确保县域内义务教育教师工资按时足额发放，教育部门在分配绩效工资时，要加大对艰苦边远贫困地区和薄弱学校的倾斜力度。

城乡统一新机制改革的实施步骤是：① 从2016年春季学期开始，统一城乡义务教育学校生均公用经费基准定额。中央确定2016年生均公用经费基准定额为：中西部地区普通小学每生每年600元、普通初中每生每年800元；东部地区普通小学每生每年650元、普通初中每生每年850元。在此基础上，对寄宿制学校按照寄宿生年生均200元标准增加公用经费补助，继续落实好农村地区不足100人的规模较小学校按100人核定公用经费和北方地区取暖费等政策；特殊教育学校和随班就读残疾学生按每生每年6000元标准补助公用经费。同时，取消对城市义务教育免除学杂费和进城务工人员随迁子女接受义务教育的中央奖补政策。② 从2017年春季学期开始，统一城乡义务教育学生“两免一补”政策。在继续落实好农村学生“两免一补”和城市学生免除学杂费政策的同时，向城市学生免费提供教科书并推行部分教科书循环使用制度，对城市家庭经济困难寄宿生给予生活费补助。中央财政适时提高国家规定课程免费教科书补助标准。③ 以后年度，根据义务教育发展过程中出现的新情况和新问题，适时完善城乡义务教育经费保障机制相关政策措施。高校、军队、农垦、林场林区等所属义务教育学校经费保障机制，与所在地区同步完善，所需经费按照现行体制予以保障。

### （四）新改革方案

合理确定政府提供教育领域公共服务的范围和方式以及划分各级各类教育领域相关公共服务的财政事权和支出责任，有助于明确中央在财政事权确认和划分上的决定权，落实地方按规定履行教育领域财政事权的责任，充分调动地方因地制宜发展区域内教育事业的积极性和主动性。2019 年，国务院办公厅发布了《关于印发教育领域中央与地方财政事权和支出责任划分改革方案的通知》（以下简称“新改革方案”）。

新改革方案明确了义务教育总体为中央与地方共同财政事权，并按具体事项细化，其中：涉及学校日常运转、校舍安全、学生学习生活等经常性事项，所需经费一般根据国家基础标准，明确中央与地方财政分档负担比例，中央财政承担的部分通过共同财政事权转移支付安排；涉及阶段性任务和专项性工作的事项，所需经费由地方财政统筹安排，中央财政通过转移支付统筹支持。具体如下：

1. 公用经费保障

将国家制定分地区生均公用经费基准定额，调整为制定全国统一的基准定额，并按规定提高寄宿制学校等公用经费水平，单独核定义务教育阶段特殊教育学校和随班就读残疾学生等公用经费标准。所需经费由中央与地方财政分档按比例分担，其中：第一档中央财政分担 80%；第二档中央财政分担 60%；第三档、第四档、第五档中央财政分担 50%。

2. 家庭经济困难学生生活补助

将家庭经济困难寄宿生生活补助调整为家庭经济困难学生生活补助，并制定家庭经济困难寄宿生和人口较少民族寄宿生生活补助国家基础标准，按照国家基础标准的一定比例核定家庭经济困难非寄宿生生活补助标准，各地可以结合实际分档确定非寄宿生具体生活补助标准。所需经费由中央与地方财政统一按 5∶5 比例分担。人口较少民族寄宿生增加安排的生活补助全部由中央财政承担。

3. 校舍安全保障

农村公办学校校舍单位面积补助测算标准由国家统一制定。所需经费由中央与地方财政分档按比例分担，其中：第一档、第二档中央财政分担比例由 50% 分别提高至 80%、60%；第三档、第四档、第五档中央财政由奖补支持调整为分别分担 50%、30%、10%。城市公办学校相关标准由地方制定，所需经费由地方财政承担。今后根据城乡义务教育一体化发展进程，适时研究建立城乡统一的校舍安全保障机制。

4. 贫困地区学生营养膳食补助

将贫困地区农村义务教育学生营养膳食补助标准由中央与地方分别制定，调整为统一制定国家基础标准。国家试点范围为集中连片特困地区县，所需经费由中央财政承担；地方试点范围为其他国家扶贫开发工作重点县、省级扶贫开发工作重点县、民族县、边境县、革命老区县,具体实施步骤由各地结合实际确定并按照国家基础标准统筹安排经费,中央财政给予生均定额奖补。试点范围根据国家扶贫政策动态调整。

5. 其他经常性事项

免费提供国家规定课程教科书和免费为小学一年级新生提供正版学生字典,所需经费均由中央财政承担;免费提供地方课程教科书,所需经费由地方财政承担。农村义务教育阶段学校教师特设岗位计划教师补助、集中连片特困地区乡村教师生活补助等所需经费由地方财政统筹安排,中央财政分别给予工资性补助和综合奖补。

6. 涉及阶段性任务和专项性工作的事项

薄弱环节改善与能力提升,现阶段重点改善贫困地区薄弱学校基本办学条件,所需经费由地方财政统筹安排,中央财政通过相关转移支付统筹给予支持,今后根据城乡义务教育改革发展形势,适时调整支持内容、范围和重点。教师培训专项工作补助,所需经费由地方财政统筹安排,中央财政通过相关转移支付统筹给予支持。边远贫困地区、边疆民族地区和革命老区人才计划教师选派专项工作补助,由国家统一制定补助标准,所需经费由中央与地方财政分档按比例分担,第一档由中央财政承担,第二档由中央与省级财政按 5 : 5 比例分担,其他由省级财政承担。

此外,对巩固落实城乡义务教育教师工资政策,中央财政继续通过一般性转移支付对地方义务教育教师工资经费统筹给予支持,地方财政按规定统筹使用相关转移支付和本级财力确保按时足额发放。

**(五)小学经费拨款方式**

小学教育经费拨款主要是以学生人数为依据,因此,各学校经费拨款的差异主要是由学校规模决定的。我国小学教育事业费拨款基本上采用的是“定员定额”方法。所谓定员定额,就是指按事业机构规模的大小或事业的需要,合理地确定其各种编制、房屋和设备标准,行政和业务费用开支额度,器材的储备量。

定额标准的制定按人员经费和公用经费分类核算。人员经费包括教职工经费和学生经费,分别用教职工经费标准定额乘教职工人数,学生经费标准定额乘学生数再加总求得人员经费总额。公用经费则用公用经费各项开支标准定额乘在校生数再加总。

小学基建经费拨款采取的是基建预算加基建补助的方式。基建预算的方法是按照学生人数和每生应占有的校舍面积定额,计算应有的校舍规模;然后从应有校舍规模减去现有校舍面积,计算出校舍面积缺口,即需新建的校舍面积。最后计算新建校舍所需各种建筑材料和设备费以及购置配套教学仪器、设备的费用,构成新建校舍预算,再加上危房翻建费和设备费,三项合计就构成了地方小学基建预算。基建预算额再加上国家每年安排的一定数量的基建补助拨款,就是该校所得基建基金。

## 第二节 小学财务管理

学校作为提供公共产品或准公共产品的非营利性组织,在许多方面和企业组织有相同或相似之处。比如它们都是处于相同的社会经济环境之中,是社会经济体系中不可分割的部分;使用相同或相似的经济资源以实现它们各自的目标,即以较少的投入提供尽可能多的产品或服务;与此同时,它们都会采用相同或相似的方法进行财务管理，建立完整的会记信息系统，向管理者、监督机构提供相应的财务信息。学校的运作与管理也开始出现了与市场密切相关的经营行为。[①] 因此，学校作为一个利用一定的经济资源向社会提供公共产品或准公共产品的组织，加强对财务活动的组织和管理，对于学校开展正常的教学活动十分必要。

## 一、 小学财务管理概述

### （一）小学财务管理的含义

小学财务管理主要是指组织财务活动与处理财务管理的管理，是按照国家财政法规的要求，依据学校教育事业的发展计划，对预算内、外资金的筹措、计划、组织、使用、指挥、监督、调节等工作的管理。学校的财务工作是整个学校工作的重要组成部分，学校各项资金的安排和使用，都直接关系到贯彻国家有关法规、政策，关系到学校各项工作的有效开展。充分发挥学校财务工作的作用，是积极推行素质教育，为国家培养高素质人才的重要条件之一。

为了进一步规范中小学校的财务行为，加强财务管理和监督，提高资金使用效益，促进教育事业健康发展，根据《事业单位财务规则》和国家有关法律制度，结合中小学校特点，财政部和教育部于2022年对《中小学校财务制度》进行了修订。

学校财务管理实行党组织领导的校长负责制。校长在学校党组织领导下，依法依规管理财务工作，对财务资料的真实性、完整性负责。中小学校应当以校为单位进行会计核算。实行“集中记账，分校核算”的，不改变学校财务管理权。即在一定区域内，由县级财政和教育部门确定的会计核算机构统一办理区域内中小学校的会计核算。

### （二）小学财务管理的特点

从本质上讲，小学财务管理是指发生在学校内部的经济管理活动，它具有以下两个特点：

1. 政策性强

学校的一切经济活动，从表面看，似乎只是收支活动。可是，该收什么，收多少，什么时间收；哪些该用，用多少，哪些不能用。这些收支活动，关系到实施学校素质教育，关系到教育质量的提高，涉及师生员工的切身利益，等等，国家和教育行政部门都有明确的规定。小学财务管理必须根据有关政策、制度，正确处理收支活动。

2. 涉及面广

小学财务管理不仅为教育教学服务，还要承担育人重任；既要安排财尽其力，又要使物尽其用；不仅要千方百计地节约行政开支，还要利用优势开辟财源；在校内为广大师生服务，在校外正确处理与有关部门发生的经济联系；等等，涉及面较为广泛。[②]

### （三）小学财务管理的机构

小学财务管理机构是学校在一定的经济管理体制和财务管理体制下，为实现学校财务管理目标，开展财务决策、控制、核算、分析与财务监督的实施机构。学校财务管理机构根据《会记法》及有关法律法规，结合各学校实际情况，按照科学、效益、精简的

---

① 张学敏、叶忠编著：《教育经济学》，高等教育出版社，2009年版，第265页。

② 范先佐主编：《教育财务与成本管理》，华东师范大学出版社，2004年版，第122页。

原则来设置。中小学校的各项经济业务事项按照国家统一的会计制度进行会计核算。由于小学一般不设专职会计,而由中心小学或结算中心设专职会计进行管理,各小学作为中心小学或结算中心的报销单位,不单独建账,即事先向中心小学或结算中心领取备用金,事后凭单据向中心小学或结算中心报销,对经费的收支设立必要的登记簿备查。

**(四)小学财务管理的原则**

小学财务管理的基本原则是:贯彻执行国家有关法律、法规和财务规章制度;坚持勤俭办学的方针;正确处理事业发展需要和资金供给的关系,社会效益和经济效益的关系,国家、学校和个人三者利益的关系。

**(五)小学财务管理的任务**

小学财务管理的根本任务是:合理编制学校预算,严格执行预算,完整、准确地编制学校决算报告和财务报告,真实反映学校预算执行情况、财务状况和运行情况;依法筹集教育经费,努力节约支出;建立健全财务制度,加强经济核算,全面实施绩效管理,提高资金使用效益;加强资产管理,合理配置和有效利用资产,防止资产流失;加强对学校经济活动的财务控制和监督,防范财务风险。随着义务教育公共财政体制的逐步确立,学校预算内、外收入不断增加,支出项目资金额度不断加大,学校与社会各单位经济往来频繁,增添了财务管理的难度。因此,必须从以下方面加强学校财务管理。

1. 加强学校财务工作的领导

校长对学校财务工作负全面管理的责任,除审查、批准学校的年度、季度预算,处理有关财务方面的重大问题外,还要经常了解和掌握经费预算执行情况,进行检查和监督。学校管理者要加强学校财务部门的建设和领导,切实赋予财务部门应有的责任和权利,要高度重视账务管理工作,特别要关心财务人员的业务学习,提高他们的业务水平,以适应新形势下学校财务改革工作的需要。

义务教育全面免费之后,学校财务管理工作在观念上、指导思想上和工作重点上都发生了深刻的变化。特别是学校财务工作的内涵扩大了很多,资金的层次、渠道与数量都有了显著变化。因此,学校财务管理人员必须在观念上做到三个转变:其一,由过去只是单纯记账、算账、报账等转变到还要重视生财、聚财、用财之道上来,把管理作为财务工作的重心;其二,把过去只注意要钱、花钱,转变到提高资金使用效益上来,以效益为中心,这样才能做好财务管理工作;其三,把只是习惯于事后总结分析转变为还要重视事前控制管理。

2. 合理使用学校的各项资金

管好和用好学校的各项资金,是加强学校财务管理、提高资金使用效益的关键,它包含三方面的内容,即合理筹集资金、正确调度资金、有计划使用资金。

(1) 合理筹集资金。可以通过以下几个方面筹集资金:国家下拨的教育经费和各级政府给予的政策性补贴;办好校办产业;利用学校设施,对外实行有偿服务;国外和港澳台团体、个人、校友、家长和企业的赞助。总之,要积极拓宽筹资渠道,依法筹集尽可能多的办学经费,进一步完善以国家拨款为主,多渠道筹措经费的投入机制。

(2) 正确调度资金。财务人员在日常工作中,要积极地为教学服务,从资金上保证教学所需。对各项财务开支，只要有利于教学的，就要千方百计地支持。但这并不意味着要多少就给多少，必须讲究花钱的技巧，把钱用在急需之处，尽量做到少花钱、多办事、办好事，务必讲究投资效果。

(3) 有计划使用资金。国家所拨教育经费和学校筹集的预算外资金，都是学校实现事业计划、开展各项教学活动的财力保证，合理安排、有计划地使用资金是财务管理的首要任务。

3. 合理分配收入，调动各级岗位教师的工作积极性

学校分配制度改革不仅要注重教师的工作量，更要注重工作绩效，对教学工作量大、教学效果好的教师在收入分配中应体现其贡献。教师收入分配，应与评定职称级别逐步脱钩，强化岗位，淡化身份，突出重点，鼓励冒尖，严格考核，注重实绩，拉开差距。在同一职级岗位上，教师收入可设一定弹性制度，根据岗位要求的完成情况予以分配，不同职级工资可有一定交错，低职级教师如果工作出色，其收入可以超过表现平平的高职级教师，以激发各职级岗位教师的工作进取心。

4. 建立健全学校财务管理的规章制度

学校的财务管理是一项复杂细致的工作，因此，学校的财务管理制度是统一思想认识、协调行动、分清职责、健全组织，使财务工作有条不紊地进行的依据。一切经费支付和报销，各种教学、办公用品的采购和验收，校舍的维修，职工福利等工作牵涉面广，如果缺乏一定的制度保证是很难进行的。因此，学校应根据教育和财政部门的有关规章制度，结合学校的实际情况，制定学校内部切实可行的财务制度和实施细则，并坚持按照制度办事，这是管好财务工作的重要措施。现将各项财务管理制度列出如下：① 财务人员规章制度；② 财务人员岗位制度；③ 财务计划和财务决策等方面的制度；④ 基本建设财务管理制度；⑤ 收费标准管理制度；⑥ 费用开支标准管理制度；⑦ 财产物资管理制度；⑧ 工资资金管理制度；⑨ 资金结算管理制度；⑩ 学校基金管理制度；⑪ 收据和发票管理制度；⑫ 会计档案管理制度；⑬ 校办产业财务管理制度；⑭ 经营承包财务管理制度。

5. 加强学校财务控制和监督，维护财务纪律

学校财务监督是按经济管理要求，根据国家的方针政策、计划、制度和法律，对学校预算收支计划的完成情况以及资金的组织、分配和使用进行指导、督促和检查。具体内容包括：监督学校经济业务是否真实、合法；检查财务收支是否符合财政制度和财务纪律；考核资金的使用效果，检查财产的安全和完整。加强学校财务监督的作用是：① 通过财务监督，使学校领导及时了解学校执行国家和主管部门制定的有关方针政策、事业指标的情况，掌握第一手资料，及时发现问题，保证国家的计划、制度和法律顺利实施；② 通过财务监督和日常检查，能及时纠正违反财务制度的行为和不正之风，防微杜渐；③ 保证公共财政的安全和完整；④ 能促进财务管理，提高经济效益，促进教育事业的发展。

6. 加强学校资产管理，防止国有资产流失

资产管理是学校财务管理的重要内容。因此，必须加强资产管理，维护国有资产及其权益不受侵害，防止资产流失和损失。各学校应根据各自不同的情况，搞好清产核资工作，摸清和掌握学校的资产家底，正确划分经营性和非经营性资产界限，确保国

有资产的保值增值,并努力提高学校现有资产的利用效率。

## 二、小学综合财务管理

小学办学的经费大体上可以分为两部分,即政府投资和多渠道、多形式筹措的资金,也就是常说的预算内、外资金。为学校筹措资金和管理各种资金的来源渠道,越来越成为学校领导者肩负的复杂任务。① 在国家财力有限,教育投入难以满足办学需要的情况下,学校财务部门必须加强对预算内、外各项资金的综合平衡,编制出反映学校全部财力来源和投入去向情况的综合财务计划。这对于贯彻勤俭办学、减少损失浪费、渡过资金短缺难关等具有现实意义。

### (一)小学综合财务管理的内容

预算管理、收入管理、支出管理、结转和结余管理、专用基金管理以及财务监督是学校财务管理的关键内容,也是制定学校综合财务计划的重要依据。

1. 预算管理

学校预算是指学校根据教育事业发展目标和计划编制的年度财务收支计划。学校预算由收入预算和支出预算组成。目前国家对中小学校实行核定收支、定额或者定项补助、超支不补、结转和结余按规定使用的预算管理办法。定额或者定项补助根据国家有关政策和财力可能,结合教育改革要求、学校特点、事业发展目标和计划、学校收支及资产状况等确定。

学校预算的编制应遵循以下要求:

第一,学校预算以校为基本编制单位,不具有独立法人资格的学校纳入其所隶属学校统一编制。预算编制应当坚持量入为出、收支平衡、统筹兼顾、保证重点、勤俭节约和讲求绩效的原则。学校不得编制赤字预算。

第二,学校应当考虑维持正常运转和发展的基本需要,参考以前年度的预算执行情况,根据预算年度的收入增减因素和措施,以及以前年度结转和结余情况,积极稳妥地逐项测算编制收入预算草案。学校应当根据开展教育教学等活动需要和财力可能,分轻重缓急,编制支出预算草案,按其功能分类编列到项,按其经济性质分类编列到款。

第三,学校预算由学校根据年度事业发展目标和计划以及预算编制的规定,提出预算建议数,经主管部门审核汇总后报财政部门。学校根据财政部门下达的预算控制数编制预算草案,由主管部门审核汇总报财政部门,经法定程序审核批复后执行。

第四,学校应当严格执行批准的预算,规范办理收支事项,加强预算执行管理。严禁超预算、无预算安排支出。预算执行中,财政补助收入和财政专户管理资金的预算一般不予调剂。确需调剂的,由学校报主管部门审核后报财政部门调剂。其他资金确需调剂的,按照国家有关规定办理。

2. 收入管理

收入是指学校为开展教育教学及其他活动依法取得的非偿还性资金。

学校收入包括财政补助收入、事业收入、上级补助收入、附属单位上缴收入、经营

---

① [美]C. W. Garner著,孙志军等译:《学校财政——战略规划和管理》,中国轻工业出版社,2005年版,第3页。

收入和其他收入。

(1) 财政补助收入,即学校从本级财政部门取得的各类财政拨款。

(2) 事业收入,即学校开展教育教学及其辅助活动依法取得的收入。其中:按照国家规定应当上缴国库或者财政专户的资金,不计入事业收入;从财政专户核拨给学校的资金和经核准不上缴国库或者财政专户的资金,计入事业收入。

(3) 上级补助收入,即学校从主管部门和上级单位取得的非财政补助收入。

(4) 附属单位上缴收入,即学校附属的独立核算单位按照规定上缴学校的收入。

(5) 经营收入,即非义务教育阶段学校在教育教学及其辅助活动之外,开展非独立核算经营活动取得的收入。

(6) 其他收入,即上述规定范围以外的各项收入,包括投资收益、利息收入、捐赠收入、非本级财政补助收入、租金收入等。其中,为在校学生提供课后服务收取的服务性收费收入,计入其他收入。

学校收入管理应遵循以下要求:

第一,学校应当将各项收入全部纳入学校预算,统一核算,统一管理,未纳入预算的收入不得安排支出。学校严禁设立“小金库”,严禁账外设账,严禁公款私存。

第二,学校组织收入应当合法合规,各项收费应当严格执行国家规定的收费范围、收费项目和收费标准,不得擅自扩大收费范围、增加收费项目、提高收费标准。学校对按照规定上缴国库或者财政专户的资金,应当按照国库集中收缴的有关规定及时足额上缴,不得隐瞒、滞留、截留、占用、挪用、拖欠或坐支。

第三,学校应当加强票据管理。行政事业性收费和代收费应当按照财务隶属关系使用财政部门监(印)制的财政票据。服务性收费应当使用税务发票。

3. 支出管理

支出是指学校为开展教育教学及其他活动发生的各项资金耗费和损失。

学校支出包括事业支出、经营支出、对附属单位补助支出、上缴上级支出和其他支出。学校可以结合实际,在上述支出分类的基础上,进一步按照教育教学功能细化支出分类。

(1) 事业支出,即中小学校开展教育教学及其辅助活动发生的基本支出和项目支出。基本支出是指中小学校为保障其正常运转、完成日常工作任务所发生的支出,包括人员经费和公用经费。项目支出是指中小学校为了完成特定工作任务和事业发展目标所发生的支出。

(2) 经营支出,即非义务教育阶段学校在教育教学及其辅助活动之外开展非独立核算经营活动发生的支出。

(3) 对附属单位补助支出,即中小学校用财政补助收入之外的收入对附属单位补助发生的支出。

(4) 上缴上级支出,即中小学校按照财政部门和主管部门的规定上缴上级单位的支出。

(5) 其他支出,即上述规定范围以外的各项支出,包括利息支出、捐赠支出等。

学校支出管理应遵循以下要求:

第一,学校应当将各项支出全部纳入学校预算,实行项目库管理,建立健全支出管理制度，未纳入预算项目库的项目一律不得安排预算。

第二，中小学校支出应当坚持厉行节约，严格执行国家有关财务规章制度规定的开支范围及开支标准；国家有关财务规章制度没有统一规定的，由学校结合本校情况规定，报主管部门和财政部门备案。学校规定违反法律制度和国家政策的，主管部门和财政部门应当责令改正。中小学校应当加强支出管理，基本支出、项目支出不得混用，公用经费、人员经费不得混用。项目支出应当按照规定专款专用，不得挤占和挪用。

第三，学校从财政部门和主管部门取得的有指定项目和用途的专项资金，应当专款专用、单独核算，并按照规定报送专项资金使用情况报告，接受财政部门或者主管部门的检查、验收。

第四，学校应当加强经济核算，可以根据开展业务活动及其他活动的实际需要，实行成本核算。成本核算的具体办法按照国务院财政部门相关规定执行。

第五，学校各项支出应当按照实际发生数列支，不得虚列虚报，不得以计划数和预算数代替。

第六，学校应当严格执行国库集中支付制度和政府采购制度等有关规定。

第七，学校应当依法加强各类票据管理，确保票据来源合法、内容真实、使用正确，不得使用虚假票据。

4. 结转和结余管理

结转和结余是指中小学校年度收入与支出相抵后的余额。结转资金是指当年预算已执行但未完成，或者因故未执行，下一年度需要按照原用途继续使用的资金。结余资金是指当年预算工作目标已完成，或者因故终止，当年剩余的资金。经营收支结转和结余应当单独反映。

学校结转和结余管理应遵循以下要求：

第一，非财政拨款结转按照规定结转下一年度继续使用。非财政拨款结余可以按照国家有关规定提取职工福利基金，剩余部分用于弥补以后年度学校收支差额；国家另有规定的，从其规定。

第二，学校应当加强非财政拨款结余的管理，盘活存量，统筹安排、合理使用，支出不得超出非财政拨款结余规模。

5. 专用基金管理

专用基金是指学校按照规定提取或者设置的有专门用途的资金。专用基金管理应当遵循先提后用、专款专用的原则，支出不得超出基金规模。

专用基金包括职工福利基金、奖助学基金和其他专用基金。

（1）职工福利基金，即按照非财政拨款结余的一定比例提取以及按照其他规定提取转入，用于职工集体福利设施、集体福利待遇等的资金。

（2）奖助学基金，即接受社会捐赠和按照规定从事业收入中提取转入，用于奖励、资助学生的资金。

（3）其他专用基金，即按照其他有关规定，根据事业发展需要提取或者设置的专用资金。

学校专用基金管理应遵循以下要求：

第一，学校应当将专用基金纳入预算管理，结合实际需要按照规定提取，保持合理规模，提高使用效益。除奖助学基金外，专用基金余额较多的，应当降低提取比例或者暂停提取；确需调整用途的，由主管部门会同本级财政部门确定。

第二，各项基金的提取比例和管理办法，国家有统一规定的，按照统一规定执行；没有统一规定的，由主管部门会同本级财政部门确定。

6. 财务监督

财务监督是指依法依规对学校财务活动实施的监督。财务监督在防范学校财务风险、保障资金安全和使用效益中起着重要作用。

中小学校财务监督的主要内容包括：

（1）预、决算编制的科学性、真实性、完整性和预算执行的时效性、均衡性。

（2）各项收入、支出的合法性、合规性。

（3）结转和结余资金以及专用基金管理的合规性。

（4）资产管理的安全性、完整性、合规性、有效性。

（5）负债的合规性和风险性。

（6）学生人数、教职工人数等基础数据的真实性、准确性和完整性。

**（二）小学综合财务计划管理**

实行综合财务计划，是从学校总体计划角度出发，把学校各种不同渠道的资金收入全部纳入综合计划的轨道，经过统筹考虑、全面安排，实现学校总体财力平衡，保证学校教学和科研持续、稳定地发展。它规定着学校财务内部经济活动的范围和方向，反映学校事业建设的项目、规模、经费来源、使用的内容和限度，是进行经费划拨、使用、制约、分析、审计的基本依据。所以说，综合财务计划是学校最大限度提高资金使用效益的重要手段，也是学校管理工作的重要组成部分。实行综合财务计划的作用表现为：

第一，有利于缓和资金的供需矛盾。目前，虽然国家对教育事业的投入逐年增加，但仍不能满足办学的资金要求，学校办学仍有较大困难。实行计划开支，用计划管理的形式控制各项费用的支出，既能基本上解决教育教学需要的经费，又能保证财务上不超支，利国利校。

第二，提高资金使用效益。有的学校，政府投入较多，经费浪费现象严重，反而办学效果不太好；而有的学校虽然资金投入数量不大，但效果显著。这种现象值得研究总结。教育事业虽然不能像工厂企业一样过于强调经济效益，但也需要讲究资金使用效益最大化。用一定的投入，努力培养较多的高质量学生，这是学校办学效益的主要标志。这就需要学校计划理财，少花钱，多办事，办好事。

第三，为完成教育教学任务提供必备的物质条件。教育教学是学校的主要工作，在学校工作中具有核心地位，因此资金投向应朝这方面倾斜，确保必要的开支，这是学校财务工作贯彻为教育教学服务思想的具体表现。安排资金计划时，非教育教学活动的费用支出应从严掌握。只有这样，才有利于教育教学计划的实施，有利于学校开展各项教育活动。

如何实行综合财务计划管理？实践证明，应该努力做好两个方面的工作，即编制财务计划，执行财务计划。

1. 编制财务计划

编制财务计划是为了有效发挥资金作用,使有限的资金得到充分利用,而对学校财务收支做出的事先安排。编制财务计划应该依据:上学年度学校教育、教学、办公、设备、维修等各项工作经费开支情况;本学年度预算内上级拨款基数,另外估计增拨数额,预算外勤工俭学、商品房出租和其他创收情况;本学年度学校发展所需消耗资金;等等。

(1) 编制财务计划的原则

学校编制财务计划的基本原则是量入为出,收支平衡,即不搞赤字预算。这一基本原则,在执行过程中,可以细分为以下具体原则:

第一,积极稳妥、留有余地的原则。在编制预算时,既要考虑到收入的增加,又要严格核实,避免风险,减少赤字隐患。计划安排不能太满,必须留有余地。具体地说,根据各项基本数字(包括学生数、教职工数)、事业计划、各项标准或专项补助的指标数,在指标数以内预留少量机动,以备预算不足时进行调整。

第二,保教育教学、保重点、保急需的原则。在保障行政、后勤正常营运资金的前提下,向教学、科研特别是重点学科和项目予以资金上的倾斜。在安排资金使用方面搞平均分配、撒胡椒面的做法,效果必然不佳。

第三,勤俭节约的原则。编制财务计划前要搞好调查研究,摸清情况。在计划审定时对于各项费用的支出要精打细算,严格把关,可花可不花的费用不列入计划。

第四,完整性原则和连续性原则。前者指在大收大支的理财观念指导下,将学校全部收入和全部支出纳入预算,以利于在全校范围内对资金统筹安排,达到资金优化配置。后者指考虑到资金分配的刚性,在各年度对各学科、各项目、各部门进行资金分配时,要力争连续平稳,避免额度的大起大落。

(2) 编制财务计划的程序

一般而言,学校编制财务计划的基本程序为:基本预算单位提出预算要求数报财务部门—财务部门核定基本预算单位数据并提出预算建议数后下发给基本预算单位—基本预算单位调整其预算要求数再次上报财务部门—财务部门与基本预算单位协商后,确定预算草案报学校最高财务管理机构审批后正式下达。

2005 年 12 月 24 日,国务院印发了《关于深化农村义务教育经费保障机制改革的通知》,正式启动农村义务教育经费保障机制改革。为确保农村义务教育经费保障机制的顺利实施,国家要求建立健全农村中小学校预算编制制度,并与新机制同步推进,逐步完善。农村中小学的预算管理体制,是在县级人民政府统一领导下,由财政、教育行政部门共同组织,以独立设置的农村中小学为基本预算编制单位,将农村中小学各项收支都纳入预算管理的体制。在不改变学校经费使用权的前提下,对农村中小学实行“校财局管”。农村中小学预算编制流程可以概括为“两上两下”。

农村中小学预算编制流程中的“一上”是:县级教育行政部门编报预算建议数。在这一阶段,根据地方财政部门关于编制年度预算的统一部署,农村中小学校依据学校的基本情况和事业发展的需求,编制年度预算建议数,上报县级教育行政部门,由县级教育行政部门审核、汇编成部门预算建议数,报送县级财政部门。学校和教育行政部门要提供与预算编制相关的基础数据和相关材料,如涉及基本支出核定的编制人数和实有人数、增人增支的文件、必保项目的文件依据等。

"一下":县级财政部门下达预算控制数。县级财政部门根据教育行政部门汇编上报的预算建议数,结合财力可能,统筹安排农村中小学义务教育经费,编制县级财政预算初步草案报县级人民政府审定,经批准后下达预算控制数。

"二上":县级教育行政部门上报预算草案。教育行政部门将财政部门下达的预算控制数,分配下达到所属各农村中小学校,安排布置各学校年度预算草案编制工作。各学校根据预算控制数,结合"一上"阶段编报的预算建议数,编制预算草案,按规定时间报教育行政部门。教育行政部门对各学校预算草案进行审核,汇编成教育部门预算草案,报送同级财政部门。

"二下":县级财政部门批复预算。县级财政部门审核汇总各部门预算草案,送县级人民政府审批后,报县级人民代表大会审议。在县级人民代表大会审议通过一个月内,县级财政部门向县级教育行政部门正式批复年度预算;县级教育行政部门在接到年度预算批复的 15 日内,批复到各学校。

(3) 编制财务计划的过程

由于小学预算编制是一项新生事物,通过下面这个完整的程序展示示例,有助于我们清晰地了解预算编制的全部过程。

① 学校的基本信息。有一所农村完全小学,辖教学点一个,基本情况如下:编制人数为 34 人(含教学点 4 人),在职教职工人数 35 人(含教学点 4 人),其中专任教师 29 人(含教学点 4 人),离休人员 2 人,退休人员 18 人,长休人员 1 人,临时工 4 人(其中代课教师 3 人),享受遗属补助人员 5 人,享受独生子女补助费 6 人。现有教学班 14 个(含教学点 2 个教学班),在校生 550 人(含教学点 70 人),其中住宿生 50 人,贫困学生 180 人。该校占地面积 10 000 平方米(含教学点 2 000 平方米),建筑面积 3 600 平方米(含教学点 600 平方米),其中教学及教学辅助用房 3 100 平方米(含教学点 500 平方米),行政办公用房 200 平方米(含教学点 50 平方米),生活服务用房 300 平方米(含教学点 50 平方米)。校舍建筑总面积中危房面积 140 平方米(全部为 D 级危房)。该校有机动车 1 辆,办公电话 1 部,教学仪器设备总值 50 000 元,图书 5 000 册,课桌椅 550 单人套。要求编制该校下一年度教育经费预算。

② "一上"阶段工作。学校根据县级教育行政部门部署,编制下一年度教育经费预算建议数(预算建议数的编制过程属于"二上二下"预算编报程序中的"一上"阶段工作)。具体步骤如下。

步骤一:准备工作。

准备工作主要包括以下步骤:

一是在校长的统一领导下,成立由教务、总务、财务和教师代表参加的预算编制小组,根据学校实际情况和事业发展需要,共同讨论研究预算年度学校收支建议计划。经讨论,拟定该校在保证教职工工资发放和正常运转的前提下,按照轻重缓急,安排如下项目支出:消除 140 平方米危险校舍,即 D 级危房;按照"普九"达标的要求,解决学校图书、仪器不足的问题;装备多媒体教室 1 个。

二是根据预算编制要求,收集资料、审核数据、统计学校基本情况。该项工作既是预算编制的必要准备工作,也是预算编制的主要内容之一。主要包括:基本情况;近三年(至少近一年)经费决算报表;预算编制所在月份的上一月学校(含教学点)教职工工资发放表和离退休人员离退费发放表。

三是根据县级教育行政部门编制预算的有关要求,整理有关政策规定和相关定员、定额比例。该校收集整理的有关政策规定主要包括:预算内公用经费拨款标准每生每年60元(该项标准为农村义务教育经费保障机制改革实施以前当地政府已执行的预算内公用经费定额标准和农村义务教育经费保障机制改革实施后预算内公用经费补助标准之和);免杂费补助标准每生每年160元;职工福利费提取比例为教职工基本工资的2.5%;工会经费提取比例为教职工工资总额的2%;教师培训费提取比例为学校年度公用经费总额的5%;医疗保险缴费比例为教职工基本工资的8%;住房公积金缴存比例为教职工基本工资的10%;奖金的发放额度为一个月基本工资总额;离休人员按每人每年增发一个月或一个半月离休费;退休人员按每人每年增发300~500元退休费;遗属补助按每人每月100元发放;寄宿生生活补助按每人每月30元发放;独生子女费按每人每月10元发放;离退休人员特需费按离休人员每人每年500元、退休人员每人每年50元发放。

步骤二:编制预算基表。

首先,填制学校基本情况表。即根据统计审核的有关基本情况数据填制学校基本情况表(表略)。

其次,测算并编制学校预算收入情况。该校前三年平均收入为1 000 000元,其中财政补助收入963 000元,事业收入13 000元(其中杂费收入11 000),勤工俭学收入13 000元,其他收入11 000元。以上各项收入均包括教学点收入。参照该校前三年平均收入,考虑本年增资因素、学校发展项目支出资金需求和国务院免杂费政策的出台,初步确定该校本年度总收入1 270 000元,其中财政补助收入1 240 000元(含免杂费财政补助部分、学校项目支出资金需求与事业收入的差额部分),事业收入2 000元(剔除杂费收入),勤工俭学收入15 000元,其他收入13 000元。

最后,测算并编制学校预算支出情况。其一,编制工资福利支出预算。根据预算编制所在月份的上一月学校(含教学点)教职工工资和离退休人员离退休费发放汇总表中在职教职工工资发放数额(假设预算年度无人员增减变化,如果预算年度有人员增减变化或工资标准增加要给予考虑),计算工资福利支出预算。

其二,编制对个人和家庭的补助预算。根据预算编制所在月份的上一月学校(含教学点)教职工工资和离退休人员离退休费发放汇总表中离退休人员离退休费发放数额、助学金和住房公积金等计算标准(假设预算年度无人员增减变化,如果预算年度有人员增减变化或工资标准增加要给予考虑),编制对个人和家庭的补助预算。

其三,编制商品和服务支出预算。商品和服务支出按定额标准和有关政策规定的项目开支标准计算填制。首先,根据当地政府实行农村义务教育经费保障机制后执行的预算内公用经费拨款标准、免杂费补助标准和在校学生数计算预算年度商品和服务支出总额。其次,根据政策规定的提取、使用比例计算确定福利费、培训费、工会经费、离退休人员特需费等有关商品和服务支出数额。最后,参考上年度支出情况,考虑预算年度变化因素,将剩余商品和服务支出数额分配到办公费、印刷费、水费、电费等预算科目。

其四，编制其他资本性支出预算。以满足基本办学条件和事业发展需要为目标，按照“以收定支、收支平衡”的预算安排原则和“保工资、保运转、保安全”的要求，根据该校预算编制小组的讨论意见，按照支出事项的轻重缓急，编制其他资本性支出预算。

根据以上预算编制情况，该校预算年度收入合计为 1 270 000 元，依次安排工资福利支出 542 600 元、对个人和家庭的补助 465 000 元、商品和服务支出 121 000 元、其他资本性支出 141 400 元。至此，该校预算建议编制完成，学校收入/支出预算表如表 8-1 所示。

表 8-1　学校收入/支出预算表

| 编号 | 项目 | 单位 | 金额 |
|---|---|---|---|
| 01 | 收入合计 | 元 | 1 270 000 |
| 02 | 1. 财政补助收入 | 元 | 1 240 000 |
| 03 | 2. 事业收入 | 元 | 2 000 |
| 04 | 3. 勤工俭学收入 | 元 | 15 000 |
| 05 | 4. 其他收入 | 元 | 13 000 |
| 编号 | 项目 | 单位 | 金额 |
| 06 | 支出合计 | 元 | 1 270 000 |
| 07 | 一、工资福利支出 | 元 | 542 600 |
| 08 | 1. 基本工资 | 元 | 372 000 |
| 09 | 2. 津贴补贴 | 元 | 76 800 |
| 10 | 3. 奖金 | 元 | 31 000 |
| 11 | 4. 社会保障缴费 | 元 | 42 800 |
| 12 | 5. 伙食补助费 | 元 | 4 000 |
| 13 | 6. 其他工资福利支出 | 元 | 16 000 |
| 14 | 二、对个人和家庭补助 | 元 | 465 000 |
| 15 | 1. 离休费 | 元 | 52 000 |
| 16 | 2. 退休费 | 元 | 352 800 |
| 17 | 3. 退职费 | 元 | |
| 18 | 4. 抚恤金 | 元 | |
| 19 | 5. 生活补助 | 元 | 6 000 |
| 20 | 6. 医疗费 | 元 | |

续表

| 编号 | 项目 | 单位 | 金额 |
| --- | --- | --- | --- |
| 21 | 7. 助学金 | 元 | 15 000 |
| 22 | 8. 奖励金 | 元 | 720 |
| 23 | 9. 住房公积金 | 元 | 37 200 |
| 24 | 10. 提租补贴 | | |
| 25 | 11. 购房补贴 | | |
| 26 | 12. 其他对个人和家庭的补助支出 | | 1 280 |
| 27 | 三、商品和服务支出 | 元 | 121 000 |
| 28 | 1. 办公费 | 元 | 15 000 |
| 29 | 2. 印刷费 | 元 | 2 000 |
| 30 | 3. 咨询费 | 元 | |
| 31 | 4. 手续费 | 元 | |
| 32 | 5. 水费 | 元 | 6 500 |
| 33 | 6. 电费 | 元 | 10 000 |
| 34 | 7. 邮电费 | 元 | 3 500 |
| 35 | 8. 取暖费 | 元 | 30 000 |
| 36 | 9. 交通费 | 元 | 6 500 |
| 37 | 10. 差旅费 | 元 | 2 000 |
| 38 | 11. 出国费 | 元 | |
| 39 | 12. 维修(护)费 | 元 | 10 000 |
| 40 | 13. 租赁费 | 元 | |
| 41 | 14. 会议费 | 元 | 3 000 |
| 42 | 15. 培训费 | 元 | 6 050 |
| 43 | 16. 招待费 | 元 | |
| 44 | 17. 专用材料费 | 元 | 1 000 |
| 45 | 18. 劳务费 | 元 | 1 000 |
| 46 | 19. 工会经费 | 元 | 8 976 |
| 47 | 20. 福利费 | 元 | 9 300 |

续表

| 编号 | 项目 | 单位 | 金额 |
|---|---|---|---|
| 48 | 21. 其他商品和服务支出 | 元 | 6 174 |
| 49 | 四、其他资本性支出 | 元 | 141 400 |
| 50 | 1. 办公设备购置 | 元 | |
| 51 | 2. 专用设备购置费 | 元 | 9 400 |
| 52 | 3. 交通工具购置 | 元 | |
| 53 | 4. 信息网络购建 | 元 | 50 000 |
| 54 | 5. 其他资本性支出 | 元 | 12 000 |
| 55 | 6. 房屋建筑物购建 | 元 | 70 000 |
| 56 | 7. 大型修缮 | 元 | |

其五，编制政府采购预算表。按照政府采购目录和有关要求，该校商品和服务支出预算中安排的取暖用煤采购，其他资本性支出预算中安排的图书购置、仪器设备购置、多媒体教室装备和新建校舍均应进行政府采购，因此，上述支出项目需填报《政府采购预算表》，具体填报如表 8-2 所示。

表 8-2　政府采购预算表

| 编号 | 项目 | 计量单位 | 数量 | 金额/元 | 拟采购时间 |
|---|---|---|---|---|---|
| 000 | 合计 | | | 165 400 | |
| 001 | 取暖用煤购置 | 吨 | 60 | 24 000 | 9 月份 |
| 002 | 新建校舍 | 平方米 | 140 | 70 000 | 3 月份 |
| 003 | 图书资料购置 | 册 | 6 000 | 12 000 | 3 月份 |
| 004 | 仪器设备购置 | 台、件 | 1 000 | 9 400 | 3 月份 |
| 005 | 装备多媒体教室 | 套 | 1 | 50 000 | 3 月份 |

步骤三：录入生成预算报表并撰写预算编制说明。

学校基本情况表、学校收入/支出预算表、政府采购预算表编制完成后，进行数据录入校验，由软件自动生成总表。同时，根据上述预算表内容起草预算编制说明。预算编制说明一般包括以下要点：学校基本情况；学校收支预算情况和影响预算年度收支的主要因素（包括学校的发展变化情况、上级出台的影响收支的政策等）；年度收支预算的测算依据和项目支出的基本思路；对今后预算工作的建议和意见。

步骤四：审核上报。

以上工作完成后，由校长负责组织预算编制小组进行审核，如审核无误，形成学校预算建议，由校长和填报人员签字并加盖学校公章，在规定的时间内按程序上报县级教育行政部门。

至此,该校在“二上二下”预算编报程序中的“一上”阶段工作全部完成。

③“二上”阶段工作。县级教育行政部门和财政部门按预算编报程序,审核汇总该校预算建议(具体审核、上报过程略),下达该学校预算控制数 1 198 000 元,其中财政补助收入 1 168 000 元,事业收入 2 000 元,勤工俭学收入 15 000 元,其他收入 13 000 元。

根据县级教育行政部门下达的预算控制数,结合学校“一上”阶段编报的预算建议,编制该校下一年度教育经费预算草案(预算草案的编制过程属于“二上二下”预算编报程序中的“二上”阶段工作)。具体步骤如下:

第一步,校长召集学校预算编制小组会议,研究讨论预算控制数安排使用具体意见。经研究,按照“保工资、保运转、保安全”和轻重缓急的原则,确定项目支出中只安排学校 D 级危房改造项目和购置仪器设备项目,原预算建议中购置图书、装备多媒体教室项目待以后年度再安排。

第二步,根据县级教育行政部门下达的预算控制数和学校预算编制小组研究讨论确定的预算支出项目,对原编制上报的预算建议进行适当调整,重新编报学校预算草案。

首先,填报学校基本情况表。学校基本情况与原编制上报的预算建议计划一致,直接抄录即可。

其次,编制学校收支预算。根据县级教育行政部门下达的预算控制数和学校预算编制小组研究讨论确定的预算支出项目,对原编制上报的收支预算建议计划做如下调整:在房屋建筑物购建项目中调减用于新建 D 级危房的 10 000 元;在信息网络购建项目中调减用于装备多媒体教室的 50 000 元;调减其他资本性支出——图书资料购置费 12 000 元,待下一年度再申请。在此基础上,调整《学校收支预算表》。

最后,编制政府采购预算表。按照政府采购目录和有关要求,填报调整后的《政府采购预算表》。

第三步,录入并生成预算报表,重新撰写预算编制说明。

第四步,审核上报。

以上工作完成后,由校长负责组织预算编制小组再次进行审核,如审核无误,形成学校预算草案,由校长和填报人员签字并加盖学校公章,在规定的时间内按程序上报县级教育行政部门。

至此,该校本年度预算编报工作全部完成。

2. 执行财务计划

学校财务计划制定后,重在执行。只有通过认真的执行,才能体现预算精神,保证学校的教学、科研事业按预定的目标发展。执行财务计划要注意如下几点:

(1) 执行财务计划,时刻不忘勤俭办学

遵照勤俭办学的原则,对每项支出都应精打细算,厉行节约,避免开支的随意性,努力提高资金使用效益。

(2) 执行财务计划,既要认真严肃,又要灵活处理

落实财务计划要强化计划的约束力,严格按计划办事,凡列入计划项目的资金要保证,不得挪作他用。没列入计划的项目不列支,已列计划内的项目,如无特殊情况,

不得随意更改。落实财务计划还要注重灵活性。当前,社会经济发展速度很快,学校执行财务计划要根据当地社会经济变化灵活处理,在专款专用的前提下,互为调剂,增减相宜,以保持财务计划的基本平衡。

(3) 执行财务计划,要处理好平衡与不平衡的关系

执行财务计划,实现收支平衡,是学校财务人员的职责,不可粗心大意。如果出现不可抗拒的情况,原来安排的财务收支平衡格局被破坏了,财务人员要及时向上级汇报实情,同时采取必要的措施,力求达到新的平衡。学校应从实际出发,具体情况具体对待。

(4) 执行财务计划,要定期通报执行情况

任何工作都应有布置、有检查,基本预算单位应定期向主管领导通报财务计划情况。主管领导随时检查计划执行情况,包括上级拨款是否按时到位,收支活动中贯彻法律法规的情况如何,各项支出的经济效益如何,以及往来资金的清理结算情况,等等。在特定情况下,如果基本预算单位执行预算的情况与预算编制偏差较大,则必须通过财务部门发挥其监控职能,这样才能保证基本预算单位按预算计划全面执行。财务计划执行结束,年终决算后要及时总结经验,写出书面分析报告,考察、分析超支或节余的原因,提出改善财务管理的建议,为下年度编制综合财务计划做好准备。

## 第三节 小学资产与后勤管理

学校资产与后勤是学校发展的物质基础和条件保障,是全员育人、全过程育人、全方位育人的重要方面,是学校师生美好校园生活的重要内容,关系到学校的稳定和发展大局。加强小学资产与后勤管理,充分挖掘物资潜力,是保证学校顺利完成各项教学、科研任务的物质基础,也是提高学校财务管理水平和各项资金使用效果的关键,各级各类学校都必须加强领导,认真做好这一工作。

### 一、小学资产管理

#### (一) 学校资产的含义

学校资产即学校财产物资,是指那些单位价值较高,使用期较长,在使用过程中基本保持其原有实物形态的设备物资。它是学校为完成教育教学任务,搞好教育服务所必需的物质条件,包括固定资产、材料和易耗品。具体而言,有房屋及有关设施、现代化技术教学设备、教学实验设备、生活服务设备、图书、音像、各种材料物资和低值易耗品。此外,在市场经济条件下,学校资产管理还应当包括无形资产的管理。[①]

#### (二) 学校资产管理的意义

1. 学校的所有财产都是保证教育、教学、生活的重要物质条件

随着教育优先发展战略地位的确立和全社会对教育的重视程度日益加强,教育投入逐年增大,义务教育学校的教学设备逐步得到改造、更新。许多小学都拥有大量的现代教学设备,多媒体教学使用率普遍提高,各种实验室纷纷建立,有条件的学校还建

① 范先佐主编:《教育财务与成本管理》,华东师范大学出版社,2004 年版,第 140 页。

立了校园网络。学生们可以在实验室做实验，在微机室上机操作，在劳技室动手实践。这说明，教学设备越完善，现代化程度越高，它对教学的影响就越大，对教育质量的提高就越显著。

2. 管理好学校财产有利于提高办学效果

小学办学条件在逐步改善，更需要使用好、保管好、维护好各种物质资产，不断延长设施使用期。比如，许多学校添置了宣传横幅，有的使用后及时收藏，以备下次活动再用；有的则不然，久挂不收，任其日晒雨淋，以致残破色褪，需用时只好买新的，几十元、几百元就这样白白流失了。如果管理得好，就能将有限的财力用来充实急需的设备，改善办学条件，增强办学实力，提高办学效果。

**（三）小学资产管理的任务**

小学资产管理的任务主要有以下几个方面：

（1）根据经济、实用的原则，对学校内部各部门的需求进行核算，然后确保完成计划中的教学、教育、生活等各项任务所需的基本数量，从而进行有计划的添置工作。

（2）努力采取各种有效措施，提高学校财产物资的利用率，降低物资消耗，减少资源浪费。

（3）建立健全各项规章制度，加强对学校财产物资的清理、重估，保证学校财产物资合理稳定地增长。

（4）培养学生养成爱护公物的良好习惯，通过对校产的管理和使用，使学生得到生动具体的爱护公物的教育。

**（四）小学资产管理的要求**

小学资产管理应按以下要求进行：

1. 讲求实效，厉行节约

建造、购置财产物质，必须讲究实际效果，充分考虑本校原有基础和经济能力。在校舍建设和教学设备的配置方面，既要满足国家规定的面积定额和教学大纲的要求，又要反对不顾实际需要和可能，单纯追求高标准、讲排场和摆阔气的倾向；既要注意数量，更要注意保证质量，克服和防止只管买、不管用，只求价格便宜，不问质量好坏，不管使用效果的片面观点，使建造、购置的各种财产物资具有适用、耐用、实惠等特点。

在财产物资管理中，要着眼于用，着眼于服务，使物尽其用，确保为教学服务，为师生员工生活服务，为学校生产经营服务。在财产物资管理中，要克服重钱轻物、重建设轻管理的错误倾向。

2. 健全制度，家底清楚

在财产管理中，要做到家底清楚，必须建立健全必要的管理制度和完备的账务核算制度。财产物资账目是财产物资数量和价值的集中反映，学校的财产物资种类繁多，规格复杂，性能各异，存放分散。只有健全账目，才能做到家底清楚。

3. 加强维修，注意保养

在财产物资管理中，要做好对财产物资的维修、维护和保养工作。重视并做好这项工作，不仅可以延长校舍、设备的使用年限，提高利用效率，而且可以节约学校的经费支出。

4. 加强领导,明确责任

要加强财产物资管理,加强领导,建立健全科学的财产物资管理体系和责任制度。建立一套切合学校实际的组织管理制度,是搞好财产物资管理的组织保证。

分管总务工作的领导,应对全部财产物资负责,并实现统一领导。总务部门在分管校长的领导下,负责对全校财产物资的管理工作。对行政领导关系不属总务的部门,如仪器保管室,图书室,音、体、美教研组,医务室等部门,应由总务部门统一组织,明确责任,归口管理。即按照财产物资的类别和使用情况,将财产物资交给各使用部门负责管理,把“用”和“管”结合起来。不能归口的设备、房屋、建筑物等,仍由财产物资管理部门管理。在归口管理的基础上,还要划分财产管理的部门、财务部门和使用部门之间的职责范围,做到明确分工,密切配合,切实做好财产物资的管理工作。

**(五)小学资产管理方法**

小学资产管理是指对学校固定资产和低值易耗品的计划、采购、使用、保管、检查的活动,其目的是保证物尽其用,提高利用率,降低损耗率,为学校提供充足的和良好的物质条件。其基本要求是:力争实现管理的科学化、制度化、规范化。①

1. 固定资产管理

固定资产是指使用期限超过一年,单位价值在 1 000 元以上,并在使用过程中基本保持原有物资形态的资产。单位价值虽未达到规定标准,但是耐用时间在一年以上的大批同类物资,也作为固定资产管理。学校固定资产主要有如下种类:① 房产:教学用房、办公用房、生活住房、辅助用房等;② 家具设备:办公桌椅、课桌椅、柜架、实验桌椅、沙发、床铺等;③ 教学设备:教学仪器、标本、模型、电教设备等;④ 图书(包括声像资料);⑤ 文体设备:体育器材、乐器、服装等;⑥ 炊具器皿;⑦ 文物陈列品;⑧ 医疗器械;⑨ 办公与事务用品:电器设备、计算机、打印机、复印机、计算器等;⑩ 生产劳动设备:机械和工具等;⑪ 其他。

学校固定资产的管理主要涉及以下内容:

(1) 清查校产

固定校产的清查是保证学校财产安全完整、挖掘现有固定资产潜力、提高其利用率的重要手段。固定资产清查是一项复杂的工作,必须加强领导。

在清查过程中,除了查明固定资产的实有数与账面余额是否相符外,还应注意各项固定资产的保管、使用、维修、保养等情况,如有保管不善,使用不当,应及时采取措施加以改进。固定资产如有盘盈、盘亏,必须查明原因,按有关规定处理。

固定资产的清查要定期进行,财务部门、财产保管和财产使用部门,至少每半年要相互核对一次账目,以保证账账相符,账物相符。年终要对固定资产进行全面清查,编制报表上报学校行政。

(2) 整理建账

在清理校产的基础上,根据被查物品的特点、数量,进行分类登记。本着便于查找物品,又便于记账的原则,形成入账方法:① 总账;② 分户分类账;③ 单位卡片。做到

---

① 范先佐主编:《教育财务与成本管理》,华东师范大学出版社,2004 年版,第 146 页。

账物相符，账账相符，登记卡片式样与账簿基本相符。各单位建立卡片，一式两份，双方签字，校产管理员存查一份，单位保存一份。若资产有增减变化，必须持卡到校产管理组织办理变更手续。

(3) 建立并严格实施学校资产管理制度

规章制度是管理学校财产的保障。健全的规章制度标志着学校财产的管理水平，也是促进广大师生员工参与管理的基础。规章制度一旦宣布就具有权威性，管理人员在工作中要以此为据，师生员工也有章可循。学校财产管理制度主要包括：班级财产管理制度，学校财产领用、借用、赔偿制度，物品设备购置制度，各类器材使用维修制度，图书管理制度，实验室操作制度，校车使用制度，学校财产管理员岗位责任制，爱护公共财产的奖励制度等。学校领导要教育全体师生员工自觉遵守各项管理制度。

(4) 抓管理质量，把好“五关”

第一，把好计划关。管好财产物资要严格审查设备购买计划，每年的购买计划首先由各部门根据需要提出，部门领导审查后，上报校领导，逐级审查，层层把关。审查计划时，应坚持优先教育教学、优先急需的原则。

第二，把好采购关。在采购中要严格遵守按计划采购，要确保采购物资的质量，坚持货比三家。高档贵重物品，要向有关专家咨询，考察供货厂商，指定方案，集体决策；大额和批量较大的物资一律采用投标招标方式进行。

第三，把好验收关。购入的设备入库时要经过检查，由采购员、保管员和使用单位三方面当场开箱验收，与样品不符当即退货，合格后才填写入库单，办理入库手续。

第四，把好责任关。为了加强财产物资管理，必须建立严格的责任制，全校各部门层层分解，层层负责，责任到岗，责任到人。如有丢失、损坏，按学校有关规定处罚。

第五，把好设备保养维修关。设备保养维修的目的是为了延长使用期限，保养维修工作贵在坚持及时。

(5) 对学生进行爱护公物的教育

在管理中要渗透思想教育，利用管理工作进行育人。

第一，爱护公物教育常抓不懈。对学生进行爱护公物的教育，是德育的主要内容之一，应纳入教育计划。在思想工作、班主任工作中，进行爱护公物的教育，应占有一定的地位，常抓不懈，充分发挥学校各部门(如工会、共青团、少先队、学生会)的作用，特别是要依靠教导处、政教处、班主任配合工作。这是进行爱护公物教育的主要途径。

第二，提倡文明用物，培养良好习惯。由于小学生不懂得如何操作和使用设备、设施和用具，财产物资的管理人员、教师们应当不断教会他们这方面的知识，教育他们养成正确、文明使用各类物品的良好习惯。为安全节约用电，用开关要轻拉轻放；课桌平起平放，不拉不推，桌面保持平整光洁，不乱刻乱画。只有从细微处要求学生，才能延长公物的使用年限，才能对学生的精神文明教育和良好习惯的培养产生潜移默化的影响。

第三，建立奖励与赔偿制度。在学校教育活动中，必然会涌现一批爱护公共财物的先进集体和先进个人。学校应当定期进行检查评比，对于评选“优秀班级”和“三好学生”的内容，也可以专项进行评比。对于先进班级和个人，在进行荣誉奖励的同时，应予以一定的物质奖励,树立榜样,形成爱护公物的好风尚。对于损坏财产的人,应当进行严肃的批评教育,并根据情节轻重和接受教育态度的好坏,要求适当的经济方面的赔偿。

2. 低值易耗品管理

低值易耗品指价值低,使用期限短,或由于物理性能易于损耗不宜列为校产而按材料管理的工具、器皿和设备等。对低值易耗品的管理,要遵守如下要求:

(1) 建立低值易耗品的库房,使之商店化

存储一般低值易耗品的库房应充分利用空间,将低值易耗品全部上货架,使之商店化,一目了然。这样做的好处是东西容易寻找,而且整齐干净。

(2) 低值易耗品的分类

根据具体情况,可将低值易耗品大致分成电料、水暖、五金、工具、化工、劳保、文具、日杂八大类。这八大类物品基本能满足学校的办学需要,如遇特殊情况需要的特殊物件可另行购买。

(3) 建立低值易耗品的账本

上述八大类物品,每一类建立一本账,从账本上要反映出库存量、进货时间、数量、金额和使用一段时间后的结存。

(4) 入库办法

低值易耗品采用专职员工采购的办法。入库时,由库房管理人员凭发票在采购员的监督下上账,写清时间、数量、金额等,采购员应在发票上签字。

(5) 出库办法

按类别设立八大类领物账本,凡是需要领物,都要登记日期、数量、用途,本人签字。凡属维修项目的,要由维修专职人员来领,特别是电料、水暖件及化工用品。

(6) 定期盘库及购物

一个学期采取两次盘库的办法:期中一次,期末一次。某种物品用了多少,要在账本上减去,并在领物本上画红线,表明盘库的时间。红线之后领的东西,作为下一次盘库所使用的数目。盘库后,账本上能反映出各种物品的剩余数。要及时根据实际情况,按类别开出购物单,要求购物人员按类别购买。

## 二、 小学后勤管理

### (一) 学校后勤的含义

“后勤”一词,《辞海》的解释是:“军事名词,‘后方勤务’的简称。从物质、卫生、技术、运输等方面保障军队需要的勤务。”

学校后勤工作的对象有广义和狭义之分。广义的学校后勤工作对象应该包括教师和学生。在学校整个环境中,教学和科研工作的开展主要包括教师和学生,教师的教学要能够好好开展,就需要有合理的时间安排、适度的教学任务、良好的教学场地和教学环境等。要使学生在学校里安心学习,就必须为其创造合适的学习环境,提供舒适便捷的生活环境。学校后勤就是在保证教师安心教学的同时,能够使学生安心学习。狭义的学校后勤工作对象只包括学生。学校的主体是学生,学校所有的工作都是为学生成才服务的。从这个意义上讲,教师也是学校后勤工作的一部分。学校的教学行政人员一方面应为教师的教学生活提供后勤服务,另一方面应为学生的学习生活提

供后勤服务。

学校后勤管理则是运用一定的管理方法和手段,采取一系列特定的管理行为和措施,最大程度地发挥人、财、物的功能,以实现后勤工作目标的过程。

在计划经济体制下,学校不仅要负责学生的教学、思想品德教育,还要统包统管负责解决学生的住房、吃饭、医疗和生活困难等问题;不仅要负责教职工的教学、科研和管理服务工作,还要负责教职工的住房、医疗甚至子女读书、就业问题。学校后勤服务模式陈旧落后、经费负担沉重的情况,严重制约了中小学的发展。随着教育体制改革的不断深入,学校后勤社会化改革实现了学校办学模式的重大转变,打破"学校办社会"的格局,使学校把全部精力集中到教学、育人上来。①

**(二)学校后勤管理的特点**

1. 教育性

这是由学校的性质和根本任务决定的。学校教育的目的是培养完整的人,学校所有部门、全体人员都应该围绕这一目标工作。后勤管理的管理育人、服务育人,也是从这一总目标而得来的。后勤职工和学生接触频繁,与学生日常生活关系密切,所以后勤职工必须充分认识这一特点,后勤部门的一切工作必须围绕这一点,充分考虑对学生的影响教育。特别是在全面实施素质教育的时候,一言一行、一举一动,都应被视为学校教育教学的有机组成部分。

2. 服务性

为教育教学、科研及师生生活服务是学校后勤的根本任务,这就决定了学校后勤的服务性特点。学校后勤服务与社会上第三产业的服务有着根本的区别:一是目的不同。第三产业的根本目的是营利,而学校后勤服务的根本目的是为师生服务,不是以盈利为目的。二是服务对象不同。社会上第三产业的服务对象广泛,而学校的服务对象是师生,对象是确定的。因此,学校的后勤工作必须围绕学校的根本任务和中心工作来开展。

3. 先行性

所谓"兵马未动,粮草先行",作为后勤工作,必须先行。学校后勤的先行性主要表现在以下四个方面:一是在筹建学校过程中要抓好基建、设备安装,准备好师生必要的生活条件。二是在扩大学校规模上,也必须提前做好教育教学的各种物资准备。三是每学期开学前,必须做好校舍、桌椅、照明等的维修准备工作以及必需的各种教学设施的准备。四是在学期中,只要什么东西坏了,或缺什么东西,必须抓紧抢修、采购,不能影响教育教学。后勤人员必须根据先行性的特点来制订计划,安排工作,把教育教学所需的一切物资提前准备好,以保证学校工作的顺利进行。

4. 社会性

学校后勤工作就像一个"小社会","麻雀虽小,五脏俱全",宿舍、食堂、商店,甚至是托儿所、理发室、浴室、配电房等无所不有。从后勤工作管理的范围看,后勤工作与社会联系广泛,学校作为社会这个大系统中的子系统,与社会的各方面联系紧密,与社会的政治、经济、文化和科技部门都存在密切联系,学校的基建、维修需要社会各方支

---

① 范先佐主编:《教育财务与成本管理》,华东师范大学出版社,2004年版,第163页。

持，学校所需物资也需要社会提供。

### （三）学校后勤管理的内容

目前，学校后勤管理工作的内容主要包括：食品管理、安全管理、师生的医疗保障服务、校园绿化卫生管理、学校基建和维修、现代信息技术教育和后勤人员综合素质教育等。其中，学校食品管理和校园安全管理是学校后勤管理的最常规的工作。

1. 食品管理

学校的食品安全与营养健康事关师生身体健康，事关亿万家庭幸福，事关社会和谐稳定。为贯彻落实习近平总书记对食品安全工作提出的“四个最严”要求，加强对学校食品安全与营养健康的监督管理，2019 年 2 月，教育部、市场监管总局和卫生健康委联合印发了《学校食品安全与营养健康管理规定》，对学校职责、食堂管理以及食品安全事故调查和应急处置等方面都进行了详细的规定，具体如下：

（1）强化学校食品安全主体责任

学校食品安全实行校长负责制。学校应当建立健全并落实有关食品安全的管理制度和工作要求，定期组织开展食品安全隐患排查。学校应当配备专（兼）职食品安全管理人员和营养健康管理人员，建立并落实集中用餐岗位责任制度，明确食品安全与营养健康管理的相关责任。学校发生集中用餐食品安全事故或者疑似食品安全事故时，应当立即采取相关措施，积极协助医疗机构进行救治，停止供餐，按规定向有关部门报告，封存导致或者可能导致食品安全事故的食品及其原料等，加强与师生家长联系，通报情况并做好沟通引导。

（2）落实最严格的监管要求

食品安全监督管理部门应当加强学校集中用餐食品安全监督管理，依法查处涉及学校的食品安全违法行为。食品安全监督管理部门应当将学校校园及周边地区作为监督检查的重点，定期对学校食堂、供餐单位和校园内以及周边食品经营者开展检查；每学期应当会同教育部门对本行政区域内的学校开展食品安全专项检查，督促指导学校落实食品安全责任。

（3）严防严控食品安全风险

规范食堂加工制作全过程控制，对学校食堂设施设备配备、布局流程、从业人员管理，以及食品采购、进货查验、食品存储、加工制作、餐饮具清洗消毒、食品留样等各环节做出详细规定，力求建立贯穿采购、存储、加工制作、供应全过程的学校食品安全风险防控体系。

（4）严格依法追责问责

除依法给予行政处罚外，进一步强化学校责任。未履行食品安全管理责任的学校，由县级以上人民政府食品安全管理部门会同教育部门对学校主要负责人进行约谈，对学校直接负责的主管人员和其他直接责任人员给予相应的处分。食品安全监督管理、卫生健康、教育等部门未按食品安全法等法律法规要求履行监督管理职责，造成所辖区域内学校集中用餐发生食品安全事故的，依法给予相应的处分。

（5）强化学校食品安全社会共治

有条件的学校应当建立家长陪餐制度。学校建立集中用餐信息公开制度，及时向师生家长公开食品进货来源、供餐单位等信息。学校在食品采购、食堂管理、供餐单位选择等涉及学校集中用餐的重大事项上，应当以适当方式听取家长委员会或者学生代表大会、教职工代表大会的意见。有条件的学校食堂应当做到明厨亮灶，通过视频或者透明玻璃窗、玻璃墙等方式，公开食品加工过程。

2. 安全管理

近年来，因学校安全事故等引发的"校闹"事件在各地时有发生，侵害学校、师生合法权益，挑战法律底线，影响社会稳定。2017 年国务院办公厅印发的《关于加强中小学幼儿园安全风险防控体系建设的意见》对"校闹"治理做了原则规定，但实践中还缺乏有针对性的具体政策举措，各地和学校在预防和处置"校闹"的体制机制还不健全，缺乏独立、权威、有效的纠纷化解机制、风险分担机制和"校闹"处置机制。一些地方往往息事宁人、"花钱买平安"，学校承担了不应当承担的责任和压力。因此，教育部等五部门于 2019 年印发《关于完善安全事故处理机制 维护学校教育教学秩序的意见》，为学校解决后顾之忧。主要内容如下：

（1）强调学校安全事故的预防和处置

防控风险、预防事故，才能从源头上减少或消除学校安全事故纠纷。学校要树立预防为先的理念，健全学校安全风险防控的各项制度、机制。首先，学校要完善安全管理组织机构和责任体系，落实安全标准，健全安全管理制度，完善安全风险排查和防范机制，压实安全责任。其次，学校要加强学生的安全教育、法治教育、生命教育和心理健康教育，建立并严格执行学校教职工聘用资质检查制度，从源头上预防和消除安全风险，杜绝责任事故。最后，健全学校安全隐患投诉机制，对学生、家长和相关方面就学校安全存在问题的投诉、提出的意见建议，及时办理回复。

（2）建立多元化的学校安全事故纠纷解决机制

学校安全事故发生后，对于责任认定、赔偿数额等，受伤害方往往倾向于强调学校责任，向学校提出超出法律规定诉求和较高数额的赔偿请求。由于双方之间缺乏中立、权威、有效的第三方调解机制，学校在事故处理中必须直接面对受伤害方，一些学校处置应对不专业、不到位，受伤害方和学校容易产生对立情绪，往往难以达成一致。首先，推动平等协商。学校安全事故责任明确、双方无重大分歧的，可以协商解决。协商应坚持自愿、合法、平等原则，理性表达诉求。学校应指定专门人员、受伤害者亲属应推选代表参与协商。其次，大力推进第三方调解，实现能调尽调。最后，对于采取诉讼方式解决纠纷的，学校、法律援助机构等视情况可以给予一定的帮助。

（3）建立多元化的学校安全事故损害赔偿分担机制

目前大多数学校都投保校方责任险，但难以覆盖各类伤害事故情形，且赔偿额度较低，难以为学校提供全面、有效的保障，分担风险。因此，需要建立政府、社会、市场、家庭共同参与的多元化风险分担机制。具体而言，一是政府财政补贴购买校方责任险，有条件的可以购买校方无过失责任险，推动设立学校安全综合险，加大保障力度。二是引导家长为学生购买人身保险，有条件的地方可以予以财政补贴。三是学校可以引导、利用社会捐赠资金等设置学校安全风险基金或者学生救助基金，健全救助机制。四是鼓励有条件的地方建立学校安全赔偿准备基金，或者开展互助计划，健全学校安全事故赔偿机制。

## 本章小结

本章主要讨论三个问题：一是教育经费构成与财政管理体制，主要是探讨教育经费的来源，基础教育财政管理体制从以县为主到新改革方案的变化过程，以及小学经费拨款方式；二是小学财务管理，主要探讨小学财务管理概述，如含义、特点、机构、原则和任务等，小学综合财务管理中的预算管理、收入管理、支出管理等重要内容，编制和执行综合财务计划的过程；三是小学资产与后勤管理，主要探讨小学资产管理的含义、意义、任务、要求及方法，小学后勤管理的含义、特点以及食品管理和安全管理的相关内容。

本章拓展案例

## 思考题

**一、单项选择题**

1. 下列选项中，不属于国家财政性教育经费的是（　　）。

A. 一般公共预算安排的教育经费　B. 政府性基金预算安排的教育经费

C. 企业办学中的企业拨款　D. 社会团体和公民个人办学投入

2. 小学教育经费拨款的主要依据是（　　）。

A. 学生人数　B. 学校数量　C. 政府财政投入　D. 税收情况

3. 目前我国中小学校财务管理实行（　　）。

A. 校长一人负责领导全校工作的校长责任制

B. 党组织领导的校长负责制

C. 校务委员会制

D. 家长委员会制

4. 学校食品安全实行（　　）。

A. 经营人负责制　B. 后勤管理部门负责制

C. 校长负责制　D. 安全部门负责制

5. 学校后勤管理的特点不包括（　　）。

A. 教育性　B. 服务性　C. 先行性　D. 营利性

**二、名词解释题**

1. 小学财务管理
2. 学校资产
3. 学校后勤管理

**三、简答题**

1. 简述教育经费的来源。
2. 简述小学财务管理的特点。
3. 简述小学财务管理的原则。
4. 简述小学财务管理的任务。

**四、论述题**

试述学校安全管理的做法。

第八章思考题参考答案

## 延伸阅读材料

1. 高跃光著：《义务教育经费保障研究：基于政府间责任分配的视角》，中国财政经济出版社，2023 年版。

2. 易慧霞等编著：《中小学校长财务工作指南》，中国财政经济出版社，2023

年版。

3. 万毛华、姜恺捷主编:《中国中小学后勤管理研究》,北京燕山出版社,2018年版。

4. 秦玉友、曾文婧:《农村中小学公用经费支出:发展判断与优化逻辑》,《中国教育学刊》,2019年第7期。

5. 陈志广、魏可可:《财政依赖、税收自主与小学阶段义务教育财政支出——基于省际面板数据的实证检验》,《教育发展研究》,2019年第Z2期。

# 第九章　小学公共关系管理

## 知识导图

- 小学公共关系管理
  - 小学公共关系概述
    - 小学公共关系的界定
      - 公共关系的定义
      - 小学公共关系的定义
    - 小学公共关系的基本要素
      - 主体要素——小学
      - 客体要素——公众
      - 中介要素——信息传播
    - 小学公共关系的基本职能
      - 信息采集职能
      - 咨询决策职能
      - 关系协调职能
      - 形象树立职能
  - 小学公共关系的工作程序
    - 小学公共关系调查
      - 小学公共关系调查内容
      - 小学公共关系调查程序
      - 小学公共关系调查方法
    - 小学公共关系策划
      - 制定目标
      - 拟定主题
      - 界定公众
      - 选择传播方式
      - 编制预算
      - 拟订方案
    - 小学公共关系实施
      - 小学公共关系实施方法
      - 小学公共关系实施障碍
    - 小学公共关系评估
      - 小学公共关系评估程序
      - 小学公共关系评估方法
  - 小学内、外部公共关系管理
    - 小学内部公共关系管理
      - 小学与教职员工关系管理
      - 小学与学生关系管理
      - 小学与校董会关系管理
    - 小学外部公共关系管理
      - 小学与政府教育部门关系管理
      - 小学与社区关系管理
      - 小学与家长关系管理
      - 小学与媒体关系管理
  - 小学形象管理与危机公关
    - 小学形象管理
      - 学校形象定位系统
      - 小学形象调查研究
      - 小学形象系统设计
    - 小学危机公关
      - 小学危机事件分类
      - 小学公关危机的预防策略
      - 小学公关危机的处理策略

学习目标

1. 识记

◆ 小学公共关系的定义

◆ 小学公共关系的基本要素

◆ 小学公共关系的基本职能

2. 领会

◆ 小学公共关系调查

◆ 小学公共关系策划

◆ 小学内部公共关系管理

◆ 小学外部公共关系管理

3. 应用

◆ 应用本章所学内容，结合小学公共关系管理中的实际问题进行公共关系管理实践

建议学时

6 学时

教师导学

本章重点介绍学校公共关系的发展与管理。第一节从小学公共关系的概念出发，揭示构成要素下小学公共关系的基本要素，并系统介绍了小学公共关系的基本职能。第二节主要阐述了小学公共关系调查以及小学公共关系策划、实施和评估等工作流程。第三节聚焦于小学内部公共关系和外部公共关系，具体分析小学如何与教职员工、学生、校董会、政府教育部门、社区、家长、媒体等主体进行交往。第四节关注小学形象管理和危机公关，设置专题进行深入探讨，为学校形象和危机管理提出若干策略。

现代小学公共关系伴随着小学与社会各部门的联系日益紧密、信息传播技术的进步、社会发展的需要应运而生。为了协调好小学与社会的关系，为小学自身发展创造有利条件，小学公共关系观念一经问世，就显示出强大的生命力。但是，小学公共关系的内涵和基本要素是什么？它的工作过程如何？小学公共关系管理应从哪几方面入手？这些都是我们需要研究和解决的问题。

## 第一节　小学公共关系概述

### 一、小学公共关系的界定

小学公共关系作为一个新兴的理论与实践领域，可以说是以公共关系理论与实践为土壤和母体发展起来的。要理解什么是小学公共关系，就必须先弄清公共关系这一概念。

#### （一）公共关系的定义

“公共关系”一词的英文表述是 Public Relations，可译为“公共关系”或“公众关系”，指组织机构与公众环境之间的沟通与传播关系。公共关系的中文名称大概出现在 20 世纪 60 年代，首先流行于我国的香港和台湾地区，人们通常简称为“公关”。

公共关系学作为一门新兴的综合性学科，尽管思想体系不甚复杂，但在理论上涉及众多学科范畴，在实践上则被广泛应用于各种不同组织和不同领域，由此形成了众多的定义和学派。20 世纪 70 年代中期，美国公共关系研究和教育基金会的莱克斯·哈洛（R. Harlow）博士整理了 472 个公共关系的定义，可见不同研究者从各自学科和认识角度，对公共关系的理解都不尽相同。下面略举一些具有代表性的定义。

1. 管理职能说

这类定义特别强调公共关系的管理属性，突出公共关系的基本功能和核心作用。其中莱克斯·哈洛博士的定义便是典型代表。他认为：公共关系是一种独特的管理职能，能帮助建立和维护一个组织与其各类公众之间传播、理解、接受和合作的相互联系；参与问题或事件的管理；帮助管理层及时了解舆论并且做出反应；界定和强调管理层服务于公共利益的责任；帮助管理层及时了解和有效地利用变化，以便作为一个早期警报系统帮助预料发展趋势；并且利用研究和健全的、符合职业道德的传播作为其主要手段。①

国际公共关系协会同样认为公共关系是一种管理职能，公共关系活动具有连续性和计划性。通过公共关系，公立的和私人的组织机构试图赢得与它们有关的人们的理解、同情和支持——借助对舆论的影响，尽可能协调它们自己的政策和做法，依靠有计划的、广泛的信息传播，赢得更有效的合作，更好地实现利益相关者的共同利益。

美国著名公共关系学者卡特里普（S. M. Cutlip）和森特（A. H. Center）认为：公共关系是一种管理功能，它能建立和维护组织与公众之间互利互惠的关系，而一个组织的成功或失败取决于公众。

2. 社会关系说

此类观点强调公共关系是一种公众性、社会性的关系或活动。许多公共关系学者在运用或解释公共关系时常常认为，公共关系就是处理社会组织与其相关的社会公众之间的关系。

《韦氏大词典》认为：公共关系是通过传播大量有说服力的材料，促进社会上人与人之间，或人与公司之间，或公司与公司之间的亲密友好关系。

美国普林斯顿大学资深公共关系教授希尔兹（H. L. Chils）认为：公共关系是我们所从事的各种活动所发生的各种关系的通称，这些活动与关系是公众性的，并且都有社会意义。

英国公共关系学会对公共关系的定义是：在组织和它的公众之间建立和维持相互了解的、有目的、有计划的关系的持续过程。

3. 传播沟通说

这类定义强调公共关系是组织的一种特定的传播管理行为和职能，公共关系离不开传播沟通。持这种观点的人认为，“关系”体现公共关系的本质属性，公共关系是一种特定的社会关系，正确认识公众关系、处理公众关系是开展公共关系的出发点和归宿。在国外，持这种观点的学者不在少数，美国大学中的公共关系专业就常常设在新

---

① ［美］斯各特·卡特里普、艾伦·森特等著，明安香译：《公共关系教程》，华夏出版社，2001 年版，第 5 页。

闻传播学院内。

英国学者弗兰克·杰夫金斯(F. Jefkins)认为:公共关系是由各种有计划的沟通联络所组成的,强调了公共关系在动作方式上和手段上依赖沟通联络的特点。①

国外一些大型的百科全书或词典也是从这一角度来定义公共关系的。《美利坚百科全书》的定义是:公共关系是关于建立一个组织同其既定公众之间相互了解的活动。《大英百科全书》的定义是:公共关系是旨在传递有关个人、公司、政府机构或其他组织的信息,并改善公众对其态度的种种政策或行动。

我国学者廖为建认为,公共关系是发生在组织与公众之间的一种信息交流、沟通与传播的行为与状态。②

4. 经营艺术说

公共关系学是一门新兴学科,相关研究尚处于探讨阶段,许多公共关系问题尚存争议。公共关系在实际运作中要讲究创造性,讲求形象思维,需要从整体上来把握公共关系及其工作。因此有学者认为,公共关系本质上是一种艺术。

1978年在墨西哥城召开的世界公共关系协会大会上,学者们提出:公共关系是一门艺术和社会科学,公共关系的实施是分析趋势,预测后果,向机构领导人提供意见,履行一连串有计划的行动,以服务于组织和公众利益。③

上述诸多见解反映了人们对公共关系研究不断深入的历程,但对于公共关系这样一个内涵极其丰富的概念,试图用一句话完全概括实属不易。综合来看,公共关系是指社会组织为了实现组织目标,树立良好形象,综合运用现代沟通、组织、传播等技术手段与组织公众协调和平衡各种关系的组织管理职能活动。

这个定义包含了以下几层意思:第一,公共关系是社会组织和公众之间的互动关系,其中社会组织是主体,公众是客体。第二,公共关系在实施现代沟通、组织、传播的活动中,主体和客体之间的互动处于一个控制系统中。主体通过传播媒介向客体不断传递新的信息,此时主体是控制者,客体是被控制者;当信息被反馈时,客体成为控制者,主体则变为被控制者。这种控制系统确保了公共关系的互动更加准确和有效,从而实现公共关系的目标。第三,公共关系的目的在于促进社会组织和公众之间的相互了解和合作,树立社会组织的良好形象,并与公众共同获得利益。这种目的性确保了公共关系的行动是有针对性的,能够达成特定的目标。④

**(二) 小学公共关系的定义**

公共关系已经成为一种受到广泛重视的管理思想和管理技术,在各个领域都得到了一定的应用。随着我国市场经济的不断发展,学校管理体制发生了转变,出现一定程度的市场化倾向。学校除了为社会培养人才,也开始追求自己的经济利益,并重视教育产业的投入和产出。不同于非营利性组织或纯营利性组织,学校兼有营利性和非营利性双重特点,因此在公共关系活动中有其独有的特征。

据此来看,小学公共关系作为公共关系的一种特殊形式,它既要体现公共关系的

---

① 李志军、王晓乐著:《公共关系教程》,浙江大学出版社,2009年版,第7页。

② 廖为建:《公共关系管理的性质和意义》,《公关世界》,1998年第5期,第11页。

③ 许丽遐主编:《现代企业公共关系实务》,北京航空航天大学出版社,2009年版,第1页。

④ 张迺英主编:《公共关系学》,同济大学出版社,2007年版,第7页。

共性,又有区别于其他类型组织公共关系的特性。由公共关系的定义可知,小学公共关系管理是指小学在国家制定的教育方针的指导下,为了实现教书育人的目标,综合运用现代沟通、组织、传播等技术手段与学校、公众协调和平衡各种关系的学校管理职能活动。

## 二、 小学公共关系的基本要素

从小学公共关系的定义中,我们不难发现小学公共关系由小学、公众、信息传播三个要素构成。小学公共关系的主体要素是小学,是公共关系工作的承担者、发起者;客体要素是公众,是公共关系的对象;连接主体与客体的中间环节、手段要素是信息传播,这也是公共关系工作的主要内容。这三个要素构成了公共关系的基本范畴。三者的关系可用图 9-1 表示。

图 9-1　现代小学公共关系要素构成图

### (一) 主体要素——小学

小学作为小学公共关系的主体,对小学公共关系状态、公共关系活动起着决定性作用。小学的每一个组成部分,都直接影响到整个公共关系活动的成效和公共关系状态的优劣。与大多数的营利性组织不同,小学是一类不以营利为主要目的,而以服务对象的利益为目标的服务性组织。它的首要公众是学生,其目的则是教书育人。

### (二) 客体要素——公众

小学公共关系公众,是指与小学相互联系、相互作用的个人、群体或组织的总和,是公共关系信息传播沟通对象的总称。

小学公共关系公众有多种分类标准,其中广泛使用的是按组织的环境标准分类,可将小学公共关系公众分为内部公众和外部公众。小学内部公众是那些与小学有着归属关系的内部成员,其中主要的内部公众有教师、学生。内部公众是小学的重要公众,它是实现小学目标和利益的重要依靠力量,是树立小学良好形象的决定因素,也是处在对外公关前沿的哨兵。小学外部公众是指与小学不存在直接的归属关系,但有着利益关系的外部组织或个人。其中重要的外部公众有家长、校友、社区公众、大众传播媒介等。处理好外部公众的关系问题,实质上是理顺左邻右舍和上级与下级之间的公众关系,创造有利于小学发展的良好外部条件。

### (三) 中介要素——信息传播

信息传播是公共关系的基本要素,是公共关系活动的中心内容。小学公共关系信息传播是小学和公众联系的中介,是小学利用各种媒介与公众进行双向沟通和交流的行为。小学与公众的相互适应,必须通过信息传播。公共关系就是通过传播沟通等手段,在小学和公众之间建立有效的双向联系与交流,促成相互间的理解与合作。信息传播作为联结小学和公众的纽带,既是小学公共关系的方式,也是小学公共关系的过程。小学公共关系作为一种管理艺术,其特点就是运用信息传播手段去适应环境、影响公众、树立形象。可以说,没有信息传播也就没有公共关系。小学公共关系的信息传播必须使用各种人际传播、组织传播和大众传播等形式,运用各种语言沟通、文字沟通、非文字沟通的方法，通过各种印刷媒介、电子媒介、实物媒介的技术，去建立和完善小学与公众间的关系。

## 三、小学公共关系的基本职能

在小学运行中，公共关系的积极作用就在于发挥其有效的职能。这些职能的发挥既可以保证公共关系活动的顺畅运行，又可以推动小学公共关系目标的实现。小学公共关系的职能就是公共关系在小学中所应发挥的作用和应承担的职责。我们认为，小学公共关系的职能从广义上讲，就是调动一切可以调动的力量，运用各种手段，塑造良好的小学形象，赢得良好的生存环境，促进小学的生存与发展，使小学在竞争中取胜。而从狭义上讲，小学公共关系的职能主要包括信息采集职能、咨询决策职能、关系协调职能和形象树立职能。

### （一）信息采集职能

小学公共关系首先要发挥采集信息、监测环境的职能，即作为小学的预警系统，通过各种调查研究的方法，收集小学的公共关系信息（产品形象信息、组织形象信息、组织运行信息），以帮助小学对复杂、多变的公众环境保持高度的敏感性，维持小学与整个社会环境之间的动态平衡。

采集信息是公关工作展开的必要前提。无论是内部公关还是外部公关，任何策划都应从采集信息开始，这样才能做到知己知彼、百战不殆。制约和影响组织生存与发展的公众环境包括内部环境和外部环境两个方面。因此，公共关系工作所需要的信息就包括内源信息和外源信息两个部分。采集信息的职能要求公关人员具备信息意识，注意随时采集有关小学的信息。

所谓监测环境，是指观察和预测影响组织目标实现的公众情况和各种社会环境的情况，使组织对环境的发展变化保持清醒的头脑、敏锐的感觉以及灵敏的反应，从而保证科学地塑造组织形象，实现组织目标。

### （二）咨询决策职能

咨询决策职能是公共关系最有价值的职能。公共关系也被称为“咨询业”或“智业”。小学公共关系的咨询决策职能，是指通过对小学重大活动的决策、策划、管理及对这些工作的指导与建议等所能发挥的，促进组织发展和增强组织吸引力的公共关系活动。

小学公共关系咨询决策可分为咨询建议和参与决策两部分。第一，咨询建议，是指公共关系专业人员向组织领导者提供有关社会组织形象和公众动向方面的情况说明和参考意见。咨询建议与采集信息密切相连，获取信息是咨询建议的前提，而采集的信息只有通过向组织提供咨询和建议，才能实现其价值。第二，参与决策，是指组织成员在确定具体组织目标、制定实现目标的方法和步骤时所发挥的作用，是针对组织内部存在的问题制定解决方案的过程。组织需要在考虑自身条件以及外部环境的基础上，通过比较、分析等方法，最终做出决策和选择。

咨询建议和参与决策是公共关系高层次的职能，它已越来越多地为我国各类组织所利用，在组织管理、组织发展中发挥着积极独特的作用与影响。

### （三）关系协调职能

小学公共关系的关系协调职能，即公关人员使组织系统中所有要求的活动同步化与和谐化，以便达到共同目标的管理职能。

公共关系中的协调是在沟通的基础上，经过调整，达到组织与公众互惠互利的和谐发展。小学公共关系主要是从协调组织内部领导与职工之间的利益与关系、协调组织内各部门与各环节之间的利益与关系、协调组织与外部公众之间的利益与关系三个领域来发挥平衡、协调关系的职能。

**（四）形象树立职能**

树立小学良好的形象，是小学公共关系工作的目标，也是提高其社会效益的必要条件。小学公共关系工作可以利用传播媒介和组织各种活动等方式来宣传小学形象，加强各方面公众对小学的了解，树立小学领导集体、教职员工和学生的良好形象，提高小学的知名度和美誉度，从而提高小学的社会效益。

## 第二节　小学公共关系的工作程序

公共关系是有计划的、有系统的、有着自身所固有的规律性的活动，这种规律性体现为公共关系工作具有一定的程序。现代小学公共关系作为由一系列的职能活动组成的动态职能系统，这个工作程序的步骤与其职能活动的序列基本上是相适应的。因此，在考察了小学公共关系的职能活动序列后，还需要进一步考察它的工作程序，以便揭示它的操作规律，为在实践中制定小学公共关系原则和规范提供科学支持。1923年美国公关专家爱德华·伯纳斯（E. Bernays）总结前人实践经验后，提出公共关系工作的程序，称为“四步工作法”，包括调查、策划、实施和评估四个环节。①

### 一、 小学公共关系调查

小学公共关系调查是小学公共关系工作过程的起点，是做好公共关系工作的基础和前提。公关人员应当了解公共关系调查的各种工作方法和技巧，提高公共关系调查的针对性和有效性，为公共关系决策提供可靠依据，从而提高组织公共关系工作的效率。

小学公共关系调查是小学公关人员运用一定的方法，有计划、有步骤地考察小学的公关状态，收集必要的资料，综合分析各种因素及相互关系，以掌握实际情况，解决小学面临的实际问题的一种社会实践活动，同时也是发现小学存在的公关问题及差距的过程。

**（一）小学公共关系调查内容**

小学公共关系调查的目的，在于弄清小学与公众环境之间的关系状况，测量舆情民意，进行形象分析，寻找差距及原因，以便为小学公共关系指明方向。根据小学公共关系的三个基本要素，并考虑到社会环境对学校公共关系工作的影响，可将小学公共关系调查内容分为以下几方面。

1. 小学基本情况调查

任何公共关系活动的开展都不能脱离社会组织的实际情况，因而也都离不开对组织自身基本情况的掌握。具体来说，小学基本情况调查主要包括对小学运行情况和小

① 张静容、张月娥主编：《新编公共关系实务》，北京大学出版社，2009年版，第16页。

学内部关系状况的调查。对小学运行情况的调查包括对小学的办学背景、历史上的重大事件及影响、小学办学性质、发展目标、管理体制等方面的调查。对小学内部关系状况的调查包括人际关系状况、经济关系状况等方面，特别是教职工队伍的调查，如教职工的年龄层次、性别、学历、教职工数量以及特点等方面的调查。

2. 相关公众状况调查

学校要想获得生存和发展，就必须取得公众的支持。而要取得公众的支持，就必须将相关公众的状况调查作为其公共关系工作的重点。相关公众状况调查包括对公众构成情况、公众需求情况以及公众评价情况的调查。公众构成情况调查包括对小学公共关系所涉及的内外部公众的数量构成、专业构成、年龄构成、性别构成、文化程度构成等方面的调查。公众需求情况调查包括对公众物质需求和精神需求情况的调查。公众评价情况调查则包括了小学知名度、美誉度和信誉度这三方面。

3. 传播媒介调查

公共关系工作需要有效地利用传播媒介进行，因此，为了更好地开展公共关系工作，公关人员必须以对传播媒介状况信息的把握为基础。传播媒介调查包括了对大众传播媒介情况以及专题活动媒介情况的调查。大众传播媒介情况的调查包括了对传播媒介的分布情况、不同传播媒介的功能作用情况以及传播媒介所需信息情况的调查。专题活动媒介情况的调查主要是针对学校重大活动的筹办情况以及活动效果的调查。

4. 社会环境调查

社会环境是指与小学生存和发展相关联的外部社会条件的总和。社会环境不仅制约着学校的发展，而且对学校公共关系工作的开展有着重要影响。社会环境调查的主要内容包括对政策环境、社会问题、教育行业环境的调查。对政策环境的调查，包括对已出台和将可能出台的方针、政策、法规和规章制度等的调查。社会问题包括国家财政金融、税收状况，社会的重大问题，如人口与就业问题等。国家、社会对这些问题采取的对策、态度，往往是社会组织发展战略的重要依据。教育行业环境的调查包括其他小学或教育机构开展公共关系活动的经验、教训、技巧，小学在当地的地位、竞争与合作状况等。

### （二）小学公共关系调查程序

公共关系调查是一个程序性、技巧性很强的工作，了解公共关系调查的操作程序及其运作策略，是我们提高公共关系调查工作艺术水平的保障。

小学公共关系调查的程序指的是对小学客观存在的公共关系现象进行科学调查的基本过程，它是调查工作的实施阶段。小学公共关系调查的一般程序可以分为调查任务的确定、调查方案的制定、调查资料的收集和调查结果的处理四个基本阶段（详见图 9-2）。

1. 调查任务的确定

调查任务的确定一般分为三个环节：第一是提出问题，公关人员从小学实际情况出发，结合小学的公共关系目标，选择有潜在发展价值的课题。第二是分析问题，对所提问题进行规范化和具体化。第三是确定问题，明确调查课题的目的和所要解决的问题之后，必须清晰地阐明课题，并以一种假设性的方式提出，最后形成可研究的题目。

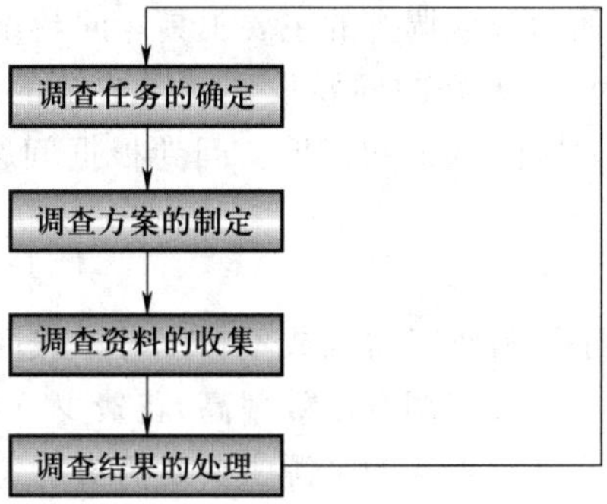


图 9-2　小学公共关系调查的程序

2. 调查方案的制定

调查方案的制定分两步：首先是设计调查指标。调查指标是公共关系调查的目的和科学假设的集中体现，需要相关人员在科学理论的指导下，进行综合分析，形成一套完整可行的调查指标系统。其次是设计调查具体方案。这一步涉及调查的对象、工具、时间、地区范围、方法、预算等。

3. 调查资料的收集

调查资料的收集是指公关人员通过发放问卷、访谈等方法，收集真实且全面反映与调查内容相关的各种资料。

4. 调查结果的处理

这是公共关系调查的最后一个环节。这一阶段的工作内容大致有两个部分：一是整理分析调查资料，得出调查结果；二是撰写调查报告，即以书面的形式将调查所取得的成果呈现出来。

**（三）小学公共关系调查方法**

小学公共关系调查的方法，是指用以保证公共关系调查目的得以顺利实现的手段、途径、措施等。公共关系调查方法对于公共关系调查任务的顺利完成具有非常重要的作用。在公共关系调查中，调查任务确定后，下一步最为关键的问题就是解决方法问题。公共关系调查的方法多种多样，经常使用的有访谈法、观察法、问卷调查法、文献调查法等几种。

1. 访谈法

访谈法是公关人员按照预先设计好的题目，有目的、有计划地与被调查对象进行访谈，直接收集信息的方法。访谈法按照有无严格设计的问题可以分为结构化访谈和非结构化访谈，按照访谈对象的多少可以分为个别访谈和集体访谈，按照访谈的形式可以分为当面访谈和电话访谈。

2. 观察法

观察法是调查人员进入调查现场，利用感官或借助科学工具，在调查对象中直接收集信息的方法。观察法最大的特点是直观性，可以排除其他调查方法的间接性所造成的误会和干扰。同时，观察法简便易行，灵活多样，随时可以进行。

3. 问卷调查法

问卷调查法是调查者运用统一设计的问卷，利用书面方式提出问题，向被调查者收集信息的方法。问卷是面向公众调查的主要工具。问卷设计有很强的专业性、科学性和艺术性，所以有人认为“一个好的问卷设计就是成功的一半”。问卷要围绕调查的主题提问，以测定公众的情况、认识和态度。问卷根据问题的构成特点可分为封闭式问卷和开放式问卷两种。

4. 文献调查法

文献调查法是在第一手资料难以得到或不够用时，通过组织内部或外部的文献资料分析所要调查问题的方法。文献调查法效率高、花费少，可用于其他调查过程之前，以尽量减少调查的开支。文献调查法的来源主要是历史上遗留下来的资料，缺乏具体性和生动性，经常需要与其他调查方法配合使用。

## 二、 小学公共关系策划

公共关系是一项长期性工作，合理的计划是公关工作持续高效的重要保证。所谓公共关系策划，就是指公关人员为了实现公关目标，对公共关系活动的性质、内容、形式以及行动方案进行谋划与设计的过程。公共关系策划是以公关人员为主体而进行的一种艰苦细致、复杂有趣的创造性思维活动。这一工作是公共关系工作的核心。策划的好坏直接影响着公共关系工作的效果和水平，也体现着公关人员的素质和水平。

小学公共关系策划首先需要小学公关人员依据公共关系调查中确定的小学形象塑造愿景，制定小学公共关系的目标，并在此基础上设计公共关系活动的主题。然后，以客观的公众分析为前提，通过对小学主客观方面的人员、经费、时间等具体条件的分析，提出若干个可行性方案。最后，通过对方案进行比较、筛选，确定出最满意的行动方案。具体来看，包括以下内容。

### （一）制定目标

小学公共关系策划工作从制定公共关系目标开始。小学公共关系工作就是为实现公共关系目标而进行的，没有明确的公共关系目标，小学公共关系工作也就失去了方向。

从内容上看，几乎有多少种公共关系活动就有多少种公共关系目标。常见的公共关系目标的几种定位领域有：维持小学形象、改变小学形象、加强与公众的沟通、提高小学知名度、重获公众信任、引起行动、社会公益活动、联络感情、寻求合作与支持、克服舆论危机等。

### （二）拟定主题

任何一项活动，都应有一个明确的主题，即想通过活动为公众留下怎样的印象，取得怎样的效果，达到怎样的目的。公共关系活动的主题是对活动内容的高度概括，它对整个公共关系活动起着指导作用。主题设计得如何，将直接关系到公共关系活动的成效。它的表现形式可以多种多样，既可以是口号，也可以是表白或陈述。拟定公共关系活动主题时，应对公共关系目标、信息个性、公众心理给予充分的考虑。

### （三）界定公众

任何一个社会组织都有其特定的公众。公共关系工作是以不同的方式方法针对不同的公众展开的。界定公众一般分为两个步骤：第一是鉴别公众的权利要求。一个成功的策划必须考虑到公共关系本质上的互利属性。在策划时，必须将公众的权利要求作为策划的依据之一。第二是对公众的各种权利要求给予分类概括，找出公众的普遍要求与特殊要求,找出与小学理念和发展目标相符或相悖的要求,分出轻重缓急,加以区别对待,谋求小学与社会公众利益最大化。

**(四)选择传播方式**

为确保公共关系活动的实施效果,正确选择公共关系媒介和确定公共关系的传播方式十分重要。小学公共关系赖以影响公众的手段就是信息的传播与交流,巧妙地传播公共关系信息是小学公共关系工作成功的关键。公共关系信息传播要借助一定的传播工具,如报纸、刊物、广播、电视等,这些信息传播工具被称为传播媒介。而可供选择的传播方式有自身传播、人际传播、组织传播、大众传播等。应依据公共关系工作的目标、要求、对象和传播内容以及经济条件来确定公共关系的传播方式。对小学公共关系而言,通常根据小学的自身特点、不同发展阶段、不同的公众对象和不同的公关任务来选择最适合、最有效的方式。

**(五)编制预算**

小学公共关系预算是公共关系人员在公共关系财务上的考虑。小学公共关系预算是将公共关系活动所需的时间、人员、资金等因素按一定的方式合理配置,以保证小学公共关系活动的顺利开展。它既是公共关系活动选择各种传播媒介、确定公共关系活动规模及范围的先决条件,也为评估小学公共关系活动效果、进行成本—效益评价提供依据。

**(六)拟订方案**

小学公共关系计划方案经过认证后,必须形成书面报告——策划书。制定公共关系策划书,是对整个公共关系的任务和过程做出的一种主动设计和系统安排,是经过选择的最优方案和最佳途径所形成的书面材料。它为公共关系工作的展开提供了一个蓝本和标准,以确保时间的安排、人力的配置、资金的使用等纳入良性的轨道。一般而言,小学公共关系策划书包括以下几项基本内容。

1. 封面

封面一般包括题目、策划者(小学或项目负责人名称)、策划书完成的日期、编号。在需要的情况下,还可考虑在封面上简洁地加以文字说明。如果策划方案尚属草稿或初稿,应在标题下括号注明“草案”“送审稿”“讨论稿”“意见征求稿”“修订稿”等字样;如果策划方案已确定,可注明“实施稿”“执行稿”等字样。

2. 序言

如果方案内容多,而且比较复杂,有必要以序言的形式予以说明,简洁清晰地作为一个引导。如果方案比较简单,则可以省略序言。

3. 目录

目录应列出策划书中篇、章、节的名称,给人以一目了然之感。

4. 正文

正文是对前述几个要素的具体表述和演绎。其主要内容包括:活动背景分析、活动宗旨与目标、活动主题、基本活动程序、传播与沟通的方案、经费概算、效果预测等。

5. 附件

附件一般包括:活动筹备工作日程推进表、公关人员职责分配表、经费开支明细预算表、活动所需物品一览表、场地使用安排表、辅助性材料(主要是提供给公关活动负责人参考的相关资料,如:调查报告、新闻文稿范本、演讲词讲稿、相关法规文件、电视片脚本、纪念品设计图等)、注意事项(将策划方案实施过程中应当注意的事项做出重点集中的提示)。

## 三、小学公共关系实施

公关关系的实施是整个公共关系活动的"高潮"。小学公共关系实施是在公共关系策划方案确定后,将方案所确定的内容变为现实的过程。一项公共关系策划方案的制定到方案目标的实现之间,还有一段相当的距离。公共关系方案的实施就是解决小学公共关系问题的关键点,它决定了公共关系策划方案能否实现以及实现的程度和范围,它的实施结果也为之后的公共关系策划提供重要依据和参考。

### (一) 小学公共关系实施方法

在公共关系实施过程中,为了使目标导向的原则得到正确的运用,人们常常采用线性排列法和多线性排列法,将所有公共关系行动和措施按先后顺序有机排列组合起来,然后再加以实施。运用这两种方法,辅以图表方式解释和说明,便于内部人员清晰明了地了解实施过程,可以使他们认清本组织的利益和实现的方法,自觉将实现本组织的战略目标与自己的本职工作紧密地联系在一起。

1. 线性排列法

线性排列法是指按公共关系行动的内在联系为先后顺序逐一排列起来,一步一步向目标迈进的小学公共关系实施方法。① 具体实施路径如图 9-3 所示。

图 9-3 线性排列法

2. 多线性排列法

多线性排列法是将几个行动同时展开,共同向目标迈进的排列方法。这种排列方法可以缩短实施的总时间,但花费的人力、物力、资金相对第一种排列的方法要多,而且如果前面一步的工作不能获得成功,对下一步工作将造成浪费。具体实施路径如图 9-4 所示。

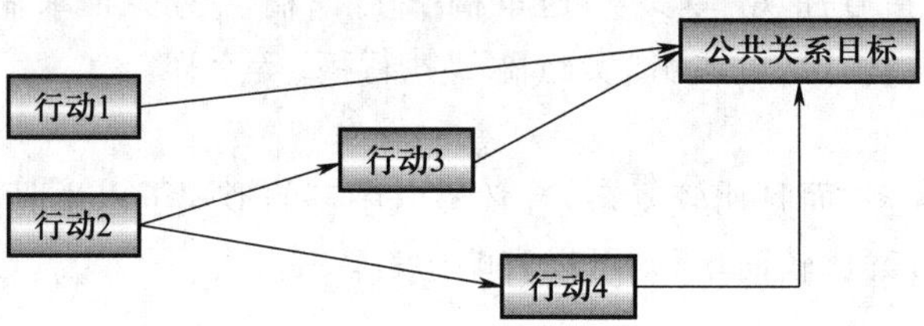


图 9-4 多线性排列法

### (二) 小学公共关系实施障碍

公共关系的实施,由于种种原因的影响,会与预定计划产生偏差,从而妨碍公共关系活动的正常进行。公关人员必须了解出现偏差的原因,预防偏差对活动实施带来的

① 龙新明主编:《公共关系原理与实务》,中国传媒大学出版社,2008 年版,第 113 页。

不利影响。一般来说,小学公共关系实施可能出现以下两方面的障碍。

1. 目标障碍

目标障碍是指公共关系活动方案中由于目标定位不明确甚至不正确,缺乏可操作性,或方案制定的活动偏离目标而给实施所带来的困难。在公共关系活动实施的过程中,无论实施的例外情况有多少,活动基本上还是要根据方案所规定的内容进行。因此,公共关系活动的实施必然要受到方案多方面的影响。如果方案目标不明确或不正确,那么尽管实施人员尽心尽力,也会给实施带来种种障碍。排除目标障碍的根本途径是要求计划的制定者尽量使计划目标具有正确性、明确性和具体性。这不仅是活动实施的依据,更是对计划实施进行控制、监督和评估的基础。

2. 沟通障碍

公共关系方案实施的过程实际上是传播沟通的过程。实施过程中的传播沟通并非一帆风顺,其主要的障碍在于,信息无法被原原本本地接受。从沟通的角度来看,信息的发送者、信息的接收者和媒介构成了一个完整的沟通系统。造成障碍的可能原因包括:语言障碍、文化习俗障碍、观念障碍、心理障碍、组织障碍。

(1) 语言障碍。语言是公共关系传播用以表达情感、交流思想和协调关系的主要工具,语言的复杂性使得公关人员要准确地使用它并非易事。常见的语言沟通障碍有:语音不清、语意不明或误解、语法错误、用词不当、文字标点错误。

(2) 文化习俗障碍。习俗是指在一定社会群体中约定俗成、世代相传的风尚、礼节和礼仪习惯等。习俗对人们的物质生活和精神生活会产生持久的影响,是传统文化的基本形式。常见的习俗障碍主要表现为公共关系实施中违反传统礼仪道德和风俗习惯。

(3) 观念障碍。观念是由一定的经验和知识积淀而成,是一定条件下人们接受、信奉并用以指导自己行动的理论和观点。有的观念是促进沟通的巨大动力,有的观念则是阻碍沟通的障碍。

(4) 心理障碍。这指的是人的认识、情感、态度等心理因素对沟通造成的障碍。公共关系实施的心理障碍主要有消费心理、交际心理、文化心理、情感心理、偏见心理等。

(5) 组织障碍。组织是指职责、权限和相互关系得到安排的一组人员及设施。合理的组织安排能有效地促进内外沟通,反之则成为阻碍沟通的因素。常见的组织障碍主要表现为公共关系实施中传递层次过多造成信息失真、机构臃肿造成沟通缓慢、条块分割造成沟通“断路”、沟通渠道单一造成信息量不足等。

## 四、 小学公共关系评估

小学公关计划实施效果的评估,主要依据是社会公众的评价。公共关系评估是改进公共关系工作的重要环节,是开展后续公共关系工作的必要前提,在整个小学公共关系工作过程中起着承前启后的作用。它能有效地鼓舞员工士气,并能促进公共关系评估体系的创新。

### (一) 小学公共关系评估程序

公共关系评估是公共关系活动的最后一个程序,它是对活动实施结果的总结、衡量和评价。评估的目的是在肯定成绩的同时发现新的问题,以便不断调整小学的公关目标、公关政策和公关行为。评估过程的一般程序是：

1. 明确评估目标

明确评估的目标，才能做好公共关系评估工作。评估目标的确定，为小学公共关系评估工作指明具体操作方向。评估目标必须具体、合理而且明确，这样才有助于评估资料的收集和整理工作，保证评估方向的正确性。

2. 组建评估机构

小学公共关系评估是一项复杂的工作，需要组建一个评估机构，或是临时的评估班子对其进行有效的评估。评估人员的涉及面要广，不仅要有专业的公关从业人员，还应该聘请一些专家教授、家长、社区人员等外部公关代表以及小学内部公关代表，如教师、行政人员等共同参与。

3. 明确评估标准

评估标准是对公共关系计划实施过程与结果的客观衡量尺度，是评估人员开展评估工作的参照系。评估标准含糊不清，就无法对公共计划的最终结果做出切合实际的判断。因此，明确评估标准是进行科学评估的基础条件。

4. 衡量工作绩效

依据评估标准对公共关系项目的实施过程、工作方式、工作效果、存在的问题，以及其带来的社会效益与经济效益进行判断。

5. 撰写评估报告

评估报告的撰写是对公共关系评估工作的总结，不仅要对现有的公共关系活动实施的经验进行总结，还应为后续工作的开展奠定基础。

**（二）小学公共关系评估方法**

1. 三阶段层次分析法

美国公共关系学者卡特里普和森特在所著的《有效公共关系》一书中，提出经典的项目评估的层次分析法，将评估分为三个阶段十三个层次（见图 9-5），对不同的阶段，提出相应的评估标准和方法。①

公共关系评估的每一阶段都有助于提高对评估效果的理解程度，同时为其评估效果增加信息量。准备过程的评估测评了信息和战略性计划的质量和完备性，实施过程的评估要用文件证明策略和努力是否充分适当，影响过程的评估则提供了对项目结果的反馈。每一层次都有不同的评估标准，这十三项评估标准组成了完整的对公共关系计划实施效果的评估。

2. 专家意见法

专家意见法，又称德尔菲法，是依据系统的程序，采用匿名发表意见的方式，通过多轮次调查专家对问卷所提问题的看法，经过反复征询、归纳、修改，最后汇总成专家基本一致的看法，作为预测的结果的评估方法。② 这种方法具有广泛的代表性，较为可靠。不足之处在于专家的确定较为困难，数量和质量都不易保证。

---

① 斯各特·卡特里普、艾伦·森特等著，汤滨等译：《有效公共关系》，中国财政经济出版社，1988 年版，第 297 页。

② 韩岫岚、王绪君主编：《管理学基础》，经济科学出版社，1999 年版，第 130 页。

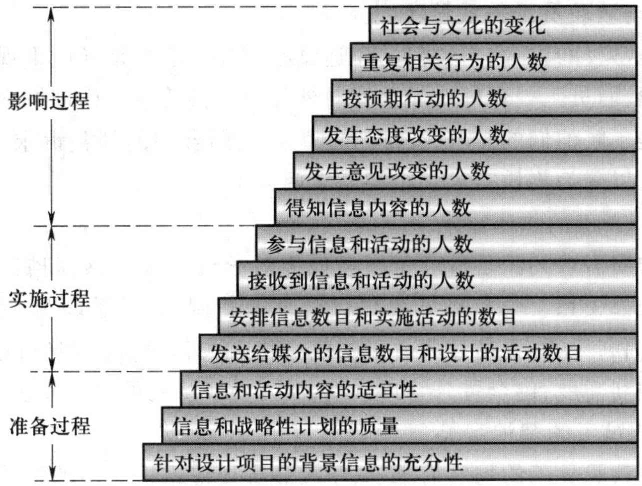


图 9-5　评估阶段和层次图

3. 目标管理法

目标管理源于美国管理专家德鲁克，他于 1954 年首先提出了“目标管理和自我控制的主张”。他认为，所谓“目标管理”，就是“管理目标”，也就是依据目标进行的“管理”。概括来说，目标管理乃是一种程序或过程，它使组织中的上级和下级一起协商，根据组织的使命确定一定时期内组织的总目标，由此决定上、下级的责任和分目标，并把这些目标作为组织运营、评估和奖励每个单位和个人贡献的标准。目标管理法属于结果导向型的考评方法之一，以实际产出为基础，考评的重点是员工工作或方案实施的成效和结果。

## 第三节　小学内、外部公共关系管理

按照工作对象的不同，小学的公共关系可以分为内部公共关系和外部公共关系两大类。小学内部公共关系管理是指小学系统内个人、班级、年级、处室、小学领导层等不同层次之间以及同一层次相互之间关系的协调与沟通，其实质就是运用信息沟通手段，在小学内部公众之间建立起相互了解、相互理解、相互信任、相互支持的关系，即建立一种内部团结协作的机制。小学外部公共关系管理是指小学与外部各方之间建立和维护良好关系的管理活动，涉及小学与政府、社区、家长、媒体等外部利益相关者之间的沟通、合作和互动，其目标是建立和加强与外部各方的互信、合作和共赢关系，以促进小学的发展和提升其社会形象。①

### 一、 小学内部公共关系管理

争取内部团结是小学公共关系管理的首要任务，也是求得小学存在和发展的必备条件和基础。小学要维护自身的形象，就必须处理好内部关系，减少摩擦系数，增强师生员工的自信心和责任感，使其个人目标与小学的总目标保持一致。

① 杨天平著：《学校常规管理学》，人民出版社，2004 年版，第 713-732 页。

### （一）小学与教职员工关系管理

教职员工是学校的主人，与学校的命运紧密相连。学校领导应重视学校与教职员工的关系，通过教职员工处理好对学生和对外部的公共关系。处理好学校与教职员工关系的前提就是了解他们的需求，并尽可能满足他们合理的利益诉求。具体来说，教职员工的需求可以分为物质需求和精神需求两大类。

1. 重视教职员工的物质需求

教职员工物质需求的满足有利于增强他们对学校的认同感、归属感和向心力，形成良好的学校内部关系。学校领导要提供合理的薪酬，保障教职员工的基本生活需求；完善额外的福利待遇，提高教职员工的满意度和忠诚度；建设良好的工作环境，支持教研活动的顺利开展；健全晋升管理制度，激发教职员工的工作积极性和动力。

2. 重视教职员工的精神需求

除了要重视教职员工的物质需求外，学校领导还应重视他们的精神需求。在小学公共关系的论域中，教职员工的精神需求主要包括信息共享、参与学校决策两方面。

信息共享不仅有利于形成良好的人际关系，减少教职员工对学校的猜疑甚至对抗，还有利于教职员工在思想和行为上与学校目标保持一致。信息共享就是要加强学校内部的沟通，包括纵向信息沟通、横向信息沟通以及立体交叉式信息沟通。纵向信息沟通是指学校内部上下级之间的双向信息交流，这种沟通方式能够促进决策的透明度，加强教职员工的归属感，有利于形成上下一心、齐心协力的和谐氛围。横向信息沟通是指学校内部处于同一级别人员的信息交流，这种沟通方式有利于加强各部门间的交往，增进教职员工的相互支持、团结合作。交叉式信息沟通是学校内部各级人员之间的信息沟通，这种沟通方式不再区分上级与下级，强调上下级的平等交往，有利于形成相互理解、相互信任的和谐气氛。参与学校决策则有利于增强教师的主人翁意识，加强教职员工的归属感。学校应积极宣传最新政策，并利用教代会等形式鼓励教职员工为学校的发展添砖加瓦，贡献自己的力量。

### （二）小学与学生关系管理

学生是学校的重要组成部分，是学校内最庞大的公众群体，与外界有着广泛的联系。对学生的良好公共关系不仅能够团结、教育学生，还能借由学生在社会上树立良好的学校形象。处理好与学生的公共关系，就是要加强学生与教师、学校之间的沟通。

1. 加强学生与教师的沟通

良好的师生关系不仅能增进师生间的理解和信任，提升教学效果，还能增强学生对学校的归属感，提升学校对学生家长、社区的公共关系工作效果。为构建良好的师生关系，实现学校公共关系工作目标，学校可通过以下方式促进师生之间的有效沟通：

（1）引导教师加强语言技巧的使用。教师应正确使用提问方式，冷静处理学生之间的冲突，减少使用命令型的表达等，从而减轻因表达不当而对学生造成的不良影响。

（2）引起教师重视对非语言的沟通。教师不仅要注意自己语言的表达内容和方式，还应重视表情、肢体动作等非语言的沟通表达，从而构建良好的师生关系。

2. 加强学生与学校的沟通

学生作为学校的一分子，对学校的发展至关重要。学校应该始终把学生放在教育事业的核心地位，重视与学生之间的双向沟通。具体来说，学校应该做到以下几方面：

(1) 尊重学生的意见与建议。学校应尊重学生的立场,认真倾听学生的想法,并给予积极反馈和回应。

(2) 扩展沟通渠道。学校应提供如面对面交流、电子邮件、热线电话、线上平台等多种沟通渠道,让学生能及时与学校沟通联系。

(3) 提供咨询帮助。学校应重视学生遇到的问题和困难,并提供咨询帮助,让学生感受到学校的关心和支持。

**(三) 小学与校董会关系管理**

校董会是近年来发展起来的一种学校治理形式,也是学校新出现的一类内部公众,其作用不断被重视和提高,因此,学校与校董会之间也应该保持良好的互动。开展对校董会的公共关系活动,应做好如下工作:

1. 强化学校与校董会的沟通

校董会是学校经营和管理中的重要主体,能为学校发展提供多方面的支持,提升学校的品牌形象。因此,学校还要强化与校董会之间的沟通。学校应定期与校董会举行会议,如实汇报学校在教育教学、师资培养、财务运行等方面的成绩和问题,确保校董会能全面了解学校状况,并为学校发展提供有效的指导和支持。

2. 建立有效的监督机制

校董会对学校运营和管理的全面监督,有利于确保学校各项工作的落实,从而不断提升学校的教育教学质量和师资队伍建设水平。校董会对学校的监督主要体现在以下方面:

(1) 监督学校运营情况。校董会对学校教育教学改革、招生、师资培训等方面的监督,能确保学校运营合法、规范、透明。

(2) 检查学校经费使用。校董会有权审查学校的预算和财务管理政策,监督学校经费的使用情况,防止资金滥用、浪费的发生。

(3) 解决学校内部冲突。在学校内部发生冲突或纠纷时,校董会可以发挥调解作用,协调各方的利益和关系,促进问题的解决。

## 二、 小学外部公共关系管理

小学外部的公共关系通常是指小学与其上级、同级、周边社区以及家长等主体之间的关系。随着现代社会的发展,小学的社会关系变得越来越复杂。由于社会地位和社会分工的不同,小学在复杂的社会关系网络中不可避免地需要与其他社会组织建立互相依存的联系。因此,加强小学与各种社会组织之间的相互联系和协调,已成为现代小学公关的一种普遍趋势。在处理小学外部公共关系时,必须注意构建与重点公众的关系,以建立稳定而互惠的合作关系。

**(一) 小学与政府教育部门关系管理**

对学校来说,各级政府和教育行政部门代表国家管理学校,对学校的发展起着关键作用。任何学校组织都必须服从其领导,协调好与它们之间的关系,以准确把握教育事业发展的方向,获得人、财、物等各方面的支持。学校处理与政府及教育行政部门的关系时应服从政府教育部门管理,主动与上级部门沟通。

1. 服从政府教育部门管理

政府教育部门是小学的重要调节器,承担着学校之间的协调、指导和规范等诸多

责任,同时,政府财政还是小学教育经费的主要来源,是小学人员的招聘、分配和管理的主要渠道。因此,学校需做到以下几方面:

(1) 服从国家教育机关等有关部门的行政管理,在政府法律、法令、方针、政策允许的范围内进行活动。

(2) 贯彻执行党和国家的路线、方针、政策,完成国家下达的各项教育和科研任务。

(3) 及时了解政府的教育方针,收集和汇编各级政府和教育行政机构下达的文件,为学校提供全面准确的决策依据。

2. 主动与政府教育部门沟通

在我国现阶段,政府教育部门对小学的影响和作用非常大,是小学外部公关中最为重要的关系。因此,学校需做到以下几方面:

(1) 采取积极合作的态度,自觉接受政府教育部门的指导和管理,严格遵守政府有关政策和法规。小学领导人应深入了解政府机构,特别是教育行政机构的设置、职能结构、工作范围和办事程序等,与教育主管部门的工作人员保持经常性的联系,提高行政效率。

(2) 小学应定期向上级部门提供信息、反映情况、提出建议。小学可以通过自身的各种活动,或通过与权威人士如人民代表、社会贤达、社会名流、专家学者等的交流,争取政府的支持。

(3) 小学领导应加强与主管领导的联系。小学领导可充分利用各种学校活动,如开学典礼、毕业典礼、校庆、大型体育活动、文艺演出、教学观摩活动和教育科研成果展览等机会,邀请政府、教育部门领导参加。通过这些活动,政府官员可以更深入地了解小学的情况,关注和支持小学的工作,同时也加深与小学领导个人之间的情感,并建立良好的信任关系。

**(二) 小学与社区关系管理**

与学校组织在地域位置上相邻或相近的社会组织,如机关、企业、商业、服务业、居民组织、医疗卫生、交通、公安、文化场馆等单位,都是学校组织的社区公众。这些公众构成了学校赖以正常运转的基本外部环境,为学校提供交通、能源、邮电、治安保卫等方面的服务,也给学校提供基本的生活和工作条件。学校处理与社区的关系时应遵守社区管理机构的政令、条例和规定,并积极与社区公众互动。

1. 遵守社区管理机构规定

学校是育人的场所,需带头遵守社区规范,以帮助学生从小树立正确的价值观和道德观念,了解社区成员的责任和义务。因此,学校应遵守社区管理机构的政令、条例和规定,积极参加社区组织的各种活动,如义务植树活动、敬老爱幼活动、卫生活动等。

2. 加强社区公众互动

小学与社区的发展是相互依存、相互促进的,因此应该积极主动地与社区公众保持良好的互动关系。

(1) 了解社区对小学的期望和要求,及时改进自身的工作。学校应在力所能及的范围内积极参与社区建设,充分利用学校的知识、技术和人才优势,为社区提供有价值的服务,如提供家庭教育咨询、开办家长学校、为社区培养人才等,以赢得社区公众的信任和尊敬，提高学校的声誉，增进彼此间的感情。

（2）加大学校在社区的宣传，介绍学校的实际情况。学校可在社区宣讲本校的工作目标、教学计划、教学质量，为了实现教育目标所做的努力和取得的成就，以及面临的困难等，使公众对学校形成全面、公正的看法和评价，乐于支持、配合学校的工作，并真诚帮助学校解决一些实际问题。

（3）组织社区内有关单位参与学校管理，实现学校与社区共建共管。学校可与文化场馆（博物馆、文化馆、科技馆）建立合作关系，引导学生多多参与社区的文体活动，既促进学校与社区公众的直接沟通，又调动公众的积极性，为学校赢得各方面的理解和赞赏，共同办好教育事业。

**（三）小学与家长关系管理**

学生家长是支持小学工作的重要力量，是小学形象的重要评价者和宣传者，是小学最直接、最敏感，也是最有影响的外部公众。家长对小学的尊重和支持，有助于提高小学在社会公众心目中的地位和威信，也有助于小学教育教学质量的提高。因此，学校应加强与家长的信息交流，并正确处理家长的反馈信息。

1. 加强与家长的信息交流

在培养学生德、智、体、美、劳全面发展方面，学校与家长的目标总是一致的。因此，小学需要与学生家长进行经常的、坦率的交流和沟通，使家长全面掌握学校有关教学计划、课堂设置、教学管理等方面的情况：

（1）可以通过召开家长座谈会或进行家访、设立家长访校日等方式，鼓励家长积极参与小学的教育教学和庆典活动。

（2）可以成立家长委员会，定期商议小学的大事，向他们汇报小学的办学情况和管理情况，分享教育科学知识，指导家长配合学校搞好子女教育工作。这些活动都将为家长和小学之间建立起良好的互动和合作关系，有益于小学的发展和学生的成长。

2. 正确处理家长的反馈信息

当小学与家长发生冲突或纠纷时，一个成熟、负责任的小学公关部门应及时出面，以家长为中心，妥善处理纠纷并解决实际问题，这不仅是对家长负责，更是改善小学形象的重要契机。

（1）小学应该全面收集和处理家长反馈信息，可以通过调查问卷、服务跟踪、接受投诉等形式，收集家长的意见和反馈，并对其进行分类和归纳，以此来指导小学工作的调整和改进。

（2）认真对待家长的意见和投诉。学校应记录投诉内容，包括时间、地点、当事人、问题描述等，并开展调查核实。调查期间应及时向家长反馈处理结果，并说明采取的措施和解决方案，保持与家长的沟通和联系，确保问题得到圆满解决。

（3）学习与改进。小学应对投诉问题进行总结和反思，从中吸取教训，改进学校管理和教育教学工作，以避免类似问题再次发生。

**（四）小学与媒体关系管理**

新闻媒体是小学与社会联系的重要渠道之一。新闻媒体在引导和制造舆论方面具有独特的优势，对小学的宣传起着举足轻重的作用。因此，小学应注重与媒体的交往。

（1）了解各种新闻传播媒介的记者、编辑的工作过程，根据其读者对象、发行范围等不同特点，有针对性地提供有关学校教育改革、教育内容、教育质量、教育成果等方面的资料和信息。

（2）与新闻单位及记者、编辑保持经常性接触，建立融洽的人际关系，主动提供报道线索，为其采访提供方便，协助、配合他们及时完成宣传任务。

## 第四节 小学形象管理与危机公关

形象管理和危机公关是小学公共关系管理的两个重要内容，它们相辅相成、相互作用。形象管理有助于树立小学的良好形象，而有效的危机公关则能够帮助小学应对危机，化危为机，维护和重塑小学形象，促进小学更好地发展。在这个过程中，形象管理创造的和谐环境有助于危机公关的处理，为小学渡过危机提供更好的条件和保障。但形象塑造非常艰难，破坏形象却异常容易。因此，我们需要加强危机管理，以确保形象战略的顺利进行，为小学的发展创造良好的外部环境，树立良好的社会形象。通过形象管理和危机公关的配合和合作，小学可以在不断变化的外部环境中稳定前行，取得更好的成就和发展。

### 一、小学形象管理

小学形象管理是指通过有效的策略和措施，塑造和维护小学在公众心目中的形象和声誉。它包括对小学的教育理念、办学特色、教学质量、师资力量、学生表现等方面进行定位和宣传，以建立积极的品牌形象和良好的社会声誉。小学形象管理的目标是提升小学的知名度、美誉度和吸引力，增强公众对小学的信任和认可，进而吸引更多的家长和学生选择该小学。小学管理者需要依靠形象设计和实践活动，通过合理规划和广泛传播来增强小学在大众心目中的形象和地位，以便更好地满足社会公众的需求和期望。小学形象管理策略主要包括三部分：首先介绍学校形象定位系统，其次可根据学校形象定位系统进行小学形象调查研究，最后进行小学形象的系统设计。

#### （一）学校形象定位系统

教育界根据企业形象管理提出学校形象管理的 SIS 形象定位系统，即“School Identity System”（简称 SIS）。学校形象定位系统具体由学校理念识别、学校行为识别和学校视觉识别三个子系统构成，是小学形象管理的重要战略框架和工具。[①] 小学形象是学校理念系统、行为系统和视觉系统的整合。其中学校理念系统是核心，对小学形象起决定作用，学校行为系统是理念的动态表现，学校视觉系统是小学形象的外在表现。

1. 学校理念形象

学校理念形象是对小学深层次办学观念的提炼和概括，也体现了小学历史传统和发展思路的核心。它涵盖了树立小学人员价值观、总结小学管理哲学、传承小学精神、确立独特的小学管理风格、标识小学鲜明的办学个性等方面。学校理念形象是小学形象设计中最抽象，也是最深层的组成部分，是建立和实施小学形象的原动力和基础。

---

① 吴遵民、李家成著：《学校转型中的管理变革——21 世纪中国新型学校管理理论的构建》，教育科学出版社，2007 年版，第 116 页。

2. 学校行为形象

学校行为形象是小学理念的动态体现形式，通过规范化、制度化和具体的执行行为，将小学理念转化成外在行为的过程。它包括小学内部组织及其成员行为与活动的规范，并帮助形成具有特色的小学制度和活动。

3. 学校视觉形象

学校视觉形象是小学理念的静态体现形式，通过使用一系列识别符号来刻画小学的个性，突出小学精神、风格和特征。它包括小学标志性的建筑、院舍、服装、运载工具、办公用具等物质性载体。学校视觉形象设计能够在公众中树立小学形象，并促进公众对小学的认知，也最容易被公众观察和感知。

**（二）小学形象调查研究**

小学形象的调查研究可分为三个步骤：小学形象内部调查、小学社会实际形象调查和小学形象差距分析。

1. 小学形象内部调查

小学形象内部调查是指通过对小学内部各个环节、各种要素的调查分析，对小学形象所做出的自我评价和判断。由于小学形象是小学教学质量、管理水平、办学条件、校容、校纪、校风等方面的综合反映，小学形象内部调查就是要对上述各方面的情况做出科学的分析评价，这是小学公共关系调查的第一步。

2. 小学社会实际形象调查

社会公众和社会舆论对小学的认知和评价，就是小学在社会公众中的实际形象，即小学社会实际形象。它通常体现为小学在社会公众中的知名度和美誉度。知名度指一所小学为公众所知晓、了解的程度，是衡量小学形象的量的指标，是评价小学名气大小的客观尺度。而美誉度指一所小学获得公众信任、赞许的程度，它是衡量小学形象的质的指标，是评价小学社会影响好坏程度的指标。

3. 小学形象差距分析

小学形象差距分析一般分两步进行。第一步，使用李克特量表制作“小学形象要素调查表”，调查有关小学形象的各个项目，如办学方向、教学质量、管理水平、办学条件、校风、社会效益等。① 如表 9-1 所示。

表 9-1 小学形象要素调查表

| 调查项目 | 非常好 | 较好 | 稍好 | 一般 | 稍差 | 较差 | 非常差 |
|---|---|---|---|---|---|---|---|
| 办学方向 | | 50 | 30 | 20 | | | |
| 教学质量 | | | 75 | 15 | 10 | | |
| 管理水平 | | | | | 28 | 42 | 30 |
| 办学条件 | | | | | 35 | 20 | 45 |
| 校风 | | | | | 40 | 30 | 30 |
| 社会效益 | | | | | 65 | 25 | 10 |

① 盛绍宽主编：《学校公共关系学》，科学普及出版社，1994 年版，第 108 页。

第二步，将公众心目中的小学实际形象与小学自我形象分析比较，从中找出两者间差距及其形成原因，以便为小学公共关系指明工作方向。在具体操作中，我们常以“小学形象要素差距图”为分析工具。方法是把“小学形象要素调查表”中表示不同程度评价的7个档次相应数字化为数值标尺，如1表示非常差，2表示较差……7表示非常好。据此根据表9-1的统计结果计算公众对每一个调查项目评价的平均值，连接各点即成为公众心目中的小学实际形象曲线。其中，小学形象要素公众评价平均值计算法为：① 计算某一项目中各档次评价总分=该档次数值标尺×评价人数（如表9-1中的第一项“办学方向”：6×50=300，5×30=150，4×20=80）；② 计算每一调查项目的评价总分=该项目各档次评价总分之和（如表9-1中的第一项“办学方向”的评价总分为：300+150+80=530）；③ 计算该项目评价的平均值=项目评价总分/调查人数（如表9-1中的第一项“办学方向”评价的平均值为：530/100=5.3）；④ “办学方向”一项的公众评价平均值为5.3，将这一数值标明在图9-6中标尺的相应位置上。图9-6是以表9-1中的某小学调研数据为例，绘制的小学形象要素差距图，实线部分表示该小学的公众社会形象，虚线部分表示该小学的自我形象分析。两条曲线之间的差距就是公众心目中的小学形象与小学自我形象分析之间的差距。

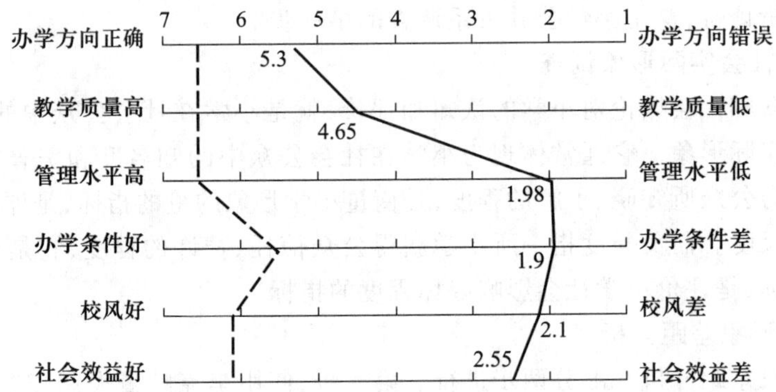


图9-6 小学形象要素差距图

**（三）小学形象系统设计**

小学的形象是各方面素质的综合反映，它包括领导者水平、教职工整体素质、教学设施实力、教育科研能力、毕业生质量、对外交往、校园文化、内部管理体制、小学发展史等多方面的因素。在社会公众中，良好的组织形象是一项巨大的无形资产，需要长时间的精心打磨和积累。小学形象设计是一个复杂的系统工程，要体现“育人”特点，兼顾社会效益和经济效益。根据学校形象定位系统，小学形象设计由三部分组成：一是小学精神特征和校园文明系统；二是小学行为规范和运作系统；三是外部感观系统。[①] 其中，小学精神特征和校园文明系统是核心；行为规范和运作系统是设计良好形象的运行保障；外部感观系统是小学形象的个性化，便于社会公众感知和记忆，能起到提升形象、提高知名度的作用。

---

① 徐美恒、李明华主编：《公共关系管理学》，中国人民公安大学出版社，2002年版，第391页。

1. 小学精神特征和校园文明系统

小学精神特征和校园文明系统是小学形象要素系统的核心内容，也是小学最珍贵的财富之一。它涵盖了办学指导思想、宗旨、学风、教风、校风、小学特色和教育质量等许多方面。正确的办学指导思想对指导师生的行为和方向至关重要；优良的校风则是小学精神特征、校园文明和小学发展史的集中体现，能够对每一位师生产生巨大的影响；办学特色则是小学深刻认识自己，从实际出发，扬长避短，走个性化之路的产物，它能够充分发挥教职工的积极性。

因此，要以全面提高教育质量为目标，结合小学传统、实际和特色来设计小学精神特征和校园文明系统，并通过简洁、明了、易被公众感知、记忆的语言、图案或标志物表达出来，塑造一个有着鲜明特色、深受社会公众认可的小学形象。

2. 小学行为规范和运作系统

小学行为规范和运作系统是小学形象设计成败的关键。学校应依据国家和上级有关部门的法律、法规、政策，并结合小学的具体实际，制定出能体现小学精神特征的教育、教学、管理等方面的具有科学性、权威性的各种规章制度，以使全体师生有法可依，有章可循。

全体师生，特别是领导应成为章法的模范遵守者、严肃维护者、坚决执行者和热情宣传者，时时处处为小学形象着想，在日常的工作、学习、行为中为小学形象增光，保证小学的教育、教学、管理活动全过程的规范化。比如：小学全体成员的政治觉悟、思想品德要符合社会主义的道德规范；衣冠整洁、举止端庄、符合文明礼貌的行为规范；措辞恰当、谈吐文雅，符合健康的语言规范；各种张贴、板书做到字迹工整、准确，符合祖国文字规范；校园设施整洁优美、朴素大方，符合小学的环境规范等。

3. 外部感观系统

外部感观系统具有直观性、形象性和差异性的特点。小学独特的识别标志有：校徽、校旗、校牌、校服、校门、象征性建筑物、色彩基调等。识别标志的设计要符合三个要求：第一，能充分体现小学的精神特征，反映小学特色；第二，有主基调，并完美地结合到各个标志中去；第三，有情感性，易引起公众的情感共鸣。有的小学邀请德高望重的社会名人书写校名、校牌就是很好的例子。

此外，外部感官系统设计还包括校园环境建设：校园的合理布局、标志性建筑、花草树木、清洁卫生等，要突出小学是“育人”的场所，给师生一个优美的、充满文化气息的学习、生活、工作环境，发挥环境育人的功能。

## 二、 小学危机公关

小学危机事件是指发生在校内或与小学的成员有关，对小学声誉、运作或部分小学成员造成严重影响的、必须紧急应变处理的事件或情景，包括已经爆发的事件和潜伏尚未发作的事件。近年来，小学食物中毒事故、校园暴力事件、小学大规模的传染病爆发等事件时有发生。这些紧急的负面事件给小学管理者敲响了警钟，对小学管理者提出了新的要求，小学已经开始越来越重视危机管理。

### （一）小学危机事件分类

对发生在小学的危机事件进行合理的界定和分类，是树立危机管理理念、增强危机管理意识的基础环节。根据张东娇的划分①,小学危机事件从源头来看可以分为三类。

1. 由不可抗拒的力量引起的灾难事件

由不可抗拒的力量引起的灾难事件主要包括自然灾害和突发事件。自然灾害包括地震、海啸、山洪、泥石流、山体滑坡、地面塌陷等;突发事件包括病毒爆发、校园恐怖袭击。因为这些事件难以得到有效控制,所以对小学公共形象影响甚微。

2. 由小学外部人员造成的危机事件

小学外部人员造成的危机事件主要分为两种:一是小学不可控的事件,即不法分子对小学组织及其成员施加的违法行为,如绑架、抢劫或对教师和学生进行人身伤害等。二是小学可控事件,如竞争对手故意造谣给小学造成的舆论危机。这类危机事件对小学的形象有较大的影响,小学方面需出面澄清事实,以维护小学的形象和声誉。

3. 由小学内部引起的危机事件

小学内部引起的危机事件也有两类:一是小学管理失误造成的危机事件,包括小学管理者决策失误或管理不当引发的危机、教师因体罚学生致使学生身心遭受伤害产生的形象危机、小学乱收费行为导致家长投诉的事件等。二是故意欺骗事件,如小学投资者携款潜逃、故意隐瞒内部情况等事件。这类危机事件产生的根源在于小学方面的不正当行为,不仅会丧失家长对小学的信任,而且会让社会舆论、公众对小学产生怀疑,严重损害小学的声誉和形象。

**(二) 小学公关危机的预防策略**

公共关系危机预防是指对组织潜在的隐患进行监测、预控的危机管理活动,并对组织管理者提出警告,以利于组织及时脱离危机,减少组织的损失。

1. 做好危机应变心理准备

当前生存环境复杂难测,会给小学和个人带来意想不到的灾难和危机。因此,小学管理者应树立强烈的危机意识,做好随机应变的心理准备。管理者应当视危机的发生为必然,必须未雨绸缪,只有具备了这种心理,才能建立小学危机预警,预见小学管理过程中有可能产生的危机,并做好相应的预案,真正做到防患于未然。

2. 建立小学危机预警系统

小学危机大都在爆发前就会出现某些征兆,学校可通过建立预警系统来及时捕捉这些预兆。建立预警系统的工作可由小学公共关系办公室协同各个职能部门进行。小学公共关系部门在平时的工作中要注意收集、分析各种信息,信息收集、分析的重点应该放在分析、预测小学发展过程中可能发生问题的环节以及这些环节中可能出现的各类突发事件。对于可能出现的突发事件,要想办法避免其发生,并拟定好应对措施。

3. 制定危机应对预案

对可能发生的不测事件,小学都应在总结经验和吸取相关预防研究成果的基础上,制定出应对措施和计划,并使之制度化。对于一些较容易定性的主要灾难事件,如地震、火灾、大面积食物中毒、爆炸、恐吓、室外活动意外伤害等,更应制定具

---

① 张东娇著:《学校公共关系管理》,北京师范大学出版社,2012 年版,第 234 页。

体的应对预案。要尽快从“事后动员型”危机处理模式转变到“事先预防型”的危机管理机制。

4. 危机教育及应急救助训练

小学公共关系部门应该针对可能出现的突发事件，通过各种有效的渠道进行危机教育和应急训练，可将有关知识印成小册子发放给教职员工和学生，还可针对性地邀请有关专业人士做专门讲座和演习，提高师生自我防护、救护的知识和技能。

**（三）小学公关危机的处理策略**

当危机出现时，小学和合作部门要快速、正确、有效地进行处理，尽可能地保护学校师生，维护小学形象。

1. 启动应急预案

危机发生后，学校应迅速根据预案的相关流程，全面开展危机应急工作。在政府部门救援、专业救援队伍进入校园之前，应先利用学校有限的人力、物资进行危机处理。

2. 掌握危机情况

小学负责人及相关的调查人员，应在第一时间赶到现场，对事件发生的时间、地点、原因、人员伤亡和财产损失情况做好详细记录，并及时掌握事态的发展进程，控制事态的蔓延和恶化程度，把损失控制在最低限度。

3. 确定应对策略

小学应根据所掌握的第一手材料、公众和舆论的反应等情况，做出具体有效的对策安排，所采取的策略和措施不仅要考虑到危机本身的处理，还要考虑到小学与受害者、受害者家属、政府主管部门、新闻媒介等的关系。

4. 公开事实真相

小学要积极利用互联网、广播、电视媒体等手段，及时让师生和社会大众了解目前危机处理的进展，避免造成师生的恐慌。遇到某些小学特殊事件（如学生食物中毒、自杀等事件）时，要及时与新闻媒体进行沟通，而非避而不谈，避免造成媒体和社会大众的妄自猜测。针对整个危机的描述要客观、全面，不要运用过多的主观修饰。如出现不实报道，也应及时寻求媒体帮助，及时予以更正。

5. 做好善后工作

小学危机的善后工作包括对危机造成的损失进行评估以及对师生进行心理评估。危机过后，评估损失、清理杂物、修复损坏的校舍、更换设备和用品是学生返回小学的第一要务。心理健康的支持也是危机恢复程序中的重点行动。师生在危机过后，都会产生压力和心理创伤。小学应对学生、教职工及家庭成员提供心理和情感评估，以帮助他们迅速从创伤中恢复。

6. 总结评估公关危机工作

“前事不忘，后事之师”。在危机过后，小学应对活动中各工作人员的工作情况、应急预案的实施情况做出评估，并进行原因分析，提出改进措施，优化危机管理体系。针对工作中的不足，要进行相关知识和技能的培训；针对危机应急中缺乏的物资，要进行相关储备；针对应对危机时出现的问题，要及时与师生进行沟通，不断改进，提高小学应对危机的能力。

## 本章小结

公共关系是指社会组织为了实现组织目标，树立良好形象，综合运用现代沟通、组织、传播等技术手段与组织公众协调和平衡各种关系的组织管理职能活动。

小学公共关系管理是指小学在国家制定的教育方针的指导下，为了实现教书育人的目标，综合运用现代沟通、组织、传播等技术手段与学校公众协调和平衡各种关系的学校管理职能活动。小学公共关系主要是由小学、公众以及信息传播三个要素构成的。小学公共关系的基本职能包括信息采集、咨询决策、关系协调、形象树立四个方面。学校公共关系工作的程序包括调查、策划、实施、评估四个环节。

本章拓展案例

小学危机事件是指发生在校内或与小学的成员有关，对小学声誉、运作或部分小学成员造成严重影响的、必须紧急应变处理的事件或情景，包括已经爆发的事件和潜伏尚未发作的事件。为全面提高我国小学应对校园危机事件的能力和水平，可从公关危机的预防和公关危机的处理两方面入手进行系统的安排。

## 思考题

**一、单项选择题**

1. 小学公共关系的中介要素是(　　)。

A. 小学　　B. 信息传播　　C. 公众　　D. 媒体

2. 三阶段层次分析法的提出者是(　　)。

A. 卡特里普和森特　　B. 张东娇

C. 德鲁克　　D. 陈孝彬

3. 小学公共关系工作过程的起始环节是(　　)。

A. 小学公共关系策划　　B. 小学公共关系调查

C. 小学公共关系实施　　D. 小学公共关系评估

4. 以下不属于小学公共关系内部管理范畴的是(　　)。

A. 教职员工　　B. 政府教育部门　　C. 学生　　D. 校董会

5. 小学形象设计中最抽象、最深层的组成部分是(　　)。

A. 学校理念形象　　B. 学校行为形象　　C. 学校视觉形象　　D. 学校自我形象

**二、名词解释题**

1. 小学公共关系管理
2. 小学公共关系调查
3. 小学外部公共关系管理

**三、简答题**

1. 简述小学公共关系的基本要素。
2. 简述小学公共关系评估的程序。
3. 谈谈小学内部、外部公共关系的内容。
4. 简述小学如何进行形象调查。
5. 简述小学危机事件的分类。

第九章思考题参考答案

**四、论述题**

1. 试论述小学公共关系调查中的常见方法。
2. 试论述如何为小学进行形象系统设计。

1. 张东娇著:《学校公共关系管理》,北京师范大学出版社,2012 年版。

2. [美]斯各特·卡特里普、艾伦·森特等著,明安香译:《公共关系教程》,华夏出版社,2001 年版。

3. 吴遵民、李家成著:《学校转型中的管理变革——21 世纪中国新型学校管理理论的构建》,教育科学出版社,2007 年版。

4. 王巍:《系统论视阈下日本学校危机管理体系研究》,《比较教育学报》,2023 年第 1 期。

5. 白玉萍、王广新:《社交媒体背景下学校危机事件中的舆情管理》,《中小学管理》,2022 年第 4 期。

6. 劳凯声:《教育变迁中学校与学生关系的重构》,《教育研究》,2019 年第 7 期。

# 第十章　小学组织变革与领导

## 知识导图

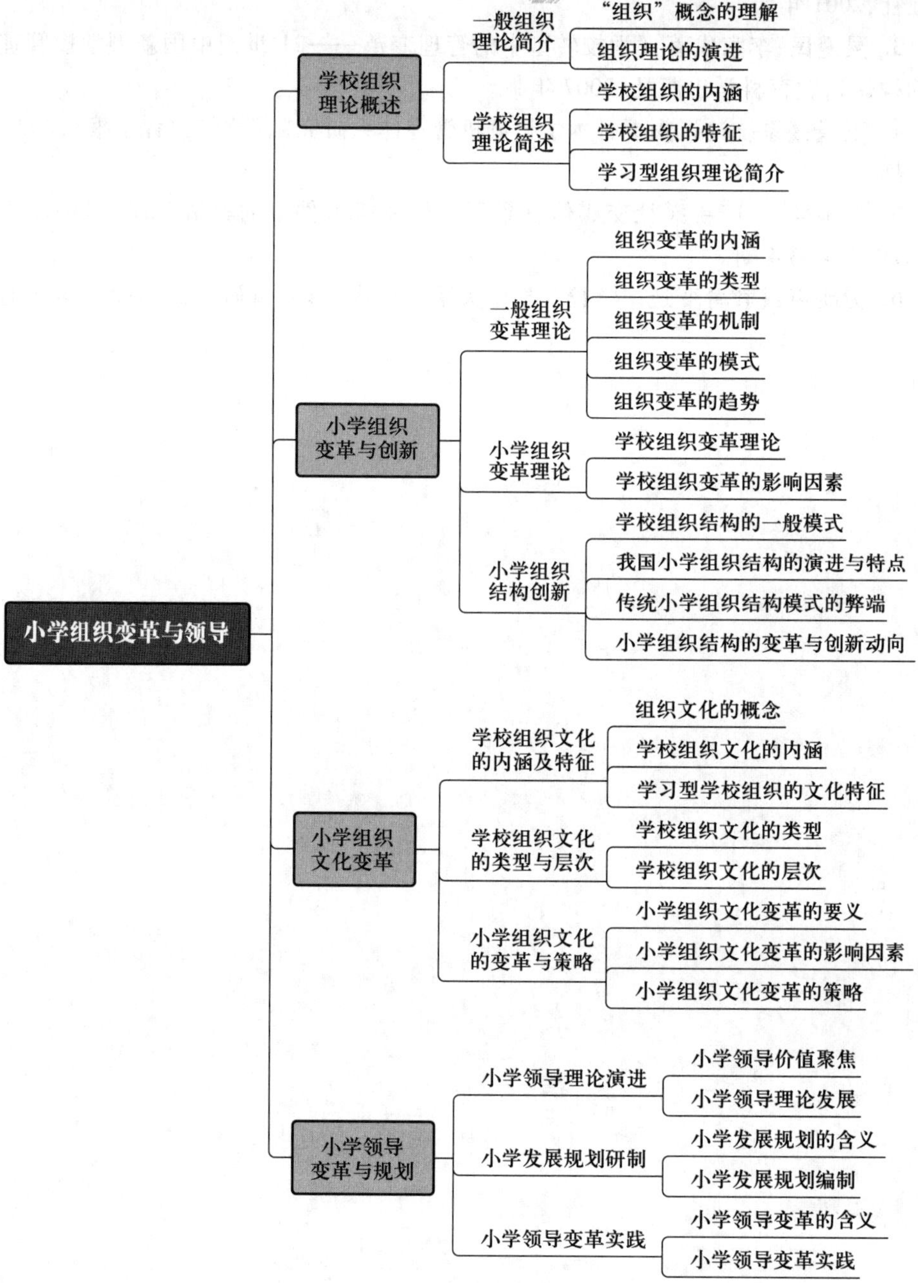

## 学习目标

1. 识记
- 组织的含义
- 组织变革的含义
- 组织文化的含义、类型与层次
- 领导的含义

2. 领会
- 主要的组织理论及其演进
- 学校组织的基本特征
- 学习型组织基本理论
- 学校组织变革相关理论
- 学校组织结构的一般模式
- 学校组织文化变革的影响因素

3. 应用
- 小学组织结构创新
- 小学组织文化的变革与策略
- 小学发展规划研制
- 小学领导变革实践问题的解决

## 建议学时

6 学时

## 教师导学

本章讨论学校组织的相关理论、小学组织变革与创新、小学组织文化变革与塑造以及小学发展规划与领导变革实践等问题,主要包括四个方面的内容:一是介绍学校组织理论,知悉组织相关概念;掌握一般组织理论的内容与演进历史;明确学校组织理论的内涵、特征与学习型组织基本理论。二是介绍小学组织变革与创新,明确组织变革的内涵、类型、机制、模式与趋势;把握小学组织变革相关理论,能够分析小学组织变革的影响因素;总结小学组织结构的一般模式,并基于传统模式的弊端提出小学组织结构创新的动向。三是介绍小学组织文化变革,明确学校组织文化的内涵、学校组织文化的类型与层次、学校组织文化变革的要义;掌握小学组织文化变革的影响因素,应用小学组织文化变革的策略。四是介绍小学领导变革与规划,明确领导与领导力含义的关系,把握领导理论的演进,掌握小学发展规划研制思路,理解小学领导变革的价值取向并应用于指导实践。

学习者在自学时,应理解小学组织变革是系统而复杂的过程,与组织结构的变革、组织文化的变革以及组织领导的变革密切相关,在这一过程中,合理的学校规划将发挥统领的基石作用。组织结构、组织文化、组织领导的变革本身还会因为受到多重因素的影响,从而具有多种路径、模式,甚至出现一些困境。这使得小学组织与领导始终呈现出一个动态发展而需要持续变革的状况。

组织是开展管理活动的前提和载体,小学组织是小学教育及其管理活动的重要依托。组织目标一经确立，决策与计划一旦制定，为了保证目标的实现和计划的有效实施，小学管理者必须设计合理的组织架构。然而，组织所处的环境与自身能力是在不断变化的，组织必须适时进行变革以应对内外环境变化。小学的组织职能是对资源的配置，而小学的领导则需要将配置好的资源运作起来。本章在介绍一般组织理论的基础上，探讨学校组织理论，并分析组织变革过程中可能出现的问题，强调组织文化的特征及变革，探析学校发展规划研制的路径，最后还介绍了领导职能的相关理论与实践。

## 第一节　学校组织理论概述

学校组织理论是在一般组织理论的基础上发展起来的。本节先对一般组织理论略加介绍，然后再来分析学校组织的相关特征及理论。之后，在了解学习型组织理论的前提下，分析“学习型组织”这一新概念对学校管理的借鉴意义。

### 一、一般组织理论简介

#### （一）“组织”概念的理解

关于“组织”概念，不同理论流派的理解各不相同。总的来说，对于“组织”概念的理解主要有以下三种观点。

1. 自然系统观

自然系统观强调个体比结构重要，持“无组织之人”的取向。该观点认为，组织是在特定环境中为了适应和生存而形成的社会群体。自然系统观认为正式组织与结构在组织中不会真正发挥多少作用，而强调非正式组织，强调人以及人的需要。组织中的个体在与组织中其他个体交流时，带有自己独特的价值观、动机和知识结构，并因此产生了非正式的地位结构、沟通网络和权力关系等。

2. 开放系统观

该观点认为组织不是独立于外部环境，而是依赖于环境的开放系统。组织同时受到理性因素与自然因素的影响，这些理性因素与自然因素随环境的变化而变化。开放系统观强调组织的动态性，组织为了生存下去必须适应环境，并根据环境的变化做相应的调整和变革。

3. 组织实在观

该观点也称作“人类发明论”，认为组织是人在不断理解和反思的过程中发明与创造的社会现实，是人的价值和意志的集中表现，而非客观存在的事物；组织是依人的意志而运行，并非目标导向的；组织与环境都是主观的实在，都是人的观念和行动的产物；权力是组织的灵魂，组织的权力来自人们对他人目的的承诺，人们在互动关系中创造出权力，并成为那些享有公认支配权的人达成目的之工具。

综上所述，我们认为：组织是依据目标与人的意志运行的、受客观因素与主观因素影响的开放系统。

#### （二）组织理论的演进

组织理论的发展经历了以工作为中心的古典组织理论，到以人为中心的新古典组织理论，再到以环境和系统为中心的系统组织理论、权变组织理论，再到以关注组织内部自我更新的组织发展理论。

1. 古典组织理论

古典组织理论强调规则、能力和知识。以泰勒为代表的科学管理学派主要关心的是提高组织下级作业层的效率,提出了组织管理中的计划管理和例外理论。以法约尔为代表的行政管理学派则把重点放在组织的上层,追求自上而下的管理合理化,认为分工和调整是组织管理的核心要素。古典官僚制学派的韦伯提出了科层制模式,主要包括明确的职责分工、建立自上而下的等级系统和奉行理性原则、遵守规则和纪律等。具体有如下特征:

(1) 劳动分工。在科层制模式中,工作任务是根据组织目的和工作类型进行划分的,职责范围十分明确。劳动分工导致专业化的产生,使员工成为每一个特定岗位上的专家。对职位承担人员的选拔、聘用和提升都以其技术能力为依据。

(2) 等级制度。在科层制组织中,组织遵循等级制度原则,职权关系垂直分布,形成严密的上下级关系,每个员工都受到高一级员工的控制和监督,每个员工都有明确的权利与责任。最高领导层的主要职能是做出重大决策;中级管理阶层的主要职能是贯彻领导层的重大决策并拟订实施方案,将下层的意见反映给上层领导;基层的主要职能是依据上级的指示,从事实际工作。

(3) 规章制度。在科层制组织中,规章制度规定了每个职位的权利与义务,使组织成员的活动与关系受到规则的制约,任职者不能滥用其正式的职权。由此,促进了非人格化取向的产生,使组织成员的个人观念和倾向不影响组织的理性决策,组织成员都遵循严格的规章制度,以确保组织目标的实现。

(4) 效率和纪律性。劳动分工和专业化造就了专家,而非人格化取向的专家会依据事实在技术上做出正确、合理的决策。一旦做出合理的决策,权威等级体系就会保证对指令的规训化服从,并遵从规章制度,形成一个协调优良的执行系统,保证组织运行的统一性和稳定性。① 科层制模式在精确性、稳定性和严格的纪律性方面,比其他形式要更优越,更具效率。

2. 新古典组织理论

新古典组织理论是基于古典组织理论的一些缺陷而提出了一系列观点的新的古典组织理论,主要有组织与环境相关的理论、经验主义理论以及人际关系理论。

帕森斯从生态的角度,将组织与社会整体的功能相联系,并根据组织对社会的功能划分了组织类型。巴纳德用社会学的概念分析经理人员的职能和工作过程,并重点对组织结构进行了逻辑分析,提出组织存在的基本条件。高斯(J. M. Gaus)则在研究政府行政时提出了“生态”概念,从而促进了组织与环境相关的理论研究。塞尔兹尼克(Selznick)则认为,组织既有正式的一面,也有非正式的一面,而且组织结构受组织成员和环境的影响。

经验主义理论的代表人物西蒙主张,只有依靠以严格区分价值和事实的逻辑实证的经验主义方法,才能促进组织学的发展。价值与事实的区别,对于保证政策制定和

---

① [美]韦恩·K.霍伊、塞西尔·G.米斯克尔著,范国睿译:《教育管理学:理论·研究·实践》,教育科学出版社,2007 年版,第 83 页。

政策实施之间的正确关系,具有根本的重要性。①

梅奥是人际关系理论的创始人。他认为工人不是单纯追求物质的“经济人”,而是有社会方面的、心理方面需要的“社会人”,因而满足人的动机能够提高组织的生产性。人是作为团体而不是个体而存在,因而团体对个人履行职务有着重要作用。由于此种原因,组织不仅承担技术的和经济的功能,也具有非正式的功能。这一理论开创并促进了有关组织中的人的理论及非正式组织的研究。

斯科特(W. R. Scott)等人以古典组织理论为基础,吸收行为科学理论,在修正古典理论后,提出了对于组织的看法,主张采取扁平型组织结构,摒弃科层制的高耸型,提倡部门而非个人专业化,允许人员流动,提倡更多采用分权和参与决策的方式,而非集权以调动下级的积极性,并重视对非正式组织的研究。

3. 系统组织理论

卡斯特(F. E. Kast)和罗森茨韦克(J. E. Rosenzweig)把组织看作是一个与环境相互作用的开放系统。组织系统包含目标与价值子系统、技术子系统、结构子系统、社会心理子系统和管理子系统。组织的一般环境包括文化、技术、教育、政治、法律、自然资源、人口、社会、经济等。具体环境则是指与个别组织的决策相关联的更具体的力量。系统和环境在信息和能量及资源方面不断进行交换,组织把这些输入的信息、能量、资源等转换成某种组织产品,并把它输出到环境中去。② 正因为这样,这一理论认为组织是一个动态过程。根据系统观点而提出的有关概念有:多种组织目标、组织边界、组织环境、投入与产出、组织结构设计、等级层次、反馈等。系统组织理论还提出了权变观的概念模型,认为不同类型的组织都有合适的关系模式,具体分为稳定性机械式组织和适应性有机式组织。

4. 权变组织理论

权变组织理论以菲德勒(F. E. Fiedler)的领导权变理论为基础。菲德勒研究发现领导方式的有效性与情境因素密切相关,并且不存在一种绝对的、最好的领导形态。这种理念也深刻地影响了组织理论的演进。权变组织理论致力于在组织与环境之间建立最大的一致性,从而实现组织目标。一个组织的结构和职能要根据组织所处的环境和内部条件的发展变化而变化,固定的组织结构和职能是行不通的。另一方面,权变组织理论认为组织变动源于领导者或管理者对各种权变因素(组织环境、组织战略、组织目标、技术、规模、发展阶段、成员素质等)主观选择的结果。劳伦斯(Lawrence)认为,没有一个普遍适用的组织结构,有效的组织结构应与组织的外部环境相适应。外部环境较稳定的组织细分化程度低,可采取以工作为中心的一体化方法;而外部环境变动较大的组织细分化程度高,可采取以人为中心的一体化方法;当各个子环境差异较大时,可以在组织内各部门采取不同的组织结构类型。③ 卢桑斯(Luthans)提出了组织与环境的函数关系,把存在于组织之外的环境因素界定为自变

---

① [美]赫伯特·西蒙著,詹正茂译:《管理行为》,北京经济学院出版社,1988年版,第190页。

② 弗莱蒙特·E.卡斯特、詹姆斯·E.罗森茨韦克著,傅严译:《组织与管理——系统方法与权变方法》,中国社会科学出版社,2000年版,第127页。

③ 方振邦主编:《管理思想百年脉络——影响世界管理进程的百名大师》,中国人民大学出版社,2007年版,第317页。

量，而内部环境即是正式组织系统，是函数关系中的因变量，包括组织结构、决策程序、联系与控制、科技状况等。① 伍德沃德（Woodward）指出组织的结构因技术而变化，组织的管理因组织目标而变化。② 洛希（Lorsch）阐述了以权变理论为基础的组织结构理论，认为组织结构是一个复杂的变量，组织结构设计包含两个基本概念：一是差异或差异化，二是综合或整体化。既要建立鼓励差异化的运行机制，也要建立促进综合和协调的奖励制度与工作标准。③

5. 组织更新与发展理论

组织更新和发展理论主要研究关于组织改革的过程和战略，认为组织不再是被动地适应环境，而是具有自我发展的能动性，通过自我学习实现自我更新，要重视组织内部自身要素的相互作用以及对组织的影响。组织结构的变革更多是考虑如何提升组织自身的学习能力和自我更新能力。在这一理念影响下，出现了譬如生态型组织、网络型组织、学习型组织等新型组织结构。组织更新理论强调，自我更新的出发点不是强迫每个组织进行有效的变革，而是寻求发展内部能力来持续解决问题，包括提高感知和识别新问题的能力、确定目的和优先事项的能力、设计有效替代解决方案的能力、执行选定方案的能力。④ 富兰（Fullan）定义了自我更新学校成功改革的要素：利用领导联盟、不懈地专注于少数目标、具有高期望、发展集体和个体的能力来改进教学、利用数据来确定非惩罚性干预策略。⑤

每个组织都要灵活地适应不断变化的环境，提高组织学习和适应能力的过程被称为组织发展。组织发展的主要目标是改善组织自身功能，以便对影响组织结构、任务、技术使用、人力资源使用和目标的事务做出更高质量的决策。组织发展和组织改进这两个概念的最大区别在于组织发展可持续自我更新。其目标并非只是克服眼前问题并达到一种新的“冻结”的组织运行状态，而是在组织系统汇总形成环境、技能、过程和文化子系统，从而促进组织持续发展，其关注点在于组织文化，因为它构成组织氛围的特征，并通过信念影响行为。⑥

## 二、 学校组织理论简述

在学习了一般组织理论之后，我们可以对学校组织及其理论展开具体分析。对学校组织理论的分析首先需要了解的是学校组织的含义；其次需要把握学校组织的基本特征；最后，对于学校组织理论发展进程中影响较大的学习型组织理论还需特别关注。

---

① 方振邦主编：《管理思想百年脉络——影响世界管理进程的百名大师》，中国人民大学出版社，2007 年版，第 320 页。

② 方振邦主编：《管理思想百年脉络——影响世界管理进程的百名大师》，中国人民大学出版社，2007 年版，第 323 页。

③ 方振邦主编：《管理思想百年脉络——影响世界管理进程的百名大师》，中国人民大学出版社，2007 年版，第 326 页。

④ ［美］罗伯特·G.欧文斯、托马斯·C.瓦莱斯基著，吴宗酉译：《教育组织行为学：领导力与学校改革（第 11 版）》，华东师范大学出版社，2021 年版，第 301 页。

⑤ ［美］罗伯特·G.欧文斯、托马斯·C.瓦莱斯基著，吴宗酉译：《教育组织行为学：领导力与学校改革（第 11 版）》，华东师范大学出版社，2021 年版，第 302 页。

⑥ ［美］罗伯特·G.欧文斯、托马斯·C.瓦莱斯基著，吴宗酉译：《教育组织行为学：领导力与学校改革（第 11 版）》，华东师范大学出版社，2021 版，第 302-304 页。

### （一）学校组织的内涵

关于学校组织的定义侧重不同，观点众多。顾明远在《教育大辞典》中把学校组织界定为："学校组织是旨在达成教育目标的社会单位。含目标、结构、教学及行政措施三部分。"①美国组织社会学家艾兹尼（A. W. Etzioni）将组织按照其支配手段分为规范性组织、功利性组织、强制性组织三类。② 强制性组织的特征是无理性的胁迫行为；功利性组织是以物质刺激（如工资、奖金等）支配其成员，如企业和商业组织；规范性组织是以精神手段促使其成员参与组织活动，组织成员的行为是主动的，如学校、教会、医院。根据这种分类，学校作为一种规范性组织，是与功利性组织、强制性组织相对的，主要通过态度、价值、理想等各种规范，赢得教师、学生的配合。从其他角度还可以将学校进行不同定位，比如，有人将学校看作是一种文化组织，也有人将学校看作是一种半自主型组织。

我们认为，学校是一种有计划、有组织地进行教育教学活动的社会规范性组织，也是担负培养德智体美劳全面发展人才任务的服务型组织。与其他类型的组织相比，学校的最终目的是为儿童和青少年提供适当的身心发展环境，使其顺利完成社会化进程。学校需要关注如何持续促进人的培养和发展，更应该成为"学习型组织"。

### （二）学校组织的特征

虽然关于学校组织的定义是不断发展的，但是关于学校组织的理解依然有一些基本共同点，即学校组织也有其基本特征。

1. 具有劳动分工与半专业性

因为教育任务过于复杂，学校组织必须通过劳动分工提高工作效率。分工主要涉及学科分工和水平分工。学科分工是指按照语文、数学、英语等不同学科进行分工。水平分工是指将学校分为小学、初中、高中等。由于学校的使命是育人和传递文化，在这一过程中，教师专业权威的影响力更大，因此表现出非行政性的特征。同时学校又不是标准的专业化组织，传统的行政力量与学术权威经常会产生较量。艾兹尼就将中小学校定性为半专业组织。在一个半专业组织中专业人员渴望并也会拥有一定的话语权，他们的特点会对组织特性产生关键的影响作用。③

2. 学校组织文化类型丰富

一方面，学校组织的每个部门都具有自己独特的文化属性。另一方面，学校组织文化可以从多个视角进行类型划分，譬如，从对人的关注和对组织目标的实现的追求不同，学校组织文化可以划分为信任文化、调控文化等不同类型。

信任文化主要涉及教师与学生、校长与教师、校长与中层管理者、教师与家长、教师与教师等的信任。信任对于学校文化，甚至学校的各方面都起着非常重要的作用。例如，当学生对教师的信任度很高的时候，学生会认为教师是可靠的、善良的、负责任的，更易于接受教师所施加的影响；当校长对教师的信任度很高的时候，校长会相信教师是积极进取的、能按时完成所布置的任务、对工作认真负责等，校长更易于对教师采

---

① 陈庆康、卢雄、杨洪林主编：《"三转变"课堂的理论与实践》，西南交通大学出版社，2020 年版，第 244 页。

② 李建勇主编：《社会学》，中国政法大学出版社，2005 年版，第 150 页。

③ ［美］彼得·布劳，马歇尔·梅耶著，马戎等译：《现代社会中的科层制》，学林出版社，2001 年版，第 201 页。

取比较宽松的政策，给教师更多发展的空间；当教师对校长的信任程度很高的时候，教师更容易相信校长制定的制度方针的合理性，更加积极主动地配合校长展开工作；当教师之间的信任度很高的时候，教师更易于分享自己的工作心得和工作经验，从而促进教师专业的成长。反之，当校长对中层干部的信任度不高时，不易于中层管理者的政策执行，阻碍政策方针落到实处；当家长对教师的信任度比较低的时候，容易对教师产生敌对情绪、怀疑教师的人品和能力、不积极配合教师的工作，同时这种态度也会影响学生对教师的评价，阻碍学生与教师之间信任关系的确立。

调控文化主要涉及校长和教师对学生学业的发展、人生观和价值观的培养等。调控文化是所有组织的共性文化，对于学校文化而言，主要可以划分为以控为主的文化和以调为主的文化。以控为主的学校文化强调用刻板的制度和传统对学生进行高度控制，学生必须无条件服从教师的命令和安排，教师不必去了解学生的需要和差别，只需要把学生当作是待加工、没有主观意愿的物品，这样学校成为等级森严的场所。以调为主的学校文化则把学校看成是民主社会的一部分，是培养学生民主意识的场所。教师认为学生有自觉学习的态度和积极向上的品质，教师的强权控制被学生的自我约束所取代，教师与学生之间的交流更多是以沟通与合作的方式进行，学校充满着信任和谐的氛围。

3. 正式与非正式组织并存

学校的正式组织按照韦伯的科层制模式建立。学校的管理层级垂直分布，每一级管理者都受到上一级管理者的监督和控制，在学校中由上到下体现为校长、主任、年级长、教师。严密的上下级关系确保了下级对上级的命令的遵从，有利于学校组织的目标和任务落到实处。为了确保科层制的实施，学校以相应的规章制度进行约束。规章制度规定了每个职位的权利和义务，其中义务包括服从上级的命令、完成上级交给下级的任务、及时向上级报告工作情况等。

学校非正式组织是在学校正式组织展开活动的过程中，学校成员认可在其他同事身上存在的自己所具有、所喜欢、所欣赏的特点，从而加深对其的认识，并建立工作以外的联系，最后在学校正式组织以外形成了一些与正式组织相联系又独立于正式组织的小群体。学校中非正式组织的互动方式主要表现在以非正式组织的领导为中心的纪律网络、非正式的沟通渠道等，同时非正式组织也建立了共享价值和信念。学校非正式组织作为一个群体，能够给成员提供归属感，满足成员心理上的需求。在学校非正式组织，信息的传递速度快、真实性高。信息往往反映了教师的观念、态度以及工作进展情况，掌握非正式组织中的信息能够促进校长和主任等管理者了解组织内的真实情况。同时，善用非正式组织，还能使其成员加深对组织目标的了解，激发其对组织目标的认同感，促进学校教育目标的实现。

4. 学校组织中的权力多元

任何组织都必须对其成员进行控制。对于学校而言，这更为重要，因为它承担着培育下一代的重任。学校通过设置目标、建立层级制、确立规章制度、管理和监督教师和学生的行为，从而确保教育目标的实现。学校中的权力主要包括强制权力、奖励权力、合法权力、魅力权力。

强制权力是校长等管理者通过惩罚不合要求的行为而影响下级的能力。惩罚主要包括解雇或降级、正式与非正式的批判、对基本权力的限制等。强制权力是组织授予并依据规章制度进行的处罚。组织有强制权，下级有服从义务。

奖励权力是学校管理者以奖励为手段来影响下级的能力。此权力的效果取决于奖励是否能满足下级的需求、需要投入的时间精力是否与奖励相匹配。例如，校长想要鼓励教师积极进行科学研究、提高专业素养，就可以为有能力和有意愿的教师提供外出学习机会，对表现突出的教师给予物质奖励或精神奖励。

合法权力是建立在学校正式颁布的规章制度的基础上，学校管理者凭借正式职务而影响下级的能力。下级并不是服从某个具体的人，而是服从规章制度，所以管理者所执行的合法权力只局限在这一职位的权限内，而非学校管理者个人的魅力。

魅力权力是指由于下属对管理者的能力或道德等方面具有认同感，而使学校管理者对下级具有影响的能力。魅力权力是属于感性范畴，主要依靠管理者的个人素质、能力以及人格魅力。例如，校长对于工作认真负责的态度会影响教师对工作的态度和热情。

5. 学校组织结构松散耦合

通常来说，学校组织结构像“韦伯式学校结构”，在这种结构类型中，专业化和科层化互相补充，但也会出现混乱结构。专业结构是专业人员做出重要决策的结构。专业人员主要是指具有相关专业知识、有实力做出组织决策的人员。在学校组织中，教师的权力比较大。权威结构强调科层制，而忽略专业性。该结构形成严密的上下级关系，确保对上级命令的服从；同时，有规章制度服务于科层结构，规定具体职位的权利和义务；采取非人格化取向，而不是凭感觉。混乱结构是一种科层化与专业化程度都比较低，容易产生混乱和冲突的组织结构。

除此之外，不少学者认为学校组织是“松散耦合系统”或“有组织的无政府”状态。换句话说，学校的组织目标模糊不清，所用技术不明，组织过程的参与者不断流动，各种活动不协调，各种结构性要素松散联系在一起，组织结构对组织活动的结果几乎没有什么影响。教师在教学过程中拥有广泛的专业自主权，在教学方法、课程内容的安排等方面，不受管理者和其他教师的控制和监督；在学生问题上，教师同样具有广泛的自主权。此外，迈耶（Meyer）和罗恩（Rowan）还认为，教育工作者通常把组织结构从教育活动及其结果中“脱耦”出来，并付诸一种所谓的“信任逻辑”。①

### （三）学习型组织理论简介

学校组织理论沿着以一般组织理论为起点的移植演绎之路，走过了古典组织理论、人际关系理论、现代组织理论和组织理论新进展四个阶段。当代学校组织的发展最直接而深刻地受到学习型组织理论的影响。

1. 学习型组织基本理论

（1）学习型组织概念

著名管理学者彼得·圣吉（P. M. Senge）认为，“学习型组织”是这样一种组织：在其中，大家得以不断突破自己的能力上限，创造真心向往的结果，培养全新、前瞻而开

---

① ［英］托尼·布什著，强海燕译：《西方当代教育管理模式》，南京师范大学出版社，1998 年版，第 170-176 页。

阔的思考方式,全力实现共同的抱负,以及不断一起学习如何共同学习。他提出,创建学习型组织要通过自我超越、改善心智模式、构建组织共同愿景、团队学习和系统思考这五项修炼来完成。马奎特(Marquardt)指出:系统地看,学习型组织是能够有力地进行集体学习,不断改善自身收集、管理与运用知识的能力,以获得成功的一种组织。佩德勒(Pedler)等人指出:学习型组织是促使组织中的每个成员都努力学习,并不断改革自身的组织。加尔文(Garvin)指出:学习型组织是指善于获取、创造、转移知识,并以新知识、新见解为指导,勇于修正自己行为的一种组织。沃尔纳(Woolner)认为,学习型组织就是把学习者与工作系统地、持续地结合起来,以支持组织在个人、工作团队及整个组织系统这三个不同层次上的发展。①

(2) 组织的"五项修炼"

第一项,自我超越。指通过个人成长和学习的修炼以不断扩展自身的能力。学习型组织的精神在于组织成员不断学习、充实自我。因此,组织应充分意识到组织成员的全面发展是组织实现目标的重要影响因素,应积极创造鼓励个人发展的组织环境。每个员工通过学习认清什么是真正重要的东西,同时不断学习如何更清晰地观察现实。

第二项,改善心智模式。要求组织检查和修正以往以局部或静态思考的方式为主的心智模式,向注重互动关系与动态变化的思考方式为主的共同心智模式转变。同时,不一定寻求观点的协调一致,允许不同观点的存在,而且每个员工都能包容他人的不同观点。

第三项,建立共同愿景。这是组织成员普遍认同的价值观和一种认同感。共同愿景是学习实践的焦点,也是人的动力来源,能激发人们的热望和抱负,能激励组织成员勇于承担风险、勇于探索。

第四项,团队学习。这是协调校正的过程,是开发团队能力的过程。团队学习涉及三个关键方面,即对复杂问题的深入思考和清晰理解、创新和协调的行动、团队成员对其他成员所起的作用。团队学习的修炼主要通过深度会谈和商讨的实践艺术。

第五项,系统思考。要求团队成员树立全局的观念,把问题置于系统中来思考,从动态发展的各种要素中寻求新的动态平衡。②

2. 学习型组织理论的启示

(1) 创造良好的学习氛围

学习型组织的精神在于组织成员不断学习、充实自我。基于组织成员的全面发展是组织实现目标的重要影响因素。学校组织应为教师和学生提供一个支持和鼓励学习的环境,使学校成为教职工和学生能全身心投入并创造持续增长的学习力的组织。为此,校长必须对学习持有良好态度,营造一种支持学习者的氛围;积极提供各种学习工具;深入了解教师和学生的学习方式,用知识推进学习;鼓励每个教职员工成为终身学习者;鼓励教职员工之间虚心学习;使用多样化手段鼓励教职员工积极学习,并对学

① 宿恺、袁峰主编:《企业管理学》,机械工业出版社,2019 年版,第 61 页。

② [美]彼得·圣吉著,张成林译:《第五项修炼:学习型组织的艺术与实践》,中信出版社,2009 年版,第 7-14, 137-264 页。

习效果进行评价；了解那些阻碍学习的因素和促进学习的因素，趋利避害。

(2) 成员应拥有共同愿景

学校组织的共同愿景是学校组织以及所有学校组织成员所预期创造的目标。它来自教职工和学生的内在需要，是学校组织成员乐意达到的目标，而非由外在强制施加的组织目标。学校组织共同愿景的作用在于，使不同个性、不同理想的人凝聚在一起，为学校共同的目标奋斗。事实上，人们寻求建立共同愿景，部分是出自学校组织成员希望能够归属学校这一重要任务。如果没有共同愿景把学校组织成员拉向真正想要实现的目标，维持现状的力量将大大减弱。学校组织的共同愿景涉及学校组织的个性化教育理念、学校组织的长远目标与近期目标，涉及学校领导人的教育哲学以及每一位教师的教育哲学，这种教育哲学包括每位员工的基本教育理念、学生观（儿童观）、课程观、教学观等哲学层面的理念与意识，也包括每位员工对于学校办学目标的具体认识以及个体对自己的组织角色的认识等。

(3) 转变学校领导原则

确立以人为本的管理原则。以人为本就是指以人的本性和身心特点、以人的全面发展为核心，创造相应的环境、条件，以个人的自我管理为基础，以组织共同愿景为引导的一整套管理模式。这种管理所强调的是要突出人的地位，把人的心理和生理上的需要满足作为“第一因素”，在管理中做到关心人、理解人、重视人、尊重人、激发人和发展人。学习型组织理论的核心内容就是强调“人本”。这就要求学校的组织者和管理者必须树立以人为本的思想，建立组织成员之间平等、和谐、互助的新型人际关系。

(4) 建设开放学校组织

学习型组织是一个开放的系统，学校内部因素与学校外部因素相互联系。因此，学校组织成员必须进行系统而全面的思考。学校应加强与社区的联系，使学校能在一定程度上满足社区的需要，为社区服务；学校应广泛吸引社会力量对学校进行投资办学，同时学校要广泛调动社会各方面的力量参与办学，从而提高学校的质量；开设网络课程，使自身的优势教育资源能帮助更多有需要的人，发挥更大的效益，同时提高学校的知名度。

(5) 重构学校组织结构

学习型组织的结构不同于传统的科层制和等级制的组织模式，它强调横向与纵向相结合的联系与沟通的方式，强调权力下放，同时还表现出适应性强、反应灵活的特点，因而在建设学习型学校时要根据学习型组织的特征改造和重构学校组织，营造合作的组织氛围，建立知识和信息的沟通渠道。因为现行的学校管理模式过分强调竞争与控制，使学校的信息流动性极差，教师之间很少合作，造成工作的重复，使得学校管理总体水平不高，因此，增加信息流动性、建立分享与合作机制显得尤为重要。要鼓励教师建立一个尊重所有学生能力与需要的环境，鼓励师生积极参与教育决策，从而形成“以师生为主”的扁平化学校组织结构。学校要削减不必要的部门或者合并功能重叠的部门，同时减少学校决策层与操作层之间的间隔层次，实现扁平化管理。

## 第二节　小学组织变革与创新

任何组织都有自己的生命周期，都会面临衰老和死亡，在竞争激烈的市场环境下，组织要么通过变革获得新生，要么慢慢走向死亡。为了应对复杂多变的社会环境，小学组织的变革与创新势在必行。下面先介绍一般组织变革理论，再讨论小学组织变革的理论与实践。

## 一、一般组织变革理论

### （一）组织变革的内涵

关于“组织变革”的概念，不少学者都提出了自己的看法。我们认为，组织变革是组织为了实现自身的生存和发展目标，根据外部环境和内部环境的变化，对组织的结构、人员、技术、文化等方面进行的调整、改变和创新的过程。组织变革的内容主要包括：

1. 结构变革

组织的正常运行，要求有与之相应的运行载体，即合理的组织结构。变化着的环境要求组织的结构与之相应改变。变革一般包括变动组织的部门或单位、调整组织的权责体系、协调各部门之间的关系以及向下授权等。

2. 人员变革

人员变革的目的是帮助组织中的个体和群体更有效地工作。变革的内容包括通过满足成员的各种合理需求来改变个体的观念与态度；通过加强沟通交流、鼓励成员参与管理及完善领导方式来发展个体和群体的行为方式。

3. 技术变革

技术变革包括两个层次：一类是直接工作技术变革，即更新生产设备，采用新工艺、新方法和新技术；另一类是管理技术系统的变革，如现代化的信息处理系统的引进、新的程序管理方法的使用等。

4. 文化变革

组织文化是组织成员共有的信仰、价值观和行为准则。组织内部人员的知识结构、技术水平、价值观念、思维方式随着环境的变化而不断更新，组织文化也会随之改变。

### （二）组织变革的类型

根据组织变革有无计划和目的性，可分为“有计划的变革”和“无计划的变革”。前者是一种经过深思熟虑后进行的变革；后者是一种强加给组织的变革，而且常常是不可预见的。① 有计划的变革可按照诊断变革问题、制定变革方案和实施变革计划三个步骤来进行。其中，实施变革计划步骤又包括发布和动员方案、实践中调节方案、及时解决新问题和巩固变革成果四个环节。

根据组织变革的速度和范围不同，可分为“渐进式变革”和“激进式变革”。前者是一种局部的、递增的、强调逐步变化的变革；后者是一种快速的、剧烈的和范围广泛的变革。②

组织变革还可分为“战略性变革”和“草根型变革”。前者指由行政长官、高层主

---

① ［美］斯蒂芬·P. 罗宾斯等著，孙健敏等译：《组织行为学》，中国人民大学出版社，2004 年版，第 611 页。

② ［美］珍妮弗·M. 乔治、加雷恩·R. 琼斯著，于欣等译：《组织行为学》，北京大学出版社，2010 年版，第 519 页。

管、顾问等一些主要人物做出的抉择，行动具有广泛而深远的影响；后者是那些发生在地方或街道这一层面上的改革，组织中的中层领导、基层管理人员及一线工作的员工都要参与到改革中来。①

**（三）组织变革的机制**

1. 组织变革的动因

变革的动因有许多，有些是外部的，有些是内部的。外部因素包括经济、政治、社会、文化、人口、市场、自然环境等，任何一种因素都可能成为促使组织变革的强大力量，对组织的发展有深远的影响。从组织内部来看，促使组织变革的因素主要有如下几个方面：组织运行状况不佳，效率和效益下降；组织战略的改变；组织结构存有缺陷；组织规模的变化；人力资源的变化；价值观的变化。

2. 组织变革的阻力

罗宾斯（S. P. Robbins）从个体和组织两个层面对组织变革的阻力进行了区分，其中个体阻力被认为是来自于基本的人类特征，主要包括习惯、安全感、经济因素、对未知的恐惧、选择性信息加工这五个方面。② 除了上述五个阻力源之外，格里芬（R. W. Griffin）认为还有第六个阻力源，即社会因素，人们可能会因为担心他人的看法而抵制变革。③

制约组织变革的阻力中有一部分是来自组织自身的，因为组织就其本质来说是保守的。这些阻力源又有六种：第一，结构惰性。组织拥有的内在的机制很可能会充当变革的反作用力。第二，有限的变革关注。子系统中的有限变革很可能会因更大的系统问题而变得无效。第三，群体惰性。即使个体想改变他们的行为，群体规范也会成为约束力。第四，对专业知识的威胁。组织模式的变革可能会对特殊群体的专业知识构成威胁。第五，对已有权力关系的威胁。这会使既得利益者反对变革。第六，对已有资源分配的威胁。组织中控制一定数量资源的群体，常常把变革视为一种威胁。④

3. 消除阻力的策略

认识到组织变革的阻力后，如何消除呢？罗宾斯同时提出了可以使用的六种策略：第一种是教育和沟通。通过个别交谈、小组讨论等方式进行沟通，使变革的阻力降低。第二种是参与。即把持反对意见的人吸收进决策过程中来。第三种是促进与支持。通过提供大量支持性的措施来减少阻力。第四种是谈判。同具有强大影响力的个人和部门进行谈判。第五种是操纵和收买。前者指的是暗地里施加的影响力；后者同时包括操纵和让反对者参与其中两种方式。第六种是强制的手段。即直接对抵制者实施威胁和压力。⑤

---

① ［美］罗伯特·B. 登哈特等著，赵丽江译：《公共组织行为学》，中国人民大学出版社，2007 年版，第 373 页。

② ［美］斯蒂芬·P. 罗宾斯等著，孙健敏等译：《组织行为学》，中国人民大学出版社，2004 年版，第 611 页。

③ ［美］里基·W. 格里芬等著，刘伟译：《组织行为学》，中国市场出版社，2011 年版，第 489 页。

④ ［美］斯蒂芬·P. 罗宾斯等著，孙健敏等译：《组织行为学》，中国人民大学出版社，2004 年版，第 614-615 页。

⑤ ［美］斯蒂芬·P. 罗宾斯等著，孙健敏等译：《组织行为学》，中国人民大学出版社，2004 年版，第 614-615 页。

总体来说，采用系统观点可将组织变革策略概括为三种：一是权力—强制策略。假设人们总是回避变革，此时强制或诱导战略是必要的。变革最初往往是凭借强制和权力进行的，法律和规章的使用、奖优罚劣的计划、招聘方面的变革等措施都被认为是必需的。二是理性—经验策略。假设人类是能被“客观性”知识说服的理性群体，推动变革的人应该努力凭借实验等方式来展示变革的力量，进而去说服变革的潜在受益者。三是规范—再教育策略，认为变革更应该发生在个体的态度、信仰、标准、价值观等内在层面。当组织内部的价值观是一致的时候，变革成功的概率便会大大提高。因此，变革最重要的工作是通过更新人们的意识，营造愿景，激发动力，形成文化。①

在变革时，由于不同的阶段任务，需要选择不同的策略类别。权力—强制策略可主要用在变革全过程的行政管理制度的制定上。比如骨干选拔制度，教师的奖惩制度，各种资源的再分配制度，人事制度，工资方案等。理性—经验策略可用于变革初期引导组织人员感知变革的动因、可能带来的益处，有助于树立进一步变革的信心。规范—再教育策略可用于变革全过程。变革初期通过吸引行动者共同参与变革方案的制定，统一价值观，营造共同愿景；变革中期通过民主工作流程再造，更新人员意识，激发工作动力；变革后期协调各方面利益，形成文化。

**（四）组织变革的模式**

组织变革是一个复杂、动态的过程，需要有系统的理论指导。目前影响比较大的理论模型有：

1. 勒温的三步模型

勒温认为，成功的组织变革应该遵循以下三个步骤：解冻现状，移动到新状态，重新冻结新变革使之恒久。见图 10-1。

现状可以被视为一种平衡状态，要打破这种平衡状态，必须要先“解冻”，它可以通过以下三种方式实现：一是增加引导行为以脱离现状的力量；二是减少阻碍偏离现有平衡状态活动的力量；三是以上两种方法的结合。一旦变革付诸实施，要想成功，还需要重新冻结新形势，使它长久保持下来。勒温的三步变化步骤将组织变革视为对组织平衡状态的打破，变革是必不可少的。

图 10-1　勒温变革模型

2. 行动研究模式

行动研究模式指的是这样一种变革过程：首先系统地收集信息，然后在信息分析的基础上选定变革行为。这一模式包括五个阶段：首先，组织发起变革前，需要从组织成员那里收集变革需求方面的信息进行诊断。其次是分析，将有关信息综合成人们主要关心的问题、问题的范围及可能采取的行动。第三是反馈，即让员工共同分享前两步发现的问题，由员工开发需要实施变革的行动计划。第四是行动，包括人力、物力、财力等资源的优化配置、组织重构和确定发展战略等。最后是评价，以收集到的原始资料作为标杆，对活动计划的有效性进行评估。行动研究的有利之处是着眼于问题，由发现问题的类型进而决定采取何种行动。另外，行动研究中包括员工的参与，所以

① ［美］罗伯特·G. 欧文斯、托马斯·C. 瓦莱斯基著，吴宗酉译：《教育组织行为学：领导力与学校改革（第11版）》，华东师范大学出版社，2021 年版，第 288-294 页。

减弱了变革的阻力。

3. 系统变革模型

系统变革模型是在更大的范围内解释组织变革过程中各种变量之间的相互联系和相互影响关系的模型。这个模型包括:输入、变革元素和输出三个部分。输入部分包括内部的强项和弱项、外部的机会和威胁,其基本架构是组织的使命、愿景和相应的战略规划;变革元素包括目标、人员、社会因素、方法和组织体制等,组织需要根据战略规划,组合相应的变革元素;输出部分是指变革的结果,应从组织、部门群体和个体等方面增强组织的整体效能。组织必须在稳定性、持续性、适应性、革新性之间保持一个动态平衡。

从上述理论模型可以看出,组织变革的程序步骤一般有以下方面:研究组织的内外环境,确认变革的需要;认识问题,找出差距;提出变革行动方案;实行变革,评定变革的效果;进行反馈,巩固变革的成果。

**(五) 组织变革的趋势**

纵观国内外企业组织架构已经或即将发生的变化,其主要趋势可概括为:扁平化、弹性化、网络化、开放化。

1. 扁平化趋势

传统的组织结构多为金字塔形,其优点是分工明确、便于监控。但其缺点也很明显,主要表现为机构臃肿、效率低下。所谓扁平化,就是减少中间层次,增大管理幅度。由于管理层次的减少,缩短了上下层的距离,提高了信息传递的速度和办事效率;而且,管理幅度加大,迫使上司必须适度放权,对发挥员工的创造性极为有利。

2. 弹性化趋势

弹性是指一个组织适应变化的能力和灵活性。组织为了实现某一目标而把在不同领域工作、具有不同知识和技能的人集中于一个特定的动态团队之中,共同完成某个项目,等项目完成后团队成员各回原处。这种机动团队的优点是灵活机动、博采众长、集合优势,不仅可以大大降低成本,而且能够促进人力资源的开发。

3. 网络化趋势

网络化指的是组织各部分之间是平等、互利的协同关系。企业形式集团化,众多企业之间的联系日益紧密起来;企业组织架构日趋扁平,横、纵向的联络增多;信息技术的发展,信息交流越来越无差别、无层次。这些都促进了企业内部组织的日趋网络化。组织不再像传统直线式设计那样,设置太多太细的中层机构,而是构建纵横交错、充分合作的网络型机构。

4. 开放化趋势

在高度智能化和信息化的今天,组织与外界的沟通也日渐无缝化,呈现出更大的开放性。开放性的经营管理需要完善和变革组织机构,这是发挥组织内外管理资源的有力保障。以学校来说,要允许社会各界和学生家长通过家长委员会等方式和渠道,列席学校各项会议,参与学校决策和活动,为学校的发展建言献策。

## 二、小学组织变革理论

小学组织变革是指,学校为了适应外部环境和组织内部改善,有目的、有计划地改变学校组织的目标与信念、结构、管理、领导与教学等行为方式,促使师生主动发展与学校效能提升的过程。这一过程是以育人为目标导向的全新的学校组织生成和建构过程。

### （一）学校组织变革理论

基于前述组织变革理论可知,学校作为组织的一类,也应该随着环境的变化而进行组织变革。当前关于学校组织变革的主要理论有三种。

1. 霍伊与米斯克尔的观点

自霍尔(Hall)运用组织量表测量了科层结构的六个核心特征后,霍伊(Hoy)与米斯克尔(Miskel)进一步将六个特征划分为两大系列:一为“科层的”,二为“专业的”。如果将每一种模式一分为二,组织的科层性和专业性就整合成了学校组织的四种结构类型(如表10-1所示[①])。其中,韦伯结构是一种专业性和科层性相互补充的结构形式;权威结构则是在牺牲专业性的同时强调科层权威,权威是建立在职位和等级制度基础上的;专业结构是由专业人员做出重要决策的结构,这一群体的成员被认为是拥有专业知识的人员;混乱结构则是一种科层化水平与专业化水平都很低的组织结构。

表10-1　学校组织的结构类型

| 科层模式 | 专业模式 | |
|---|---|---|
| | 高 | 低 |
| 高 | 韦伯结构 | 权威结构 |
| 低 | 专业结构 | 混乱结构 |

学校的四种结构在特征属性上的不同,对学校组织发展的影响也有积极和消极之分。霍伊与米斯克尔据此进一步揭示了学校结构变革的趋向,如图10-2所示。[②]

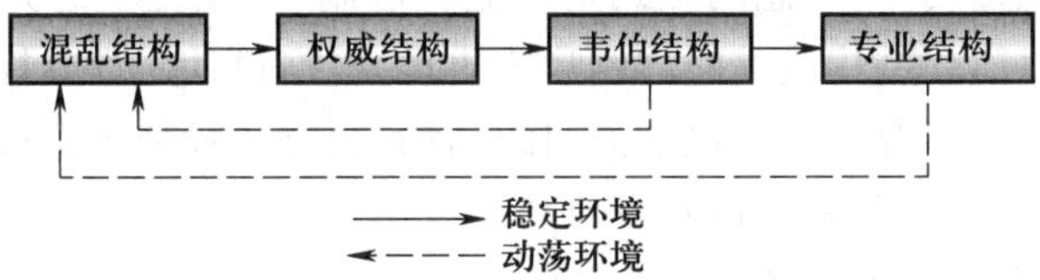


图10-2　学校组织结构变革的趋向

第一,由混乱结构走向权威结构。由于学校结构中的混乱结构毫无效能可言,强大的压力会促使它向其他结构形式转变。相对而言,从混乱结构转向权威结构比较自然,也比较容易。因此,要使混乱局面变得有秩序,变革者会转向严格的科层程序与权威程序,以维持秩序。

第二,由权威结构走向韦伯结构。权威结构中预期的冲突虽然低于混乱结构中的冲突,但高于韦伯结构与专业结构的冲突。韦伯结构中组织的正式特征与非正式特征融为一体,在简单而又稳定的环境中能最有效地发挥作用。因此,学校结构发展的下一个逻辑阶段是走向韦伯结构。

① ［美］韦恩·K.霍伊、塞西尔·G.米斯克尔著,范国睿译:《教育管理学:理论·研究·实践》,教育科学出版社,2007年版,第94-97页。

② ［美］韦恩·K.霍伊、塞西尔·G.米斯克尔著,范国睿译:《教育管理学:理论·研究·实践》,教育科学出版社,2007年版,第97-99页。

第三,由韦伯结构转向专业结构。作为一种职业,教学变得更为专业化;在稳定的、复杂的环境中,专业组织具有高效能的潜力,一些学校的结构从韦伯结构转向专业结构。

在霍伊和米斯克尔提出的学校发展模式中,学校逐渐从混乱结构走向权威结构,再到韦伯结构,再转变为专业结构。但他们也指出,由于环境混乱、变化多端,这些学校有可能会倒退回原来的混乱结构。

2. 明茨伯格的观点

明茨伯格(H. Mintzberg)将结构描述为组织根据任务进行劳动分工并促使员工相互协调的方式。这些协调方式有五种:相互调节、直接监管、工作标准化、产出标准化及技能标准化。另外,他还界定了组织的五个主要构成部分:操作核心、战略顶层、中间层、技术结构、支持人员。① 通过将组织的五个构成部分与五种协调方式结合起来,就构成了五种基本的组织结构,如表 10-2 所示。

表 10-2　五种基本的学校组织结构

| 结构类型 | 关键部门 | 协调机制 | 特征 |
|---|---|---|---|
| 简单结构 | 战略顶层 | 直接监管 | 非科层化、高度集权化 |
| 机械科层制 | 技术结构 | 工作标准化 | 科层结构、运作标准化、充满控制 |
| 专业科层制 | 操作核心 | 技能标准化 | 科层结构、分权化、标准化、扁平化 |
| 简单科层制 | — | — | 高度集权化、高度科层化、专业化有限 |
| 政治组织 | — | — | 与权力有关,是一种功能障碍的结构 |

在这五种组织结构中,理想的形式是专业科层制,组织变革的方向是专业化。组织常常在开始时以简单结构或临时体制形式出现,根据设计变量或权变因素而转为其他组织形式。但是并不存在什么最佳的组织结构,只有与权变因素形成匹配关系并在组织中具备一贯性的组织,才可以获得成功。

3. 霍伊和斯威特兰的观点

霍伊(Hoy)和斯威特兰(Sweetland)根据学校中的形式化(规则、制度与程序系统)与集权化(权威等级体系),将学校结构分为"促进型学校结构"和"阻滞型学校结构"两大类。两种学校结构在形式化、集权化、过程、情境等方面具有不同特征。促进型的学校管理是发现帮助教师取得成功的方法,而不是监视教师的行为以确保其服从,通常可以提高管理效能,促进学校运作;与此相反,阻滞型的学校结构使教师有一种权力失落感,易产生角色冲突,并服从于规则和等级制度,从而导致消极后果。在对学校结构变革时,要及时检视现有的结构具有的阻滞因素,实现由阻滞型学校结构到促进型学校结构的转变。

从上述学者的研究来看,无论是对学校的结构类型进行划分,还是对学校的结构变革趋向进行讨论,都离不开对学校组织中的科层取向和专业取向的关系进行一番探究。学校组织变革的理论基础就是组织中科层取向与专业取向的融合。学校组织中若只有机械的科层制、硬性的规章制度,而缺乏共同的目标、愿望、主体意识、民主意识,那么这种组织就

① ［加］亨利·明茨伯格著,魏青江译:《卓有成效的组织》,中国人民大学出版社,2012 年版,第 16 页。

无法进行有效的管理活动。另外,学校组织要常葆生命力,关键还在于组织中的人。学校组织中的主体之一——教师,有着自己的需要和追求,自己的情感和意志,在组织决策过程中也应当拥有较大权力。在学校结构变革中,更要追求在基本结构带有权威特点的科层制基础上,使学校组织多一点专业性。上述组织变革理论的共有线索,就是追求学校组织中的两种取向——科层取向与专业取向之间的相容共生。

### (二)学校组织变革的影响因素

在组织的结构变革中,理想的学校是专业模式,但是大多数学校并非专业组织。这是因为学校组织同其他组织一样,其变革会受到许多因素的影响。

1. 办学规模和时间

随着规模的扩大,学校中的非正式关系和直接监管很有可能被形式化和科层控制所取代。[①] 虽然组织结构可能会趋于规范化,但科层力量也可能使组织结构变得更加机械化,学校办学时间长也容易使组织倾向于维持传统的做法。

2. 学校的目标任务

学校的组织结构是为实现学校的目标任务服务的,如果学校的目标任务发生变化,组织结构也将随之发生变化。课程改革、教学改革、教师发展等都将带动学校组织的适应性改变。

3. 学校的办学条件

学校的硬件资源对变革效果有重要影响。学校的管理技术与手段也在影响着学校的组织结构。就信息技术来看,信息技术发展使学校组织网络化,网络化扩大了学校组织的信息资源,使学校组织结构趋于扁平化。

4. 学校的外部环境

一个组织的结构必须与它的环境相适应,组织受外部控制的强度决定组织的集权化和科层化程度,就是说组织越是由外部控制,就越可能集权化和科层化。全球化推进社会结构的转型也将深刻影响学校组织,信息化正在改变人们的思维方式,也就将改变学校组织传递知识的方式。

5. 学校中人的因素

学校管理者及教师的文化价值观影响着学校的组织结构。个体由于既得利益、升迁的期望、习惯和传统的观念等方面的分歧,对组织变革持不同态度。这种影响是客观存在的,尽管我们想尽量克服这种影响,但它始终是无法回避的。

6. 学校中技术的因素

技术因素主要涉及技术体系的复杂性与常规性程度。如果认定技术体系是复杂的,那么就需要高度专业化的人员,并要求决策分权化;而如果技术体系是常规性的,那么就可以通过科层程序规范技术体系。

总之,学校要成为有效的学习型组织,必须以适当的方式建构可持续的支持教与学的结构;发展开放、合作、自我管理的组织文化与氛围;吸引办事可靠、有效并欢迎变革的个体;建构促进共同决策和持续沟通的机制,以提高组织的适应性。

---

① [美]韦恩·K.霍伊、塞西尔·G.米斯克尔著,范国睿译:《教育管理学:理论·研究·实践》,教育科学出版社,2007年版,第109页。

## 三、小学组织结构创新

小学组织结构的创新是一个学校发展的动力来源。然而影响学校组织创新的因素十分复杂,构建富有成效的组织结构要求该结构与组织目标、环境、技术和人员等相匹配,并平衡一些由既要秩序又要自由这一基本的组织两难问题所导致的相互抵触的力量。①

### (一)学校组织结构的一般模式

在进行组织结构创新之前,需要对学校组织结构的一般模式有所了解。一般组织模式主要包括四种:

1. 直线型学校组织

这类组织由一位上级领导负责指挥,命令从上至下层层下达,形成直线型指挥链条。② 这是一种金字塔型的结构,是学校组织发展的早期形式,权力高度集中。领导者实行的是没有职能机构的"个人管理",他必须处理学校中的一切事务(如教学、德育、后勤等),并承担责任。如图 10-3 所示。

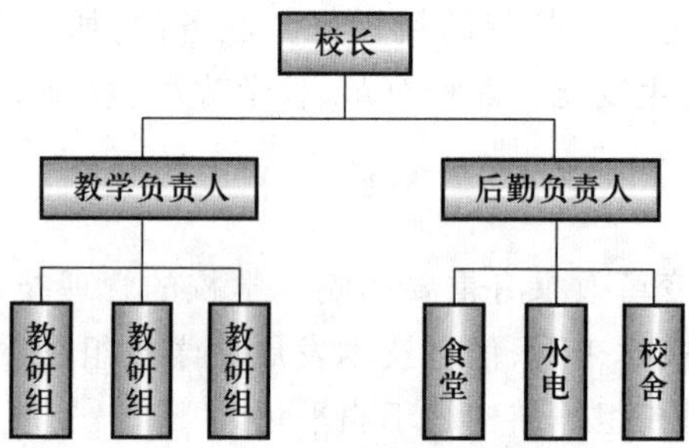


图 10-3　直线型学校组织结构

2. 职能型学校组织

这是一种典型的分权结构,在学校管理中层设教务处、德育处和总务处等分工负责的职能部门。各职能部门各司其职,在其职能范围内,直接指挥下级单位的工作,同时监督同级其他职能机构的工作。如图 10-4 所示。

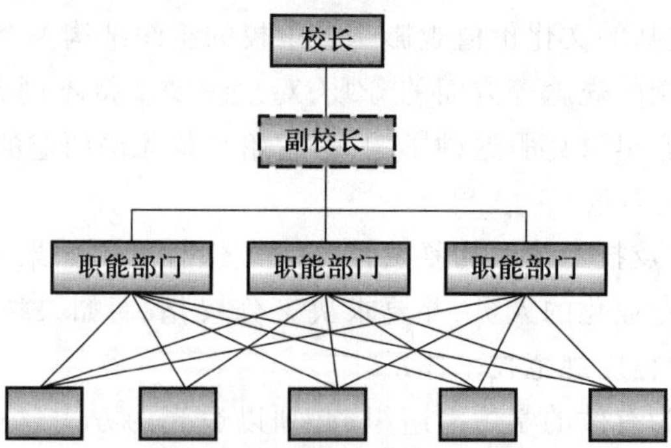


图 10-4　职能型学校组织结构

---

① [美]韦恩·K. 霍伊、塞西尔·G. 米斯克尔著,范国睿译:《教育管理学:理论·研究·实践》,教育科学出版社,2007 年版,第 82-83 页。

② 陈孝彬等编:《教育管理学》,北京师范大学出版社,2008 年版,第 345 页。

3. 直线职能型结构

直线职能型组织是直线型和职能型组织的结合体。在保证直接指挥的前提下，能够充分发挥各职能部门的专业优势，对其他部门的工作给予指导、建议，起到一定的参谋作用。具体来说有四种组织形态，如图 10-5 至图 10-8 所示。图中虚线代表职能部门对其他部门的咨询与建议。

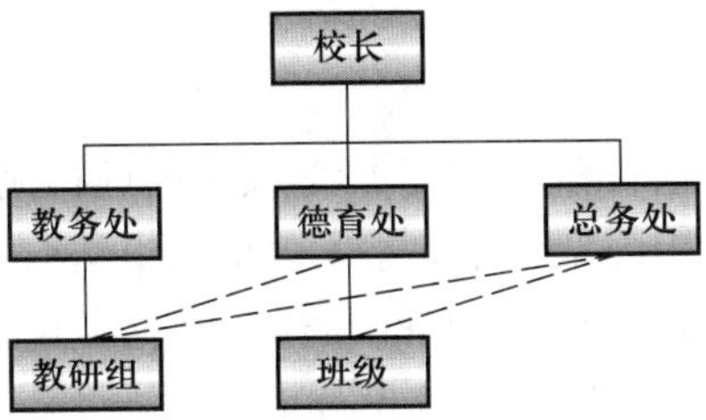


图 10-5 直线职能型学校组织结构之一

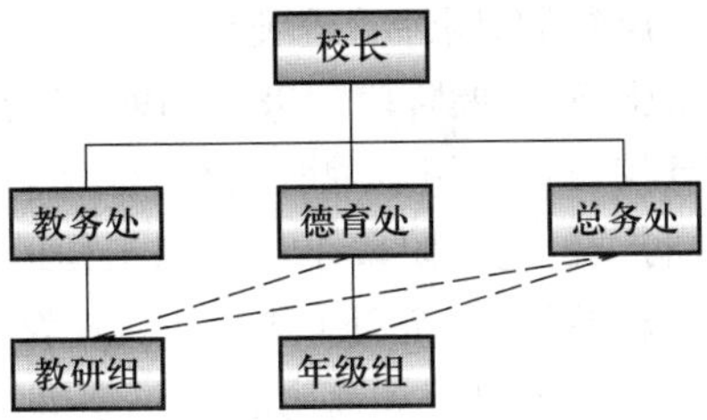


图 10-6 直线职能型学校组织结构之二

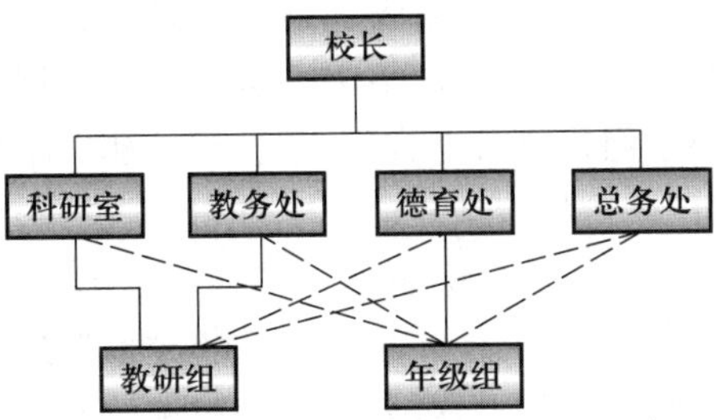


图 10-7 直线职能型学校组织结构之三

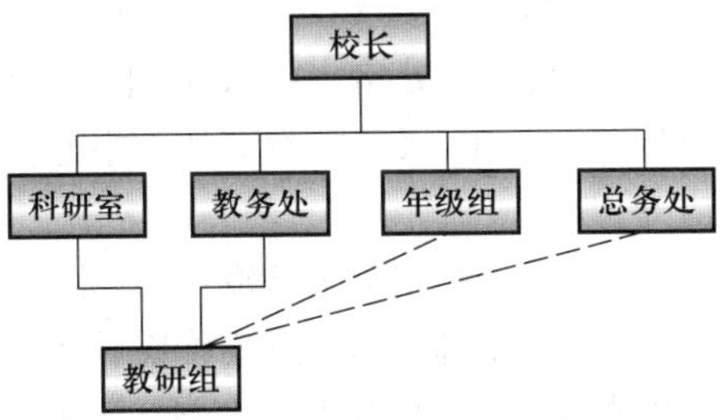


图 10-8 直线职能型学校组织结构之四

4. 事业部型学校组织

这也是一种用分权形式来管理学校的组织形式，以工作性质与内容为基准进行部门划分和组合。如在学校总组织下设小学部、初中部、高中部等事业部；又如在一个超大规模学校，把每个年级分成 2～3 个独立分部。各事业部都独立运作，享有具体的经营管理权。如图 10-9 所示。

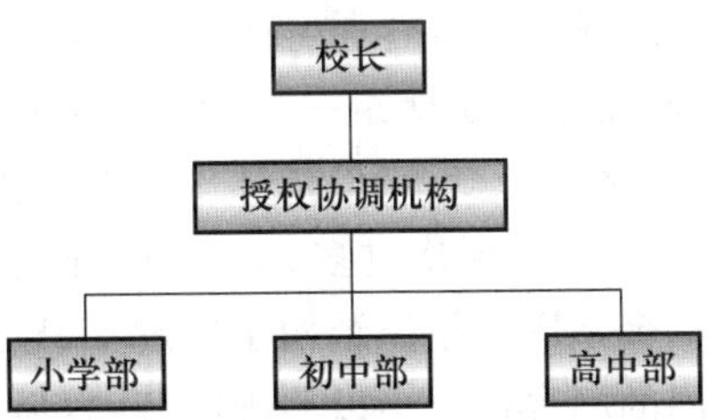


图 10-9 事业部型学校组织结构

**（二）我国小学组织结构的演进与特点**

新中国成立以来，我国小学内部领导体制经历过多次改革，这些宏观领导方式渗透进了学校内部的组织结构，导致中小学组织结构从单一化向多样化发展，从等级式向扁平式发展，从垄断型向混合型发展。从整体上看，我国小学组织结构经历了三个重要的变革时期，是一个交叠前行的过程。

1. 直线职能型发展阶段（1949—1984 年）

此阶段小学的组织结构模式主要是直线职能型，即以直线制为基础，在各级行政领导下设置相应的职能部门，是主要基于科层制的行政组织模式。小学教学组织结构的最高管理者是校长；教务处（教导处）、总务处、政教处（德育处）等居于其下，负责具体管理工作；教研组属教务处或教导处，负责学校教科研工作；学校教师承担教学和学生管理工作。在这一阶段,我国中小学的非教学组织结构包括党支部及其领导下的共青团、少先队、教育工会、学生会等党的基层组织和群众组织,主要负责教师和学生的思想政治工作。

此时期的小学组织结构特点有三个:一是组织的政治服务倾向浓厚;二是组织结构套用国家行政机关的模式,行政权力和命令掌控学校的日常运行;三是组织管理采用严格的层级制,刚性管理突出。

2. 矩阵型扩展阶段(1985—1999 年)

实行校长负责制后,我国教育行政重心开始下移,加之小学学校规模的扩大,组织结构横向扩展,这一阶段小学组织结构模式以矩阵型为主。小学教学组织结构在横向上除设置教导处(教务处)、总务处、政教处(德育处)外,有的学校还设置了校长办公室、教科室、年级组等。而为缓解年级组的行政管理压力,减少跨年级教研组教师间的沟通障碍,备课组应运而生,成为教研组和年级组管理工作中的交叉区域。非教学组织结构中,作为教育民主化发展的产物,这一时期学校普遍增设了教职工代表大会。

此时期的小学组织结构特点有:一是结构复杂多样化,校级管理与年级组管理并存,年级组与其他处室出现从属、平行、交叉等多种模式;二是小学组织结构从科层式逐渐转向专业化,服务于教育教学中心;三是小学组织管理走向民主化,陆续建立审议机构。

3. 扁平化演变阶段(2000 年以来)

政府行政体制改革、简政放权后,学校管理自主性增强,不少小学实施校本管理体制。校本放权后,重心从校长个人下移到基层,纵向结构层次减少、横向范围拓宽。小学教学组织结构增加了信息技术处,非教学组织结构增设了家长委员会。

此时期的小学组织结构特点有:一是组织结构向扁平化发展,横向联系密切;二是小学组织结构更加开放化,以人为本;三是小学组织管理重视多方参与。

### (三) 传统小学组织结构模式的弊端

传统的主要学校组织形式是直线职能型组织,即实行"校长—职能部门—年级组、教研组—备课组—教师"的四级管理体制。这一结构模式至今仍被很多小学沿用,虽然几经变革,但依然没有能够摆脱其局限,具体表现在以下几个方面:

1. 组织层次过多,工作效率低下

金字塔型组织结构层次过多,导致信息的流通延缓和失真。行政管理人员与职能部门的职责权限难以明确区分,容易造成多头领导,使下级单位与个人无所适从,影响工作效率和工作质量。

2. 缺乏组织沟通,容易造成冲突

在直线职能型组织中,不仅上下层职能部门之间缺乏沟通,平行组织之间也缺乏一定的横向交流与协作。过于细致的分工使工作越来越单调,规章死板使各职能部门之间沟通僵化,成员厌烦情绪增加,容易产生矛盾冲突。

3. 管理重行政事务,轻教学事务

直线职能型组织在组织的科层取向与专业取向之间更易倾向于科层取向。由于学校规模扩大,日益强调"等级系统",组织中的集权化加强、专业性减弱。如此,教研组的专业职能便不能得以有效发挥。

4. 职能部门干预多，缺乏自主权

在这种学校组织结构中，年级组和教研组不是相对独立的基层管理实体，职能处室对年级组和教研组的管理干预过多，而年级组和教研组因缺乏必要的自主权，导致工作积极性差、管理效率低下。

实际上，传统的学校组织形式在不同程度上都反映出了其结构功能的有限性。如直线型组织因为结构简单，只适用于小型学校，当工作头绪繁杂时，领导者容易陷入日常行政事务而无法集中精力研究学校的重大问题；职能型组织由于存在着不同职能部门的多重指挥而容易产生冲突；事业部型组织存在的重复设置管理机构、人员的情况，会造成学校管理成本增高和各事业部的本位主义倾向等。这些都对小学组织结构的变革与创新提出了要求。

**（四）小学组织结构的变革与创新动向**

由于国家多项政策因素的强力推动，学校的规模呈扩张趋势，加之新时代信息技术的渗透影响，小学组织管理面临着网络化环境的严峻考验。传统的四级科层管理体系的直线职能型组织无法适应大规模学校的有效运行，组织结构亟待创新。

1. 组织结构变革的重点

当学校组织规模扩张时，学校会设置“年级组”（或“年级部”）来分担学校中层机构的任务。而年级组和教研组由于在科层性和专业性所坚持的取向不同，又难免会存在摩擦和冲突。在一些组织运转不够协调的学校，年级组认为教研组是一个教学研究组织，不具有行政权力，无权评价教师的工作；而教研组则认为年级组由同一个年级的各个学科教师组成，没有学科专业性。因此，年级组和教研组极易对立起来。事实上，年级组与教研组，不应该、也不可能被偏废。在学校组织变革之中，如何确定教研组、年级组在整个组织架构中的位置，找到纵向控制和横向协调之间的平衡点，是当前学校组织结构创新的重点所在。

2. 组织结构创新的模式

当前，组织结构创新的几种新的模式包括：委员会结构、矩阵结构、虚拟网络结构、全体共治型团队结构。

委员会结构是与单一等级制相对的概念。这种组织结构中直接承担领导责任的不是某一个人而是一个委员会，是一种由委员会的成员以同等的地位参与合议并做出决策的组织。委员会制不同于在单一制组织结构下通过委任权力或集体讨论得出合意的制度，其特点是决议与执行分离，决议部分的组织由委员会组成，执行部分的组织则与直线制类似。一经决议后，就由相关负责人代表委员会去全权执行。英国中小学实行的是校董会领导下的校长负责制，就是委员会制的典型代表。

矩阵结构意味着一个组织同时采用项目结构和职能结构相结合的组织形式。项目系统是为完成某一任务而组成，由项目负责人进行组织管理；职能系统由职能部门进行管理。两套系统纵横交错，构成一个矩阵形式，其组织成员同时归属于这两个系统的双重指挥系统，同时向他们报告工作。如图 10-10 所示。

虚拟网络结构是一个集群，其组成部分相互独立、松散地联结在一起。部门是为了共享信息、完成任务而通过电子化方式联结在一起的独立组织。部门可以分散在世界的各个角落，而不一定必须集中在同一个地方。如图 10-11 所示。

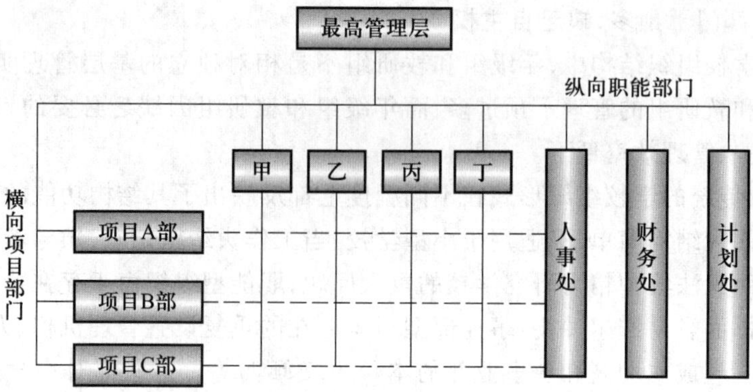


图 10-10　矩阵型组织结构

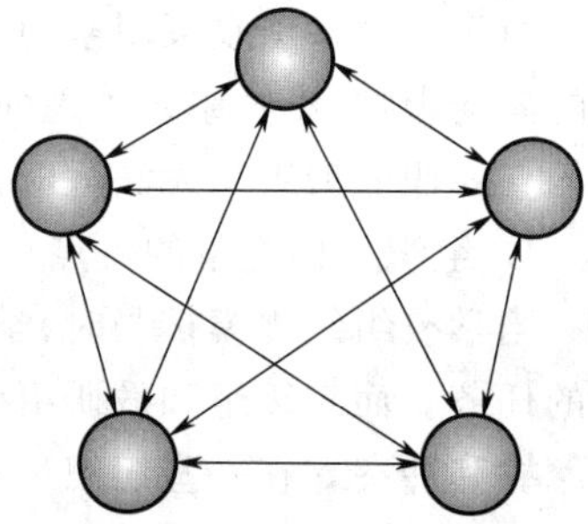

图 10-11　虚拟网络组织结构

全体共治型团队结构是最新的部门组合方式。① 在这种组合中，整个组织由自我管理团队构成，每个自我管理团队由完成特定任务或活动所需的人员组成。

就学校组织结构来说，变革要符合组织结构的扁平化趋向，又要达到组织中科层取向与专业取向的融合，因此，可以尝试建立组织的矩阵型结构，既保持学校组织原有的纵向直线职能结构，又以年级组进行横向交流与协作。具体而言，就是做到教研组与年级组的有机结合：纵向以学科为导向，由教研组长实施管理，缩短教师与校长之间的距离，使校长直接了解教学动态，教师直接体验校长的决策智慧；横向按年级进行组织，由年级组长实施管理，设立备课组，加强跨学科之间的教学协作。如图 10-12 所示。

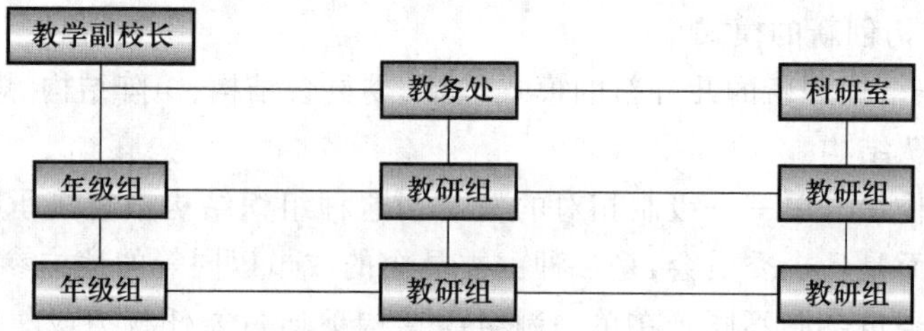


图 10-12　学校矩阵型组织结构

矩阵型组织结构中，一名教师同时接受两个上级：教研组长与年级组长的领导。从科层隶属关系上来说，教师直接受年级组长的领导并在该年级承担教学、科研工作，在体制编制上直接归属于该年级。同时，该教师还要完成教研组组长分配给他的任务；教研组长要对教师的专业成长与专业发展负责。

建立矩阵型组织结构，既可以是临时性的，也可以是永久性的。实行矩阵型学校基层教学管理模式，有利于加强学术交流，开拓教师的知识面；有利于科学发展和知识

① ［美］理查德·L. 达夫特著，王凤彬等译：《组织理论与设计》，清华大学出版社，2022 年版，第 116 页。

创造;有利于合理配置资源,避免学校教学科研活动中不必要的浪费;有利于学校教学质量的提高。在现阶段,它能够有效地协调年级组与教研组之间的关系,使其获得平衡与发展。

## 第三节 小学组织文化变革

组织及组织环境是一个社会构建的现实,它是无形的。组织中的人的行为受到组织环境中无形力量交互的影响。组织领导者需要通过直接或间接的方式改变或影响组织参与者的动机与内心状态,从而激发组织发展的活力。

### 一、 学校组织文化的内涵及特征

任何一个组织都是由人构成的,有其独特的发展历程。因此,每个组织都有自己的价值观和行为方式。组织文化是组织必不可少的部分,而且影响组织的结构和运行方式。

#### (一) 组织文化的概念

组织文化不是新概念。它在组织研究文献中有着悠久历史,可以追溯到 20 世纪 30 年代西部电气公司的研究。该研究指出,一些管理风格激发了员工的归属感、能力和成就感,提高了工作效率和员工满足感。从 20 世纪 40 年代开始,勒温以及他的同事和学生们进行了大量研究,探讨通过使用计划干预措施改变管理者和工人的社会规范,使组织更加有效。巴纳德在组织研究的早期,就把文化描述为人们使工作和生活具有意义而进行的社会虚构。塞尔兹尼克用这个词来描述在组织中产生团结、意义、承诺和生产力的因素。

威廉 · 大内(W. Ouchi)认为,组织文化是指"借以将组织的潜在价值观和信念传递给组织成员的符号、礼仪、典故"。① 罗宾斯认为,组织文化是"组织成员共享的一套能够将本组织与其他组织区分开来的意义体系"。② 组织文化关注的是员工如何认识组织文化的特征,而不是他们是否喜欢这些特征。沙因认为,组织文化应保留"更深层次的基本假设、价值观和信念",这些因素为组织成员所共享,是能保证组织不断取得成功的当然因素。故此提出,组织文化是"特定组织在适当处理外部环境和内部整合过程中出现的种种问题时,所发明、发现或发展起来的基本规范。这些规范运行良好,相当有效,因此被用作教导新成员观察、思考和感受有关问题的正确方式"。③

由此可以看出,组织文化是组织成员所共同认可的一套价值观、信仰系统、规范和思维模式,它是稳定的、客观的、深层次的,不是单个人可以决定和改变的,而是组织成员共同创造和默认的。

#### (二) 学校组织文化的内涵

学校组织文化与组织文化在许多方面有共同之处,是组织文化的一种重要形式。

---

① [美]韦恩 · K. 霍伊、塞西尔 · G. 米斯克尔著,范国睿译:《教育管理学:理论 · 研究 · 实践》,教育科学出版社,2007 年版,第 160 页。

② [美]斯蒂芬 · P. 罗宾斯等著,孙健敏等译:《组织行为学》,中国人民大学出版社,2016 年版,第 409 页。

③ [美]韦恩 · K. 霍伊、塞西尔 · G. 米斯克尔著,范国睿译:《教育管理学:理论 · 研究 · 实践》,教育科学出版社,2007 年版,第 166 页。

学校组织文化是学校经过其内在系统的维持与外在环境变化的互动,共同创造、继承和不断更新的假设、信念、价值观念、规范、道德准则等意识形态的有机整体。它通过实物载体、行为载体和语言载体表现学校的基本假设、价值观念和行为规范。学校基本假设是指学校管理者、教职工对环境、人性、教育活动、时间和空间等本质的共同一致的看法;学校价值观指向学校目标的选择和价值功能的发挥以及学校全部的中心工作,它既受学校基本假设的制约,又支配着学校成员的行为规范;学校行为规范指学校管理中处理人与人之间关系的准则,包括成文和不成文的准则。

总之,学校组织文化主要体现在课程计划、学校环境布局、学生学习活动与实践活动、教师发展、师生关系等方面,是学校成员所达成和遵循的具有本学校特色的群体规范、主导价值、信仰系统和心智模式的总和。

#### (三)学习型学校组织的文化特征

学校组织文化一旦形成和发展成熟,便对学校成员产生持久和深远的影响。学校作为一种学习型组织,应当显现相应的文化特征:

1. 学习

推崇共同学习、终身学习、人本学习的理念,满足学习者自我提高和自我实现的高级需要。组织成员都能保持一种高效且持续的学习状态,具有应对外界环境变化的能力。并且,成员能够以更加长远的系统思维来规划和评价自身的学习。

2. 协作

学习型学校倡导学校成员的交流与合作,为教师创设对话和研讨的平台,营造和谐的人际关系氛围。学校需要的是一种自愿而非强迫的合作文化,当协作文化氛围渐渐形成时,教师群体会自然地参与进来。这种协作还体现为教师之间、管理者与教师之间互相有更包容的心态。

3. 共享

共享文化体现为学校组织成员共同认可和接纳的信念、价值观念和道德准则。成员之间信息共享,且共享意愿强烈,学校管理兼重学校目标的达成与个人需求的满足,是组织与人的双赢。

4. 反思

教师善于阅读、聆听、研究,会反思、愿反思和敢反思,保持开放和好奇的心态。反思成为组织成员和各种团队的经常性活动,渗透在教师的日常教学行为、学生的学习以及学校机构的运作过程中。

5. 创新

学校具有高度多元性与异质性的次文化,并且支持、鼓励成员的学习和创新。创新成为学校全体成员的基本“心智模式”,并以不断变革的思维方式来观察问题。学校逐渐习惯用创新的思维方式策划教育教学活动。

### 二、学校组织文化的类型与层次

#### (一)学校组织文化的类型

1. 西方学校组织文化分类

罗杰·哈里森提出权力、成就、角色和支持四种主要的组织文化类型,查尔斯·汉迪(C. Handy)在此基础上做了修改和进一步的阐释①。

(1) 权力文化。权力文化强调以权力和领导力为中心,强调个人的力量。组织的发展取决于处于权力中心的人物,因此也叫独裁文化。这类文化的组织不太看重工作程序,随着学校规模扩大,容易产生权力斗争。

(2) 任务文化。任务文化强调组织的目标就是要完成设定的任务,组织的一切都要以完成任务为中心进行安排,也叫委员会文化。这类文化的组织是以临时小组为中心建立起来的,当组织内不同群体争夺资源时,可能造成混乱。

(3) 角色文化。角色文化注重组织中的人际关系,强调职责、条例和程序,对角色的要求十分明确,因此也叫官僚文化。这类文化的组织按规矩处理事情,但不能适应环境的变化,应对学校危机能力较弱。

(4) 个人文化。个人文化强调以人为中心,允许个人按照自己的兴趣工作,组织要设法满足个人的意愿,因此也叫民主文化。这类文化的组织被个人所左右,而具有个人取向的人员又是不易管理的,组织可能难以对其施加影响。

关于四种学校组织文化,我们的目的并不仅仅是单纯地区分出它们之间的不同。更为重要的是,根据环境的不同、目的的不同,采取和建设相适应的学校文化。

2. 我国学校组织文化分类

我国研究者一般将学校划分为浅层面的物质文化——“器”、中层面的制度文化——“规范”及深层面的精神文化——“价值观念”。

(1) 物质文化。物质文化涉及学校的教学设施、物质环境等物质条件,还包括学校成员对待物质环境的态度和方式。例如,既体现在校园里的小桥流水、名人雕塑等载体,也体现为人们对这些设施所赋有的解读意义。

(2) 制度文化。制度是学校文化规范化的反映,它反映着组织的基本信念、价值观念、道德规范和管理哲学,是学校在实践精神文化过程中所形成的组织结构、规章制度及其管理文化的总和。制度文化是学校精神文化的落实和表达形式之一,通过明确告知行动者什么是应该做的和被鼓励的,为学校的价值系统外化为师生员工的自觉行为起到规范和保证作用。②

(3) 精神文化。精神文化指学校成员共同的意识形态、思想观点、思维方式、价值判断、审美情趣等,是学校文化创造过程中形成的与学校整体的价值追求相关的那些观念和心理特质。学校的办学目标、办学理念、文化传统、学术风范、精神风貌、校训、校风、学风、教风等都属于学校精神。

学校环境、学校制度等都在一定程度上反映了精神文化;同时精神文化又通过人这个环节,影响着其他学校文化的建设。

**(二) 学校组织文化的层次**

沙因认为组织文化由三个不同但紧密联系的概念组成,总体包括三个层次,如图

---

① [瑞士]埃德加·沙因、彼得·沙因著,徐烨华译:《沙因文化变革领导力》,天津科学技术出版社,2021年版,第96-97页。

② 唐丽芳、谷晓沛、李宁著:《构建学校文化:推进学校改进的核心》,东北师范大学出版社,2016年版,第262页。

10-13 所示①。

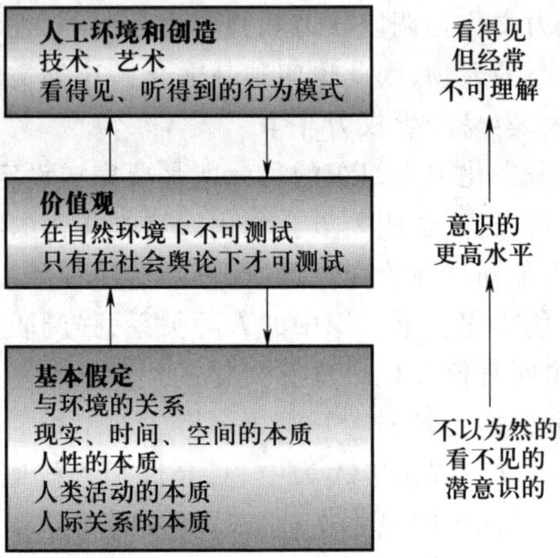


图 10-13　沙因组织文化层次模型

组织文化最明显的表现形式是可看见和可听到的。第一层文化是人工环境和创造,包括工具、建筑、艺术、商标、制服和技术,以及言语在内的人类行为模式。虽然这些结构、流程和行为等表现形式很容易被观察到,但它们只是文化的象征,这种文化本身的内涵是很难解读到的。因此,为了了解我们观察到的人工制品和行为,我们必须破译它们的意义,而这种解码并非易事。在文化公开表现的可见层面之下是第二层文化,即组织的价值观,是"应该怎样"的基本看法。价值观有时用书面语言编写,如使命宣言、理念阐述、目标抱负或信条。诸如此类的标语或表达能使我们更接近于理解组织的基本假设,但它们也仅仅局限于文化的反映范畴。在第三层,我们找到了文化的本质:那些被认为是理所当然的、未察觉的基本假定。它们是诸如个体与环境的关系;现实、时间和空间的本质;人性、人类活动的本质;人际关系的本质等。组织成员并没有意识到这些假设形成模式,它们仍然是隐含的、无意识的并被默认为是理所当然的。

## 三、小学组织文化的变革与策略

研究学校组织文化的目的无非是更好地实现学校管理的目标。在学校中,制度主要是外部的、强制性的调节,而文化主要是内部的、柔性的引导,从深层次制约和影响每个个体的思维方式和行动模式。为了更好地实现学校管理目标,需要及时调整和变革学校组织文化。

### (一)小学组织文化变革的要义

学校组织文化的变革,包含了从深层到浅表的变革,而根本变革乃是基本假设和基本信念的变革、规范体系及制度的变革和可见的行为模式的变革。这意味着学校的几个维度的变革:思想变革、领导管理制度变革、教与学的行为模式变革以及弥漫于学校各个方面的参与者之间关系的变革。

① E. H. Schein, R. Kilman, et al. How Culture Forms, Develops and Changes. In Gaining Control of the Organizational Culture. San Francisco: Jossey Bass, 1992:19-20.

学校组织文化变革将经历“外化—内化—外化”的发展过程。第一个外化是指学校管理者将自己对人性、人与人的关系以及学校教育性质的理解，外化为学校组织制度以及其他人工环境；内化是指学校成员逐渐认同学校组织制度、接受和理解学校人工环境，从而达到行为自觉的过程；第二个外化是指学校在长期发展过程中形成的相对稳定的组织文化，并通过体现学校传统的各种制度表现出来，这也是学校组织文化成熟的重要标志。①

**（二）小学组织文化变革的影响因素**

学校文化的形成本身是复杂的，是多种内外因素的相互作用，是长期的积淀和各种偶然性影响的互动。

1. 个人层面因素

个人文化的倾向性对组织文化的形成有一定的影响。如果一个学校的多数教师分别从不同学校调入，教师的构成比较复杂，他们对学校的适应性和认可度不同，学校文化的变革可能难度较大。

2. 领导层面因素

校长的领导是学校文化变革中独一无二的影响力因素。研究者已证实，学校领导者是塑造学校文化的重要人物，其中，校长肩负着学校“文化领导角色”与“创造和经营文化”的责任，他与教师们共同形成学校文化。② 只有在有活力的、具有强烈变革意愿的校长领导下，教师与教师之间、教师与社区之间的工作方式才有发生变化的可能。

3. 组织层面因素

学校文化变革并非个人行为，需要有效稳定的组织机构来实施。除了正式的行政组织机构外，有无开放的相互交流沟通平台、有无非行政化的专业组织、个人所属的小圈子和派系等，也将带来重要影响。

4. 制度层面因素

制度将深层影响学校文化变革，是重要的保障因素。大到国家层面的制度，小到学校组织内的方案，都将产生明显影响。譬如，某小学在构建“可持续发展教育”学校文化过程中发现，教师面临诸多难题，时间的冲突、工作负担的加重、习以为常的工作习惯被破坏、专业知识的局限等困难都足以让教师抗拒和放弃改革。后来，学校建立了一系列规章制度，例如教师奖励机制、专业学习制度等，才重新激发教师们的热情投入。③

5. 外部环境因素

外在力量的支持和援助将对学校文化变革发挥催化作用与影响。这些因素主要包括民族习惯和宗教信仰等民族文化、信息技术飞速发展所带来的文化、学校所处的物质环境和社会资源获得等。譬如，某小学在文化变革的全过程都获得了大学的专业支持，在学校文化的反省与诊断阶段，大学为其提供了科学的测试工具，在文化目标的

---

① 舒悦著：《美国中小学校学习共同体组织文化探究》，高等教育出版社，2015 年版，第 75 页。

② T. E. Deal, K. D. Peterson. Shaping School Culture: the Heart of Leadership, San Francisco; JosseyBass Publishers, 1999:85-87.

③ 唐丽芳、谷晓沛、李宁著：《构建学校文化：推进学校改进的核心》，东北师范大学出版社，2016 年版，第 262-263 页。

确定与凝练阶段，大学提供了相应的理论支撑依据。

### (三) 小学组织文化变革的策略

小学组织文化变革的基本程序包括研究设立、实施强化、跟踪反馈、分析评价和确立巩固等阶段。而从文化的自我意识和自我更新的角度看，小学组织文化变革的策略有以下五项：

1. 凝练学校精神

学校组织文化变革要基于历史与发展特色，凝练愿景与学校精神，对仪式、传统、礼仪和语言等象征符号进行研究。对学校组织文化的分析，可以通过研究文化的表述、文化的内容和主要的沟通方式，而故事和礼制作为学校文化的符号，有助于我们认识学校的组织文化。故事是指在真实事件的基础上通过改编的叙事，用以服务于学校文化的建立；礼制是指组织中重要的标志性的理性意识和惯例。学校要善于运用诸如校庆、毕业典礼、教师节等各种庆典仪式来巩固新的组织文化。

2. 塑造文化环境

在学校整体物质环境的设计上，要注重整体外观的协调；学校教学楼的命名要与学生发展目标紧密结合；建筑物的大厅墙面和楼道廊苑内要布置学校特色教育的主题宣传；花坛与校园教育环境要做到处处有景等。学校独特的文化景点，可以就理念、历史等配置相关的图文、音视频解说。要加强班级文化建设，营造积极向上、温馨团结的班级环境，将班级建设成为学生共同的精神家园。打造班级个性小队，设计队名、队标、目标及口号等，并开展少先队集体活动。建立学校文化的传播网络，加强学校文化良好氛围的保持与传递。充分利用学校的宣传橱窗、黑板报、校报、校园网和各种网站、师生辩论赛以及演讲比赛等工具和阵地，抓住典型大力宣传学校优秀文化。

3. 提炼特色主题

以校园环境建设为主的特色学校，可以通过组织一些与自然环境保护相关的绿色主题公益活动，让学生接触到生态文明建设，提高社会责任感；将科技探索元素作为特色的学校，可以通过每年在固定时间开展航天节的方式，让同学们集体学习航空航天知识，感受祖国的成就与辉煌。学校还可以通过网络平台、报纸杂志等媒介手段来讲述校训背后的故事，以一系列的主题活动来加强学校特色文化的传播，使广大师生、家长逐步认同并接受学校的独特文化。还可建立学校学生文化活动平台，如开展温馨教室活动、开展学生大型活动（体育节、艺术节、读书节、科技节等）、组织学生参加社会实践活动。

4. 创新实践形式

建立师生学习共同体，开展课题研修，充分挖掘本土特色资源。学校要找准文化基因，根据学校的历史根基来对校本课程资源进行发掘。开发校本课程，能够充分考虑到本校学生多样化的需求和特点，使得每位学生都拥有对课程的选择权。学校还应为学生提供大量的实践锻炼机会和展示自我、发展特长的平台。另外，学校还可开展和谐互动、丰富多彩的社会实践活动。

5. 完善支持机制

学校可探索鼓励“品牌”工作法，保护教师的文化研究成果与创造。不少教师都拥有自己原创的研究成果，对此学校应及时扶持、优化并命名。学校应鼓励教师推广并超越这些成果，创造自己的“品牌”，并逐步从以个人冠名发展为以团队来冠名，从单一的方法策略发展为有明确思想和制度保障的学校教科研文化成果，促进学校文化中最具生命活力的品牌产品产出。学校还应改变考评制度，构建同心圆式竞争与合作并存的机制，以教师群体为考核单位，关注教研组团队的日常建设，将竞争扩展为组与组之间进行，强调合作胜于竞争这一思想。学校要设置不同阶段的教师培养与考核奖励制度，还可根据实际情况建立一些由专业教师组建的咨询与评价委员会。

## 第四节　小学领导变革与规划

学校组织变革的实质是学校文化的重塑，这就需要学校拥有明确而强有力的领导，也就要求学校领导者具备良好的领导力。这种领导力突出体现在关注学校中长期发展规划的制定方面，也体现在领导变革的五个实践领域。

### 一、 小学领导理论演进

在明辨领导与领导力的概念基础上，需要理解小学领导的核心价值取向。而在知悉领导理论演进的背景下，才能更好地把握小学领导变革的方向与实践。

#### （一）小学领导价值聚焦

“学校管理”一般将“学校领导”包含在内了，但就教育实践而言，“学校管理”和“学校领导”不是二者择其一的问题，而是两者之间的平衡问题。若论区别，主要在于学校管理注重照章办事和学校组织的日常运作维持，学校领导关注学校组织的创新和变革；学校管理注重学校组织内部的具体活动，学校领导则关注学校组织的战略性问题。

领导是一种人的活动，是存在于领导者与其追随者之间的一种有影响力的关系，在这种关系中，双方都寻求真正的改变并期待改变的结果能够反映他们共同的目标。领导设定愿景和战略，关注未来前景；领导形成共享的文化和价值观，具备开放式思维，能洞察自己；领导关注启发和激励下属，帮助他人成长。

学校领导力是学校领导者在促进学校发展的过程中对学校成员的影响力及相互作用力。领导者应扮演“唤醒者”“播种者”和“激励者”的角色，着重在诊断文化、共享领导、传通意义、建构专业共同体和培育信任中强化领导力。

因此，在新时代背景下，小学领导价值应当聚焦于以下三个方面。

1. 引领组织发展

学校领导应首要关注学校教育发展方向，明确学校组织定位。学校组织作为一个育人的社会服务组织，是专门进行教育活动的组织，应当始终将立德树人作为目标。同时，还应明确学校是实现育人目标的协作共同体，更应关注教职工和组织成员的协作意愿。在组织发展引领中，应将沟通和交流作为主要的工作手段，引导战略性对话。学校领导还要成为主动适应内外环境的主体，将对权威高度依赖的旧思维转变为主动探索、主动创新的新思维；引领教职工从被动开设国家规定课程转变为主动开发校本课程，将课后服务从补课转变为开发学生的学习兴趣；引领教师进行课堂教学改革，利用信息技术改变传统的教学方式。

2. 提升团队效能

学校领导要专注于团队效能的提升,这就要求学校领导者要摆脱以行政命令为主的行为方式,走向在课程、教育教学和教师发展方面的专业引领。学校领导者不应囿于日常琐事,而应当把握全局。学校领导者要强调授权,重视把组织营造成一个团结协作的生成性组织。学校领导者要鼓励教师非正式组织的创建,同时还要构建合作共享、紧密连接的团队文化。

3. 构建多元关系

学校的多元关系构建是指校长关注学校中层干部、教师和学生的管理能力提升。这意味着领导力既存在于中层干部的管理实践中,也存在于教师的教学领导实践中,还存在于学生的非正式领导实践中。学校领导除了提升中层干部的执行力外,还要注重培养教师专业发展力,培育学生创造力。

**(二) 小学领导理论发展**

西方领导理论的诞生和发展,经历了从领导特质的角度去理解领导,从人际关系、感情因素的角度去观察领导,从组织所处的情境去研究领导等发展阶段。学者们一般将特质理论、行为理论与权变理论视为传统领导理论范畴,而 20 世纪 80 年代以后领导理论研究出现的新发展取向,学者们将其称为新型或新兴领导理论。

1. 领导特质理论

19 世纪末到 20 世纪 40 年代是领导特质理论的时代。领导特质理论可被分为"伟人论"和"特质论"两个阶段。前者主要研究伟人的特质,后者则以研究一般优秀领导者的品质为主。该理论主张有一系列人格特质和能力使成功的领导者区别于非领导者,这些特质包括智力、自信、决心、诚实正直和社交能力等。① 研究者认为,如果能够确认领导者的某些特征,就可以预言某人是否能成为领导者,甚至可以训练出领导者。

1948 年,史托迪(Stogdill)调查发现,领导者在智力水平等方面与普通人存在很大的差异。1974 年他又分析了 163 个新的研究,进一步总结出了领导的 10 个特质。曼恩(Mann)、劳德(Lord)、科克帕特里克与洛克(Locke)、扎卡罗(Zaccaro)等人的研究也比较有代表性。他们对领导特质和性格的研究结果具体见表 10-3。

表 10-3 领导特质和性格研究②

| 史托迪 (1948) | 曼恩 (1959) | 史托迪 (1974) | 劳德 (1986) | 科克帕特里克 (1991) | 扎卡罗 (2004) |
|---|---|---|---|---|---|
| 智力 | 智力 | 成就 | 智力 | 驱动力 | 认知能力 |
| 警觉性 | 刚毅 | 毅力 | 刚毅 | 动机 | 外向 |
| 洞察力 | 调节力 | 洞察力 | 控制力 | 诚实正直 | 认真尽责 |
| 责任心 | 控制力 | 主动性 | | 信心 | 情绪稳定 |

① [美] 彼得 · G. 诺斯豪斯著,吴爱明等译:《领导学:理论与实践(第五版)》,中国人民大学出版社,2012 年版,第 15 页。

② [美] 彼得 · G. 诺斯豪斯著,吴爱明等译:《领导学:理论与实践(第五版)》,中国人民大学出版社,2012 年版,第 13 页。

续表

| 史托迪（1948） | 曼恩（1959） | 史托迪（1974） | 劳德（1986） | 科克帕特里克（1991） | 扎卡罗（2004） |
|---|---|---|---|---|---|
| 主动性 | 外向 | 自信 | | 认知能力 | 开放 |
| 毅力 | 保守 | 责任心 | | 专业知识 | 随和 |
| 自信 | | 合作 | | | 动机 |
| 社交能力 | | 容忍 | | | 社会智力 |
| | | 影响 | | | 自我监控 |
| | | 社交能力 | | | 情商 |
| | | | | | 解决问题 |

对领导者来说，他们必须认识到自己的长处。小学领导应该树立独特的个性特点，以身作则地影响和带动学校教职员工为实现共同愿景而努力奋斗。尽管某些个人特质和能力是成功领导的重要因素，但它们本身并不足以造就一名成功的领导者。更恰当地说，领导行为同样重要。

2. 领导行为理论

20世纪40年代到70年代早期，有关领导的研究集中在探讨领导者偏好的行为风格上。领导行为理论主张领导者只有通过一些基本行为，才能满足追随者的需要。研究者们着眼于领导者如何对待下属，探讨这些行为如何与领导效率相关。这一理论区分了独裁式领导和民主式领导，体谅结构型领导和主动结构型领导，以员工为导向的领导和以任务为导向的领导，以及关注人的领导和关注生产的领导。

领导风格理论是典型的领导行为理论，侧重于研究领导者风格的类型以及不同工作风格对员工的影响。典型的领导风格理论包括勒温的领导风格理论、利克特的领导系统模式。1939年，勒温最早进行了领导风格的研究。他提出了专制式、民主式和放任式三种领导风格。专制式的领导风格权力定位于领导者个人手中，民主式的领导风格权力定位于集体，放任式的领导风格权力定位于员工个人①。1961年，利克特把领导风格划分为四种类型：专制独裁式；仁慈独裁式；协商民主式；参与民主式。

密歇根大学的研究小组把领导行为划分为两个维度：一个维度称为员工导向，另一个维度称为生产导向。员工导向的领导者重视人际关系，关心人，他们总会考虑到下属的需要，并承认人与人之间的不同。相反，生产导向的领导者更强调工作的技术或任务事项，主要关心的是群体任务的完成情况，并把群体成员视为达到目标的手段。这两个维度都有高低两个层次，组合起来领导者就有四种类型。

美国俄亥俄州立大学也进行了相似的研究，海姆费尔在对领导者行为的研究中，提出了领导行为的九个维度：主动；成员身份；代表；整合；组织；管辖；信息沟通；认可；生产。弗莱希曼（E. A. Fleishman）和他的同事编制了“领导者行为描述问卷”并施测

① K. Lewin, R. Lippitt, R. K. White. Patterns of Aggressive Behavior in Experimentally Created “Social Climates”. The Journal of Social Psychology, 1939, 10 (2), 269-299.

于许多团体,发现“关怀”和“工作要求”这两种领导行为总是凸显出来。在此基础上,他们划分了四种领导方式:高关怀低要求的领导者;低关怀高要求的领导者;高关怀高要求的领导者;低关怀低要求的领导者。

小学领导首先要处理好与下属的关系,增强团队的内聚力,使下属获得满足感,从而提高效率,完成任务;在决策上积极考虑下属的意见和建议,让下属也参与到决策过程中来,实施“民主领导”的行为方式。

3. 领导权变理论

20 世纪 60 年代早期至 80 年代,领导权变理论引起了广泛的关注。领导权变理论主张大多数有效管理依赖许多不同因素,领导者需要不断通过实践和经验来提高自己的应变能力。权变理论主要包括菲德勒的权变领导模型、赫西(P. Hersey)和布兰德(K. H. Blanchard)的情境领导理论、豪斯(R. House)的路径—目标理论,以及弗洛姆(V. Vroom)—杰戈(A. Jago)的权变模型。

菲德勒的权变领导模型目的在于帮助领导者分析领导风格和组织环境,基石是领导者应在何种范围内采取以关系为导向或以任务为导向的领导风格。菲德勒使用了三个关键因素来描述领导环境,包括领导者—成员关系、任务结构和职位权力,阐述了八种可能的领导情境。其中,对领导者最有利的情境是领导者—成员关系良好,任务结构很高,领导者的职位权力也很高。最不利于领导者的环境是领导者—成员关系很差,任务结构低,而领导者的职位权力也很低。其他情况介于这两者之间。菲德勒结合两种领导风格,得出结论,当环境条件很好或很不好时,任务导向型领导者比较高效;当环境条件一般时,关系导向型领导者更有效。

情境领导理论的观点是,领导者可以在结合关系(关注人)和任务(关注成果)行为的基础上,采用四种领导方法中的一种。哪种方法更为适合,则取决于追随者的主动性。命令型方法反映领导者高度关注任务,不太重视员工和关系,是一种指令性的风格。劝说型方法高度关注关系和任务,领导者向员工解释决策,并给予员工机会提出问题,让他们清楚地了解工作任务。参与型方法重视关系,对任务不是太关注,领导者和追随者分享看法,鼓励他们参与,并促进决策的制定。授权型方法对任务和关系都不大重视,这一类型的领导者把决策责任和执行都交给追随者。该理论认为,当某个或某些追随者表现出很低的主动性时,领导者必须非常明确地告诉追随者应该做什么、如何做及何时做。当追随者的主动性处于中等水平时,领导者采取劝说方式就比较合适。如果追随者的主动性较高,参与型领导方式就比较有效。如果追随者的受教育程度很高,经验丰富,并且愿意为自己的工作行为承担责任,那么授权型领导方式就会很有效。

路径—目标理论的观点是,领导者的责任是提高下属的积极性,使他们能够实现个人目标,从而实现组织目标。领导者通过两种方法来提高下属的积极性:一是明确奖励并指明如何才能得到奖励;二是提高员工看重和期望得到的奖励。明确路径意味着领导者和下属一起工作,帮助下属了解哪些行为能使他们成功完成任务并得到组织嘉奖。领导者还应该多向下属了解他们看重的是工作本身的奖励还是一些外在的奖励,如加薪或升职。这一模型被称为权变理论,是因为它包含了三个权变因素:领导风格、追随者和环境、满足追随者需要的奖励。这一理论认为,领导者可以采用的行为类型包括支持型、指导型、成就导向型和参与型。支持型领导者关心下属的幸福感和个人需要。指导型领导者明确地告诉下属他们需要做的是什么。成就导向型领导者为下属设定明确和具有挑战性的目标。参与型领导者鼓励在团队内进行讨论和提出书面建议。

弗洛姆—杰戈权变模型着重关注不同程度的参与型领导,以及不同程度的参与如何影响决策的质量和可靠性,其出发点是所有领导都需要解决问题、制定决策。解决问题的决策可能由领导者一人做出,也可能由许多追随者一起参与做出。这一模型主要包括三个方面:领导者参与模式、一套用于分析决策情况的检测性问题及一系列决策规则。该模型提出领导者有五种类型的决策方式:领导者独自进行决策(专断型);听取每个下属对问题的建议,然后做出决策(分别磋商型);向整个团队提出问题,集中听取他们的想法和建议,然后进行决策(团队磋商型);和工作团队一起面对问题,作为问题推动者帮助团队最后做出决策(促进型);授权给团队,提出问题,允许他们在设定的范围内进行决策(授权型)。而选用哪种方式要依据对七个问题的检测:决策的重要性、下属参与决策的重要性、领导者的专业技术、下属支持决策的可能性、下属对目标的支持度、与目标相关的专业知识及团队合作能力。

小学领导中既会遇到主动性程度不同的教职工,也会面对主动性不一的各种学生。权变理论带给我们的启示是,小学领导必须识别多种权变因素,并根据权变因素选择相应的领导行为决策方式。

4. 变革型领导理论

20 世纪 80 年代以来,变革型领导成为众多研究的焦点。变革型领导,又叫转化式领导,是一个改变或改造人的过程。它关注的是人的情感、价值、道德、准则和长远目标,包括评估追随者的动机、满足其需求、尊重其人权等。

最早使用变革型领导一词的是唐顿(Downton),而概念的出现则源于政治社会学家伯恩斯(J. M. Burns)。伯恩斯区分了两种领导类型:交易型领导和变革型领导。交易型领导重点在于领导者和追随者之间发生的交易。如在课堂之上,老师根据学习表现给学生等级,就是在实践交易型领导。变革型领导则是个人管理其他人的过程,并建立一种联系来提高领导者和追随者的动机与道德水平。

巴斯(Bass)提出了一种范围更广、更加完善的变革型领导理论。他的理论扩展了伯恩斯的研究,更多地关注追随者而不是领导者的需求。他认为,变革型领导者可以适用于那些产出消极成果的情境中,并把交易型领导和变革型领导描述成一个统一的连续体。巴斯也更多地关注情感因素和魅力来源。他认为魅力是变革型领导的一个必要条件,但不是充分条件。①

5. 现代新兴领导理论

现代新兴领导理论主要包括道德领导理论和分布式领导理论。变革型领导理论注重道德、价值与意义的观点,成为道德领导理论诞生的源点之一。道德领导的概念起源于 20 世纪 80 年代加拿大学者霍金森。道德领导理论在 20 世纪 90 年代由美国

---

① [美]彼得·G.诺斯豪斯著,吴爱明等译:《领导学:理论与实践(第五版)》,中国人民大学出版社,2012 年版,第 118 页。

教育管理非主流学派重要代表人物萨乔万尼(T. J. Sergiovanni)系统建构。道德领导是基于学习共同体假设,以建设有德行的学校为目的的"一种基于道德权威的学校领导实践的理论",将道德权威置于领导权威的首位。学校道德领导的践行应从以下几方面着手:在思维上,确立学校领导的阶段论观念;在行为上,领导要做提升道德水平的事;在制度上,要进行有利于道德领导的调整。①

分布式领导理论是比转化式领导和道德领导更新的、近年来备受关注的领导新理念,目前还没有一个固定的定义。其思想基础是学习型组织理论,基本观点主要有四个:其一,领导不只是主要领导的事,而是大家的事,领导要分布于组织的各个层面;其二,领导不应该是个体行为,而应该是集体行为;其三,创建合作性的工作关系和团队精神是分布式领导的核心工作;其四,领导者要注意培养构建性能力。分布式领导倡导生成学习共同体,但并不是说将领导权责分布给共同体就能产生积极价值。如果分布式领导只是处于实践共同体的边缘,扮演监工的角色,那么就会使教师对其失去信任。因此,如果希望实践共同体运转,那么就需要重新培育领导者的构建性能力,确定领导的关联性位置等。②

从西方领导理论的新探索和新发展可以看出,领导理论除了研究领导者及其领导力之外,越来越重视领导者和被领导者之间的互动关系,有学者甚至提出了"超领导"的概念,更加突出被领导者在领导活动中的作用。

## 二、 小学发展规划研制

教育规划是对组织变革的一种整体谋划,亦是对领导变革的一种统领体现。学校组织和领导变革中,研制出战略定位合理且实施路径明确的学校发展规划十分必要和重要。它既是一面"旗帜",指引学校未来发展的大方向,也是一篇"宣言书",向社会昭示学校准备做哪些重要的事情,还是一份"动员令",动员全校上下左右齐心协力,激发学校领导合力。

### (一) 小学发展规划的含义

小学发展规划是一种具体、切实、可行的发展目标与具体措施的"任务编组"系统。这一系统从静态上看,是一种全面长远的、整体设计学校未来目标和整套行动的发展计划,将以静态文本的形式呈现。而从动态上看,它便不仅仅是一种学校发展的综合方案,更是一种有效的、高质量的管理方式,是组织筹划与实施计划的综合活动过程。

### (二) 小学发展规划编制

1. 小学发展规划编制的着眼点

第一,小学发展规划必须从自身内外条件出发。这里需要考虑三个因素:一是行政隶属关系及财政支持状况。了解国家、省市和区等上级政策动向,确保学校规划的编制不脱离正确轨道。二是要了解社区环境及生源状况。熟悉本地区经济、社会、文化和教育情况,尤其是本地区其他学校的发展状况和动向。还要了解学校所在社区的要求、家长的想法和需求。三是清楚学校自身所处层次及现有基础。分析学校现有的

① 陈学军:《学校道德领导的意旨、反思与践行》,《教育发展研究》,2009 年第 12 期,第 5-10 页。

② [英] 阿尔玛·哈里斯著,冯大鸣译:《分布式领导——不同的视角》,上海教育出版社,2012 年版,第 13-14 页。

办学资源,认真梳理学校过去的成就和问题,发动全体教职员工献计献策。

第二,小学发展规划重在战略定位以形成特色。学校发展战略定位是学校管理者为了学校的长期生存和发展,在充分分析外部环境和内部条件的基础上,明确学校的发展目标定位及其实现途径,并将其付诸实践,对实施过程进行控制和评价的动态管理过程。它的核心内涵就是要注重师生成长、特色发展、品牌发展、创新管理等。

学校战略定位首先需要凝练学校的核心价值观。在规划中要匹配和更新学校的办学理念、校训、校风、班风及学风。例如,位于四川省成都市的祝国寺小学就依据自己的历史,将学校的"实践"文化逐步过渡到"善学"文化。在 2006 年,祝国寺小学依据坐落于城东沙发城厂区,农民工子女占 78%的比例,孩子动手能力普遍较强,初步凝练出了学校的"实践文化"。2014 年 5 月 1 日学校搬迁到锦华路三段北的过渡校园,将来还要再一次搬迁到位于"金融城"内的新校区,新校址将是一所高起点、高标准和高品质的现代化、国际化生态精品小学。祝国寺村的搬迁、城东金融城的崛起,还有锦江教育的高速发展等因素,都对祝国寺小学提出了更高的要求。因此,学校积极转变观念,认为要跟上锦江教育发展的节奏,学校必须要多学习、能学习、会学习。所以,将学校文化聚焦在"善学"。①

学校战略定位还需分析学校特色发展路径策略。学校发展有若干阶段,一般历经从标准化发展到规范化、特色化、品牌化,再到文化化的阶段。其中,学校特色发展的主要类型有德育特色、教学特色、教研科研特色、管理特色、教师特色及学生特色等,学校规划要挖掘已有基础,定位特色类型。而在打造学校品牌阶段,不能空谈理念,要扬长避短,依托特色项目,形成品牌。

2. 小学发展规划文本的结构要素

学校规划应结构合理,逻辑严谨,特色与亮点突出,举措与策略可行。一般而言,发展规划文本可分为三大部分:规划正文、附件、编制说明。

规划正文说明"做什么"和"怎么做"。规划正文一般由四个部分组成:一是背景分析,包括成就与劣势、机遇与挑战的分析。二是目标和任务,既有高度精炼的整体性分类目标,也有发展性阶段目标;既有补足学校发展不足的任务设计,也有促进学校优势项目特色发展的任务设计。三是政策措施,包括基本常规举措,还有重点工程建设等。四是保障机制,既包括组织机构的设置,也包含制度、人员与资源的布置安排。

附件在于补充和完善正文的内容,是随同规划正文一同制定的文件或文字材料。附件可以是具体部门的工作计划、措施、实施方案、学校课题方案、阶段目标实施方案、保障措施方案,等等。

编制说明要分析清楚"为什么"。编制说明主要用以解释、说明规划中任务、措施等的根据何在,即解决"为什么"要做某些事情的问题。因此,在编制时,应当提供说明依据的主要材料,包括:上级政府的宏观政策动向和要求;相关的政治、经济和教育理论观点;学校教育发展的实际状况;其他学校的成熟经验。

3. 小学发展规划编制的基本策略

一是规划的制定要牢牢把握教育事业的育人本质,把立德树人作为出发点和归

---

① 黄智惠著:《我是一棵树——研究型校长的成长之路》,四川大学出版社,2020 年版,第 19 页。

宿。二是规划制定者应该积极思考如何从学校实际出发，把先进的办学理念转化为育人举措和办学成效，体现制定规划所特有的前瞻性、针对性和操作性。三是要重视办学主体——教师队伍的建设，注重育人主渠道——课程教学的改革，把教学育人质量与特色作为学校发展的生命线，追求以自己的方式培育每一个学生，成就每一位教师。四是要注重思维方法，有主有次，重点突出，体现追求特色发展的创新思维品质。五是要讲究工作协调策略，规划的制定要发动全体教师，经几上几下讨论，在讨论实施的过程中解答疑问，在管理时可以以项目管理的方式，明确负责部门、责任人、实施时期。以《2016—2020年观澜小学发展规划》为例，规划制定前后两个多月，学校听取各方意见调整，三次修改后定稿，足有17000多字。[①] 这个过程虽然很费心劳力，但正因为这样，校长和全体教师才能做到对学校近阶段的发展了然于胸，管理和实施起来得心应手。六是注意规划要有递进性、延续性，重视规划实施的资料积累。

总之，小学发展规划的研制是一个从宏观设计到微观操作，从理论到实践的系统过程。在这一活动中，只有全体教师及管理人员对学校发展目标与定位有充分的了解，全程参与制定和实施过程，才能真实而具体地牵引学校组织的变革。

## 三、 小学领导变革实践

领导力注重的不是维持现状，而是不断变革。学校需要通过不断变革来回应时代的呼唤。

### （一）小学领导变革的含义

小学领导变革是学校为了影响教师信念和具体行为实践、推动组织变革以适应内外环境、把握学校使命并促进学生发展，而进行的领导方式和活动调整的过程。

小学领导变革实践的内容主要包括课程领导、教学领导、学习领导、发展自己、发展他人五个方面。一般来说，领导者可通过遵循八个阶段来确保变革：建立一种紧迫感；建立一个强大的联盟团队；构建出能引起别人兴趣的愿景和战略；有效沟通变革愿景；善于授权赋能；创造和积累短期的胜利；保持干劲、努力奋斗；在组织文化中将变革制度化。

### （二）小学领导变革实践

小学领导变革的理论研究范式越来越指向确定全员参与的治理格局，重视道德性、价值性、学习性、愿景性领导。在这样的价值取向之下，小学领导实践需要做出相应的更新与变革。

1. 课程领导变革

课程领导是以领导的力量结合学校内外的资源来支持课程的革新与教学的改进，以此达成提升学生学习品质的目标。课程领导包括对学校课程愿景的规划、设计、实施和评价。当前，小学在课程领导方面还存在意识理念淡薄、课程管理体制僵化、课程领导角色迷茫、课程资源整合不足等困难。实际上，课程领导不仅要强调校长的课程领导力，还应提倡教师的课程领导，通过创建学校课程领导共同体模式来保障课程领导的有效性。

首先，在主体方面，要形成多方参与的共同体系统。要形成学校成员共同实施课

---

① 金维萍著：《新实用教育——百年观澜的初心与坚守》，上海教育出版社，2020年版，第276页。

程领导的合力，唤醒管理人员的课程领导责任，激活教师群体的课程领导意识，激发学生群体的参与课程意愿。通常，学校要成立专门的课程领导小组，组长由校长担任，副组长包括课程负责人、教学负责人、德育负责人，校级骨干教师、教研组长为组员。同时，设立由市、区等专家构成的课程专家指导小组。

其次，在模式方面，要打造充满活力的课程多元体系。一是要建立课程发展的目标与愿景体系；二是要完善特色课程体系的建构。譬如，某校以“石为基，趣为源”为课程建设理念，明确每一个课程既要吻合儿童的喜好特点，又要吻合当下生命成长需求和未来发展需要。在此基础上，该校构建“五维三类”全景式、网格化的课程体系。“五维”指从五个维度出发，包括：体育与健康、修身与养正、人文与社会、科学与技术、艺术与审美；“三类”指每一个课程要设置三个类别，即：基础类课程、拓展类课程、实践类课程。由此形成全景式、网格化的课程覆盖态势。①

最后，在文化方面，要营造共同体模式有效运行的文化环境。课程文化是学校文化的核心组成，课程领导行为本质上是对课程文化的建构。从精神文化来讲，既要创建民主的课程文化，还要创建科学与人文融合的课程文化；从行为文化来讲，要创建基于协同参与的合作文化，还要创建平等交流的对话文化。学校要组织开展高质量的校本教研活动，在校本教研与对话中提高教师的专业知识、专业技能，提高教师的课程研讨与实施能力。

2. 教学领导变革

教学领导强调校长对于教学的责任和功能，关注直接支持和帮助教师、学生改进教与学所开展的各种活动，还关注教学改进中间接领导活动的作用以及社区资源的开发与利用，关注学校组织氛围、教师文化等间接因素在教学改进中的作用。目前，教学领导已经从以往的单向校长教学领导走向教师参与其中的共享式教学领导。

教学领导变革要求打破学科壁垒，促进师生的跨学科思维发展。学校要打通教师跨学科教研通道。传统的教研方式以教研组、备课组为单位，对本学科的学科教学研究比较深入，但对其他学科“隔行如隔山”。从跨学科素养研究系统与学校学术组织的关系架构来看，以问题为导向的跨学科素养研究和基于学科划分教研组、备课组有着明显差别。学校可以把按照学科分化设置的纵向教研组织与按照问题、项目等横向联合的跨学科组有机结合，两者之间通过教学任务、课时学分、课程与教研活动等联系起来。例如：成立跨学科教科研基地，定期开展跨学科教学研讨；尝试进行教师跨学科合作备课；实施跨学科听评课制度，并推行跨学科的课例研究；实践以问题和跨学科主题为导向、以跨学科项目为抓手的跨学科研究。同时，在跨学科的校本教材编写中也可以加强教师的跨学科合作。

教学领导变革要求推进生本课堂教学的落实，使课堂教学由教向学转变。生本课堂要求突出学生的主题作用，突出学习真实活动的发生，突出学生合作探究学习的功能。某校在教学领导变革中，积极把握生本课堂的教学原则，尝试提出“五个有、三体现、一倡导”模式，让生本课堂教学切实落地，取得良好效果。其中，“五个有”包括：

---

① 北京市基础教育课程教材改革实验工作领导小组、北京教育科学研究院基础教育课程教材发展研究中心编著：《北京市基础教育课程建设优秀成果选辑（八）》，首都师范大学出版社，2018 年版，第 573-575 页。

① 课前精彩3分钟展示;② 课上学生主动提问;③ 课上学生独立思考探究;④ 课上小组合作交流;⑤ 课上学生展示汇报。“三体现”包括:① 体现社会主义核心价值观和责任教育内容;② 体现多学科交叉融合;③ 体现生态课堂理念。“一倡导”指倡导用画图等多种方法解决问题。在此基础上,为了发挥这些课堂教学要素的指导和评价作用,增加了对生本课堂要素点的评价指标,又增加了对核心问题设计的评价指标,帮助教师们开展课堂教学时明确目标和方向。①

教学领导还要求校长建立一种影响力,并与教师建立良好的信任关系。校长要激励和支持教师努力学习和变革他们的教学实践,确保所有的学生都能获得高质量的学习机会。校长应有效地招聘和支持教师,分配预算和资源,以及维持积极的教与学的环境。

3. 学习领导变革

高质量的教学和学习是成功学校的一个基本要素。教学领导力在综合式领导力中占据了主导地位,与其他领导力共同发挥作用。学习中心领导力则是教学领导力的延续和扩充。当前,践行校长学习领导变革的障碍包括:一是校长学习领导知能有限,无法落实;二是教育政策繁多,降低对学生学习的关注;三是缺乏共享学习氛围,不易建立学习文化;四是学校缺乏学习愿景,对学生学习承诺不足。为改变上述困境,则需如下实践策略:

学校要构建以学生学习为中心的愿景。学校领导者要勾勒出学校发展的方向,将学习愿景创造性地融进日常的教育实践。要搭建各种各样的平台,努力让每一个学生都成为“领导者”,着力培养学生自主管理的意识和能力,促进学生实现自我教育、自我发展。

学校关注学生学业成就的进步。学校领导者要带领学校成员定期检视与评估学生的学习成果。具体内容包括:定期到课堂听课并参加专业学习活动,找寻更好的教学路径;引发学习对话,倾听学生的想法与意见,发现学生特殊的学习需求并给予支持和帮助;协助教师建立学生学习数据库,运用数据来分析学生的学习表现,并将其用于追踪学生学业表现及制定学生学业改进策略的依据等。

重构学生成长需要的班级环境。支持、完善学校及班级的软硬件设施,以利于学生的学习。学校领导者要策略性地使用和管理学校的人力与财政资源,支持以学习、反思为焦点的教师和班主任领导文化。

4. 自我发展变革

校长的专业发展是整个课程改革的关键,新课程改革要求校长具有专业知识技能,只有学校校长的专业能力较强,才能领导一个学校走向成熟。

校长要做好自我发展规划。定期对自己进行优劣势分析,明确自己的年度发展目标,清晰自己的专业发展路径与举措。校长在做专业发展规划时要与学校发展规划相结合。同时,校长要通过自我规划、自我发展引领教师规划和教师发展,给教师树立榜样。

---

① 王海军、佟增玉主编:《儿童视角下小学数学教育的创新实践与思考——善学笃行篇》,光明日报出版社,2018年版,第267-269页。

校长必须注重自学提升。校长需要不断地更新四个领域的知识:课程、教学、评价以及组织管理。校长不仅要了解课程的概念和资源、教育哲学和信念、几种不同的教学模式及理论依据,还需要理解以改进学生学习为目标的评价。同时,校长还必须具备关于组织、管理的知识,包括如何看待学校组织、如何增强组织的学习能力、如何建立学习共同体等。校长还要掌握人际沟通、规划、教学观察、研究和评价等技能。

校长必须注重行动研究与实践。虽然校长一般有较长时间的工作经验,但在探索课程教学改革、建立学生评价制度、实施减负措施等多个方面的实践中,专业研究能力还不一定充分。校长要树立"工作即研究,研究即工作"的理念,带领学校骨干力量就学校发展问题进行行动改进,在改进中反思,在反思中提炼和突破。

校长要注重个人气度与精神修炼。作为学校领导者,应该树立独特的个性特点,并且在智力、自信、决心、诚实正直和社交能力等特质上显现出超乎常人的优秀品质,用个人的魅力,在潜移默化中感染和影响学校成员,提升大家的道德水平,促使大家自觉投入到学校发展和学生成长的事业中来。

5. 他人发展变革

发展他人意味着校长能为教师创造专业发展机会,鼓励他们进行教育改革和研究,也能培育出积极自觉的管理团队。当面对表现不佳的教师时,组织管理者会努力找出原因,并做出相应的教师专业发展策略。

对于教师专业发展,学校要理解教师发展的多维需求。譬如,某校调查发现教师在管理、德育、教学等方面都有所期待,于是通过三个措施使教师在这些方面获得进步:一是以校本学习为主,实施"准校长培训"计划,培养"领导型教师",构建"自主管理模式";二是以"在自主活动中育德""在研究性学习中育德"为特色,构建"自主发展德育模式";三是以研究性学习活动为载体,以研究意识、研究能力的学科迁移为方向,以"自主—合作探究"为路径,构建"自主发展教学"。

除此之外,还要注重架构教师能力发展的全面框架。尤其是在人工智能时代,教师的数字化能力发展尤为紧迫。2017 年,欧盟曾推出一个描述欧洲教师数字化能力的概念框架。该框架列出了教师的专业参与、数字化资源、教学、评估、赋能于学生、促进学生数字化等 6 个能力领域和 22 个能力焦点。校长要为教师在数字化能力的发展方面提供支持性的条件。

在团队管理方面,要擅长运用分散性领导。转变观念,从传统的校长全权负责转向学校领导团队通过分布式参与来共担绩效责任,明晰学校员工的岗位职责和担当,并按能力进行分配,创造一种信任的文化,让学校成员认识到个人的优势和组织的需要,以学习型组织为引领打造团队精神。

## 本章小结

学校里的个体、群体以一定的结构组成学校组织,赋予学校组织特性和功能,产生学校组织结构、组织文化建设、学校发展规划、领导力发展等一系列问题。本章正是在这一思路基础上讨论了四个问题:

一是小学组织基本理论问题,主要探讨学校组织的概念、特征、相关组织理论的演进。学校是一种有计划、有组织地进行教育教学活动的社会规范性组织,也是担负培养德智体美劳全面发展人才任务的服务型组织,更应该成为"学习型组织"。组织理论的发展经历了以工作为中心的古典组织理论，到以人为中心的新古典组织理论，再到以环境和系统为中心的系统组织理论、权变组织理论，再到以关注组织内部自我更新的组织发展理论。

二是小学组织结构变革问题，主要探讨学校组织结构的一般模式、分析组织变革的动力与阻力因素、研究组织变革的基本模式及探究有效的变革策略。组织变革是组织为了实现自身的生存和发展目标，根据外部环境和内部环境的变化，对组织的结构、人员、技术、文化等方面进行的调整、改变和创新的过程。从系统的观点出发，组织变革通常有三种策略，一是权力—强制策略；二是理性—经验策略；三是规范—再教育策略。

三是小学组织文化变革问题。学校组织文化不能直接研究，而是根据观察到的行为推断，如语言、文化产品的使用、仪式以及工作场所中常见的符号。要改变学校的组织文化，需要塑造和定义学校组织文化重叠交叉的符号元素。从文化的自我意识和自我更新的角度看，小学组织文化变革策略主要包括凝练学校精神、塑造文化环境、提炼特色主题、创新实践形式、完善支持机制。

本章拓展案例

四是小学发展规划与领导变革问题。领导理论的主要演进过程包括领导特质理论、行为理论、权变理论、变革型理论、现代新型领导理论等。小学发展规划研制需要把握两个核心着眼点，掌握文本的三个结构要素并遵循六个编制策略。小学领导变革的核心领域在于课程领导、教学领导、学习领导、发展自己和发展他人五个方面。

## 思考题

### 一、单项选择题

1. 下列不属于领导活动要素的是（　　）。

A. 领导　　B. 被领导者　　C. 信任　　D. 环境

2. 符合管理层次少，设有专门的参谋职能部门，命令系统单一，直线传递，管理权力高度集中，生产与管理较为简单的组织形式是（　　）。

A. 直线型组织　　B. 职能型组织

C. 直线职能型组织　　D. 事业部型组织

3. 学校教职员工与学生等主体所展现出来的校风、班风、教风、学风等属于学校中的（　　）。

A. 制度文化　　B. 精神文化　　C. 物质文化　　D. 角色文化

4. 下列选项中，古典组织理论的特点不包括（　　）。

A. 统一命令　　B. 明确职权

C. 日常事务授权　　D. 尽量满足人的各种需要

5. “伟人论”是（　　）的一个阶段。

A. 领导特质理论　　B. 领导行为理论

C. 领导权变理论　　D. 现代新兴领导理论

### 二、名词解释题

1. 组织实在观

2. 小学组织变革

3. 学校组织文化

三、简答题

1. 简述学校组织结构的一般模式。

2. 简述领导权变理论的基本观点。

3. 简述学校组织的特征。

4. 简述学校组织变革的影响因素。

第十章思考题参考答案

四、论述题

试对影响学校组织变革的各个因素进行评析。

延伸阅读材料

1. [美] 罗伯特 · G. 欧文斯、托马斯 · C. 瓦莱斯基著,吴宗酉译:《教育组织行为学:领导力与学校改革(第 11 版)》,华东师范大学出版社,2021 年版。

2. [瑞士] 埃德加 · 沙因、彼得 · 沙因著,徐烨华译:《沙因文化变革领导力》,天津科学技术出版社,2021 年版。

3. 李春玲著:《学校组织变革的理论与实践》,浙江大学出版社,2014 年版。

4. 赵敏、谢敏敏:《新中国中小学组织结构的变迁轨迹、逻辑特征与发展趋向》,《教育学报》,2023 年第 3 期。

5. 赵桂霞:《从结构中寻找动力源:核心素养导向下的学校组织变革》,《中小学管理》,2023 年第 4 期。

# 后　记

经全国高等教育自学考试指导委员会同意，由教育类专业委员会负责高等教育自学考试《小学教育管理》教材的审定工作。

《小学教育管理》自学考试教材由华南师范大学葛新斌教授担任主编。

参加本教材审稿会并提出修改意见的有北京师范大学楚江亭教授、东北师范大学赵岚教授、华东师范大学李伟胜教授。全书由葛新斌教授修改定稿。

编审人员付出了大量努力，在此一并表示感谢！

全国高等教育自学考试指导委员会
教育类专业委员会
2023 年 12 月